JN442246

핵심만 담은 엑셀·파워포인트 콤보 가이드

EXCEL & POWER POINT

장은실·양숙희 지음

도서출판 홍릉

저자소개

장은실 esjang@joongbu.ac.kr

동국대학교 컴퓨터공학전공 공학박사
성균관대학교 소프트웨어학과 초빙교수(2018~2020)
한양대학교ERICA 소프트웨어융합대학 SW교육전담교수(2020~2021)
현재 : 중부대학교 학생성장교양학부 조교수
경기도 지능정보화위원회, 서울교통공사 소프트웨어 과업심의위원회, 과천도시공사 기술자문위원회,
행정중심복합도시건설청 기술자문위원회, 조달청 평가위원 등
저서 : 컴퓨팅기반문제해결, 데이터분석, 프로그래밍, 오피스활용 등 다양한 분야 집필

양숙희 ysh8460@skku.edu

동국대학교 경영정보전공 경영학박사
현재 : 신구대 겸임교수(2003~현재)
건국대, 경기대, 연세대, 이화여대 출강
연소프트 기술지원 팀장(2012~현재)
성균관대학교 소프트웨어대학 겸임교수(2018~현재)
단국대학교 자유교양대학 초빙교수(2022년~현재)
저서 : 컴퓨터활용능력, 오피스활용, 데이터분석, 프로그래밍 등 다양한 분야 집필

핵심만 담은 엑셀 · 파워포인트 콤보 가이드

인 쇄 : 2025년 11월 10일 초판 1쇄
발 행 : 2025년 11월 17일 초판 1쇄

저 자 : 장은실 · 양숙희
발행인 : 송 준
발행처 : 도서출판 홍릉
주 소 : 01093 서울시 강북구 인수봉로 50길 10
등 록 : 1976년 10월 21일 제5-66호

전 화 : 02-999-2274~5, 903-7037
팩 스 : 02-905-6729
e-mail : hongpub@hongpub.co.kr
http://www.hongpub.co.kr
ISBN : 979-11-7570-002-4(93000)

정 가 : 29,000원

낙장 및 파본은 구입처나 본사에서 교환하여 드립니다.
판권 소유에 위배되는 사항(인쇄, 복제, 제본)은 법에 저촉됩니다.

저자와의 협의하에 인지는 생략됩니다.

서문

바쁘고 복잡한 세상에서, 일의 핵심은 결국 '효율'입니다. 하지만 엑셀과 파워포인트를 다루다 보면 정작 효율과는 거리가 멀게 느껴질 때가 많습니다. 수많은 기능 중 어디부터 익혀야 할지 막막하고, 막상 검색해도 '지나치게 자세한 설명' 속에 중요한 내용이 묻혀버리기 때문이죠.

이 책은 그런 분들을 위해 만들어졌습니다. 실무에 꼭 필요한 기능만, 바로 쓸 수 있도록 정리한 '콤보 가이드'입니다. 엑셀과 파워포인트를 따로 배우는 대신, 두 도구를 함께 익히며 데이터 정리부터 시각화, 보고서 완성까지 한 번에 연결합니다. 따라서 업무 흐름을 끊지 않고, 핵심만 빠르게 익혀 '결과물'을 완성할 수 있습니다.

엑셀 파트에서는 기본기부터 실무 응용까지 단계적으로 다루었습니다. 데이터 입력과 편집, 셀 서식, 수식과 함수, 차트 및 데이터 분석 기능까지 단순한 계산이나 표 작성에 머물지 않고 '데이터를 활용해 인사이트를 도출하는 방법'을 익히도록 구성했습니다.

파워포인트 파트에서는 슬라이드의 구성 원리, 디자인의 흐름, 시각적 전달력 향상 기법을 다루며, 텍스트 중심 문서를 '보는 즉시 이해되는 비주얼 프레젠테이션'으로 바꾸는 과정을 안내합니다. 특히 애니메이션, 멀티미디어 활용, 인쇄 및 연동 기능까지 포함해 실제 보고서와 발표 자료 제작 전 과정을 체계적으로 익힐 수 있습니다.

이 책은 단순한 기능 설명서가 아닙니다. 각 장마다 학습 목표와 예제, 그리고 실습 중심의 단계별 구성이 포함되어 있어, 대학 교재나 직무 교육용 교재로도 바로 활용 가능한 체계적인 학습서입니다. 학생과 학습자는 실습을 따라 하며 문제해결력을 키우고, 교수자와 실무자는 강의 및 실습 자료로 쉽게 확장할 수 있도록 구성했습니다.

"이럴 땐 어떤 기능을 써야 할까?" 하는 순간, 이 책의 한 페이지면 충분합니다. 시간은 부족하지만, 결과물은 완벽해야 하는 사람들, 그리고 엑셀과 파워포인트를 함께 익혀 '데이터로 말하고 시각으로 설득하는 힘'을 기르고 싶은 분들에게 이 책이 가장 짧고 확실한 길잡이가 되길 바랍니다. 엑셀로 데이터를 다듬고, 파워포인트로 메시지를 전하는 순간, 당신의 보고서는 '깔끔하고 설득력 있는 결과물'로 변할 것입니다. 이 책이 그 변화를 만들어 줄 가장 실용적인 동반자가 되길 바랍니다.

차례(엑셀 편)

PART

I

엑셀

01

02

03

차례(엑셀 편)

06

07

차례(파워포인트 편)

PART

II

파워포인트

차례(파워포인트 편)

01

엑셀(EXCEL) 편

EXCEL

1 엑셀 2021 기본 기능 및 워크시트 다루기

이번 장에서는 다음과 같은 내용을 학습합니다.

– 엑셀 2021 시작과 종료, 화면 구성, 통합 문서 관리, 인쇄 방법 등을 학습합니다.

– 셀 범위 지정과 데이터 복사와 이동하는 방법에 대해 학습합니다.

– 워크시트 관리(행 높이 및 너비 조절, 삽입, 삭제 등)하는 방법에 대해 학습합니다.

1 엑셀 시작과 종료

엑셀을 시작하는 방법은 다른 응용 프로그램과 마찬가지로 시작 버튼의 메뉴를 이용하거나 바로 가기 아이콘, 윈도우 탐색기 등을 이용하는 방법이 있습니다. 엑셀을 시작하고 종료하는 다양한 방법을 알아보고, 각각의 방법으로 엑셀을 시작하고 종료해봅시다.

〈준비파일 : 없음〉

실습 1-1 엑셀 시작하기

❶ 시작 메뉴에서 시작하기 : 작업 표시줄에서 [시작] 버튼을 클릭하고 엑셀 프로그램(Excel)을 선택하여 시작한다.

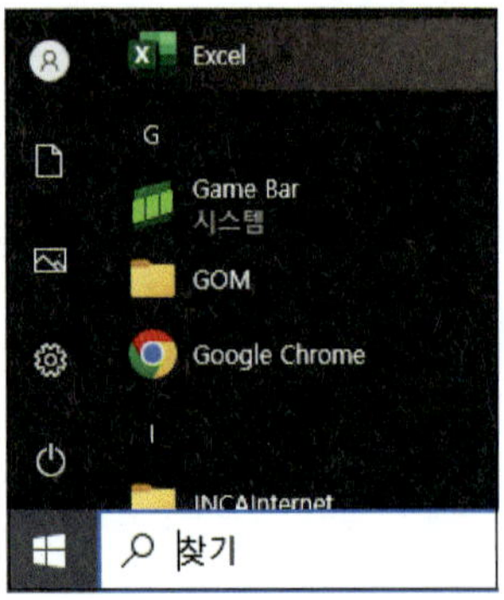

❷ 엑셀 파일 더블클릭하기 : 이전에 작성하고 저장해 둔 엑셀 파일을 더블클릭하여 시작한다.

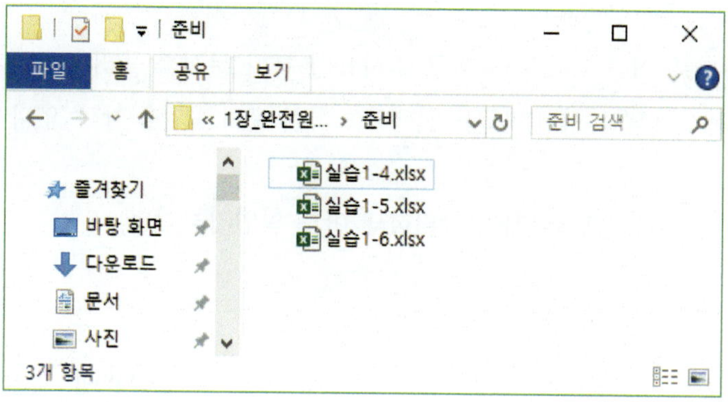

❸ 바로 가기 아이콘 이용하기 : 바탕화면에 있는 [Excel] 바로 가기 아이콘 을 더블 클릭하여 시작한다.

Tip

바로 가기 아이콘을 어떻게 만들까?

[시작] 버튼을 클릭한 후 [Excel] [Excel]을 클릭한 채로 바탕화면으로 드래그하면 바로 가기 아이콘이 만들어진다.

심화학습 **엑셀 2021 시작 화면**

엑셀 2021을 실행하면 여러 서식을 이용하여 작업할 수 있는 시작 화면이 열린다.

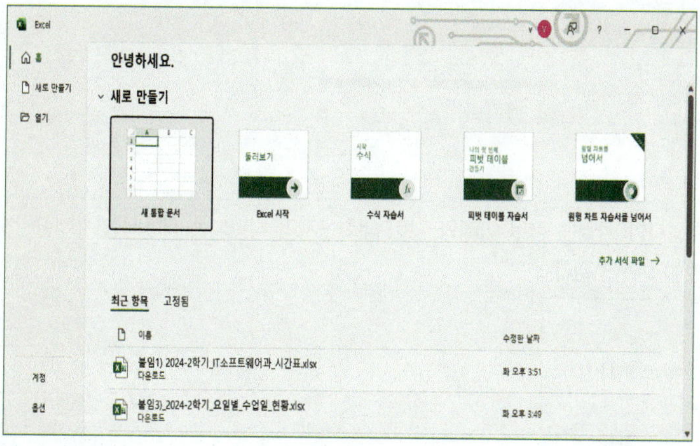

① 새 통합 문서 : 새로운 통합 문서를 만든다.
② 열기 : 기존에 작성했던 통합 문서를 불러온다.
③ 최근에 사용한 항목 : 해당 통합 문서를 클릭하면 최근에 사용한 통합 문서를 불러온다.
④ 추가 서식 파일 : 특정 주제나 목적에 맞는 서식 파일을 선택하여 통합 문서 작업을 할 수 있다.

[새 통합 문서]와 [추가 서식 파일]은 [새로 만들기]를 클릭하면 바로 확인가능하다.

〈준비파일 : 없음〉

실습 1-2 엑셀 종료하기

❶ 제목 표시줄 이용하기 : 제목 표시줄 좌측에 있는 창 조절 아이콘 을 클릭하고 [닫기]를 선택하여 종료한다. 창 조절 아이콘을 더블클릭하여 종료할 수도 있다.

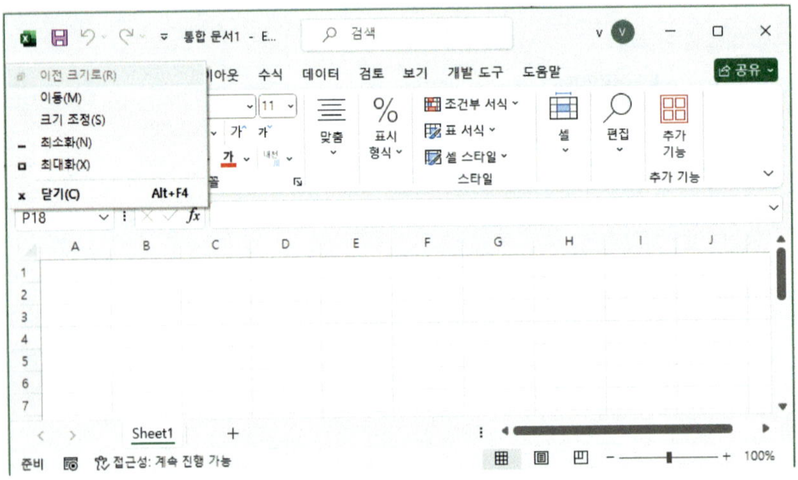

Tip 통합 문서를 닫을 때 문서에 수정사항이 있는 경우 아래와 같이 대화상자가 나타나는 데 [저장], [저장안 함], [취소] 버튼 중 상황에 맞게 클릭하면 된다.

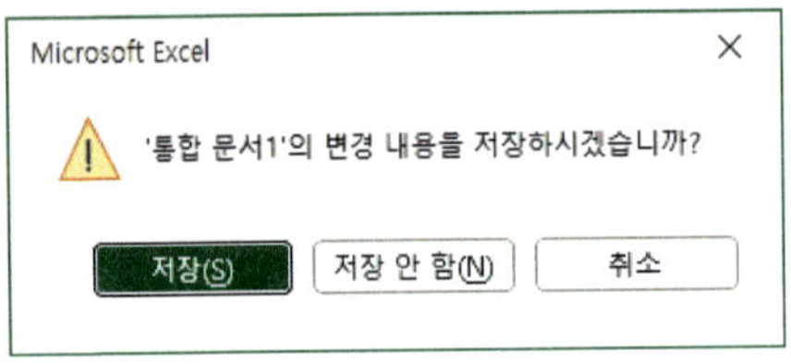

❷ 닫기 버튼 이용하기 : 제목 표시줄 오른쪽 상단의 창 조절 버튼 중에서 [닫기 ×]를 클릭하여 종료한다.

❸ 단축키 이용하기 : 단축키 [Alt] + [F4]를 눌러 종료한다.

심화학습 엑셀 실행 시, 새 통합 문서 바로 나타내기

엑셀을 실행할 때 새 통합 문서가 바로 나타나도록 설정하는 방법을 알아본다.

① [파일] 탭 – [옵션]을 클릭한다.

② [일반] 항목의 [시작 옵션] – [이 응용 프로그램을 시작할 때 시작 화면 표시]의 체크 표시를 해제한 후 [확인]을 클릭한다.

③ 엑셀 프로그램을 종료한 후 실행하면 새 통합 문서가 바로 열린다.

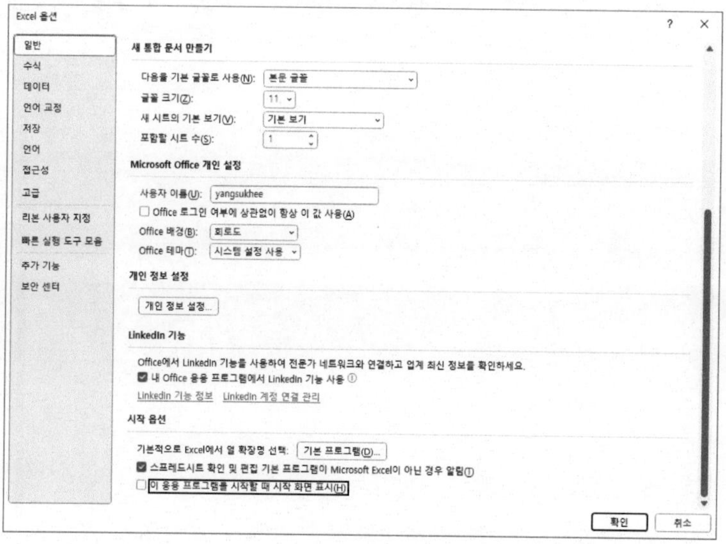

2 엑셀 기본 화면 구성

응용 프로그램을 익숙하게 사용하려면 해당 프로그램의 기본 화면 구성을 잘 파악해야 합니다. 엑셀 2021을 시작하면 여러 가지 서식을 이용할 수 있는 시작 화면이 나타나는데 그중에서 [새 통합 문서]를 선택하면 엑셀의 기본 화면을 볼 수 있습니다. 엑셀의 기본 화면 구성과 워크시트의 화면 구성을 자세히 알아봅시다.

1) 엑셀 기본 화면 구성

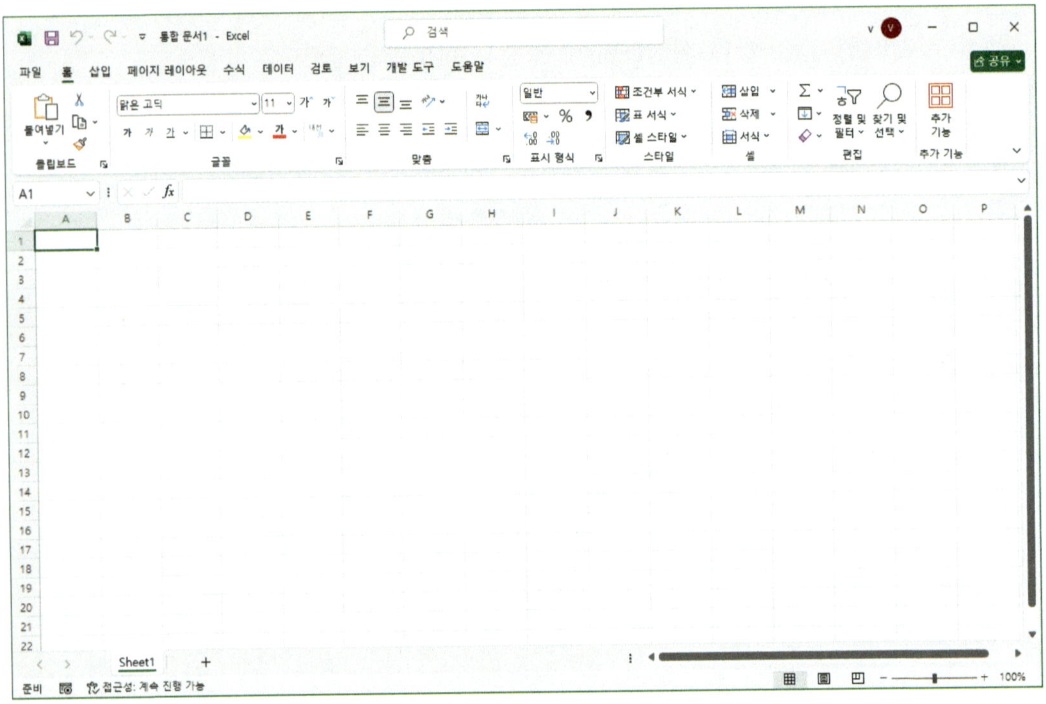

① **빠른 실행 도구 모음** : 자주 사용하는 도구들이 등록되어 있어 리본 메뉴에서 명령을 찾는 시간을 절약할 수 있으며, 사용자가 원하는 기능을 추가하거나 제거할 수 있다.

② **제목 표시줄** : 프로그램 이름과 현재 작업 중인 통합 문서의 파일 이름을 표시한다.

③ **창 조절 버튼** : 엑셀 창의 최소화, 최대화, 닫기 버튼으로 구성된다.

④ **공유버튼** : 클라우드 서비스인 OneDrive에 온라인으로 [업로드], [열기], [공유]할 수 있다.

⑤ **파일 탭** : 정보, 새로 만들기, 열기, 저장, 인쇄, 공유, 내보내기, 닫기, 계정, 옵션 등 파일 관리를 위한 메뉴들로 구성되어 있다.

⑥ **메뉴 탭** : 홈, 삽입, 페이지 레이아웃, 수식 등 8개의 기본 탭이 있습니다. 각 탭마다 여러 개

의 그룹으로 명령이 분류되어 있으며 나만의 리본 메뉴를 만들 수도 있다.

⑦ **리본 메뉴** : 리본 메뉴는 실제로 자주 사용하는 기능들을 그룹별로 나뉘어 출력된다. 각 리본의 오른쪽 아래에는 조그만 화살표 모양의 라운치 버튼(Launch) ↘ 있는데, 이 버튼을 클릭하면 각 리본의 세부기능을 확인할 수 있다.

⑧ **상태 표시줄** : 현재 통합 문서의 셀 작업 상태를 표시하고, 워크시트 보기 상태, 화면 확대/축소 비율 등을 지정할 수 있다.

2) 워크시트 화면 구성

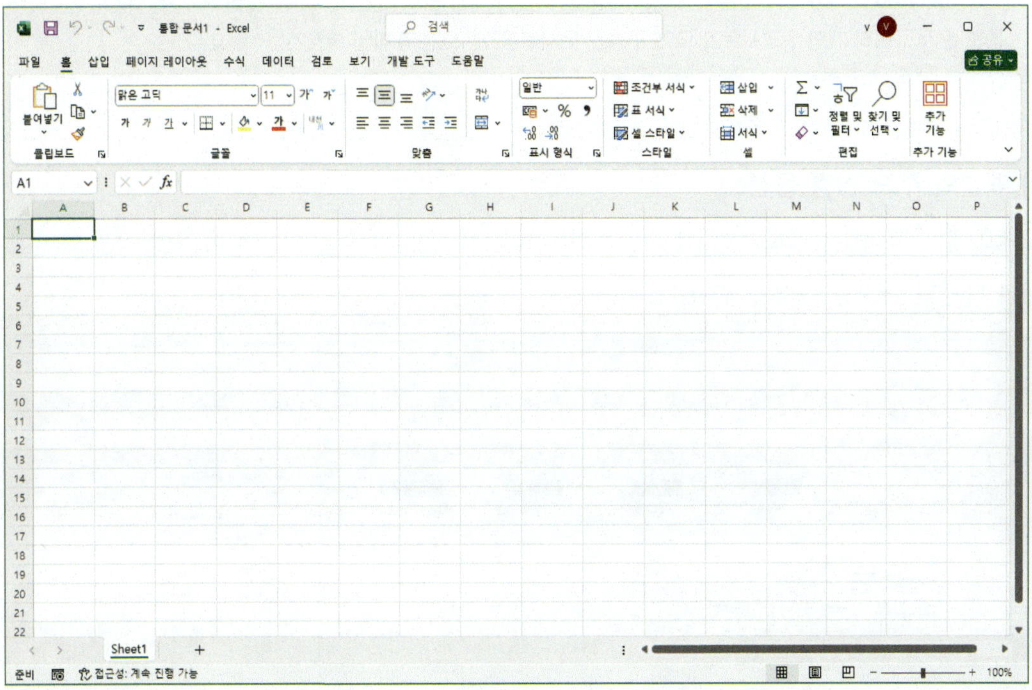

① **워크시트** : 셀로 구성되며, 데이터를 입력 · 편집하고, 다양한 기능을 수행하는 작업 창이다.

② **이름 상자** : 셀 포인터가 위치한 셀의 주소를 표시한다.

③ **수식 입력줄** : 현재 선택된 셀의 내용이나 수식을 보여주고 이를 편집할 때 이용한다.

④ **행 머리글** : 행 번호가 표시되는 곳으로 1행부터 1,048,576행이 있다.

⑤ **열 머리글** : 열 이름이 표시되는 곳으로 A열부터 XFD열까지 16,384열이 있다.

⑥ **셀 포인터** : 현재 작업할 셀을 가리키며, 굵은 녹색 테두리가 주위에 표시된다.

⑦ **시트 탭** : 현재 통합 문서에 있는 시트와 이름이 표시된다.

⑧ **시트 이동 버튼** : 시트 탭에 표시되는 시트를 이동시키면서 볼 수 있다.

⑨ **시트 삽입 컨트롤** : 기존 시트 뒤에 새로운 시트를 삽입할 때 사용한다.

⑩ **수직/수평 이동줄** : 워크시트를 수직/수평 방향으로 이동하면서 내용을 볼 수 있다.

⑪ **워크시트 보기 상태** : 워크시트를 다양하게(기본/페이지 레이아웃/페이지 나누기 미리 보기) 바꾸어 볼 수 있다.

⑫ **확대/축소 컨트롤** : 워크시트의 크기를 조절할 수 있다.

용어 정리 **엑셀 기본 용어의 이해 : 셀 → 워크시트 → 통합 문서**

- **셀(Cell)** : 엑셀에서 데이터 입력의 가장 기본이 되는 단위로서 열 이름과 행 번호를 조합하여 A1, A2, B1, B2 등으로 셀 주소를 매겨진다.
- **워크시트(Worksheet)** : 각 셀들이 모여 이루어진 엑셀의 작업 영역이다. 예) Sheet1, Sheet2, Sheet3
- **통합 문서** : 여러 개의 워크시트가 모여 구성된 문서로 엑셀 2021의 파일 확장자는 xlsx이다.

3) 엑셀의 주요 환경 옵션

[파일] 탭 – [옵션]을 선택하면 [Excel 옵션] 창이 나타납니다. [옵션]을 이용하면 엑셀 화면에 대한 다양한 환경을 설정할 수 있다.

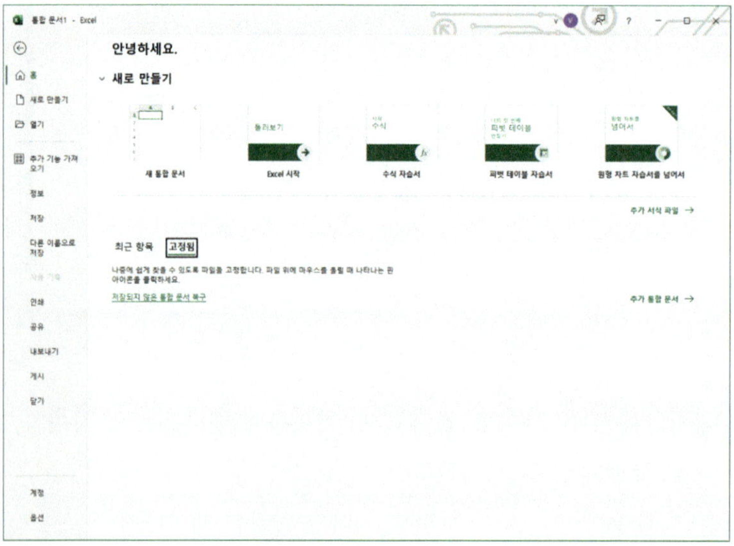

[Excel 옵션] 창이 열리면 [일반] 탭– [새 통합 문서 만들기]에서 새로운 통합 문서 작업 상태에 대한 글꼴, 크기, 기본 시트 수를 설정할 수 있다. 'Microsoft Office 개인 설정'에서는 사용자 이름과 Office 테마색을 변경할 수 있으며 [시작 옵션]에서는 엑셀을 시작할 때, 시작 화면 표시 여부 등을 설정할 수 있다.

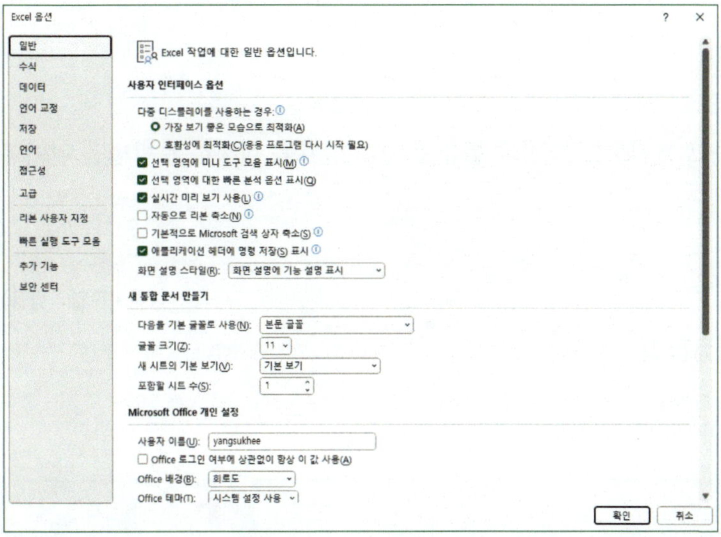

01

Tip 자주 사용하는 기능은 일반, 저장, 고급, 리본 사용자 지정이며, 자신만의 환경을 설정하여 작업 공간을 만들 수 있다.

3 통합 문서 관리

엑셀에서 통합 문서를 저장하고 불러오는 방법과 통합 문서에 암호를 설정하는 방법을 알아봅시다.

〈준비파일 : 없음〉

실습 1-3 통합 문서 저장하기

❶ 엑셀을 실행하고 다음과 같이 데이터를 입력합니다.

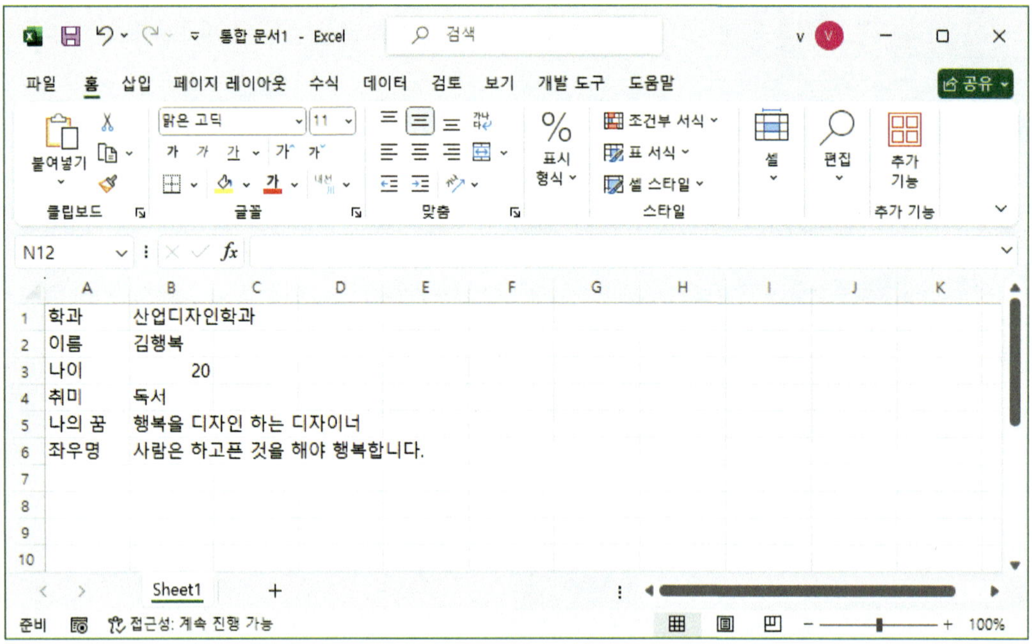

Tip 입력한 데이터가 셀 너비보다 길면 오른쪽 셀에 걸쳐서 표시되며 오른쪽 셀에도 데이터를 입력하면 왼쪽 셀에 입력했던 데이터가 가려 보이지 않게 된다. 모든 데이터가 보이게 하려면 열 머리글 사이를 마우스로 드래그하여 넓히거나 열 머리글 사이를 더블클릭하면 입력한 데이터의 길이에 맞게 열 너비가 자동으로 늘어난다.

❷ [파일] 탭 – [저장] – [기타 위치] – [찾아보기]를 선택한다.

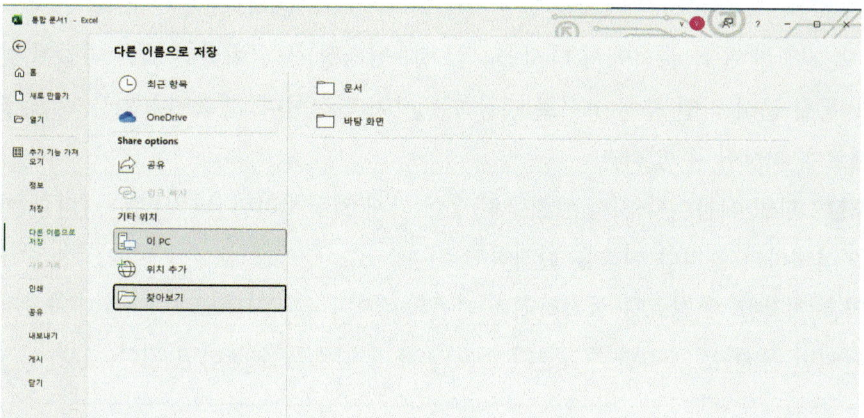

더 알아보기 **PDF형식과 OneDrive에 저장하기**

- **PDF 파일로 저장하기** : 통합 문서를 PDF 또는 XPS 파일로 저장할 수 있습니다. [파일] 탭 – [내보내기] – [PDF/XPS 문서 만들기] – [PDF/XPS 만들기]를 클릭한 후 파일명을 입력하고 [게시]를 선택한다.
- **OneDrive에 저장하기** : OneDrive에 통합 문서를 저장하면 장소와 장치에 구애받지 않고 언제 어디서나 파일을 공유하여 활용할 수 있다.

❸ [다른 이름으로 저장] 대화상자가 열리면 저장할 폴더를 선택하고 파일 이름 입력란에 '실습1-3(완성)'이라고 입력한 후 [저장]을 클릭한다.

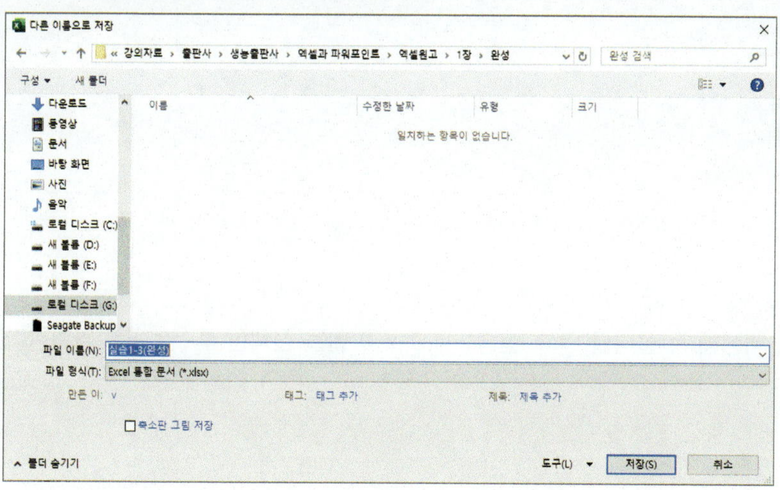

심화학습 **저장 관련 옵션**

- **바로 저장** : 한 번 저장한 통합 문서에서 다시 [파일] 탭 – [저장]을 클릭하면 기존 파일에 덮어쓰기가 된다. 통합 문서 작업 중에 수시로 저장하는 것이 안전하며, 단축키 [Ctrl] + [S]를 이용하면 더 빠르게 저장할 수 있다.
- **다른 이름으로 저장** : 파일 이름이나 저장 위치를 바꾸어 다시 저장하려면 [파일] 탭 – [다른 이름으로 저장]을 선택하여 폴더나 이름을 변경하면 된다.
- **암호 설정** : 파일을 저장할 때 암호를 설정하려면 다음과 같이 [다른 이름으로 저장] 대화상자에서 [도구] – [일반 옵션]을 클릭한 후, 열기 암호와 쓰기 암호를 설정하면 된다.

〈준비파일 : 실습1-4.xlsx〉

실습 1-4 통합 문서 열기

❶ [파일] 탭 – [열기] – [기타 위치] – [찾아보기]를 클릭한다.

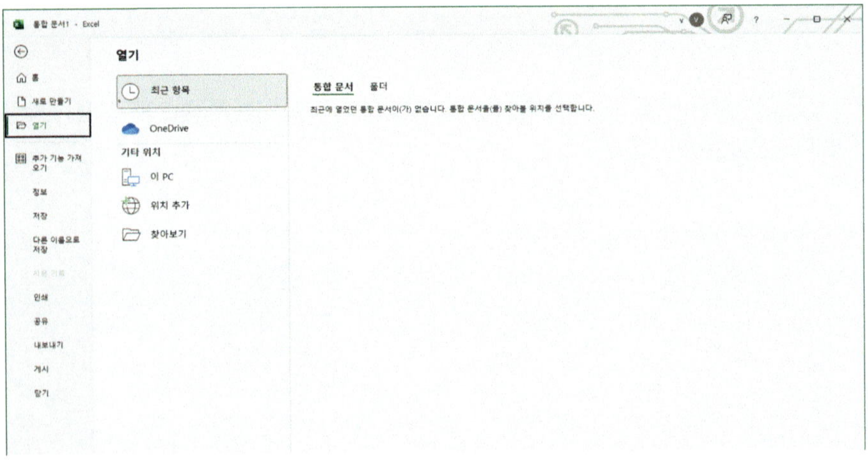

❷ 예제 파일을 다운 받아 저장해 둔 폴더를 열고 '실습1-4.xlsx' 파일을 선택한 후 [열기]를 클릭한다.

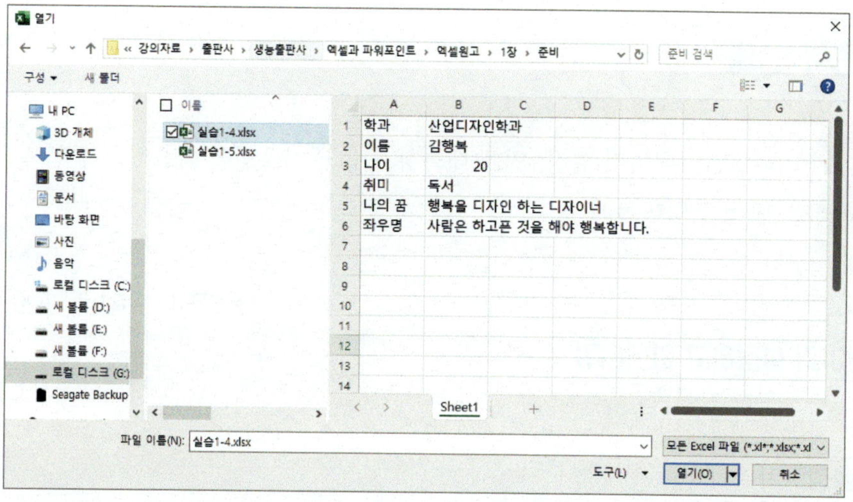
열기
« 강의자료 › 출판사 › 생능출판사 › 엑셀과 파워포인트 › 엑셀원고 › 1장 › 준비
준비 검색
구성
새 폴더
내 PC
3D 개체
다운로드
동영상
문서
바탕 화면
사진
음악
로컬 디스크 (C:)
새 볼륨 (D:)
새 볼륨 (E:)
새 볼륨 (F:)
로컬 디스크 (G:)
Seagate Backup
이름
실습1-4.xlsx
실습1-5.xlsx
학과
산업디자인학과
이름
김행복
나이
20
취미
독서
나의 꿈
행복을 디자인 하는 디자이너
좌우명
사람은 하고픈 것을 해야 행복합니다.
Sheet1
파일 이름(N):
실습1-4.xlsx
모든 Excel 파일 (*.xl*;*.xlsx;*.xl
도구(L)
열기(O)
취소

4 통합 문서 인쇄

워크시트 내용에 대한 미리 보기, 페이지 설정, 인쇄 대화상자 옵션 사용법을 학습하고 통합 문서를 올바르게 인쇄하는 방법을 알아봅시다.

〈준비파일 : 실습1-5.xlsx〉

실습 1-5 페이지 설정하고 인쇄하기

[단계 1] 페이지 설정하기

❶ '실습1-5.xlsx' 파일을 열고 [파일] 탭 – [인쇄] – [페이지 설정]을 클릭한다.

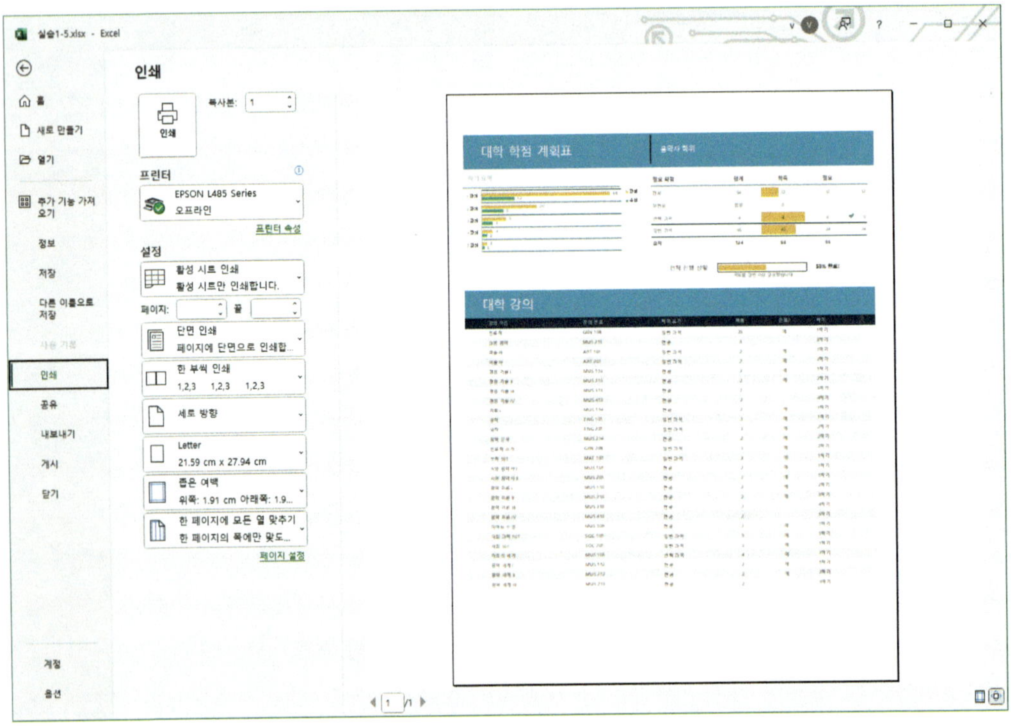

Tip [페이지 레이아웃] 탭의 라운치 버튼을( ) 클릭해도 [페이지 설정] 대화상자가 열린다.

❷ [페이지 설정] 대화상자가 열리면 [여백] 탭을 클릭하여 다음과 같이 왼쪽과 오른쪽 여백을 각각 '2'로 수정한 후 [페이지 가운데 맞춤]의 [가로]와 [세로]를 체크한다.

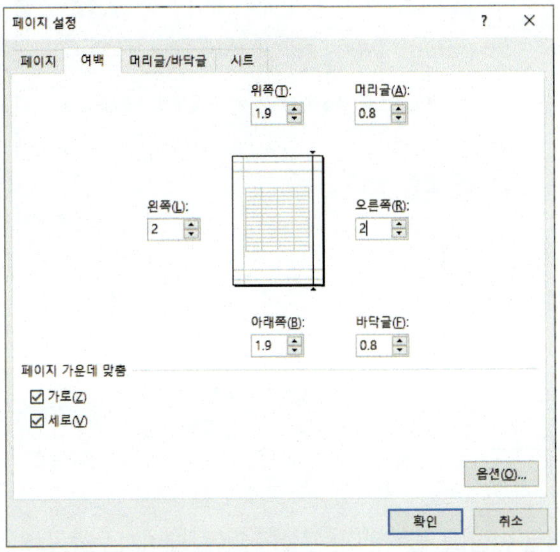

❸ [머리글/바닥글] 탭을 클릭한 후 [머리글 편집]을 선택한다. [머리글] 대화상자가 열리면 왼쪽 구역에 '대학 학점 계획표'라고 입력하고 오른쪽 구역에 [날짜 삽입 7]을 클릭한 후 [확인]을 선택한다.

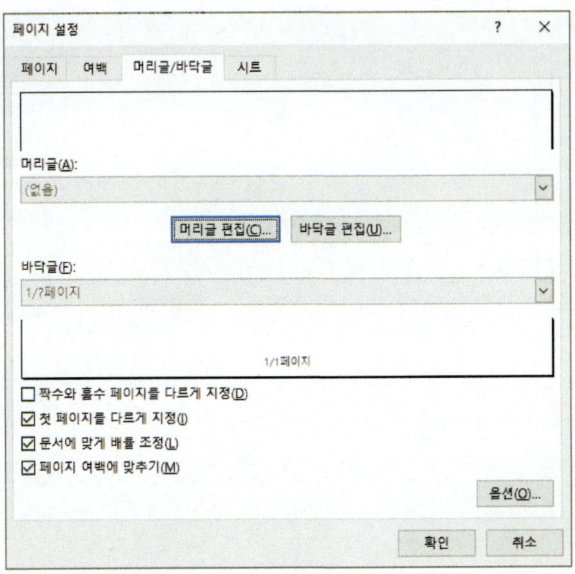

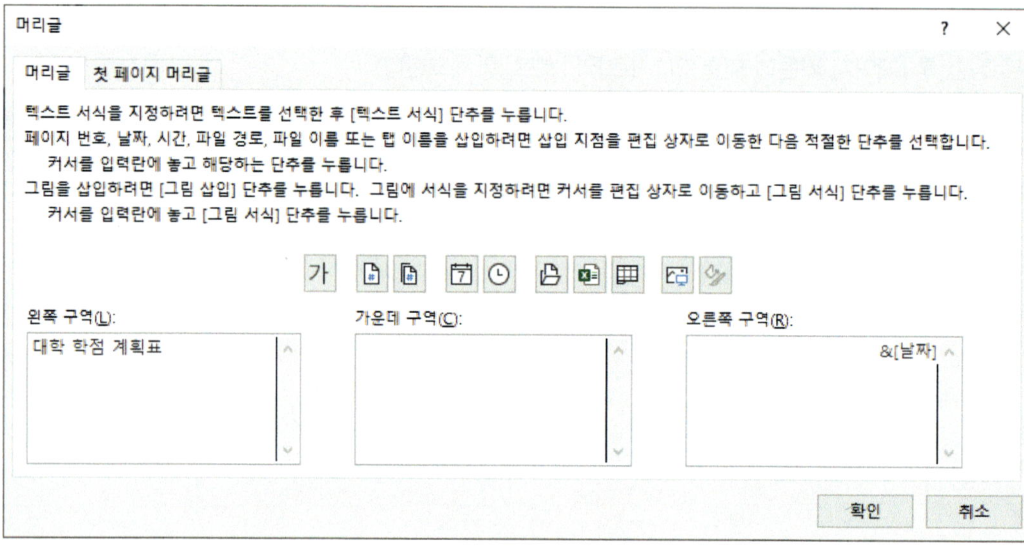

❹ 다시 [페이지 설정] 대화상자가 나타나면 [바닥글 편집]을 클릭한다. 왼쪽 구역에 [페이지 번호 삽입 ]과 [전체 페이지 수 삽입 ]을 각각 클릭하고, 그 사이에 키보드로 '/'를 입력한다. 오른쪽 구역에 작성자의 이름을 입력한 후 [확인]을 선택한다.

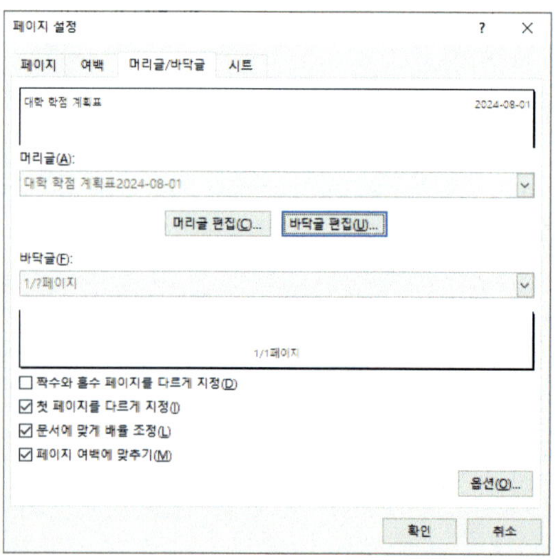

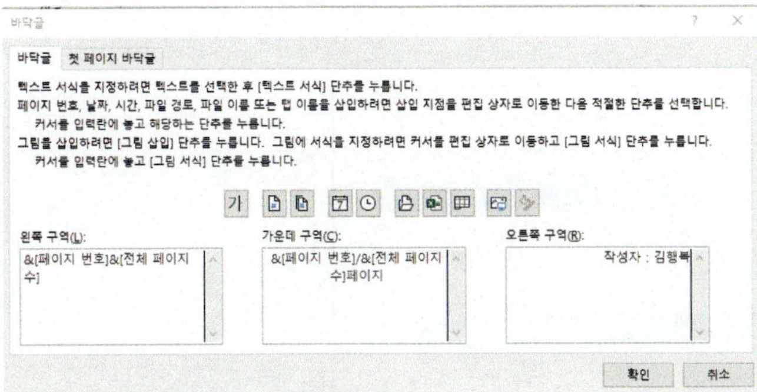

❺ [페이지 설정] 대화상자가 나타나면 다시 [확인]을 선택한다. 수정된 페이지 설정 내용을 오른쪽 미리 보기 창에서 확인할 수 있다.

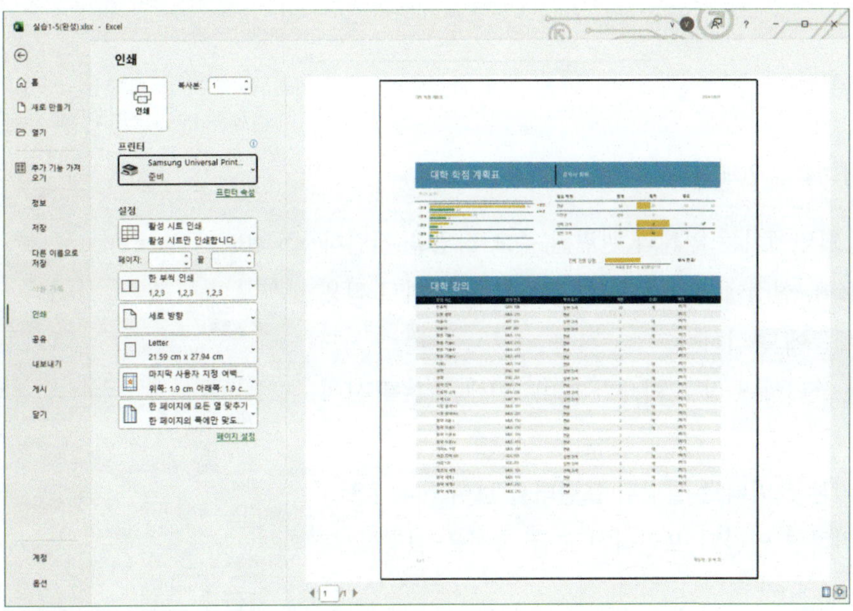

[단계 2] 인쇄하기

❶ [파일] 탭 – [인쇄] 를 클릭하거나 단축키 [Ctrl] + [P]를 누른다.

❷ 오른쪽 미리 보기 창으로 완성 파일의 모양을 확인하고 [인쇄]를 클릭하여 인쇄한다.

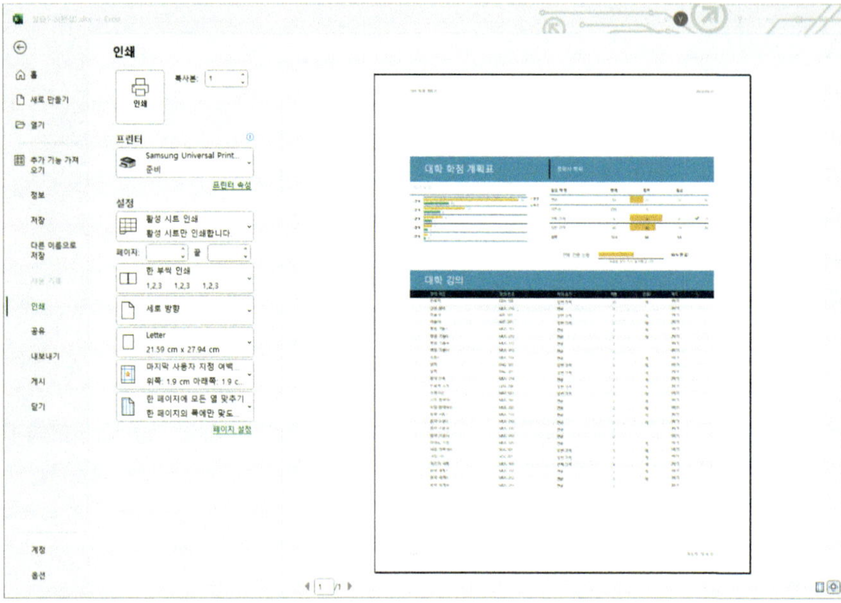

심화학습 인쇄옵션

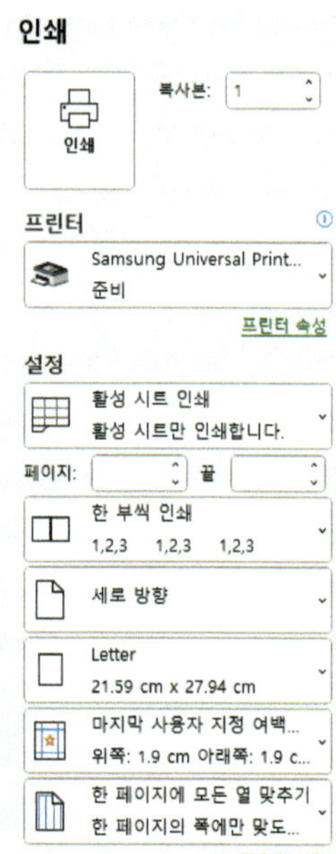

인쇄 백스테이지 화면에서는 인쇄와 관련된 주요 작업을 간단하게 수행할 수 있으며, 설정 값이 오른쪽 미리 보기 창에 바로 적용이 되어 보이기 때문에 편리하다.

- **인쇄** : [인쇄]를 클릭하면 바로 인쇄가 되며, 인쇄 부수를 선택할 수 있다.
- **프린터** : 현재 기본 프린터로 설정된 프린터를 보여준다. [프린터 속성]을 클릭하면 연결된 프린터의 고급 속성을 설정할 수 있다.
- **설정**
  - 인쇄 범위 설정 : 활성 시트 인쇄, 전체 통합 문서 인쇄, 선택 영역 인쇄, 선택한 표 인쇄 중 선택해서 인쇄가 가능하다.
  - 페이지 설정 : 원하는 페이지를 지정해서 인쇄할 수 있다.
  - 기타 설정 : 이외에도 한 부씩 인쇄 옵션, 용지 방향, 용지 크기, 용지 여백, 크기 조정 옵션 등을 설정할 수 있다.
  - 페이지 설정 : 인쇄에 관련된 자세한 옵션을 지정할 수 있다.

5 워크시트 편집

엑셀 작업은 워크시트를 위주로 이루어지며 워크시트의 내용을 꾸미고 편집하기 위해서는 셀을 잘 다룰 줄 알아야 합니다. 셀 범위를 지정하는 방법을 자세히 알아보고, 시트 내 데이터를 복사하고 이동하는 다양한 방법을 알아봅시다.

〈준비파일 : 실습1-6.xlsx〉

01

실습 1-6 셀 범위 지정하기

워크시트 내용을 꾸미고 편집하기 위해서는 해당 영역을 블록 설정해야 하며 셀을 선택할 때는 마우스나 키보드를 이용한다.

[단계 1] 연속적인 셀 선택하기

❶ '실습1-6.xlsx' 파일을 열고 [B4] 셀을 클릭한다.

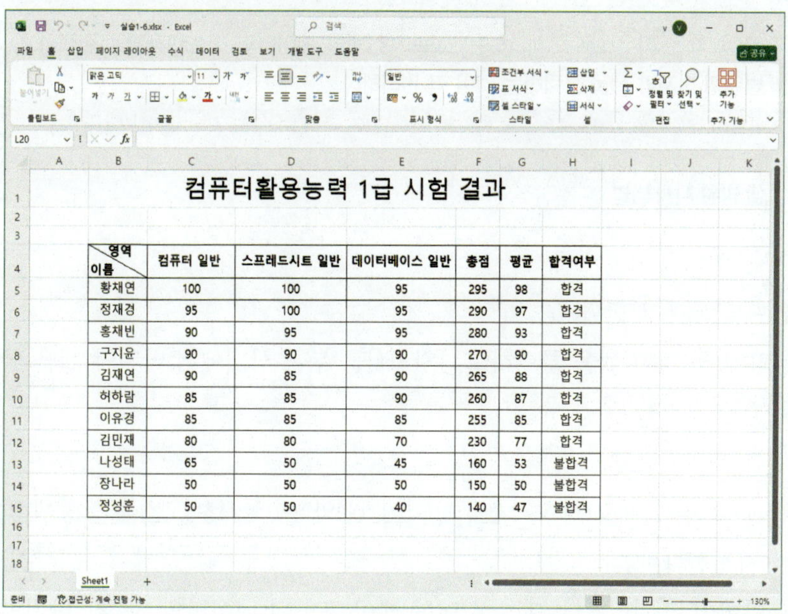

❷ [Shift]를 누른 채로 [H15] 셀을 클릭한다.

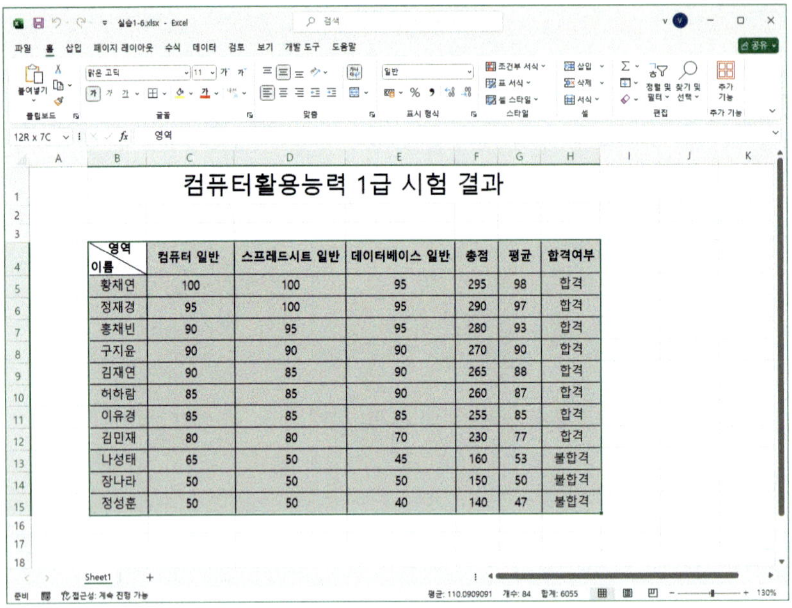

> **Tip**
> 워크시트에 데이터가 많을 때는 마우스로 드래그하는 것보다 선택할 데이터의 첫 번째 셀을 클릭하고, Shift 를 누른 채 셀 범위의 마지막 셀을 클릭하는 것이 더 편리하다.

심화학습 셀 범위 지정 방법

- **마우스 이용하기**
  - 마우스로 원하는 범위를 드래그 한다.
  - 선택하고자 하는 영역의 첫 번째 셀을 클릭하고, [Shift]를 누른 상태에서 마지막 셀을 클릭한다.
- **키보드 이용하기**
  - 첫 번째 셀에서 [Shift]를 누른 채로 방향키 ←, →, ↑, ↓와 Home, End, Page Up, Page Down을 상황에 맞게 이용하여 범위를 지정한다.
  - [Ctrl] + [Shift] + 방향키 ←, →, ↑, ↓ : 선택한 셀이 포함된 데이터의 첫 열, 마지막 열, 첫 행, 마지막 행까지 범위를 지정한다.
  - [Ctrl] + [Shift] + * : 선택한 셀을 포함한 데이터의 전체 범위를 지정한다.
  - [Ctrl] + [Shift] + [End] : 현재 셀에서 데이터가 입력된 마지막 셀까지의 범위를 지정한다.

[단계 2] 비연속적인 셀 선택하기

❶ [B5] 셀을 클릭하고 [B15] 셀까지 드래그하여 [B5:B15] 셀을 범위로 지정한다.

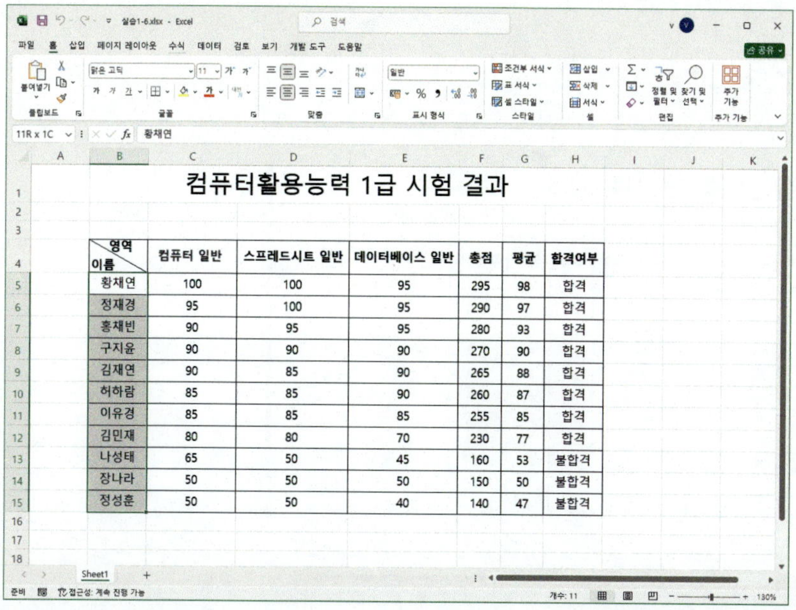

❷ [Ctrl]을 누른 채로 드래그하여 [F5:F15] 셀과 [H5:H15] 셀을 범위로 지정한다.

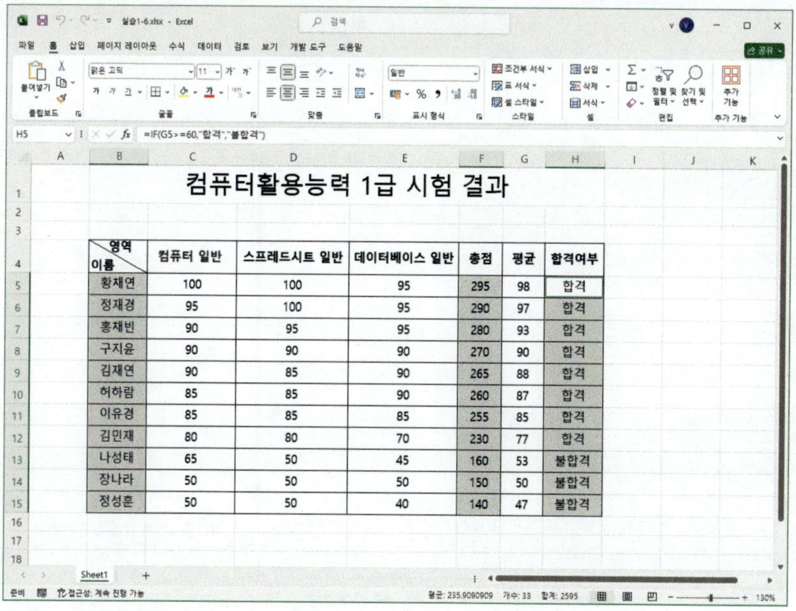

[단계 3] 복수의 행/열 선택하기

❶ B열의 열 머리글을 클릭하여 B열 전체를 선택한다.

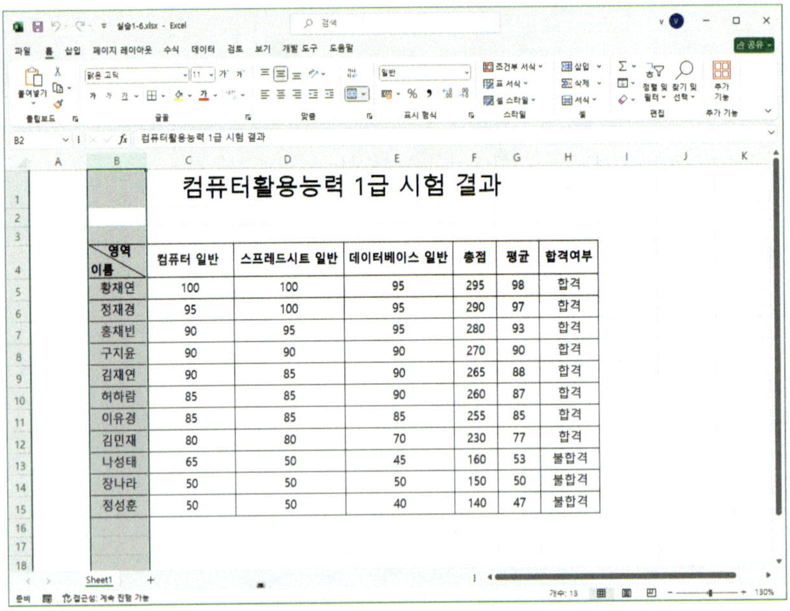

❷ [Shift]를 누른 상태로 H열의 열 머리글을 클릭한다.

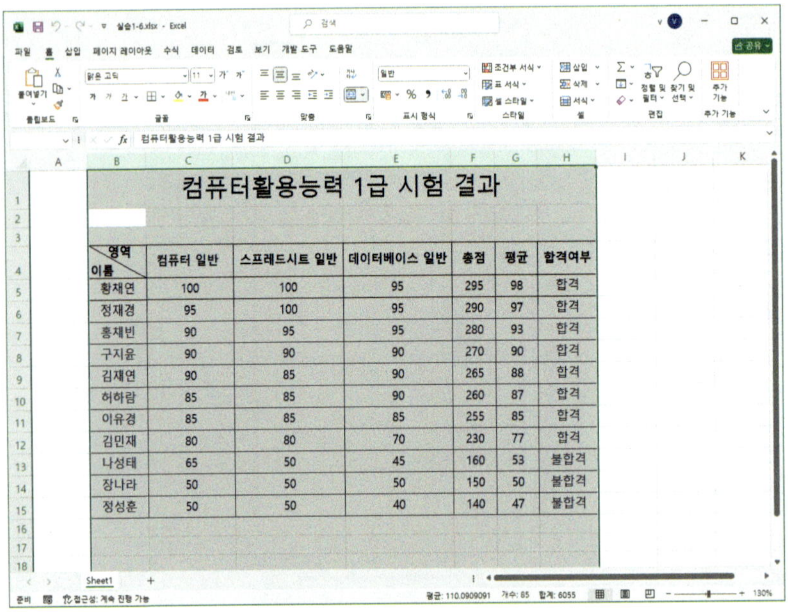

❸ 임의의 셀을 클릭하여 영역 지정을 해제한 후, 5행을 클릭한 후 [Ctrl]을 누른 상태에서 7, 9, 11행의 행 머리글을 차례로 클릭한다.

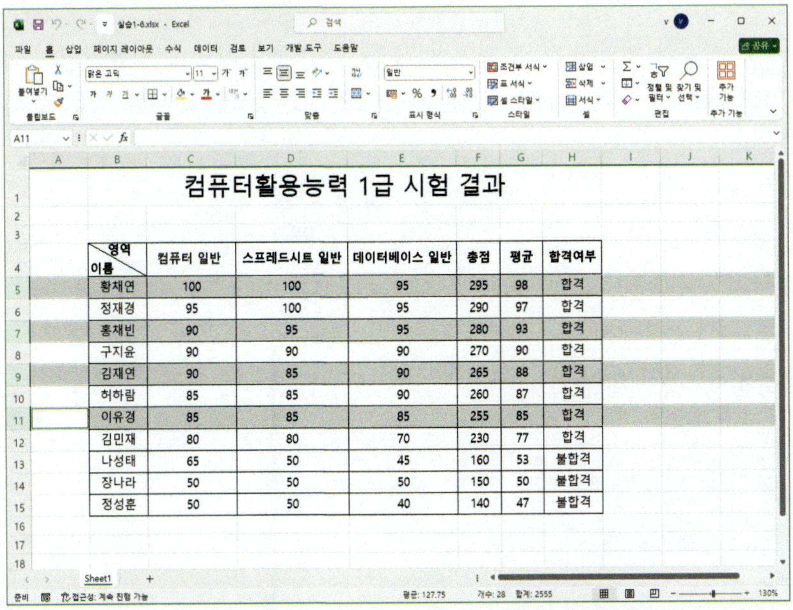

심화학습 **행/열 머리글을 이용하여 영역 선택하기**

- **연속적인 범위 선택하기**
  - 행 머리글이나 열 머리글을 클릭한 상태에서 원하는 부분까지 드래그한다.
  - 영역의 첫 번째 행/열 머리글이나 셀 하나를 클릭하고, [Shift]를 누른 채로 원하는 영역의 마지막 행/열 머리글을 클릭한다.
- **비연속적인 범위 선택하기**
  - [Ctrl]을 누른 상태로 선택할 행/열 머리글을 각각 클릭한다.
- **전체 범위 선택하기**
  - 행/열 머리글이 만나는 왼쪽 모서리에 있는 [모두 선택 단추]를 클릭하거나 단축키 [Ctrl] + [A]를 누르면 워크시트의 모든 셀이 선택된다.

<준비파일 : 실습1-7.xlsx>

실습 1-7 데이터 복사하기

원본 데이터는 그대로 두고, 동일한 내용을 붙여 넣고자 할 때 복사하기 기능을 이용한다.

❶ '실습1-7.xlsx' 파일을 열고 [B6:H9] 셀을 범위로 지정한 후 마우스 오른쪽 버튼을 누른 후 바로 가기 메뉴에서 [복사]를 선택한다.

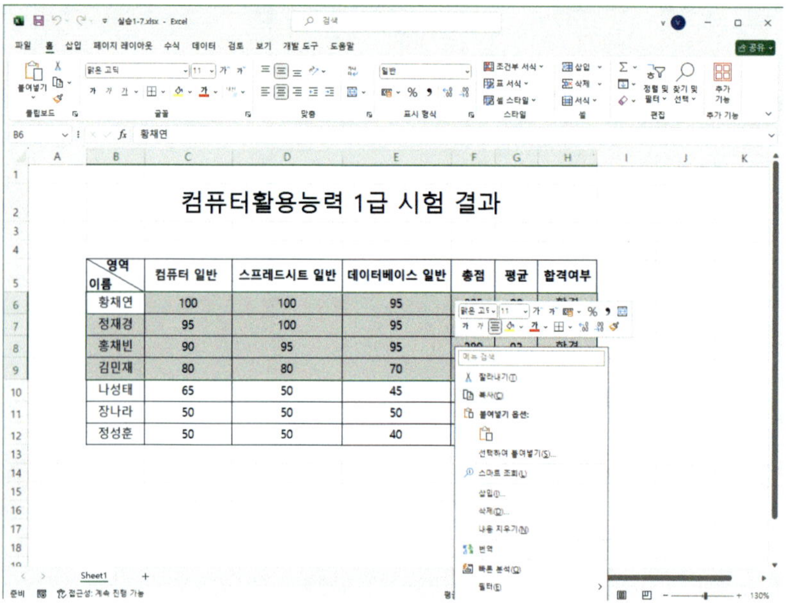

Tip [홈] 탭 – [클립보드] 그룹 – [복사]를 선택하거나 단축키 [Ctrl] + [C]를 눌러도 된다.

❷ 붙여 넣고자 하는 [B15] 셀을 클릭하고 [Enter]를 누르거나 바로 가기 메뉴에서 [붙여넣기 옵션] – [붙여넣기]를 클릭하면 데이터가 복사된다.

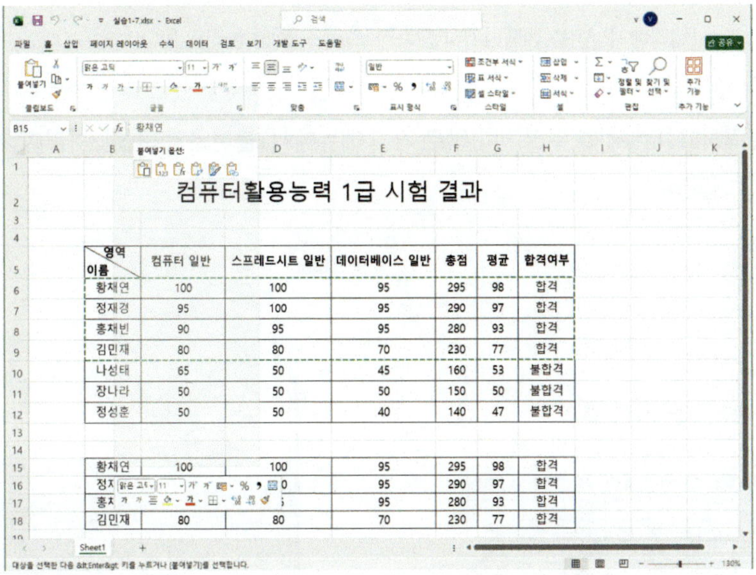

Tip

[홈] 탭 – [클립보드] 그룹 – [붙여넣기 붙여넣기]를 선택하거나 단축키 [Ctrl] + [V]를 눌러도 된다.

〈준비파일 : 실습1-8.xlsx〉

실습 1-8 데이터 이동하기

❶ '실습 1–8.xlsx' 파일을 열고 [B10:H12] 셀을 범위로 지정한 후 바로 가기 메뉴에서 [잘라내기]를 선택한다.

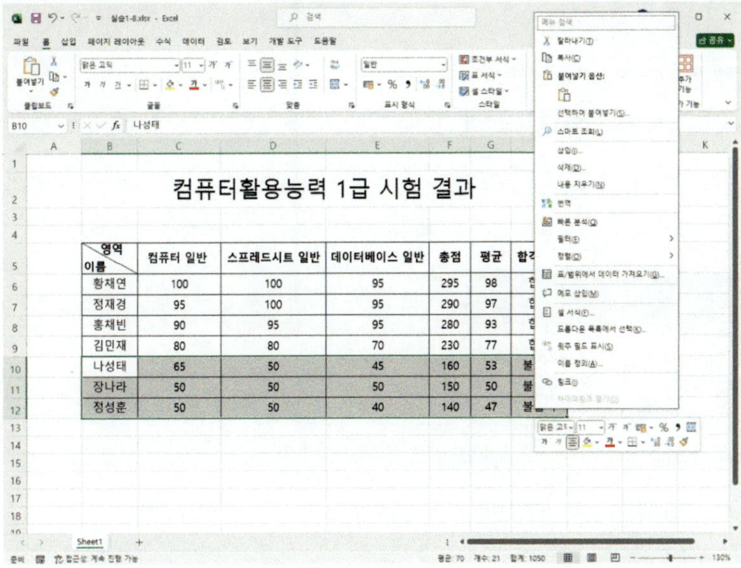

> **Tip**
> [홈] 탭 – [클립보드] 그룹 – [잘라내기]를 선택하거나 단축키 [Ctrl] + [X]를 눌러도 된다.

❷ 붙여 넣고자 하는 셀을 클릭하고 [Enter]를 누르거나 바로 가기 메뉴에서 [붙여넣기 옵션] – [붙여넣기]을 클릭하면 데이터가 이동된다.

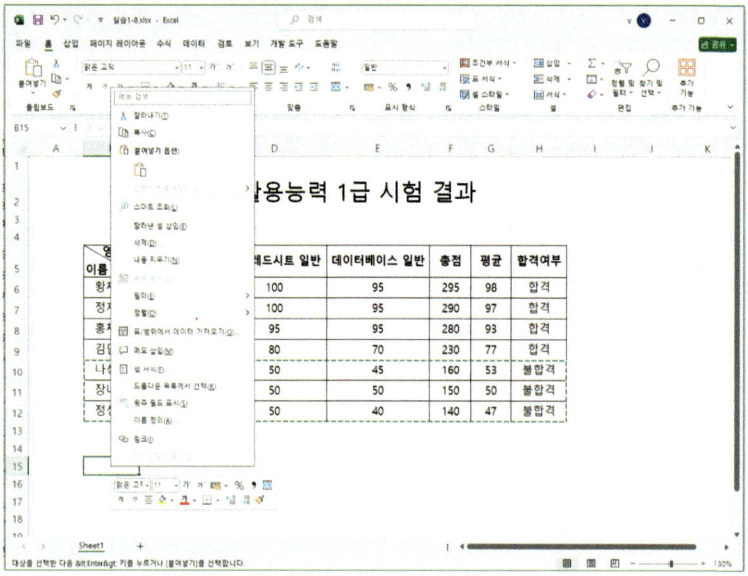

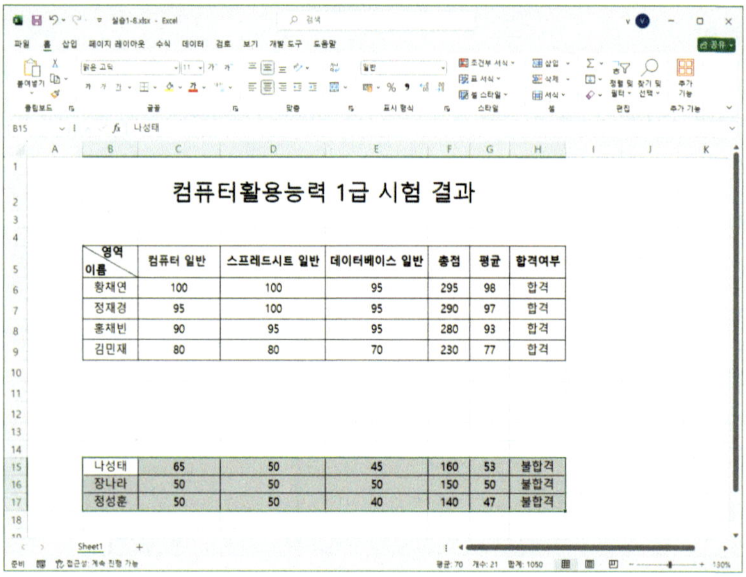

> **Tip**
> [홈] 탭 – [클립보드] 그룹 – [붙여넣기]를 선택하거나 단축키 [Ctrl] + [V]를 눌러도 된다.

심화학습 마우스와 단축키를 이용하여 데이터 복사/이동하기

- **마우스 끌기**

복사할 범위를 선택하고, 선택된 범위의 가장자리에 마우스를 가져가면, 마우스 포인터가 〈파일명: 마우스선택〉 모양으로 바뀌는데 이 상태에서 원하는 곳으로 드래그하면 이동이 되고, [Ctrl]을 누르면서 드래그하면 복사가 된다.

- **단축키와 아이콘**

명령	단축키	리본 메뉴
복사하기	[Ctrl] + [C]	
잘라내기	[Ctrl] + [X]	
붙여넣기	[Ctrl] + [V]	

6 워크시트 관리

행과 열의 크기를 지정하거나 삽입/삭제하는 방법을 알아보고, 워크시트의 이름 변경을 변경하고 시트를 이동/복사하는 방법을 알아봅시다.

〈준비파일 : 실습1-9.xlsx〉

실습 1-9 행 높이와 열 너비 조절하기

❶ '실습1-9.xlsx' 파일을 열고 D열과 E열의 머리글 경계를 마우스로 클릭한 채 오른쪽으로 드래그하여 D열의 너비를 조절한다. 또는 머리글 경계에서 마우스로 더블 클릭하면 셀의 문자열 길이 만큼 열 너비가 자동 조절된다.

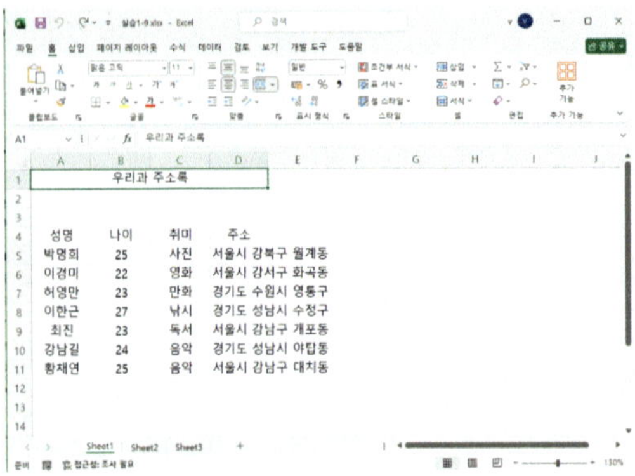

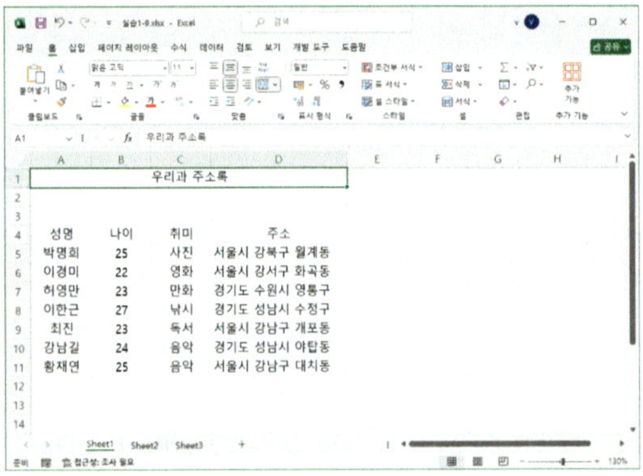

❷ A열부터 C열까지 열 머리글을 드래그하여 범위로 지정한 후 바로 가기 메뉴에서 [열 너비]를 선택한다. [열 너비] 대화상자가 나타나면 숫자를 입력하여 열 너비를 조절한다.

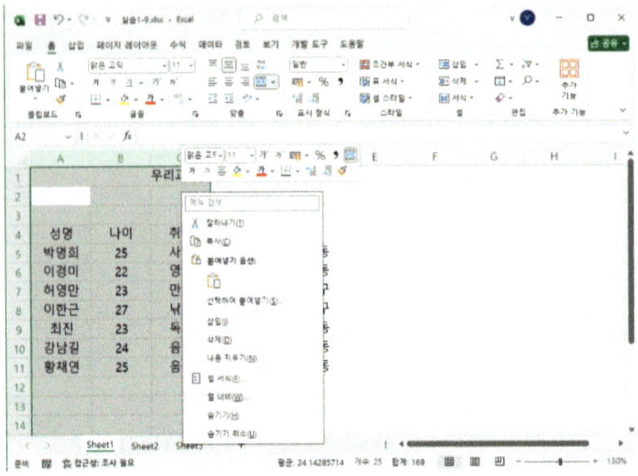

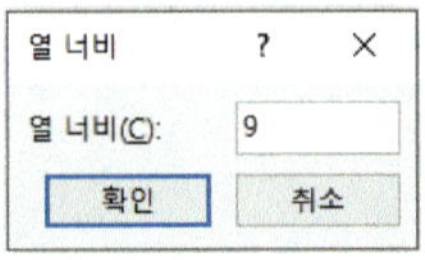

❸ 이번에는 행 높이를 조절하기 위해 4행부터 11행까지 행 머리글을 드래그하여 범위로 지정한 후 바로 가기 메뉴에서 [행 높이]를 선택한다. [행 높이] 대화상자가 열리면 숫자 '20'을 입력하고 [확인]을 선택한다.

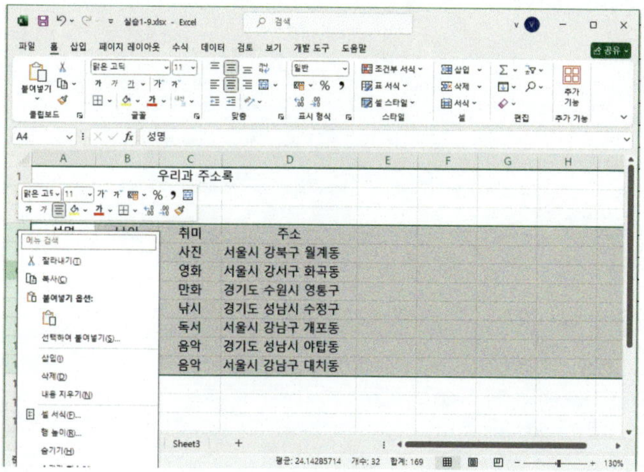

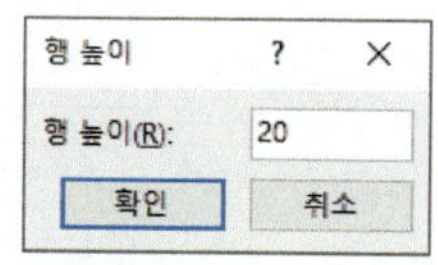

Tip 행 높이와 열 너비 지정은 [홈] 탭 – [셀] 그룹 – [서식] – [행 높이]/[열 너비]를 선택하여 조절해도 되지만, 바로 가기 메뉴를 사용하는 것이 훨씬 편리하다.

〈준비파일 : 실습1-10.xlsx〉

실습 1-10 행과 열 삽입/삭제하기

❶ '실습1-10.xlsx' 파일을 열고 B열을 선택한 후 바로 가기 메뉴에서 [삽입]을 선택한다.

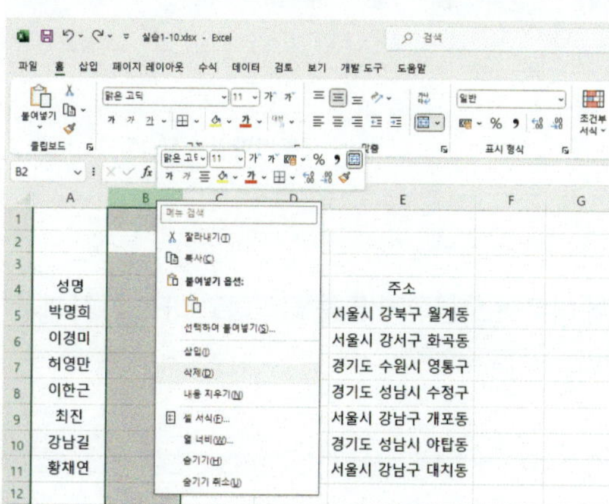

❷ 선택한 열의 왼쪽에 빈 열이 삽입된다. 삽입된 B열을 선택한 후 바로 가기 메뉴에서 [삭제]를 선택한다.

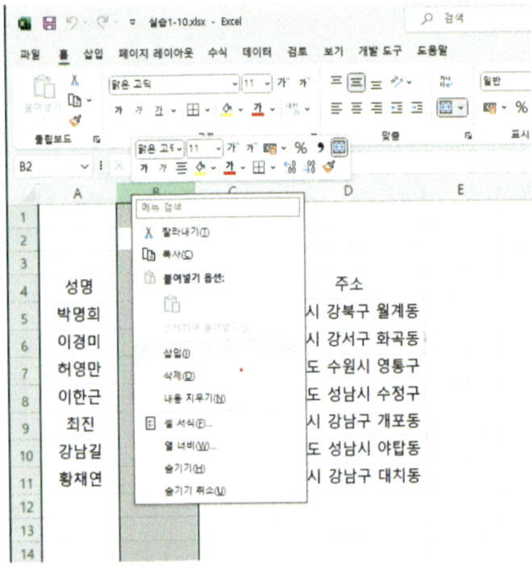

❸ B열이 삭제되었다. 이번에는 6행과 7행을 범위로 지정한 후 바로 가기 메뉴에서 [삽입]을 선택하면 선택한 행 개수만큼 위쪽에 빈 행이 삽입된다.

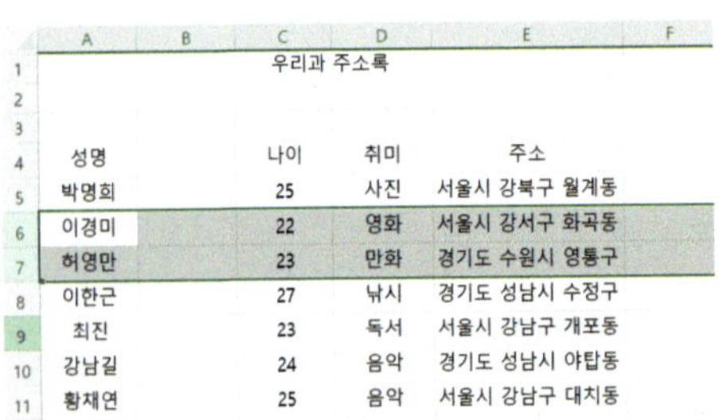

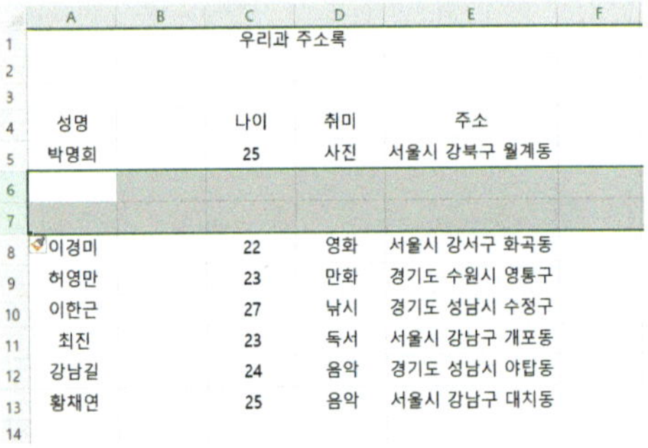

〈준비파일 : 실습1-11.xlsx〉

실습 1-11 시트 이름 변경하기

❶ '실습1-11.xlsx' 파일을 열고 [Sheet1] 시트 탭에서 마우스 오른쪽 버튼을 클릭하고 바로 가기 메뉴에서 [이름 바꾸기]를 선택한 후 '국문과'라고 입력한다.

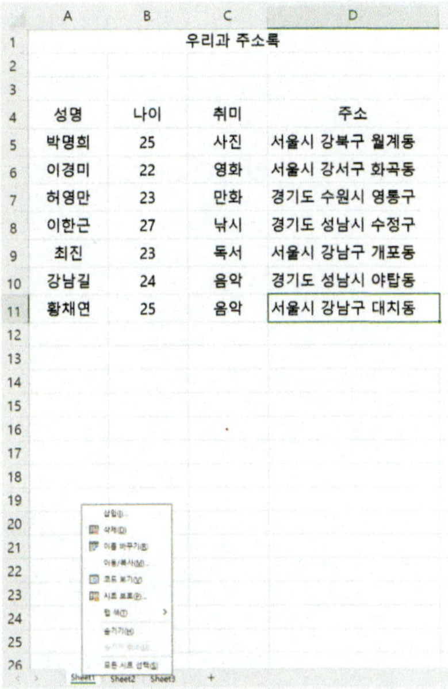

01

> **Tip** [Sheet1] 시트 탭을 더블클릭하고 바로 시트 이름을 입력하거나, [Sheet1] 시트 탭을 클릭하고 [홈] 탭 – [셀] 그룹 – [서식] – [시트 이름 바꾸기]를 선택해도 된다.

❷ [Sheet2] 시트와 [Sheet3] 시트의 이름을 '아동학과', '영문과'로 각각 변경한다.

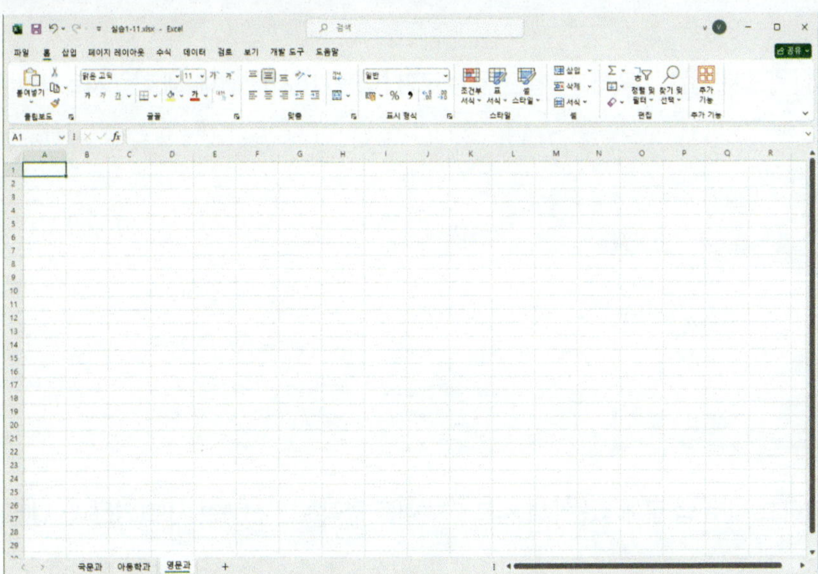

〈준비파일 : 실습1-12.xlsx〉

실습 1-12 시트 삽입/삭제하기

❶ '실습1-12.xlsx' 파일을 열고 [아동과] 시트 탭에서 마우스 오른쪽 버튼을 클릭하고 바로 가기 메뉴에서 [삽입]을 선택한다.

Tip [홈] 탭 – [셀] 그룹 – [삽입] – [시트 삽입]을 선택하면 워크시트가 바로 삽입된다.

❷ [삽입] 대화상자에서 [워크시트]를 선택하고 [확인]을 누르면 [아동과] 시트 앞에 새로운 시트가 삽입된다.

❸ '영문과' 시트를 선택하고 시트 탭 끝에 있는 [새 시트 +]를 클릭하면 선택한 시트(영문과) 뒤에 새로운 시트가 삽입된다.

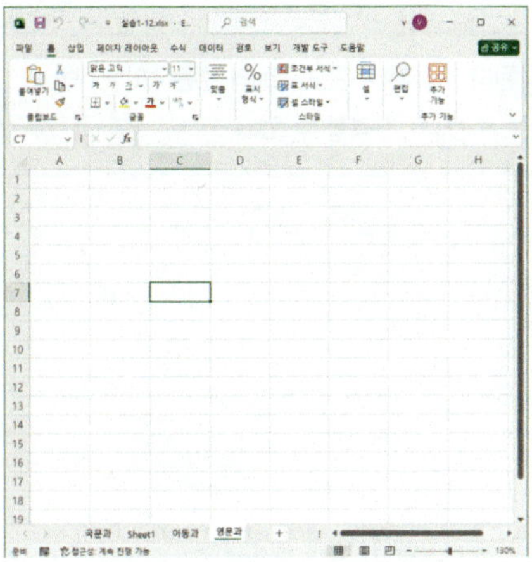 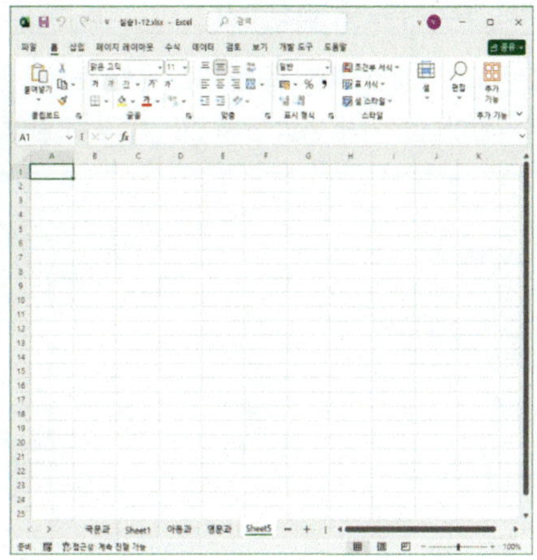

❹ 삽입한 시트 두 개를 삭제하기 위해 [Ctrl]을 누른 상태로 [Sheet1] 시트 탭과 [Sheet2] 시트 탭을 클릭하고 바로 가기 메뉴에서 [삭제]를 선택한다.

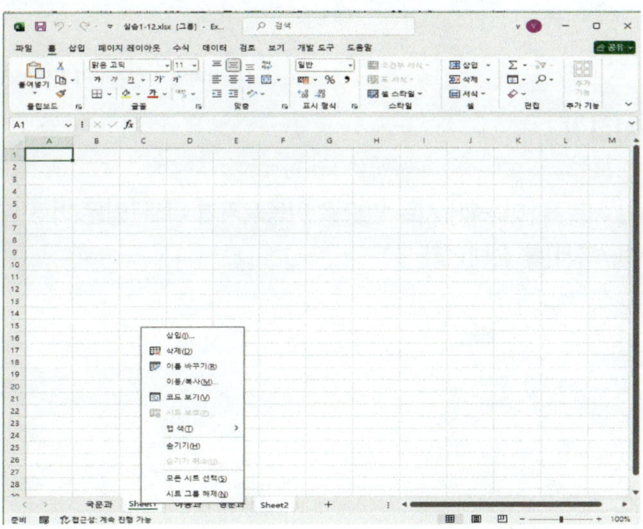

Tip [홈] 탭 – [셀] 그룹 – [삭제] – [시트 삭제]를 선택해도 된다.

더 알아보기 **기본 워크시트 수 변경하기**

엑셀 2021은 기본적으로 1개의 워크시트를 가진 통합 문서로 시작된다. 이 기본 워크시트의 수는 [파일] 탭 – [옵션]을 선택한 후 [일반] 탭 – [새 통합 문서 만들기]의 [포함할 시트 수]에서 변경할 수 있다.

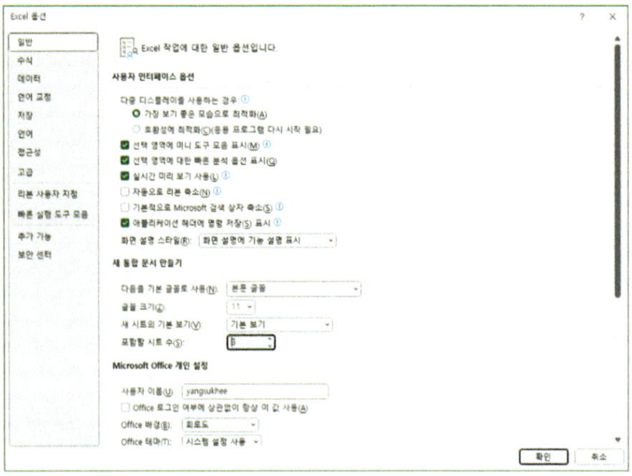

〈준비파일 : 실습1–13.xlsx〉

실습 1-13 시트 이동시키고 복사하기

❶ '실습1–13.xlsx' 파일을 열고 [영문과] 시트를 [아동과] 시트 앞으로 이동시키기 위해 [영문과] 시트 탭을 클릭한 후 바로 가기 메뉴에서 [이동/복사]를 선택한다.

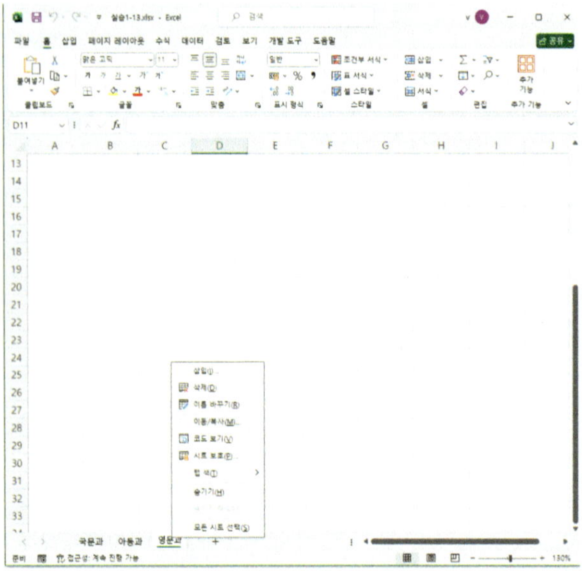

> **Tip** [홈] 탭 – [셀] 그룹 – [서식] – [시트 이동/복사]를 선택해도 된다.

❷ [이동/복사] 대화상자가 열리면 [아동과]를 선택한 후 [확인]을 클릭한다.

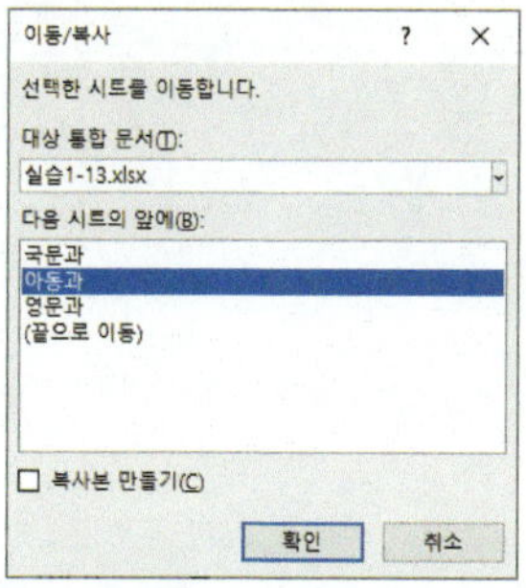

❸ 이번에는 시트 탭의 맨 끝에 [국문과] 시트의 복사본을 만들기 위해 [국문과] 시트에서 마우스 오른쪽 버튼을 누른 후 바로 가기 메뉴에서 [이동/복사]를 클릭한다.

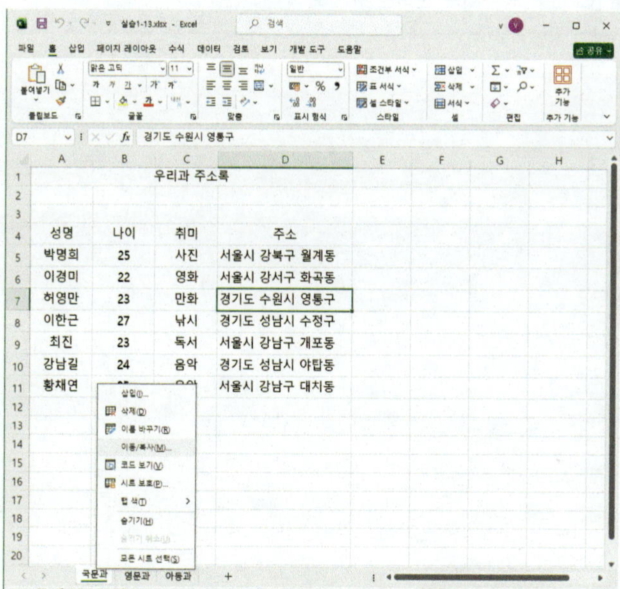

❹ [이동/복사] 대화상자가 나타나면 '(끝으로 이동)'을 선택하고 [복사본 만들기]를 체크한 후 [확인]을 클릭한다.

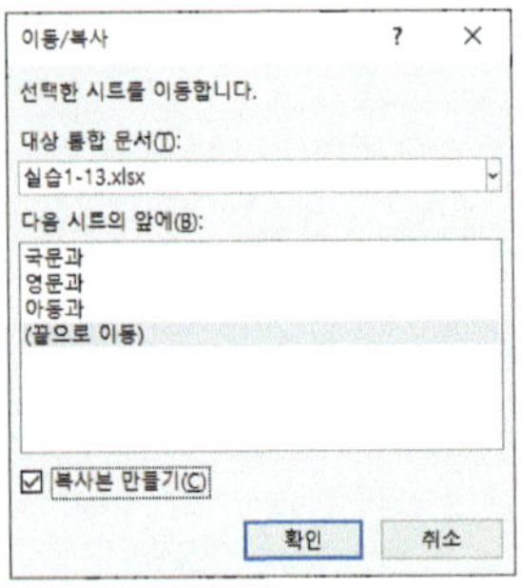

더 알아보기 **워크시트를 빠르게 이동/복사하는 방법**

- 시트를 이동할 때는 이동하고자 하는 시트를 클릭한 채로 원하는 위치로 드래그 한다.
- 시트를 복사할 때는 복사하고자 하는 시트를 [Ctrl]을 누른 채로 원하는 위치로 드래그 한다.

단원요약

1 엑셀 시작과 종료

엑셀 시작

- **시작 메뉴에서 시작하기** : 작업 표시줄에서 [시작 ⊞] 버튼을 클릭하고 엑셀 프로그램(Excel)을 선택하여 시작한다.
- **엑셀 파일 더블클릭하기** : 이전에 작성하고 저장해 둔 엑셀 파일을 더블클릭하여 시작한다.
- **바로 가기 아이콘 이용하기** : 바탕화면에 있는 [Excel] 바로 가기 아이콘 을 더블 클릭하여 시작한다.

엑셀 종료

- **제목 표시줄 이용하기** : 제목 표시줄 좌측에 있는 창 조절 아이콘 을 클릭하고 [닫기]를 선택하여 종료한다
- **닫기 버튼 이용하기** : 제목 표시줄 오른쪽 상단의 창 조절 버튼 중에서 [닫기 ×]를 클릭하여 종료한다.
- **단축키 이용하기** : 단축키 [Alt] + [F4]를 눌러 종료한다.

2 통합 문서 관리

- **저장하기** : [파일] 탭 – [저장] – [기타 위치] – [찾아보기]를 선택한다.
- **열기** : [파일] 탭 – [열기] – [기타 위치] – [찾아보기]를 클릭한다.

3 통합 문서 인쇄

- **페이지 설정하기** : 용지의 여백 설정, 용지의 크기와 방향 변경, 머리글/바닥글 등 페이지에 관계된 기본 사항을 설정한다.
- **인쇄하기** : [파일] 탭 – [인쇄]를 클릭하거나 단축키 [Ctrl] + [P]를 누른 후 오른쪽 미리 보기 창으로 완성 파일의 모양을 확인하고 [인쇄]를 클릭하여 인쇄한다.

4 워크시트 편집

1. 셀 범위 지정하기

- **연속된 셀 범위 지정** : 마우스로 드래그하거나 [Shift]를 누른 상태에서 마지막 셀을 선택한다.
- **비연속적인 셀 범위 지정** : [Ctrl]을 누른 상태로 셀들을 각각 선택한다.
- **워크시트의 전체 범위 지정** : 모두 선택 단추 를 누르거나 [Ctrl] + [A]를 누른다.

2. 데이터 복사/이동하기

- **복사하기** : 해당 범위를 지정한 후 바로가기메뉴에서 [복사]를 선택하거나 [Ctrl] + [C]를 눌러 데이터를 복사한 후, 붙여 넣으려는 셀의 바로가기메뉴에서 [붙여넣기]를 선택하거나 [Ctrl] + [V]를 누른다.
- **이동하기** : 해당 범위를 지정한 후 바로가기메뉴에서 [잘라내기]를 선택하거나 [Ctrl] + [X]를 눌러 데이터를 잘라낸 후, 이동하려는 셀의 바로가기메뉴에서 [붙여넣기]를 선택하거나 [Ctrl] + [V]를 누른다.
- **드래그로 복사/이동** : 범위를 지정한 테두리 부분을 드래그하면 이동이 되고, [Ctrl]을 누른 채로 드래그하면 복사가 된다.

5 워크시트 관리

1. 행 높이와 열 너비 조절하기

- **열 너비 조절** : 열 머리글 사이를 드래그해도 되며, 열 머리글을 클릭하고 [홈] 탭 – [셀] 그룹 – [서식] – [열 너비]를 선택하거나 팝업메뉴에서 [열 너비]를 선택한 후 열 너비를 입력한다.
- **행 높이 조절** : 행 머리글 사이를 드래그해도 되며, 행 머리글을 클릭하고 [홈] 탭 – [셀] 그룹 – [서식] – [행 높이]를 선택하거나 팝업메뉴에서 [행 높이]를 선택한 후 행 높이를 입력한다.

2. 행과 열 삽입/삭제하기

- **행/열 삽입** : 삽입할 행/열 위치의 행/열 머리글을 선택한 후, [홈] 탭 – [셀] 그룹 – [삽입] – [시트 행 삽입]/[시트 열 삽입]을 선택하거나 팝업메뉴에서 [삽입]을 선택한다.
- **행/열 삭제** : 삭제할 행/열 머리글을 선택한 후, [홈] 탭 – [셀] 그룹 – [삽입] – [시트 행 삭제]/[시트 열 삭제]를 선택하거나 팝업메뉴에서 [삭제]를 선택한다.

3. 워크시트 관리하기

- **시트 이름 변경** : 해당 시트 탭을 더블클릭하거나, 시트 탭을 선택하고 팝업메뉴에서 [이름 바꾸기]를 선택한 후 바꿀 이름을 입력한다. [홈] 탭 – [셀] 그룹 – [서식] – [시트 이름 바꾸기]를 이용해도 된다.

- **시트 삽입** : 삽입할 위치에 있는 시트 탭을 선택하고 팝업메뉴의 [삽입]을 이용한다. 또는 [홈] 탭 – [셀] 그룹 – [삽입] – [시트 삽입]을 선택하거나 [새 시트 +]를 클릭한다.
- **시트 삭제** : 팝업메뉴에서 [삭제]를 선택하거나, [홈] 탭 – [셀] 그룹 – [삭제] – [시트 삭제]를 선택한다.
- **시트 이동** : 시트를 해당 위치로 드래그하거나, 팝업메뉴의 [이동/복사]를 이용한다.
- **시트 복사** : [Ctrl]을 누른 채로 해당 위치로 드래그하거나, 팝업메뉴의 [이동/복사]를 이용한다.

연습문제

01 새 통합 문서에 아래 조건에 맞게 완성한 후 '연습1-1(완성).xlsx'로 저장하시오.

조 건 〈완성파일 : 연습1-1(완성).xlsx〉

① 화면과 같이 데이터를 입력하시오.

② 머리글 : 왼쪽 구역에 '한국대 봉사 동아리'를 입력하시오.

③ 바닥글 : 가운데 구역에 '페이지 번호', 오른쪽 구역에 '작성자 : 본인 이름'을 입력하시오.

④ 페이지 설정 : [페이지 설정] 대화상자의 [여백] 탭을 눌러 [페이지 가운데 맞춤] 항목을 [가로]로 설정하시오.

⑤ 읽기 암호와 쓰기 암호를 '12345'로 설정하시오.

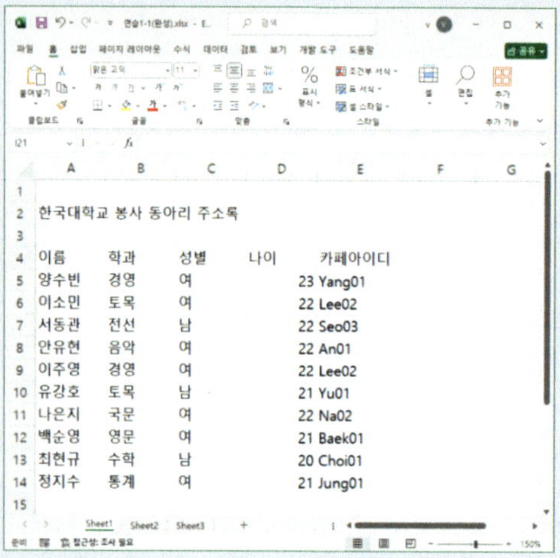

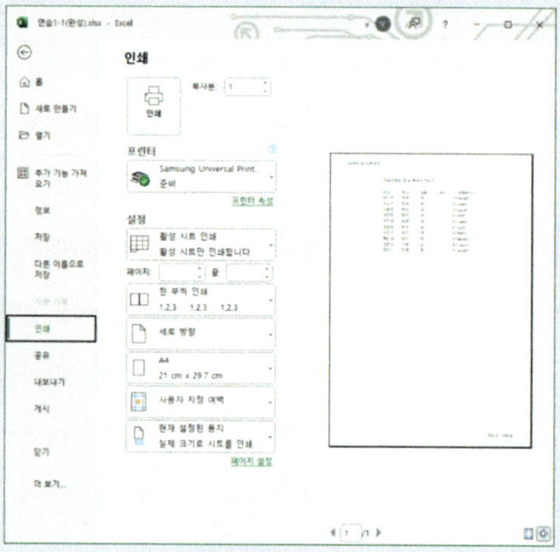

02 '연습1-2.xlsx' 파일을 열고 아래 조건에 맞게 완성한 후 '연습1-2(완성).xlsx 저장하시오.

조 건 〈준비파일: 연습1-2.xlsx〉

① 시트 3개를 삽입하고, 시트 이름을 각각 'A 여대', 'B 여대', 'C 여대'로 변경하시오.

② [직업선호도] 시트에서 각각의 시트로 해당 여대의 데이터를 복사하여 붙여 넣으시오. (붙여 넣을 위치 : 제목은 [B1] 셀 , 표는 [D4] 셀)

③ 삽입한 시트들의 모든 행 높이와 열 너비를 동일한 값으로 지정하시오. (행 높이 : 20, 열 너비 : 10)

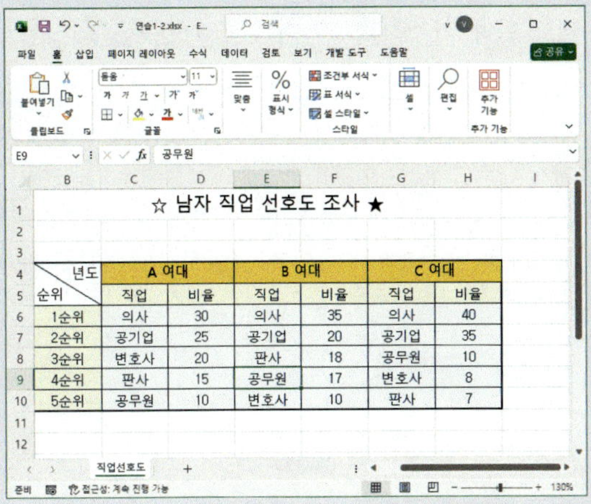
☆ 남자 직업 선호도 조사 ★
년도 A 여대 B 여대 C 여대
순위 직업 비율 직업 비율 직업 비율
1순위 의사 30 의사 35 의사 40
2순위 공기업 25 공기업 20 공기업 35
3순위 변호사 20 판사 18 공무원 10
4순위 판사 15 공무원 17 변호사 8
5순위 공무원 10 변호사 10 판사 7
직업선호도

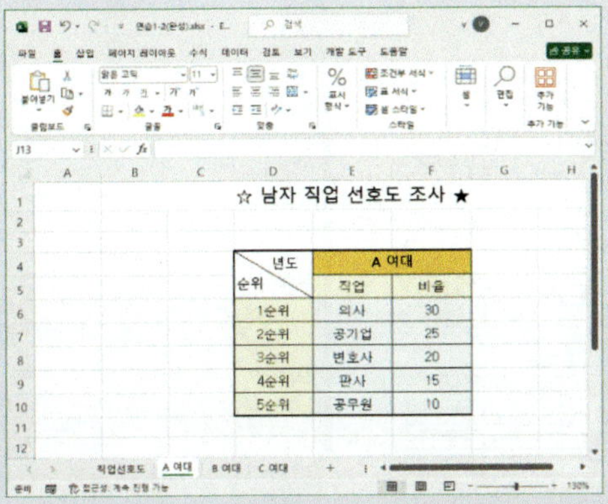
☆ 남자 직업 선호도 조사 ★
년도 A 여대
순위 직업 비율
1순위 의사 30
2순위 공기업 25
3순위 변호사 20
4순위 판사 15
5순위 공무원 10

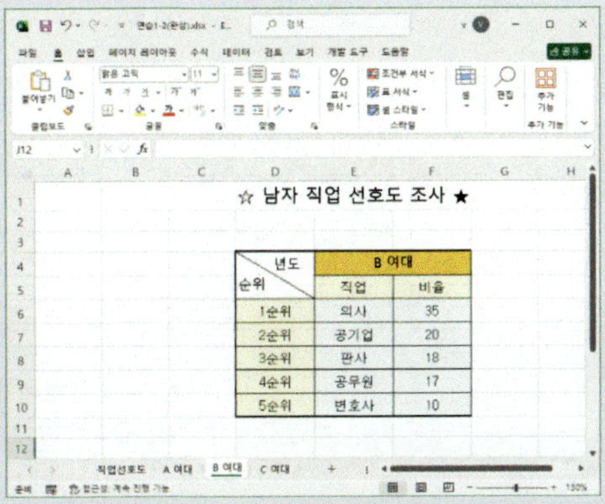
☆ 남자 직업 선호도 조사 ★
년도 B 여대
순위 직업 비율
1순위 의사 35
2순위 공기업 20
3순위 판사 18
4순위 공무원 17
5순위 변호사 10

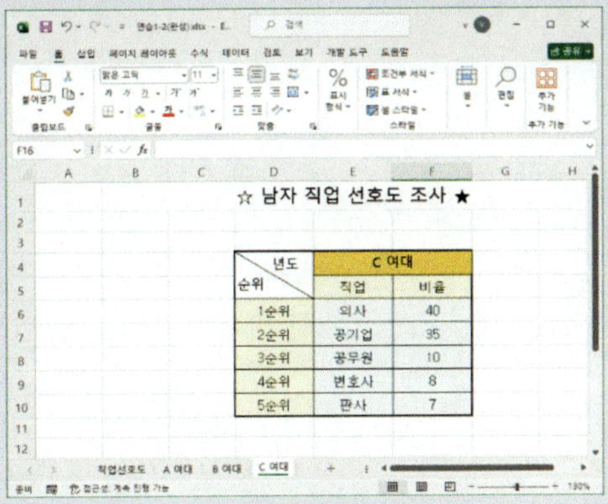
☆ 남자 직업 선호도 조사 ★
년도 C 여대
순위 직업 비율
1순위 의사 40
2순위 공기업 35
3순위 공무원 10
4순위 변호사 8
5순위 판사 7

03 '연습1-3.xlsx' 파일을 열고 아래 조건에 맞게 완성한 후 '연습1-3(완성).xlsx 저장하시오.

조 건 〈준비파일: 연습1-3.xlsx〉

① [A3:D3] 셀을 복사하여 다음과 같이 [F3], [F8], [F14] 셀에 각각 붙여 넣으시오.

② 위에서부터 '초등학교, 중학교, 고등학교 라고 표 제목을 입력하고 해당되는 데이터를 복사하여 붙여 넣으시오.

③ 모든 행 높이를 '15'로 동일하게 변경하시오.

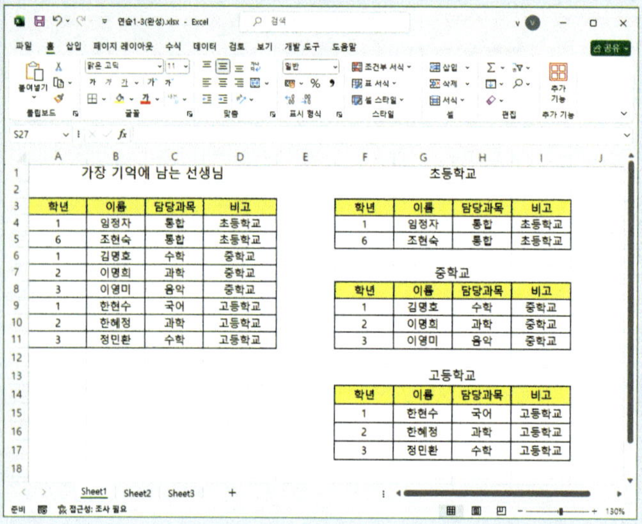

EXCEL

2 데이터 입력 및 편집

이번 장에서는 다음과 같은 내용을 학습합니다.

– 셀에 입력할 수 있는 데이터의 종류와 기본적인 입력 방법에 대해 학습합니다.

– 연속적이거나 일정한 규칙이 있는 데이터를 자동으로 입력할 수 있는 방법에 대해 학습합니다.

02

1 문자와 숫자 입력

엑셀에서 문자와 숫자 데이터는 데이터의 성격과 처리 방법이 다릅니다. 이 두 가지 데이터 유형의 주요 차이점은 다음과 같습니다

문자 데이터와 숫자 데이터 차이점

■ 문자 데이터

- **설명** : 문자 데이터는 알파벳, 숫자, 기호 및 공백을 포함할 수 있습니다. 엑셀에서 문자 데이터는 기본적으로 문자열로 처리되며 수학적 계산이 필요 없는 데이터를 저장할 때 유용합니다.
- **예시** : "Hello", "2024년", "A123", "10-20" 등.
- **특징** :
  - 서식 : 문자는 서식 설정에 영향을 받지 않으며, 숫자와 날짜처럼 자동으로 형식이 조정되지 않습니다.
  - 계산 : 문자는 기본적으로 수학적 계산에 사용되지 않습니다. 수식에서 문자 데이터를 계산하려면 특정 함수나 수식을 사용해야 합니다.
  - 정렬 : 문자는 알파벳 순서로 정렬됩니다.

■ 숫자 데이터

- **설명**: 숫자 데이터는 수학적 계산이 가능하며, 정수, 소수점 숫자, 백분율 등 다양한 형태

로 표현될 수 있습니다.

- 예시: 123, 45.67, 100%, 1,000,000 등.
- 특징:
  - 서식: 숫자는 서식 옵션을 통해 통화, 백분율, 날짜 등 다양한 형식으로 표시할 수 있습니다.
  - 계산: 숫자는 기본적으로 수학적 연산에 사용될 수 있습니다. 덧셈, 뺄셈, 곱셈, 나눗셈 등 다양한 계산을 지원합니다.
  - 정렬: 숫자는 수치 크기 순서로 정렬됩니다.

데이터 수정하기

데이터의 일부만 수정할 때는 해당 셀로 이동한 후 아래와 같은 방법으로 수정한다.

- **방법 1** : 해당 셀에서 [F2]를 누른 후 수정한다.
- **방법 2** : 해당 셀을 마우스로 더블클릭하여 수정한다.
- **방법 3** : 해당 셀을 선택하고 수식 입력줄을 클릭하여 수정한다.

키보드를 이용한 셀 포인터 이동 방법

키	이동방향
←, →, ↑, ↓	현재 셀에서 인접한 셀로 이동 :왼쪽, 오른쪽, 위쪽, 아래쪽 셀로 이동
[Tap], [Shift] + [Tap]	현재 셀의 오른쪽, 왼쪽 셀로 이동
[Ctrl] + ←, →, ↑, ↓	현재 셀의 가장 왼쪽, 오른쪽, 위쪽, 아래쪽으로 이동
[Home]	현재 행의 시작 셀로 이동
[Ctrl] + [Home]	워크시트의 시작 셀(A1)로 이동
[Ctrl] + [End]	데이터가 있는 마지막 셀로 이동
[Page Up], [Page Down]	한 화면의 위쪽, 아래쪽

〈준비파일 : 없음〉

실습 2-1 문자 데이터 입력하기

[단계 1] 데이터 입력하기

❶ 엑셀을 실행하여 새 통합 문서를 열고 다음과 같이 다양한 형식의 문자 데이터를 입력한다.

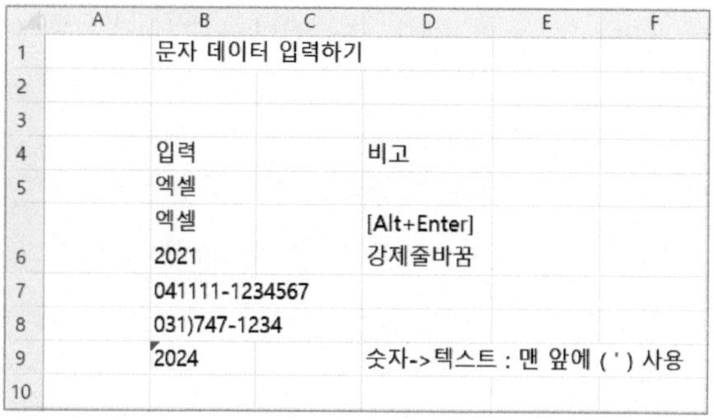

심화학습 **문자 데이터 입력 규칙**

① 문자 데이터는 문자와 숫자, 기호 등의 조합으로 이루어진 데이터이다.

② 문자는 왼쪽을 기준으로 숫자는 오른쪽을 기준으로 정렬된다. 숫자 중간에 문자나 기호를 넣으면 전체를 문자로 인식한다.

③ 입력한 문자 데이터가 열 너비보다 길면 오른쪽 열에 걸쳐 표시되는데, 오른쪽 열에도 데이터를 입력하면 왼쪽 열에 포함되는 데이터는 보이지 않게 된다.

④ 한 셀에 여러 줄을 입력할 때는 줄 바꿈 위치에서 [Alt] + [Enter]를 누른다.

[단계 2] 데이터 지우기

❶ 삭제하려는 셀을 선택하고 [Delete]를 누르면 입력된 데이터가 지워진다. 여러 셀의 데이터를 한꺼번에 지우려면 다음과 같이 마우스로 드래그하여 영역을 지정한 뒤 [Delete]를 누른다.

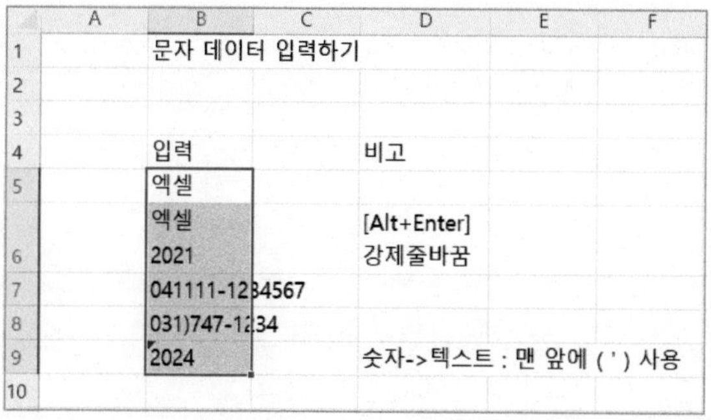

❷ 지운 데이터를 되살리기 위해 실행을 취소하는 단축키인 [Ctrl] + [Z]를 누른다. 엑셀 창 왼쪽 상단에 있는 빠른 실행 도구 모음에서 [입력 취소]를 클릭해도 된다.

<준비파일 : 없음>

실습 2-2 숫자 데이터 입력하기

❶ 새 통합 문서를 열고 화면 아래의 시트 탭에서 [새 시트 +]를 클릭하여 새 시트를 만든다.

❷ 아래의 심화학습 '숫자 데이터 입력 규칙'을 참고하여 다음과 같이 다양한 숫자 데이터를 입력한다.

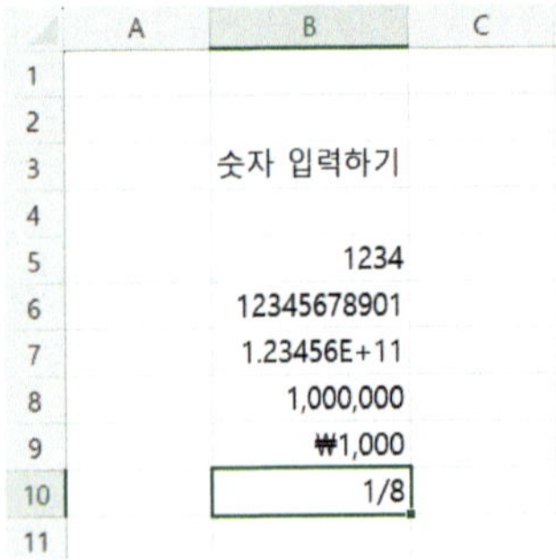

심화학습 숫자 데이터 입력 규칙

① 숫자 데이터는 셀의 오른쪽을 기준으로 정렬되며, 연산의 대상이 된다.

② 일반적인 숫자뿐만 아니라 +, −, /, %, ₩ 등도 숫자의 일부로 인식된다.

③ 12자리 이상의 긴 숫자를 입력하면 지수 형식으로 표시된다(예제의 '1.23456E + 11'은 '123456000000'을 입력한 결과다).

④ 천 단위 콤마, 화폐 표시 기호(통화, 회계), 백분율(%), 분수 등을 입력할 수 있다.

⑤ 분수를 입력하려면 0을 입력한 후 한 칸 띄우고 원하는 값을 입력하면 된다.

2 기호와 한자 입력

문자 데이터나 숫자 데이터와는 다르게 기호와 한자는 별도의 메뉴를 이용하여 입력합니다. 기호와 한자를 입력하는 방법은 여러 가지가 있으며, 각 방법은 사용자의 필요에 따라 선택할 수 있습니다. 엑셀에서 기호와 한자를 입력하는 방법에 대해 알아봅시다.

〈준비파일 : 없음〉

실습 2-3 기호 입력하기

❶ 새 통합 문서를 열고 기호를 입력할 셀을 선택한 후 [삽입] 탭 – [기호] 그룹 – [기호]를 선택한다.

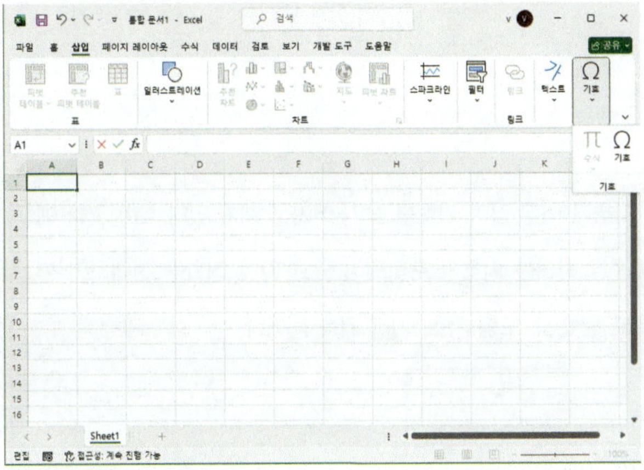

❷ [기호] 대화상자가 나타나면 하위 집합에서 '도형 기호'를 선택하고 삽입할 기호('■')를 찾아 선택한 후 [삽입]을 클릭한다.

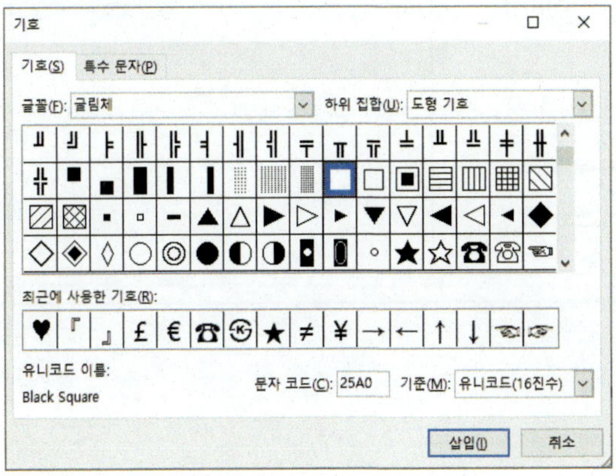

❸ 셀에 기호가 입력되면서 [취소]가 [닫기]로 바뀐다. [닫기]를 클릭하여 [기호] 대화상자를 닫는다.

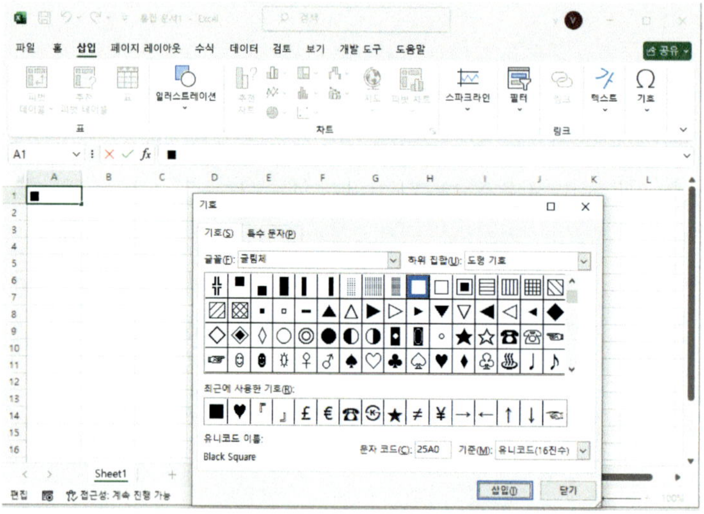

더 알아보기 기호의 하위 집합

[기호] 대화상자에서 오른쪽 스크롤바를 이용하면 기호가 너무 많아 기호를 찾기 어려울 때가 있다. 그런 경우에는 [하위 집합] 항목의 목록 단추 ⌄ 를 클릭하여 삽입하려는 기호가 포함되어 있을 만한 집합을 선택하면 편리하다. 주로 사용되는 [하위 집합]은 숫자 형식, 괄호 영숫자, 도형 기호, 기타 기호 등이다.

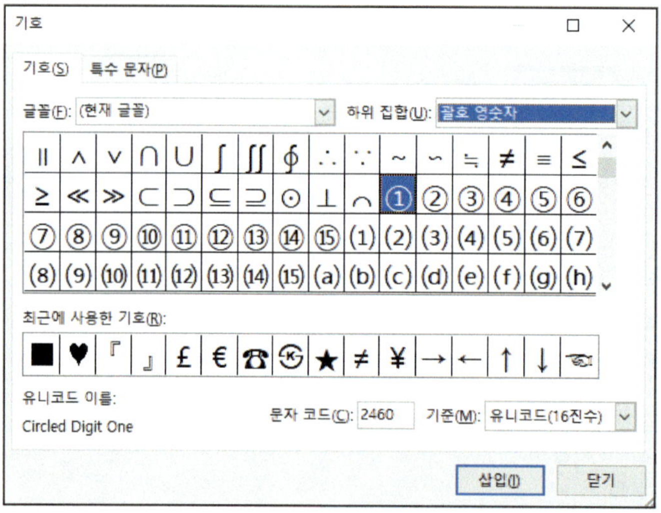

❹ 앞에서 입력한 기호는 지우고, 다음과 같이 다양한 기호를 입력한다.

Tip 한 셀에 여러 기호를 입력할 때는 [기호] 대화상자를 닫지 않은 상태에서 계속 새로운 기호를 선택하고 [삽입]을 클릭한다.

심화학습 한글 자음으로 기호 입력하기

- 한글 자음(ㄱ~ㅎ)을 입력한 후 [한자]를 누르면 자음에 할당되어 있는 기호 목록이 나타난다. 입력할 기호를 마우스로 클릭하거나 키보드로 해당 숫자를 누르면 기호가 입력된다.
- 자주 사용되는 기호에 할당된 한글 자음은 'ㄷ(기호 문자)', 'ㄹ(단위 문자)', 'ㅁ(도형 문자)', 'ㅅ(한글 원/괄호 문자)', 'ㅇ(영문 원/괄호 문자)'이다.

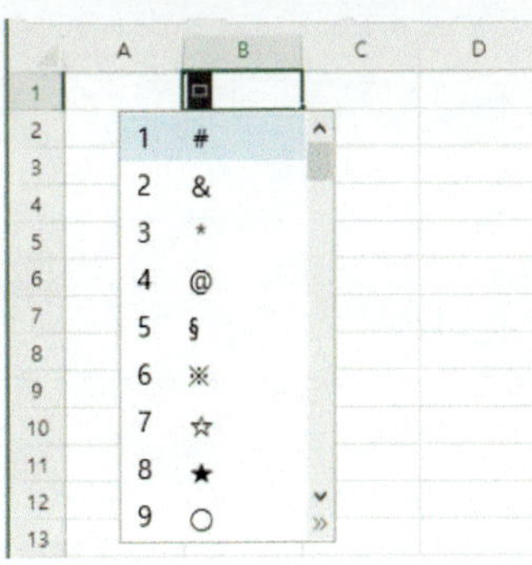

〈준비파일 : 없음〉

실습 2-4 한자 입력하기

❶ 새 통합 문서를 열고 [B2] 셀에 '대한민국'이라고 입력한 후 한 칸 띄고 [한자]를 누른다. [한글/한자 변환] 대화상자가 열리면 해당 한자를 선택하고 [변환]을 클릭한다.

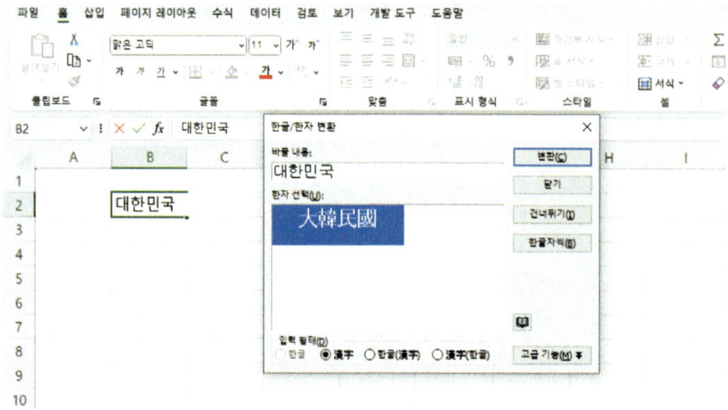

Tip 한 글자씩 한자로 변환할 때는 글자를 입력한 후 바로 [한자]를 누른다.

❷ [Sheet2] 탭에 새로운 시트를 열고 다음과 같이 한자로 바꾸어 완성한다. [한글/한자 변환] 대화상자에서 입력 상태를 '한글(漢字)'로 설정하고 변환하면 편리하다.

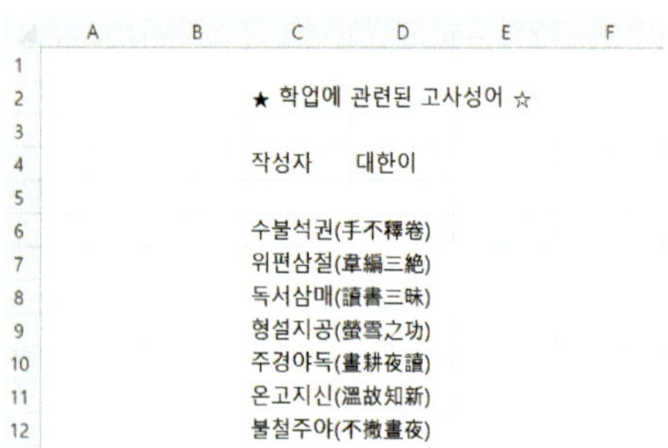

Tip [C2] 셀의 ★, ☆ 기호는 한글 자음 'ㅁ'을 입력하고 [한자]를 눌러 입력한다.

3 날짜와 시간 입력

엑셀에서 날짜와 시간 데이터는 많은 데이터 분석 및 관리 작업에서 중요한 역할을 합니다. 엑셀은 숫자 사이에 슬래시(/)나 하이픈(-)을 넣으면 날짜 데이터로 인식하고, 콜론(:)을 넣으면 시간 데이터로 인식합니다. 날짜와 시간 데이터도 수치에 해당되므로 오른쪽 기준으로 정렬됩니다.

〈준비파일 : 없음〉

실습 2-5 날짜와 시간 입력하기

[단계 1] 날짜 입력하기

❶ 새 통합 문서를 열고 다음과 같이 입력한 후 [A5] 셀에 날짜 형식 '8/1' 또는 '8-1'을 입력하면 오른쪽 그림과 같이 날짜 데이터 형식으로 표시된다.

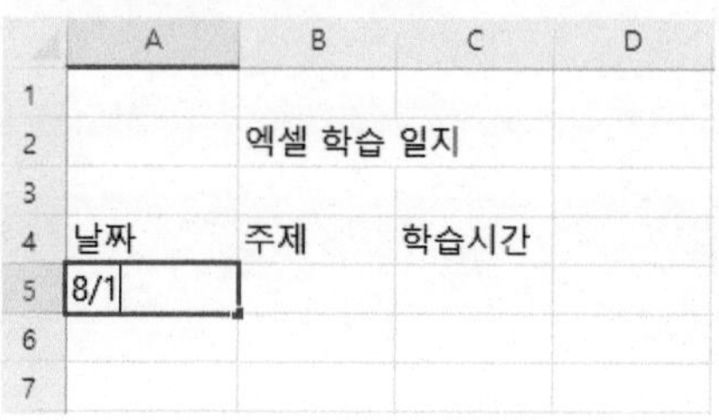

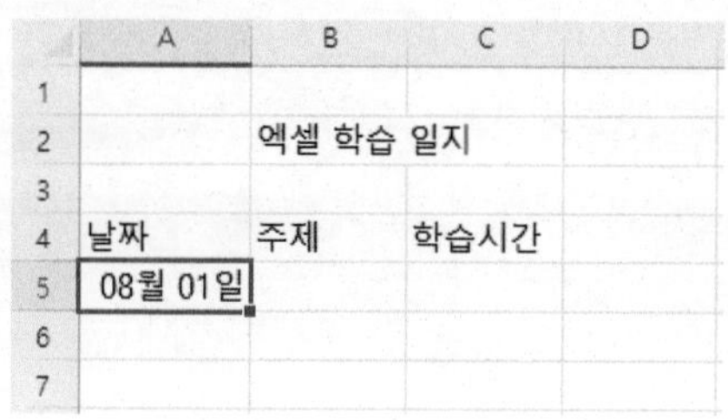

더 알아보기 날짜 입력

- **엑셀의 날짜 구분 기호** : – 또는 / (예 : 2024년 1월 1일을 입력하려면 '2024-1-1', '2024/1/1')
- 마우스 오른쪽 버튼을 누르면 나타나는 바로 가기 메뉴의 [셀 서식]을 이용하면 날짜 데이터에 다양한 표현 형식을 지정할 수 있다.
- **오늘 날짜를 입력하는 단축키** : [Ctrl] + [;]

[단계 2] 시간 입력하기

❶ 다음과 같이 [C5] 셀에 '1:30'을 입력하고 수식 입력줄을 보면 데이터가 시간 형식으로 나타난 것을 확인할 수 있다.

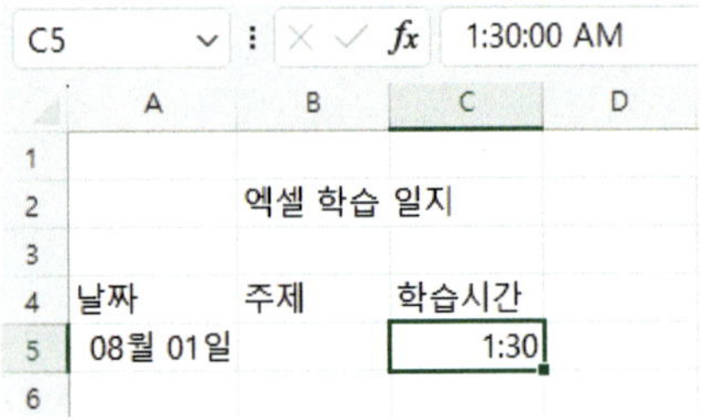

더 알아보기 시간 입력

- **엑셀의 시간 구분 기호** : 콜론(:)
  (예 : 오전 1시 30분을 입력하려면 1:30 AM)
- 마우스 오른쪽 버튼을 누르면 나타나는 바로 가기 메뉴의 [셀 서식]을 이용하여 시간 데이터의 다양한 표현 형식을 지정할 수 있다.
- **현재 시각을 입력하는 단축키** : [Ctrl] + [Shift] + [;]

4 자동 채우기

엑셀에서 자동 채우기 기능은 반복적인 데이터 입력을 빠르고 효율적으로 처리하는 데 유용한 도구입니다. 자동 채우기를 사용하면 데이터 패턴을 인식하고 연속적인 값을 자동으로 채울 수 있습니다. 자동 채우기 핸들을 이용하여 연속성이 있거나 일정한 규칙이 있는 문자와 숫자, 날짜 등의 데이터를 자동으로 채울 수 있는 방법을 학습하고 사용자 지정 목록을 이용하여 자동으로 데이터를 입력하는 방법과 엑셀에서 제공하지 않은 목록을 사용자가 직접 추가하여 이용할 수 있는 방법을 알아봅시다.

〈준비파일 : 없음〉

실습 2-6 숫자와 문자 자동 채우기

❶ 새 통합 문서를 열고 다음과 같이 데이터를 입력한다.

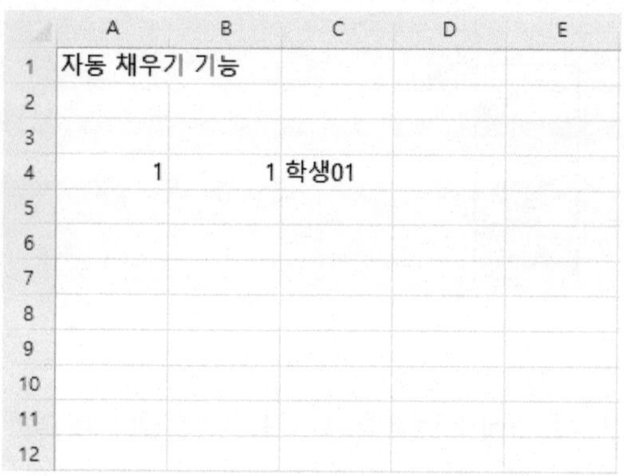

❷ [A4] 셀을 클릭하고 셀 오른쪽 아래 모서리에 있는 채우기 핸들을 클릭한 채로 [A10] 셀까지 드래그하면 동일한 값이 입력된다.

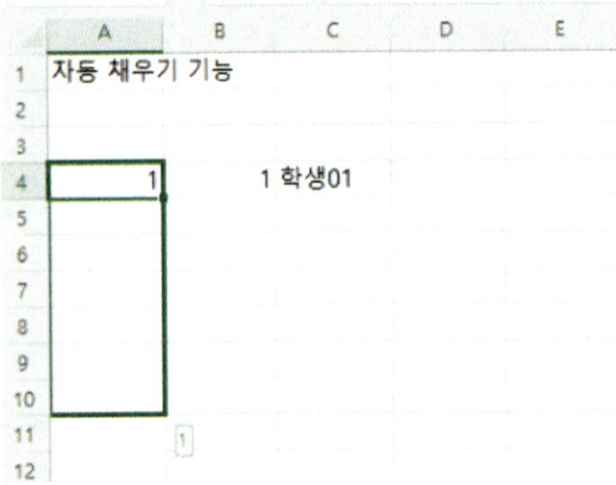

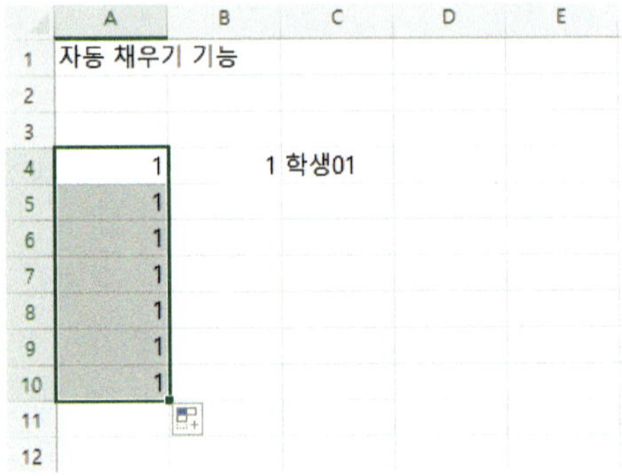

❸ [B4] 셀의 채우기 핸들을 클릭한 채로 [B10] 셀까지 드래그하면 오른쪽 아래에 [자동 채우기 옵션]이 나타난다. 이를 클릭하고 [연속 데이터 채우기]를 선택하면 연속된 데이터가 채워진다.

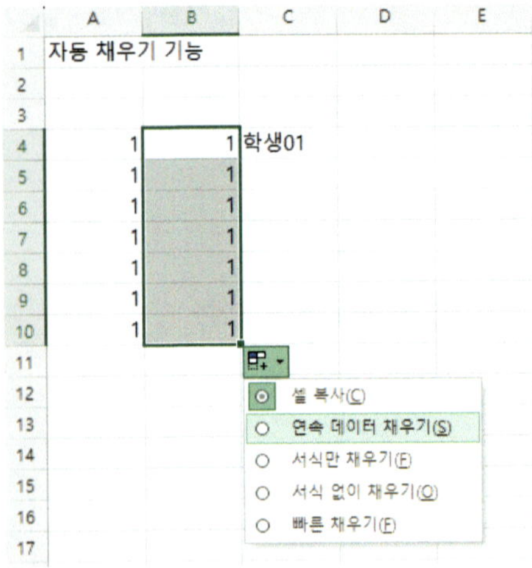

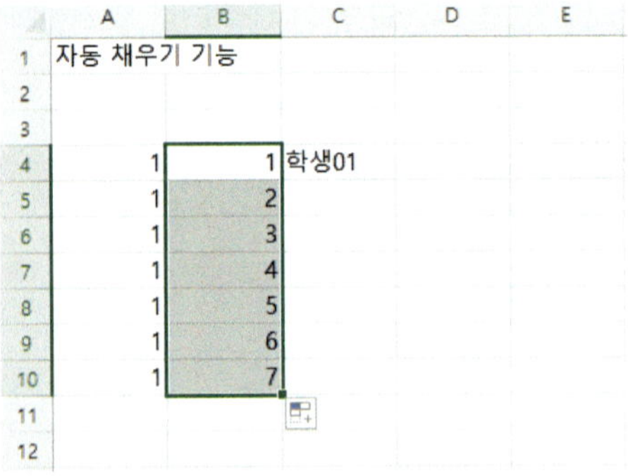

❹ [C4] 셀의 채우기 핸들을 클릭한 채로 [C10] 셀까지 드래그하면 연속된 데이터가 채워진다. 다음과 같이 문자와 숫자가 섞여 있는 경우에는 숫자만 증가된다.

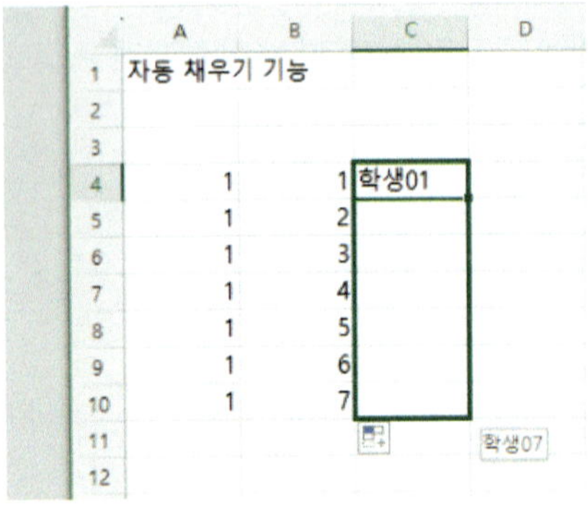

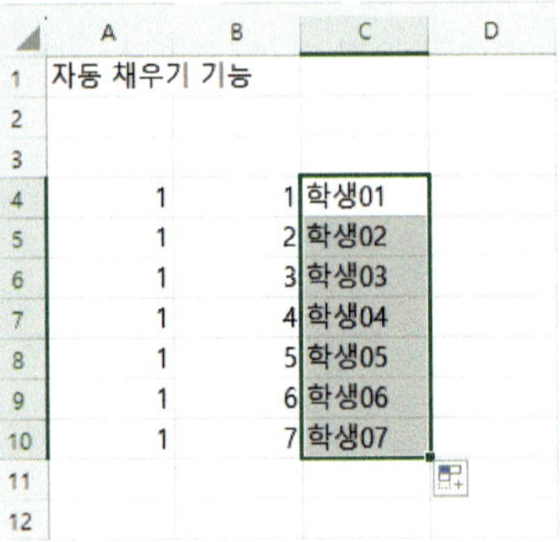

❺ [D4] 셀에 '5', [D5] 셀에 '10'을 입력한 후 두 셀을 블록으로 지정하고 채우기 핸들을 클릭한 채로 아래로 드래그하면 두 데이터의 차이가 적용되어 5씩 증가하는 데이터가 채워진다.

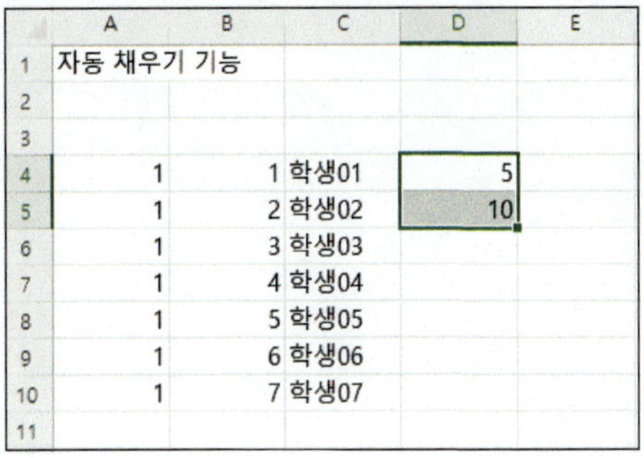

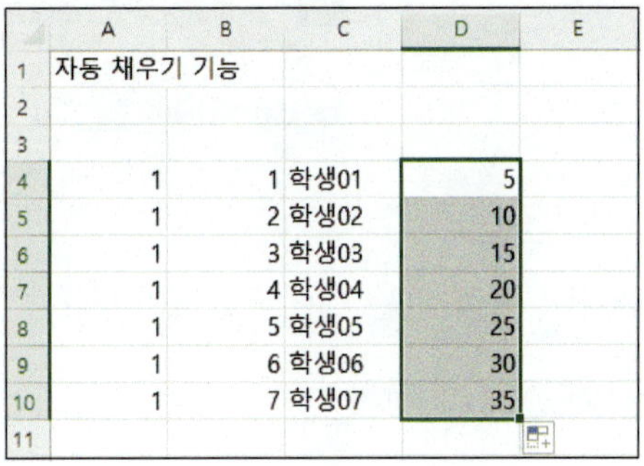

더 알아보기 데이터 종류와 자동 채우기 방식

숫자 데이터	– [셀 복사]가 기본 – Ctrl을 누르면서 채우면 1씩 증가
문자 데이터	– [연속된 데이터 채우기]가 기본 – Ctrl을 누르면서 채우면 동일 값으로 채워짐

심화학습 **자동 채우기 옵션 기능**

• **셀 복사** : 지정된 영역에 있는 셀이 서식과 함께 모두 복사된다.

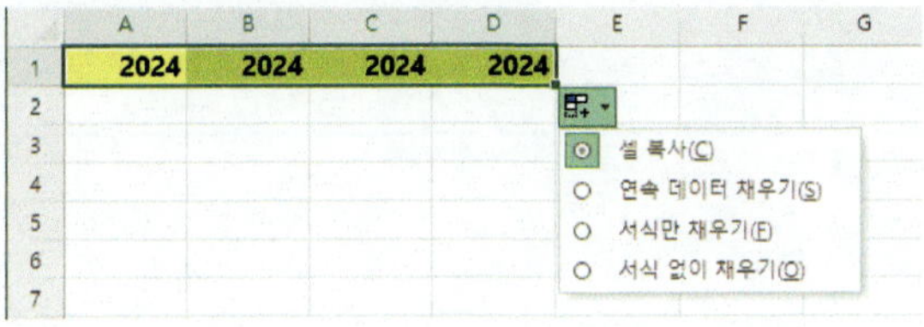

• **연속 데이터 채우기** : 서식과 함께 연속된 데이터를 채운다.

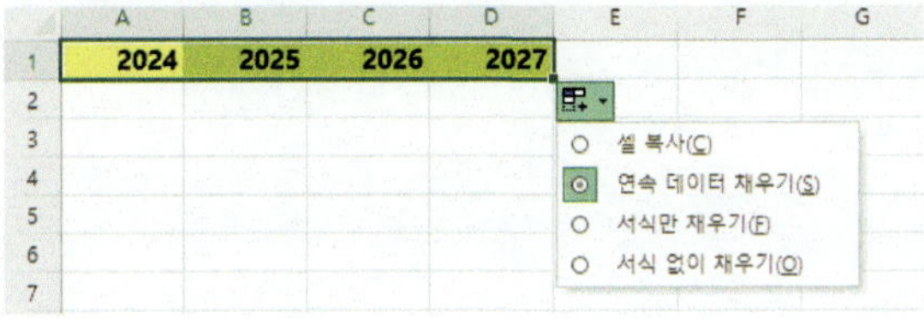

- **서식만 채우기** : 데이터는 없이 서식만 채운다.

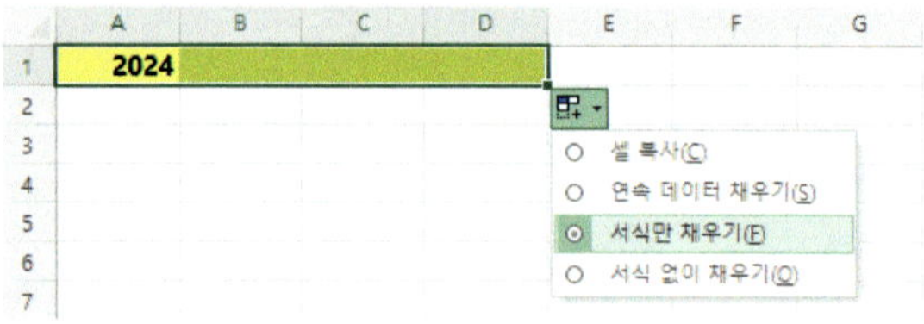

- **서식 없이 채우기** : 서식 없는 데이터만 채운다.

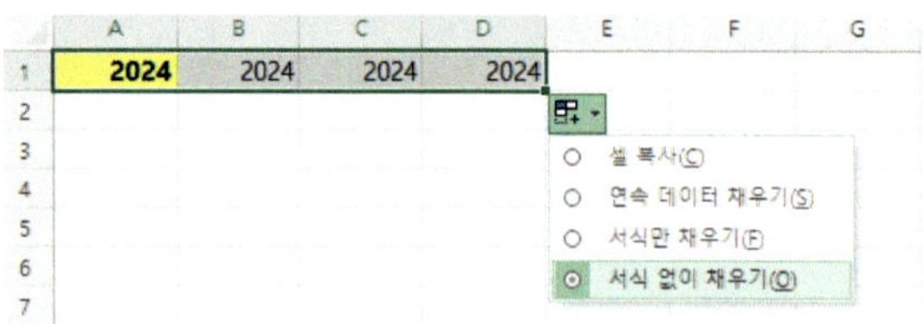

- **빠른 채우기** : 엑셀 2013에서 추가된 새로운 기능으로 입력된 데이터의 패턴을 자동으로 인식하여 나머지 셀에 데이터를 자동으로 채우는 유용한 도구이다. 단축키: Ctrl + E를 사용하여 빠른 채우기 기능을 실행할 수 있다.

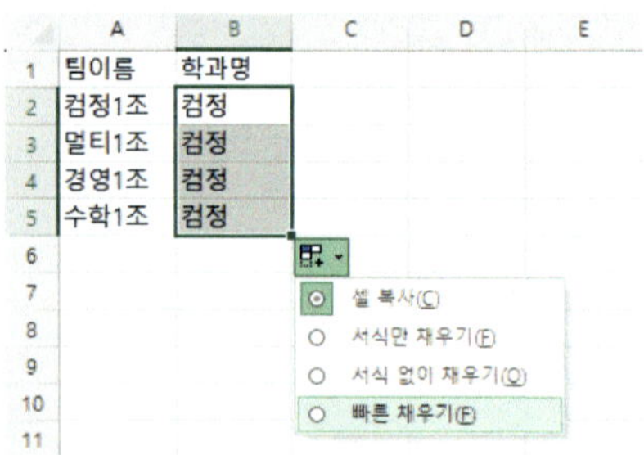

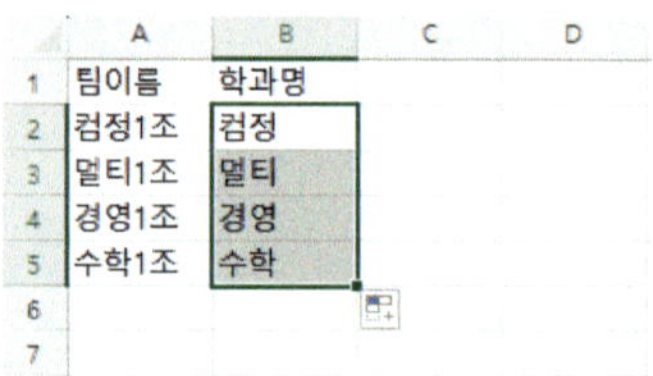

〈준비파일 : 없음〉

실습 2-7 사용자 지정 목록으로 자동 채우기

❶ 새 통합 문서를 열고 다음과 같이 데이터를 입력한다.

	A	B	C	D	E	F
1	자동 채우기를 이용하여 입력하기					
2						
3	월요일	Mon	1월	Jan	1사분기	갑
4						
5						
6						
7						
8						
9						
10						
11						

> **Tip** 여기서 입력하는 데이터들은 모두 사용자 지정 목록에 있는 데이터들이다.

❷ [A3:F3] 셀을 블록으로 지정한 후 채우기 핸들을 이용하여 [F10] 셀까지 드래그하면 데이터가 자동으로 채워진다.

	A	B	C	D	E	F	G
1	자동 채우기를 이용하여 입력하기						
2							
3	월요일	Mon	1월	Jan	1사분기	갑	
4							
5							
6							
7							
8							
9							
10							
11							신
12							

	A	B	C	D	E	F	G
1	자동 채우기를 이용하여 입력하기						
2							
3	월요일	Mon	1월	Jan	1사분기	갑	
4	화요일	Tue	2월	Feb	2사분기	을	
5	수요일	Wed	3월	Mar	3사분기	병	
6	목요일	Thu	4월	Apr	4사분기	정	
7	금요일	Fri	5월	May	1사분기	무	
8	토요일	Sat	6월	Jun	2사분기	기	
9	일요일	Sun	7월	Jul	3사분기	경	
10	월요일	Mon	8월	Aug	4사분기	신	
11							
12							

〈준비 파일: 실습2-8.xlsx〉

실습 2-8 엑셀에 없는 목록으로 자동 채우기

❶ '실습2-8.xlsx' 파일을 열고 [파일] 탭 – [옵션]을 클릭한다.

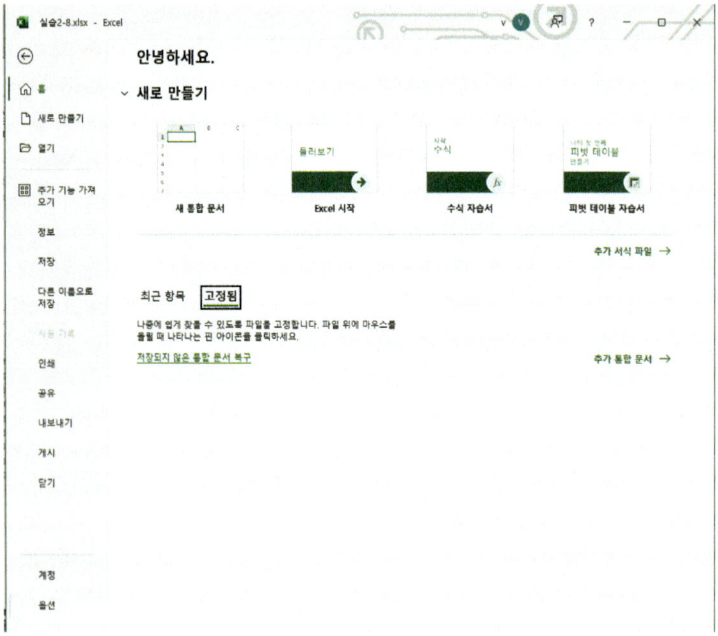

❷ [Excel 옵션] 대화상자가 열리면 [고급] 탭 – [일반] – [사용자 지정 목록 편집]을 클릭한다.

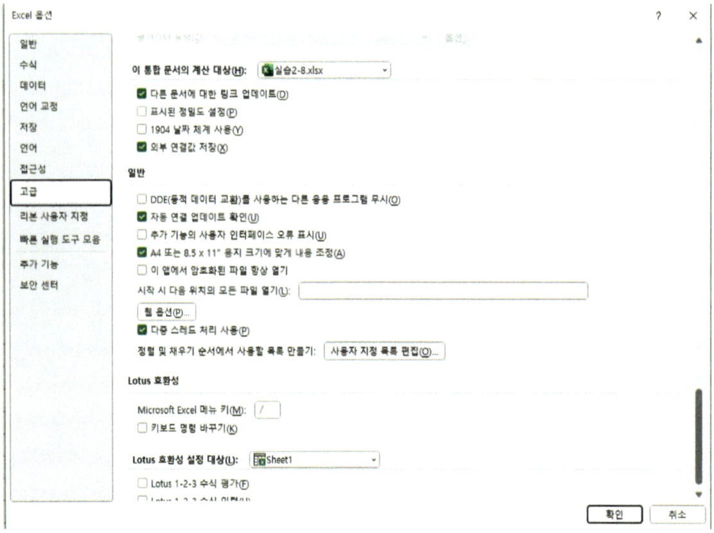

❸ [사용자 지정 목록] 대화상자의 [목록 항목] 입력 창에 사용자 지정 목록으로 만들 데이터를 다음과 같이 입력하고 [추가]를 클릭한다.

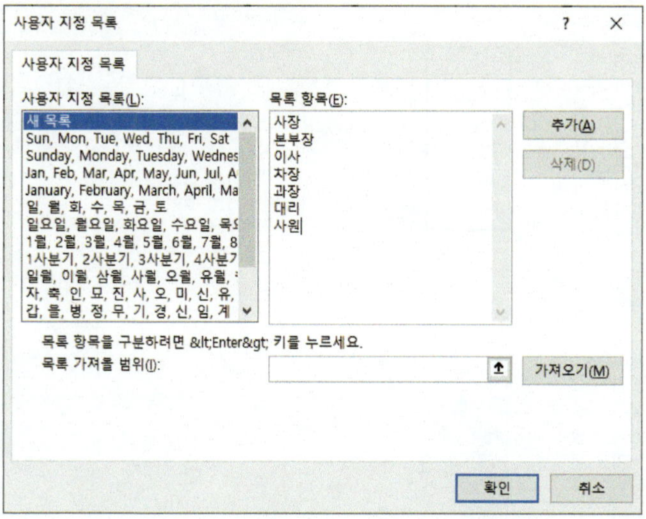

❹ 왼쪽의 [사용자 지정 목록]에 데이터가 등록되었다. [확인]을 클릭하여 대화상자를 닫고, [Excel 옵션] 대화상자에서도 [확인]을 클릭하여 닫는다.

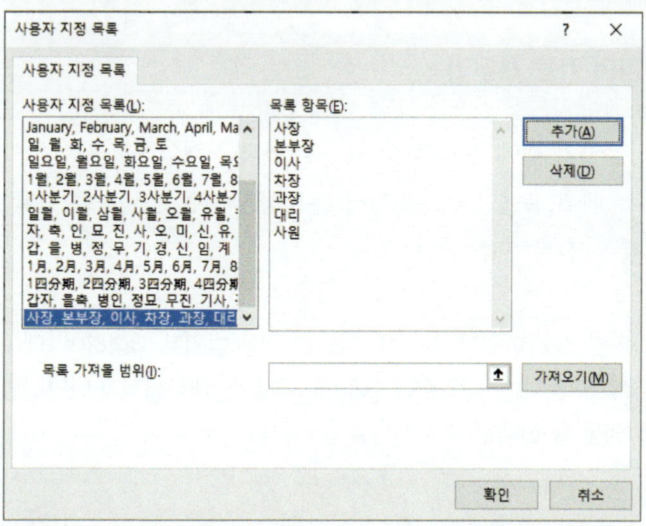

> **Tip**
> 등록했던 사용자 지정 목록을 삭제하고자 할 때는 [사용자 지정 목록]에서 삭제할 목록을 선택한 후 [삭제]를 클릭한다.

❺ [G3] 셀에 '사장'을 입력한 후, 채우기 핸들로 드래그하면 목록이 자동으로 채워진다.

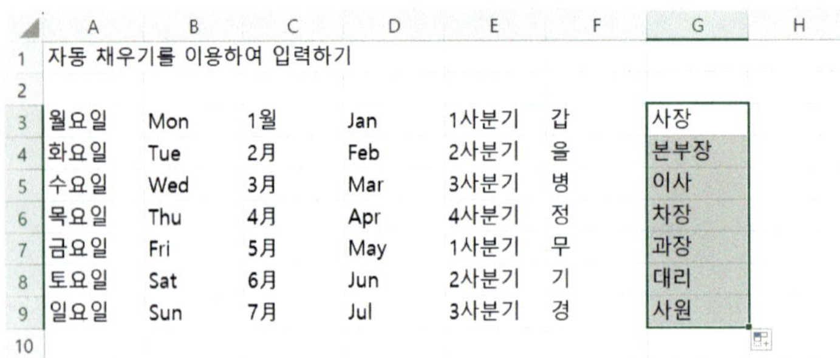

〈준비파일 : 실습2-9.xlsx〉

실습 2-9 데이터 유효성 검사하여 자동 채우기

엑셀의 데이터 유효성 검사 기능은 사용자가 셀에 입력할 수 있는 데이터를 제어하고 제한하여 데이터의 정확성과 일관성을 유지하는 데 도움을 준다. 데이터 유효성 검사는 드롭다운 목록, 특정 숫자 범위, 날짜, 텍스트 길이 등을 설정할 수 있다.

❶ **IME 모드 영문으로 설정하기** : '실습2-9.xlsx' 파일을 열고 [B5:B19] 셀을 범위로 지정하여 [데이터] 탭 – [데이터 도구] 그룹 – [데이터 유효성 검사]를 클릭한다. [데이터 유효성] 대화상자가 나타나면 [IME 모드] 탭 – [입력기] – [모드]에서 '영문'을 선택한 후 [확인]을 클릭한다.

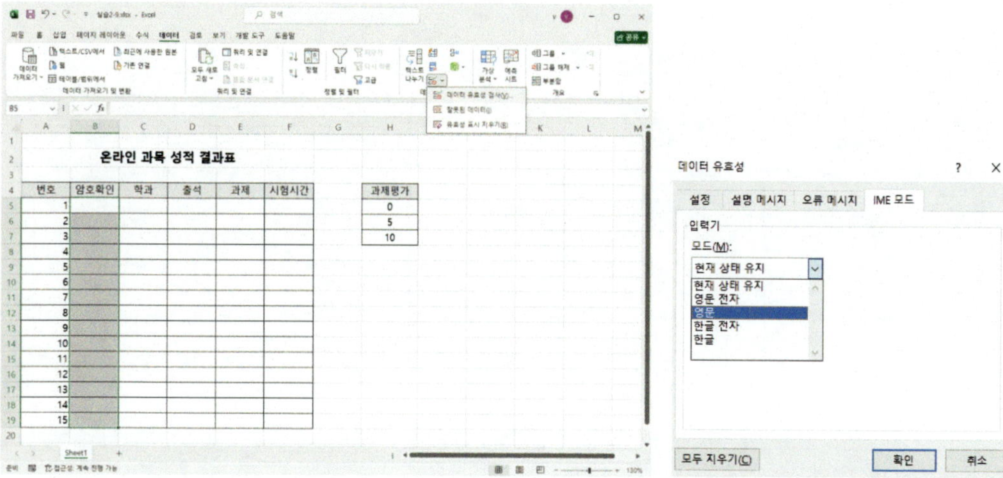

❷ **IME 모드 한글로 설정하기 :** [C5:C19] 셀을 범위로 지정하고 [데이터] 탭 – [데이터 도구] 그룹 – [데이터 유효성 검사]를 선택한다. [데이터 유효성] 대화상자가 나타나면 [IME 모드] 탭 – [입력기] – [모드]에서 '한글'을 선택한 후 [확인]을 클릭한다.

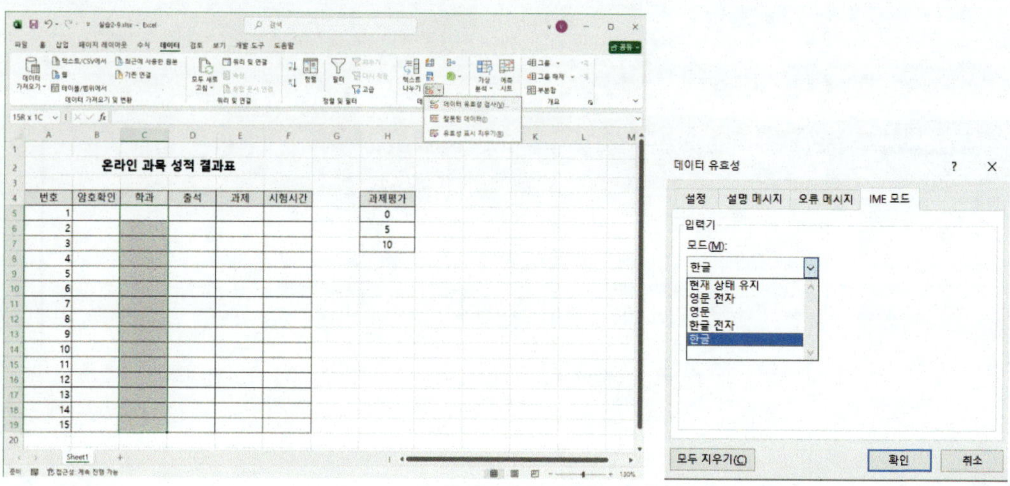

❸ **정수로 설정하기 :** [D5:D19] 셀을 범위로 지정하고 [데이터] 탭 – [데이터 도구] 그룹 – [데이터 유효성 검사]를 선택한다. [데이터 유효성] 대화상자가 나타나면 [설정] 탭 – [유효성 조건] – [제한 대상]에서 '정수'를 선택한 후 [최소값]에 '0'과 [최대값]에 '10'을 입력하고 [확인]을 클릭한다.

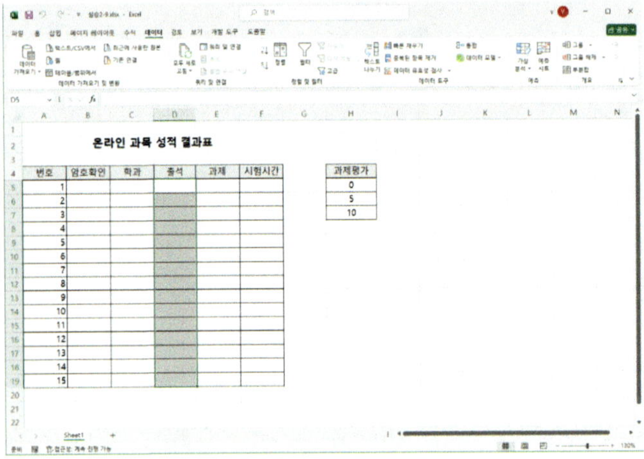

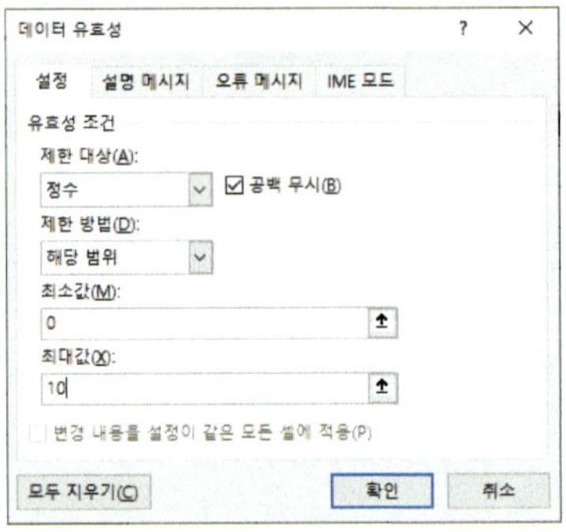

❹ **목록으로 설정하기 :** [E5:E19] 셀을 범위로 지정하고 [데이터] 탭 – [데이터 도구] 그룹 – [데이터 유효성 검사]를 선택한다. [데이터 유효성] 대화상자가 나타나면 [설정] 탭 – [유효성 조건] – [제한 대상]에서 '목록'을 선택한 후 [원본]에서 을 클릭하여 [H5:H7] 셀을 범위로 지정하고 [확인]을 클릭한다.

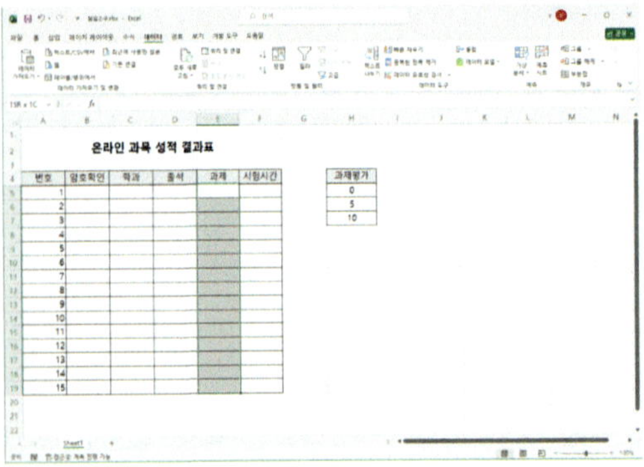

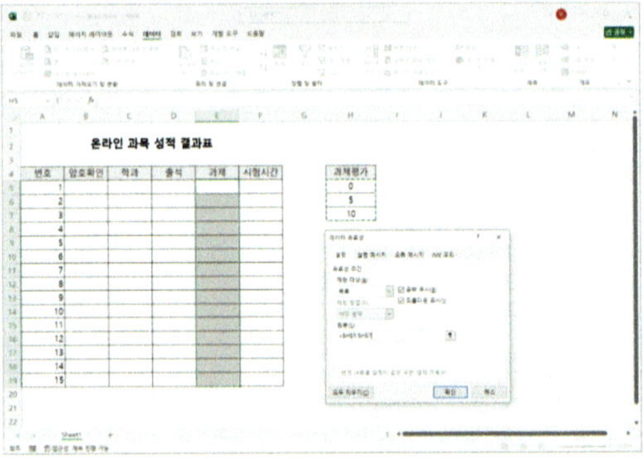

Tip 목록의 원본 항목은 콤마(,)로 데이터를 구분하여 입력해도 된다.

❺ **유효성 검사로 데이터 입력하기 :** [암호확인]과 [학과] 열은 한/영키를 누르지 않아도 각각 영어, 한글로 입력된다. [출석] 열은 정수 0~10 사이 값을 입력할 수 있으며, [과제] 열은 목록 상자에서 선택하거나 직접 입력할 수 있다. 데이터 유효성 설정에 맞지 않는 데이터를 입력하면 다음과 같은 오류 경고창이 나타난다.

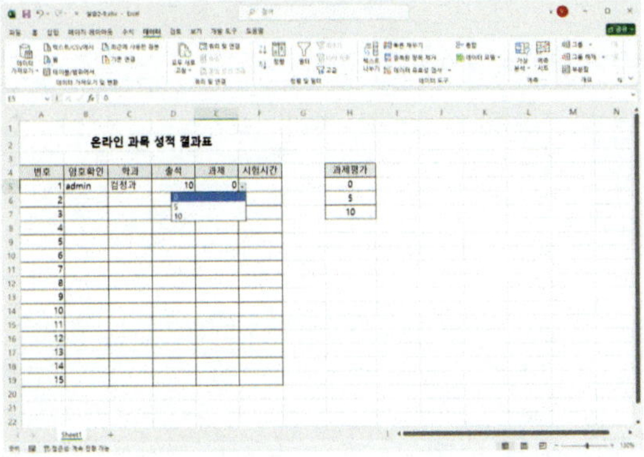

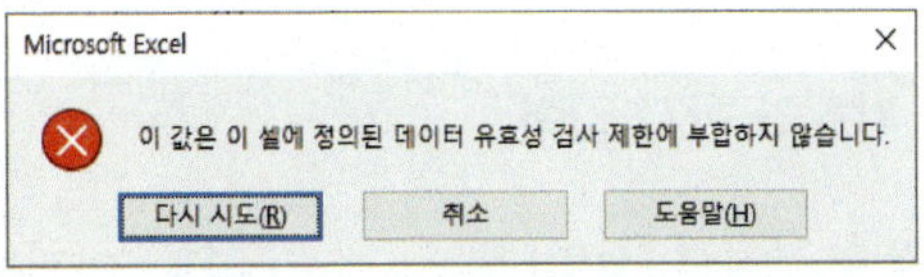

단원요약

1 문자와 숫자 입력

- 엑셀에서 사용되는 데이터의 종류에는 문자, 숫자, 날짜 데이터가 있다.
- 문자는 셀의 왼쪽을 기준으로 정렬되고, 숫자는 오른쪽을 기준으로 정렬된다.
- 숫자 중간에 문자나 기호를 넣으면 전체를 문자로 인식한다.
- 한 셀에 여러 줄을 입력할 때는 줄 바꿈 위치에서 [Alt] + [Enter]를 누른다.

2 기호와 한자 입력

- 특수 문자는 [삽입] 탭 – [기호] 그룹 – [기호] 또는 한글 자음(ㄱ~ㅎ) + [한자]를 이용하여 입력할 수 있다.
- 한글을 한자로 변경할 때는 한 글자 단위로 입력할 수도 있고 단어 단위로 바꿀 수도 있다.

3 날짜와 시간 입력

- 날짜의 경우 날짜 구분자인 슬래시(/) 또는 하이픈(–)을 입력하면 시스템에 설정되어 있는 형태로 나타난다.
- 엑셀의 시간 구분 기호는 콜론(:)이다.
- [셀 서식]을 이용하여 날짜와 시간 데이터에 다양한 표시 형식을 지정할 수 있다.
- 현재 날짜를 입력하는 단축키 : [Ctrl] + [;]
- 현재 시각을 입력하는 단축키 : [Ctrl] + [Shift] + [;]

4 자동 채우기 기능

- 채우기 핸들을 이용하여 자동 채우기 기능을 수행할 수 있다.
- 문자에 숫자가 포함되면 숫자만 1씩 증가된다.
- 문자는 기본 채우기가 [연속된 데이터 채우기]며, [Ctrl]를 누르면서 채우면 동일한 값으로 채워진다.
- 숫자는 기본 채우기가 [셀 복사]며, [Ctrl]을 누르면서 채우면 1씩 숫자가 증가한다.
- 엑셀에서 제공하는 사용자 지정 목록을 이용하여 데이터를 자동으로 채울 수 있다.
- 엑셀에 없는 목록으로 자동 채우기를 할 경우 사용자 지정 목록에 직접 등록하여 사용할 수 있다.

5 데이터 유효성 검사

- 데이터 유효성은 셀에 유효한 데이터만을 입력하도록 설정하는 기능이다.
- 셀에 잘못 입력하거나 유효하지 않는 데이터는 오류 메시지가 표시된다.
- 범위에 대한 유효성 설정 범위를 지정할 수 있으며, 입력할 값을 목록에서 선택 가능하다.

연습문제

01 새 통합 문서를 열어 아래 조건에 맞게 완성한 후 '연습2-1(완성).xlsx'로 저장하시오.

조 건

① 워크시트에 한자, 기호를 포함하여 데이터를 입력하시오.

② 단축키를 이용하여 [E3], [E4] 셀에 시스템 현재 날짜와 시간을 입력하시오.

③ 사번은 [A7] 셀만 입력하고 1씩 증가하도록 자동 채우기를 하시오.

④ [B7:B16] 셀 데이터는 [사용자 지정 목록]으로 지정하여 자동 채우기를 하시오.

⑤ [D7:D16] 셀 데이터는 [빠른 채우기] 기능을 이용하여 채우시오.

⑥ [E7:E16] 셀 데이터는 [데이터 유효성 검사] 기능을 이용하여 정수의 범위가 '10-100' 사이 값만 입력되도록 지정하시오.

	A	B	C	D	E	F	G
1		☆ 상반기 우수사원 명부 ★					
2							
3				작성날짜	2024-08-14		
4				작성시간	5:14 PM		
5							
6	사번	이름	근무지	지점명	보너스		
7	11-101	황복동	서울강서	강서	100		
8	11-102	정명식	서울강북	강북	15		
9	11-103	최봉수	서울강서	강서	50		
10	11-104	김진영	경기용인	용인	60		
11	11-105	김진호	서울강동	강동	40		
12	11-106	황채연	서울강남	강남	25		
13	11-107	정재경	서울강동	강동	20		
14	11-108	정태경	경기성남	성남	40		
15	11-109	황나연	경기수원	수원	70		
16	11-110	최재원	경기하남	하남	30		
17							
18							
19		최우수 사원(社員)		황복동			
20		연락처		☎ 031-747-1234			
21		이메일		🖂 bokdong@hanmail.net			
22							

02 새 통합 문서를 열어 다음과 같이 각 열의 첫 번째 데이터, 혹은 첫 번째와 두 번째 데이터만 입력한 후 자동 채우기 기능을 이용하여 '구구단' 표를 만드시오. 완성된 파일명을 '연습2-2(완성).xlsx'로 저장하시오.

	A	B	C	D	E	F	G	H	I	J
2		구구단 입력하기								
5		2단	3단	4단	5단	6단	7단	8단	9단	
6	1	2	3	4	5	6	7	8	9	
7	2	4	6	8	10	12	14	16	18	
8	3	6	9	12	15	18	21	24	27	
9	4	8	12	16	20	24	28	32	36	
10	5	10	15	20	25	30	35	40	45	
11	6	12	18	24	30	36	42	48	54	
12	7	14	21	28	35	42	49	56	63	
13	8	16	24	32	40	48	56	64	72	
14	9	18	27	36	45	54	63	72	81	

03 새 통합 문서를 열어 아래와 같이 문자, 숫자, 기호, 한자 등을 입력한 뒤 아래 조건에 맞게 완성한 후 '연습2-3(완성).xlsx'로 저장하시오.

조 건

① 워크시트 이름을 '문제3'으로 변경하시오.

② F열에 사용자 지정 목록을 이용하여 등급의 상, 중, 하를 자동 채우기로 입력하시오.

	A	B	C	D	E	F
1	♥ 컴퓨터 활용 능력 결과 ♥					
3	이름	學科(학과)	학년(學年)	☎ 전화번호	점수	결과
4	김사랑	건축학과	1	010-345-1234	950	상
5	박수지	무용학과	1	010-123-1234	850	중
6	남우혁	컴퓨터공학과	3 휴학중	010-456-1234	700	하

문제3

3 셀 서식 기초와 활용

이번 장에서는 다음과 같은 내용을 학습합니다.

– 데이터의 글꼴, 맞춤, 테두리, 음영 등을 지정하는 방법에 대해 학습합니다.

– 숫자, 텍스트, 날짜 등 다양한 데이터 표시 형식을 바꾸는 방법을 학습합니다.

– 조건부 서식을 지정하여 특정 조건에 맞는 셀 서식을 설정하는 방법을 학습합니다.

1 셀 서식 설정

엑셀에서 "셀 서식"은 셀의 데이터가 어떻게 표시되는지를 결정하는 설정입니다. 셀 서식을 사용하면 숫자, 날짜, 시간, 텍스트 등의 표시 형식을 조정할 수 있으며, 다음과 같은 주요 기능을 포함합니다.

- **숫자 형식** : 셀에 입력된 숫자를 통화, 백분율, 날짜, 시간, 분수 등 다양한 형식으로 표시할 수 있습니다. 예를 들어, '1234'를 '1,234.00' 또는 '$1,234.00'으로 표시할 수 있습니다.
- **정렬** : 데이터의 정렬 방법(왼쪽, 가운데, 오른쪽 정렬)과 텍스트 방향을 설정할 수 있습니다.
- **글꼴** : 글꼴 유형, 크기, 색상, 스타일(굵게, 기울임꼴 등) 등을 조정할 수 있습니다.
- **테두리** : 셀의 테두리 스타일과 색상을 설정하여 셀의 외곽선을 조정할 수 있습니다.
- **채우기** : 셀의 배경색을 설정할 수 있습니다. 이를 통해 데이터를 강조하거나 구분할 수 있습니다.
- **조건부 서식** : 특정 조건을 만족할 때만 서식을 자동으로 변경할 수 있는 기능입니다. 예를 들어, 특정 값 이상일 때 셀의 배경색을 변경하는 등의 설정이 가능합니다.

셀 서식은 [홈] 탭의 [글꼴], [맞춤], [표시 형식] 그룹에서 바꿀 수 있으며, [셀 서식] 대화상자에서도 데이터의 다양한 서식을 바꿀 수 있습니다.

〈준비파일 : 실습3-1.xlsx〉

실습 3-1 그룹에서 셀 서식 설정하기

❶ '실습3-1.xlsx' 파일을 열고 [B2:F2] 셀을 범위로 지정한 후, [홈] 탭 – [맞춤] 그룹 – [병합하고 가운데 맞춤] – [병합하고 가운데 맞춤]을 클릭한다.

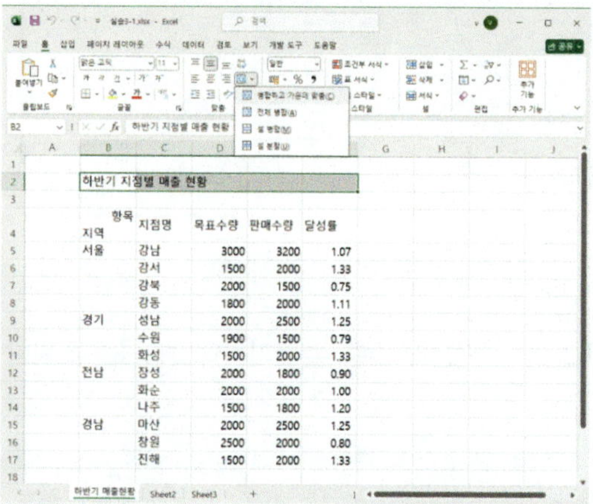

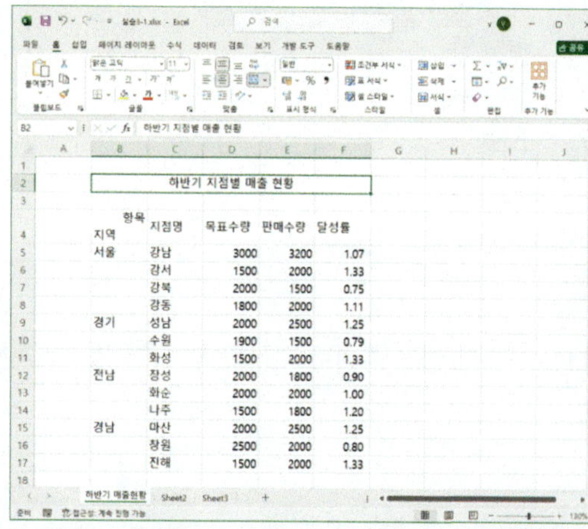

❷ [홈] 탭 – [글꼴] 그룹에서 [글꼴 크기]는 '20'을 선택하고, [채우기 색]은 '파랑, 강조1', [글꼴 색]은 '흰색, 배경1'을 선택한다.

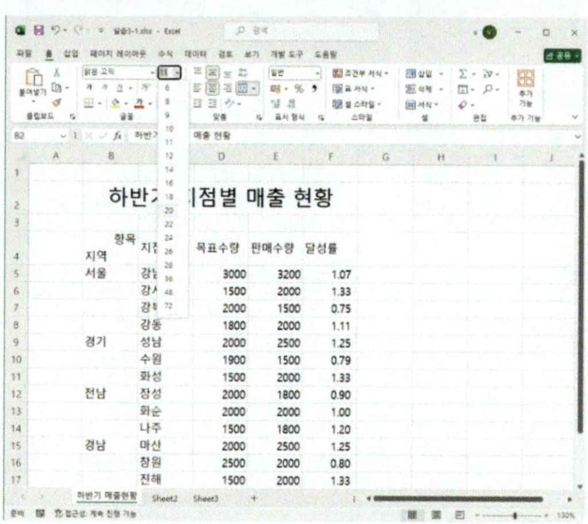

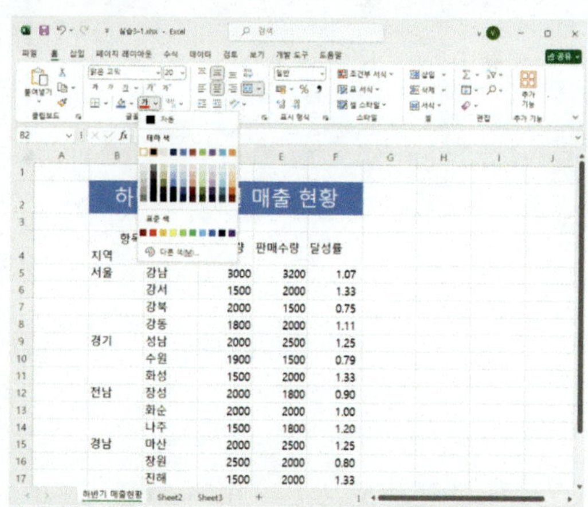

❸ [B5:B8] 셀을 범위로 지정하고 [Ctrl]을 누르면서 [B9:B11] 셀, [B12:B14] 셀, [B15:B17] 셀을 각각 범위로 지정한 후, [홈] 탭 – [맞춤] 그룹 – [병합하고 가운데 맞춤]을 클릭한다.

03

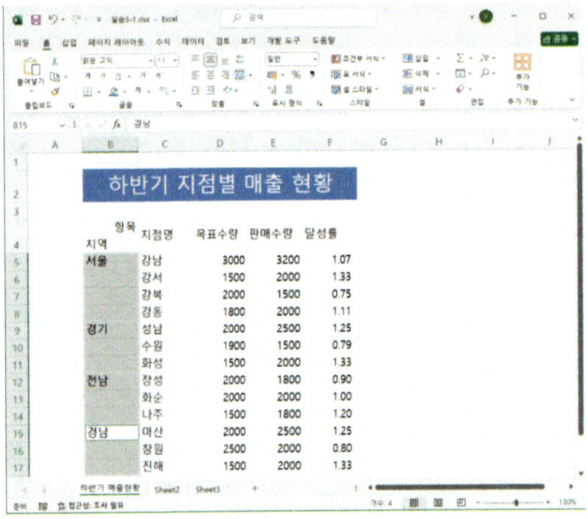

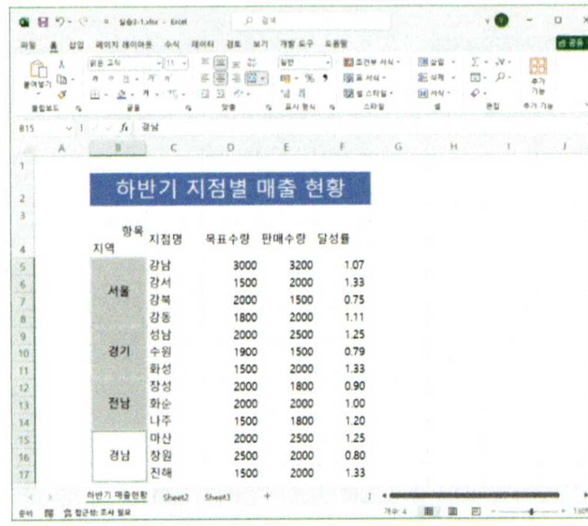

❹ [C4:F17] 셀을 범위로 지정한 후, [홈] 탭 – [맞춤] 그룹 – [가운데 맞춤 ☰ 〈가운데맞춤〉]을 클릭한다.

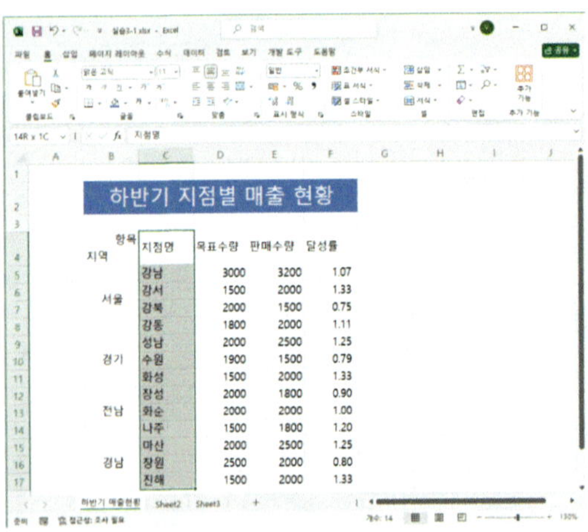

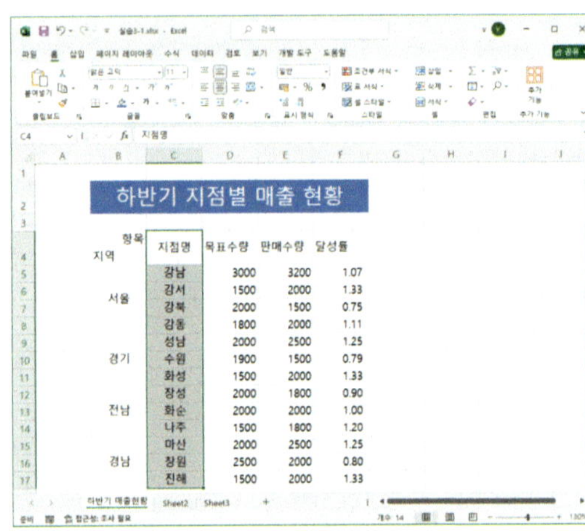

❺ 이번에는 [B4:F17] 셀을 범위로 지정한 후, [홈] 탭 – [글꼴] 그룹 – [테두리 ⊞ ⌄〈테두리〉] – [모든 테두리 ⊞〈모든 테두리〉]를 선택한다.

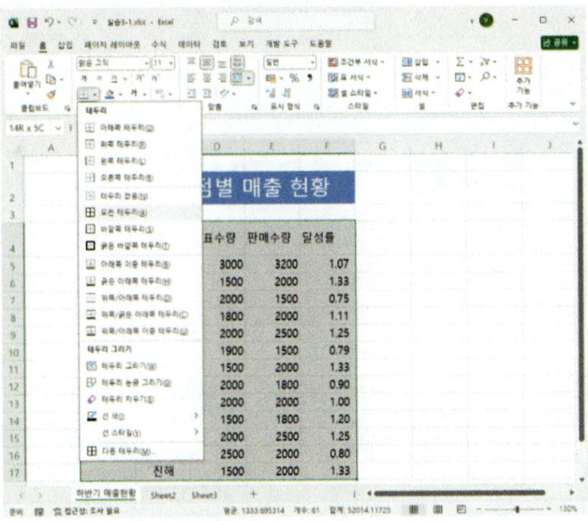

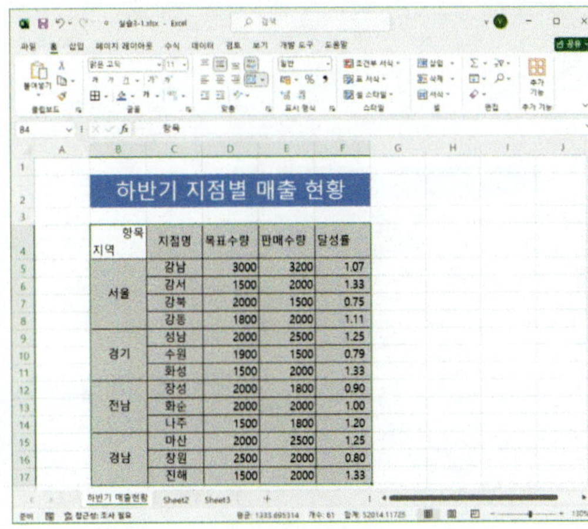

❻ [홈] 탭 – [글꼴] 그룹 – [테두리 ⊞ ⌄〈테두리〉] – [테두리 그리기]를 클릭하여 마우스 포인터가 연필 모양(✎)으로 바뀌면 [B4] 셀에 대각선을 그려 넣는다.

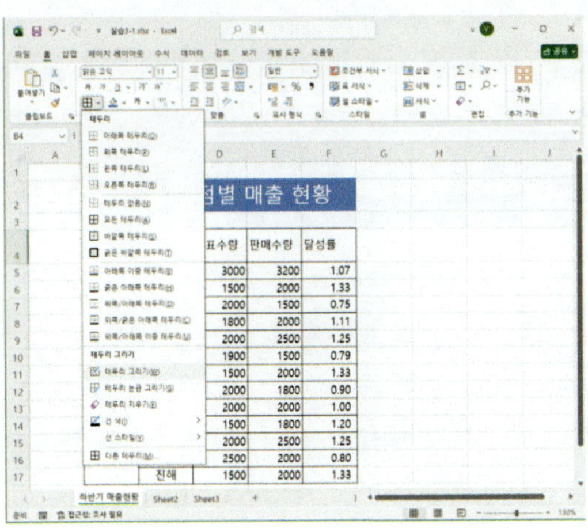

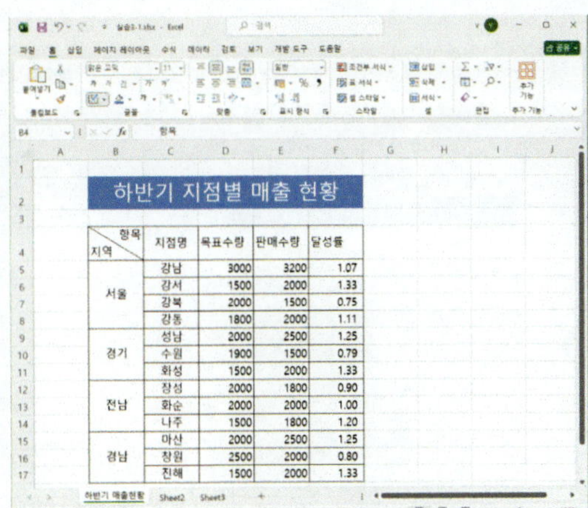

❼ [C4:F17] 셀을 범위로 지정한 후, [홈] 탭 – [스타일] 그룹 – [표 서식] – [중간: 표 스타일 보통 4]를 선택하고 [표 서식] 대화상자에서 [확인]을 클릭한다.

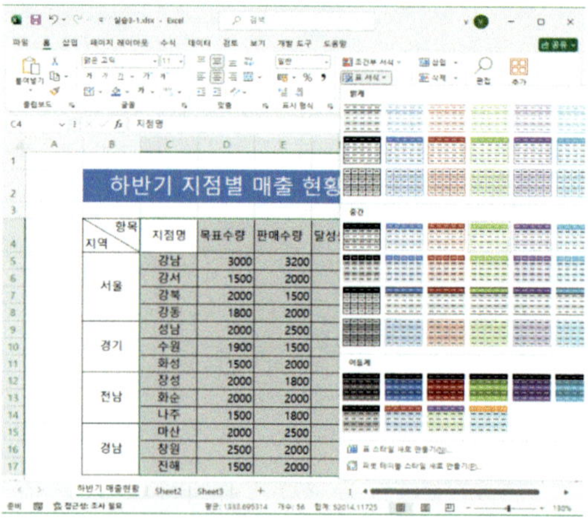

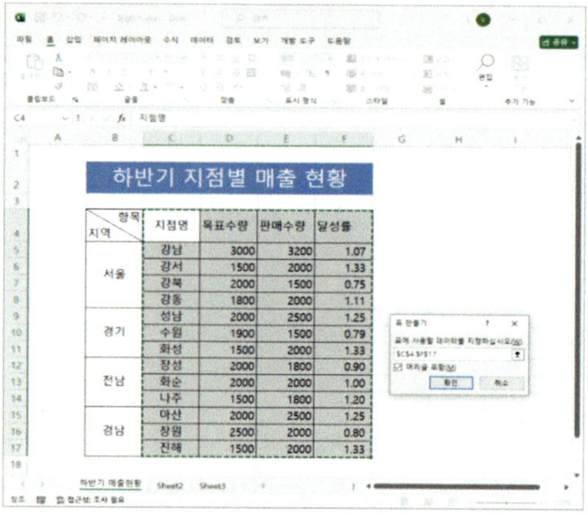

❽ [D5:E17] 셀을 범위로 지정한 후, [홈] 탭 – [표시 형식] 그룹 – [쉼표 스타일 **,**]을 선택하여 수량에 천 단위 구분 쉼표를 표시한다.

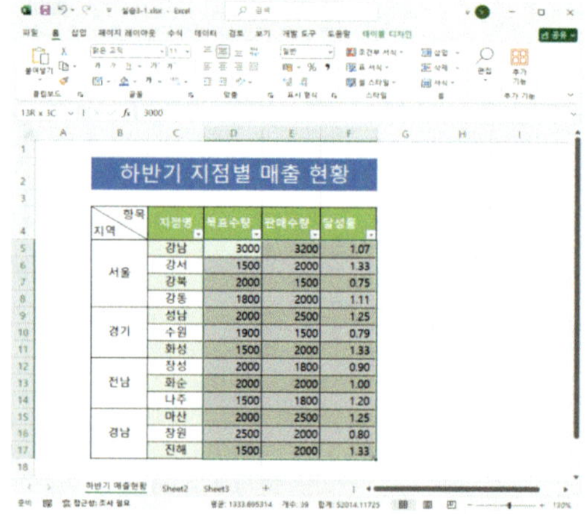

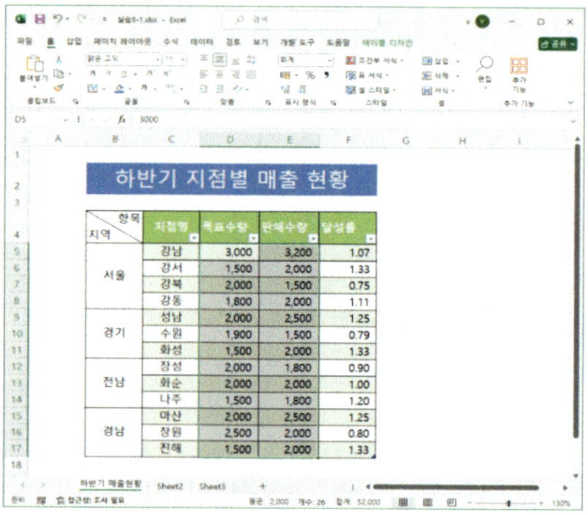

❾ [F5:F17] 셀을 범위로 지정한 후, [홈] 탭 – [표시 형식] 그룹 – [백분율 스타일 %]을 선택한다.

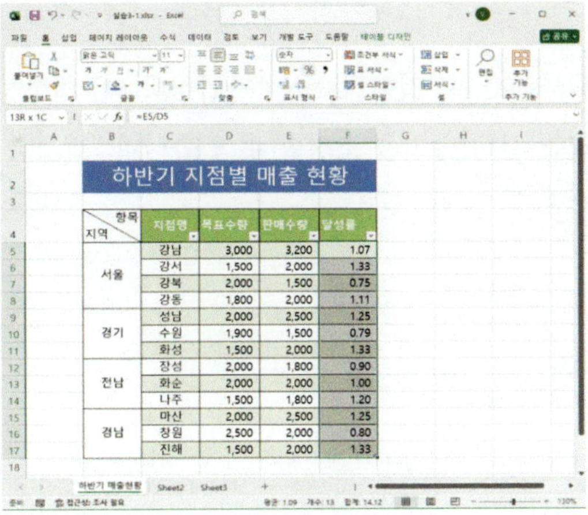

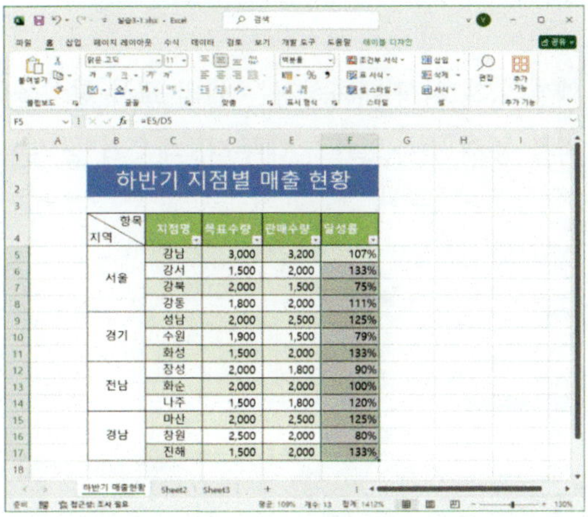

2 [셀 서식] 대화상자 이해

엑셀의 셀 서식 대화상자는 셀의 표시 형식을 세부적으로 설정할 수 있는 창입니다. 이 대화상자를 통해 숫자, 글꼴, 테두리, 채우기 등의 다양한 서식 옵션을 조정할 수 있습니다.

[셀 서식] 대화상자

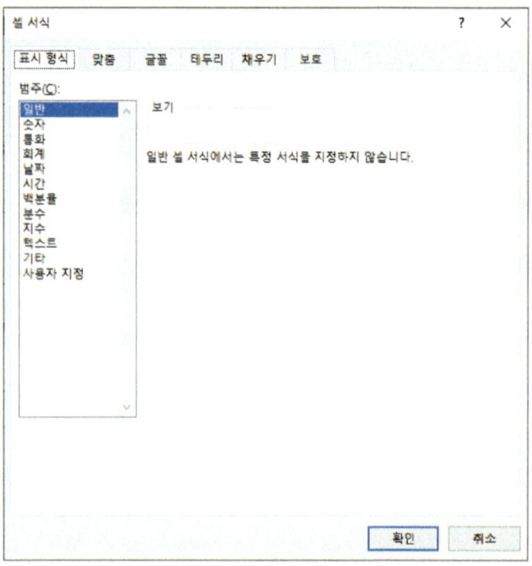

① **[표시 형식] 탭** : 숫자, 날짜, 백분율, 사용자 지정 등 데이터 종류별로 표시되는 형식을 지정한다.

② **[맞춤] 탭** : 텍스트 맞춤, 텍스트 조정, 텍스트 방향을 지정한다.

③ **[글꼴] 탭** : 입력한 데이터의 글꼴, 글꼴 스타일, 크기, 색 등을 지정한다.

④ **[테두리] 탭** : 특정 셀 범위의 테두리 스타일과 색, 방향 등을 지정한다.

⑤ **[채우기] 탭** : 셀에 다양한 색상과 무늬 색 등을 지정한다.

⑥ **[보호] 탭** : 특정 셀의 내용을 수정하지 못하도록 보호한다.

더 알아보기 **[셀 서식] 대화상자 여는 방법**

① 해당 셀에 마우스 오른쪽 버튼을 누르고 바로 가기 메뉴에서 [셀 서식]을 선택한다.
② [홈] 탭의 [글꼴], [맞춤], [표시 형식] 그룹의 오른쪽 아래에 있는 대화상자 표시 단추( )를 클릭한다.
③ [홈] 탭의 [셀] 그룹에 있는 [서식]에서 [셀 서식]을 선택한다.
④ [홈] 탭의 [표시 형식] 그룹에 있는 [표시 형식]에서 [기타 표시 형식]을 선택한다.
⑤ 단축키 [Ctrl] + [1]을 누른다.

실습 3-2 [셀 서식] 대화상자로 셀 서식 설정하기

❶ '실습3-2.xlsx' 파일을 열고 [B1:H12] 셀을 범위로 지정한 후 [Ctrl]를 누르면서 [B3]를 선택한 다음, [홈] 탭 – [맞춤] 그룹의 대화상자 표시 단추(↘)를 클릭한다.

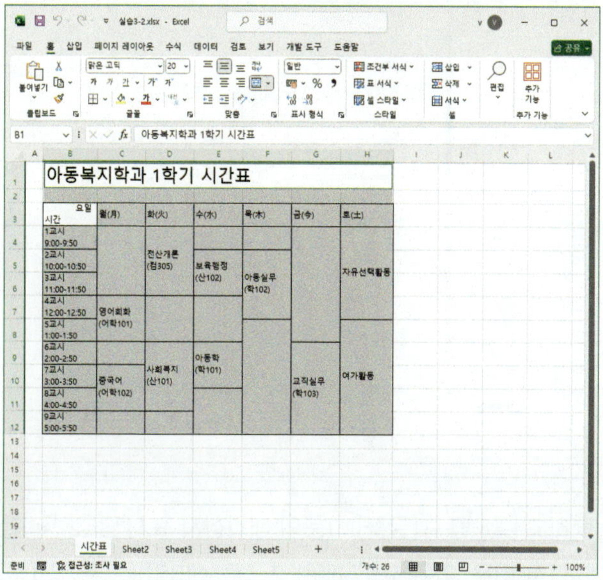

❷ [셀 서식] 대화상자의 [맞춤] 탭에서 [텍스트 맞춤] – [가로]를 '가운데'로 설정한 후 [확인]을 클릭하면, 범위로 지정한 셀의 텍스트가 가운데로 맞춰진다.

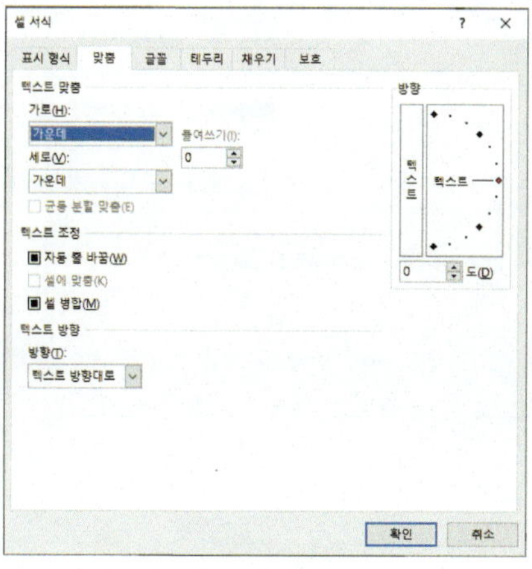

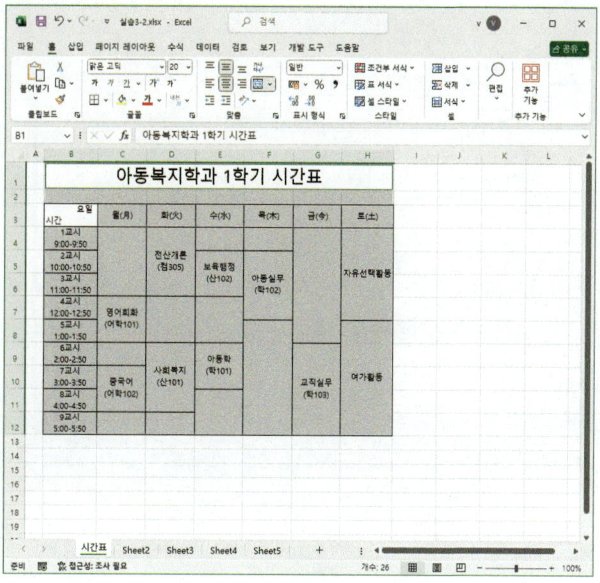

❸ [H4:H12] 셀을 범위로 지정한 후, 마우스 오른쪽 버튼을 누르고 바로 가기 메뉴에서 [셀 서식]을 클릭한다. [셀 서식] 대화상자가 열리면 [맞춤] 탭에서 [방향]을 '45'도로 입력한 후 [확인]을 클릭한다.

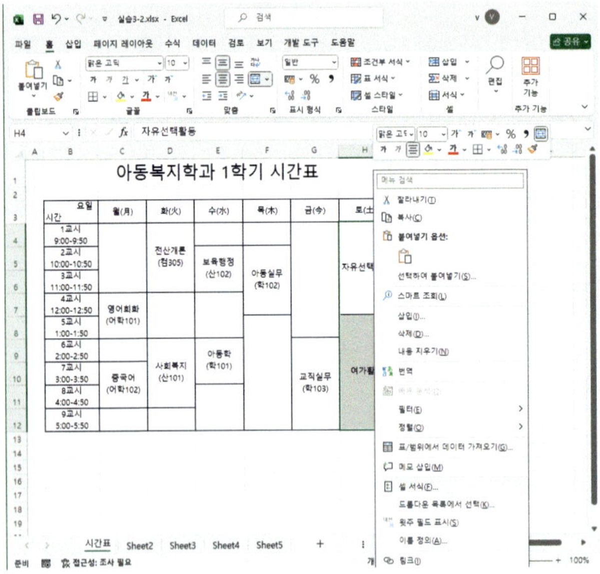

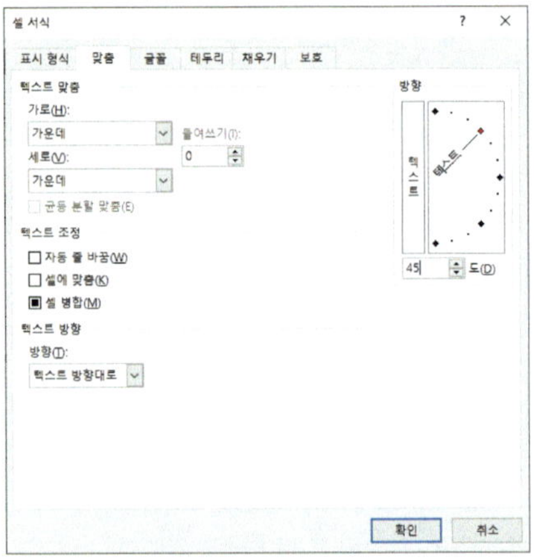

❹ 제목 서식을 수정하기 위해 [B1] 셀을 선택하고 [홈] 탭 – [글꼴] 그룹의 대화상자 표시 단추(⧉)를 클릭한 후, [셀 서식] 대화상자의 [글꼴] 탭에서 [글꼴]은 '맑은 고딕(제목)', [글꼴 스타일]은 '굵게', [색]은 '파랑', 선택하고 [확인]을 클릭한다.

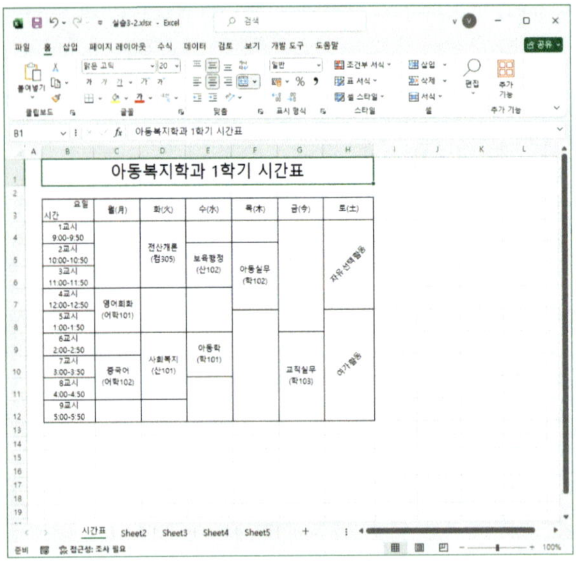

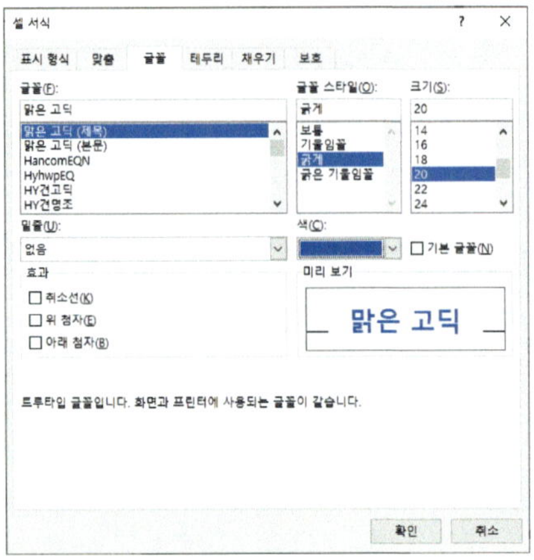

❺ 대각선을 넣을 [B3] 셀을 선택하고 [홈] 탭 – [글꼴] 그룹의 대화상자 표시 단추(↘)를 클릭한다. [셀 서식] 대화상자가 열리면 [테두리] 탭에서 [테두리]는 '대각선(⧅)'을 선택한 후 [확인]을 클릭한다.

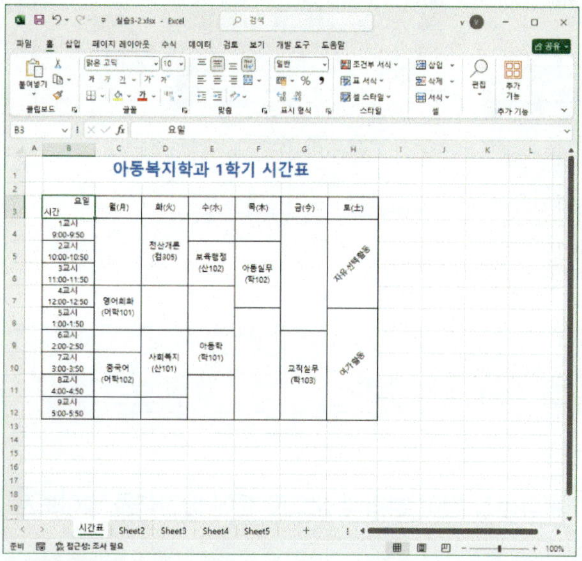

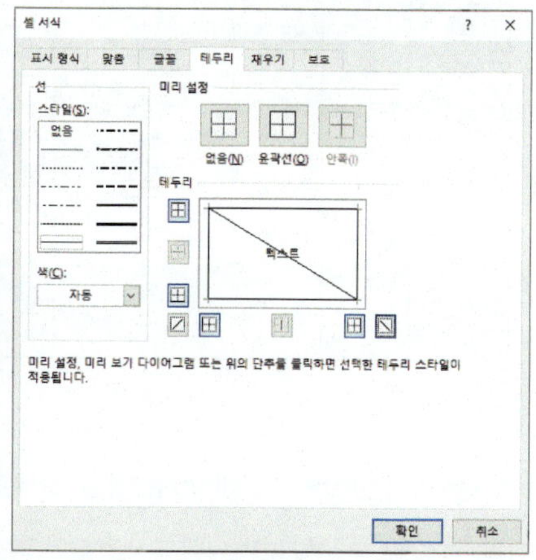

❻ 이번에는 [B3:H3] 셀을 범위로 지정한 후 [셀 서식] 대화상자를 연다. [테두리] 탭에서 [선] – [스타일]은 '이중선'을, [테두리]는 '아래(⊞)'를 선택하고 [확인]을 클릭한다.

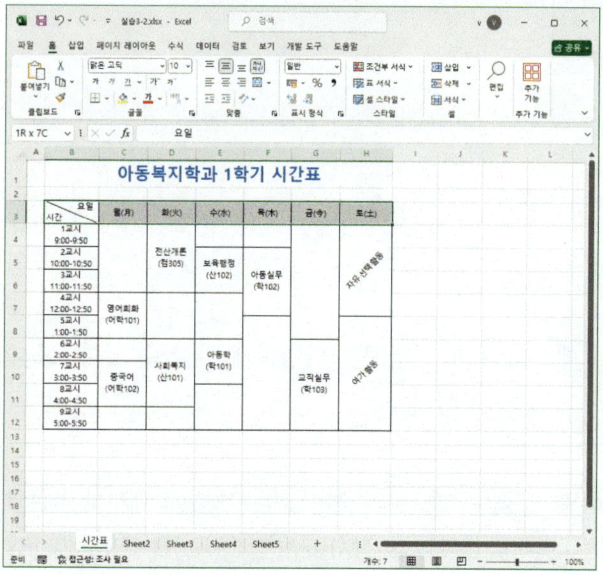

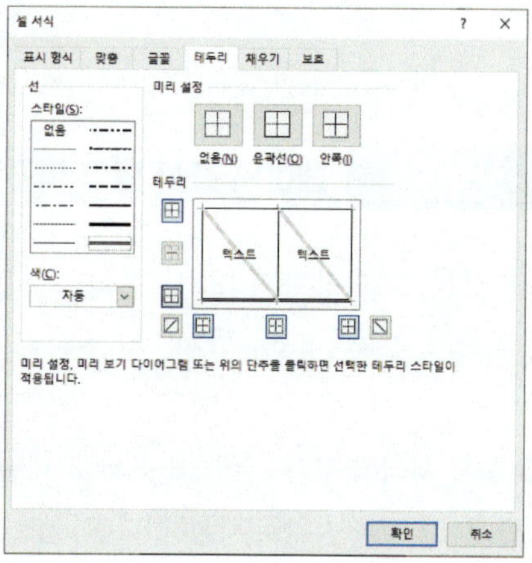

❼ [B3:H12] 셀을 범위로 지정하고 [셀 서식] 대화상자를 연다. [테두리] 탭에서 [선]의 [스타일]은 '굵은선', [색]은 '파랑'을 선택하고, [미리 설정]은 '윤곽선'을 클릭한 후 [확인]을 누른다.

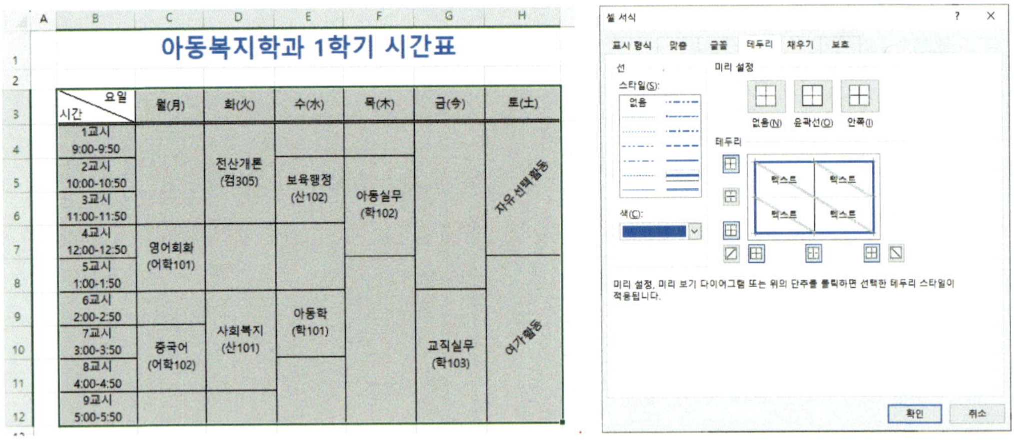

❽ [셀 서식] 대화상자의 [채우기] 탭을 이용하여 다음과 같이 임의의 색으로 셀에 배경색을 넣어보자.

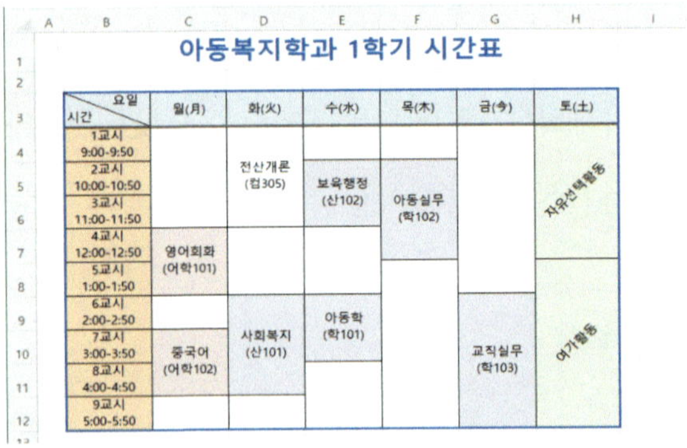

〈준비파일 : 실습3-3.xlsx〉

실습 3-3 데이터 표시 형식 바꾸기

[셀 서식] 대화상자의 [표시 형식] 탭에서 데이터의 표시 형식을 다양하게 바꿀 수 있다. 표시 형식에는 숫자, 통화, 날짜, 시간, 사용자 지정 등이 있다.

❶ **숫자 서식 바꾸기** : '실습3-3.xlsx' 파일을 열고, '접수번호' 열의 숫자를 두 자릿수로 표시하기 위해 [B6:B15] 셀을 범위로 지정하고 [홈] 탭 - [표시 형식] 그룹의 대화상자 표시 단추(⧉)를 클릭한다. [셀 서식] 대화상자가 열리면 [표시 형식] 탭의 [범주]에서 '사용자 지정'을 선택하고 [형식] 입력란에 '00'을 입력한 후 [확인]을 클릭한다.

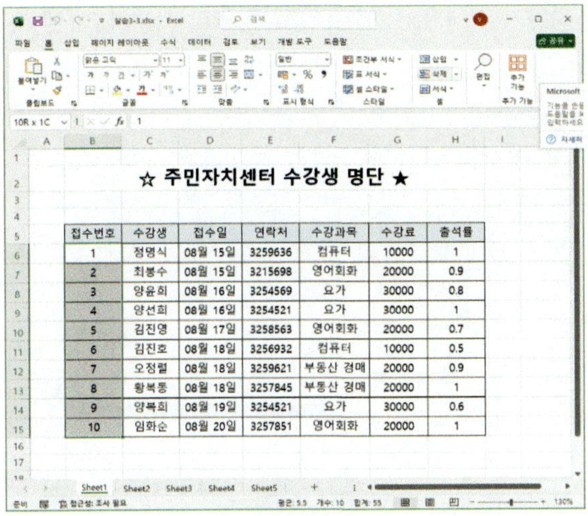

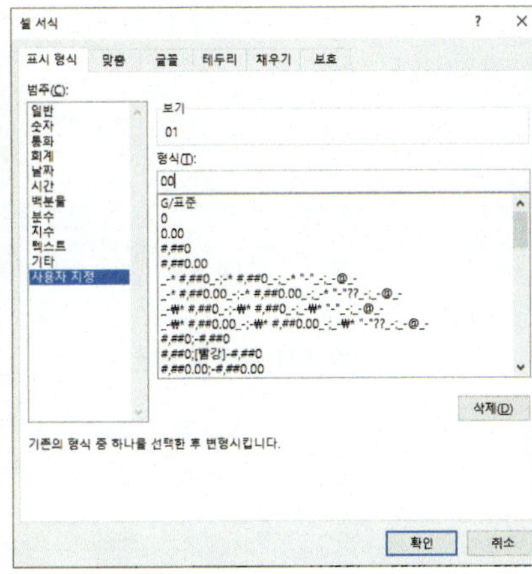

Tip 서식 코드 '0'을 사용하면 무효한 '0'이 표시되며 자릿수를 맞출 때 유용하다. 예) 1, 2 ...., 10일 경우 '00'으로 지정할 경우 두 자리인 01, 02, ..., 10으로 표시된다.

❷ **텍스트 서식 바꾸기** : '수강생' 열의 이름 뒤에 '님'을 붙이기 위해 [C6:C15] 셀을 범위로 지정한 후, [셀 서식] 대화상자를 열어 [표시 형식] 탭의 [범주]에서 '사용자 지정'을 선택하고 [형식]에 '@님'을 입력하고 [확인]을 클릭한다.

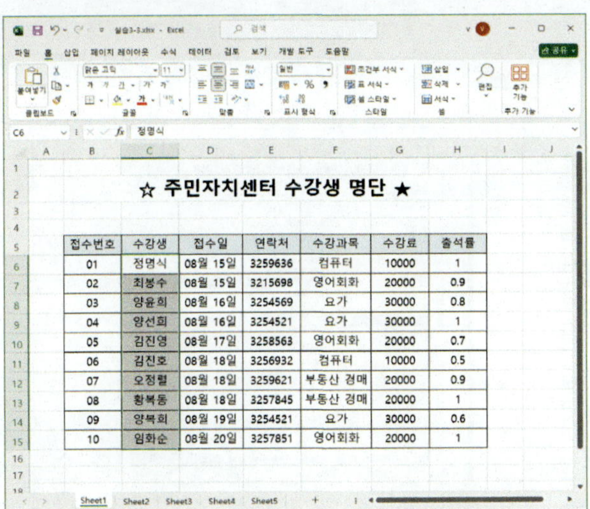

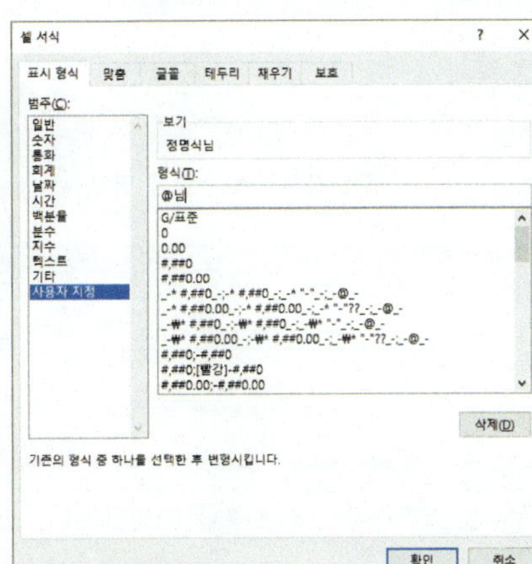

Tip 서식 코드 '@'을 사용하면 현재 셀이 입력된 내용 뒤에 자동으로 텍스트를 표시한다.

❸ **날짜 표시 형식 바꾸기** : 날짜 표시 형식을 수정하기 위해 [D6:D15] 셀을 범위로 지정하고 [셀 서식] 대화상자를 열어 [표시 형식] 탭의 [범주]에서 '날짜'를 선택한 후 [형식]을 아래와 같이 선택하고 [확인]을 클릭한다.

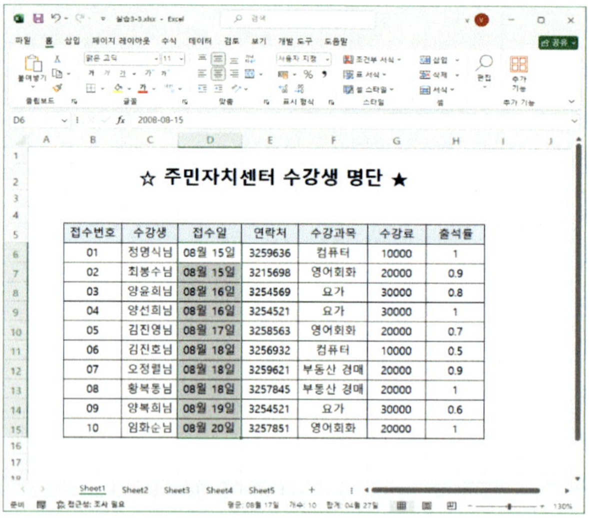

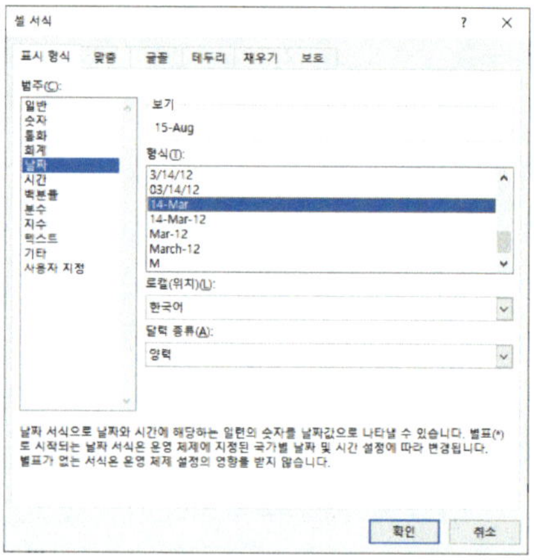

❹ **전화 번호 표시 형식 바꾸기** : 전화 번호를 국번과 구분하여 표시하기 위해 [E6:E15] 셀을 범위로 지정하고 [셀 서식] 대화상자를 열어 [표시 형식] 탭의 [범주]는 '기타'를, [형식]은 '전화 번호 (국번 3자리)'를 선택한 후 [확인]을 클릭한다.

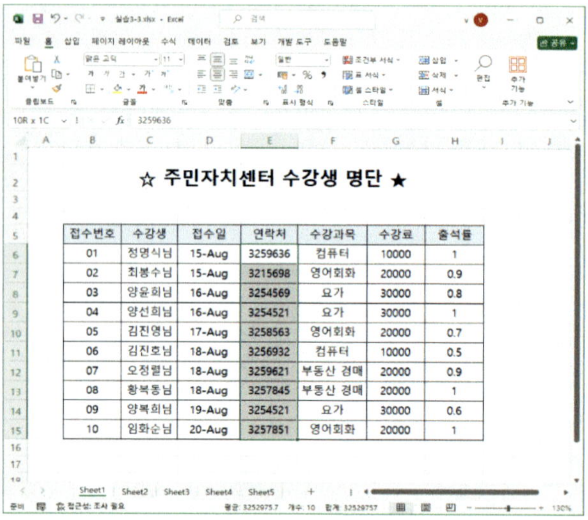

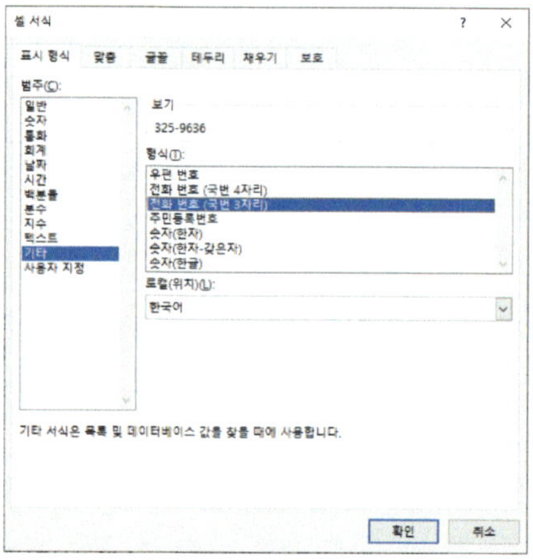

❺ **통화 표시 형식 바꾸기** : 통화 표시 형식을 설정하기 위해 [G6:G15] 셀을 범위로 지정한 후 [셀 서식] 대화상자의 [표시 형식] 탭의 [범주]에서 '통화'를 선택하고 [음수]는 다음과 같이 지정한 후 [확인]을 클릭한다.

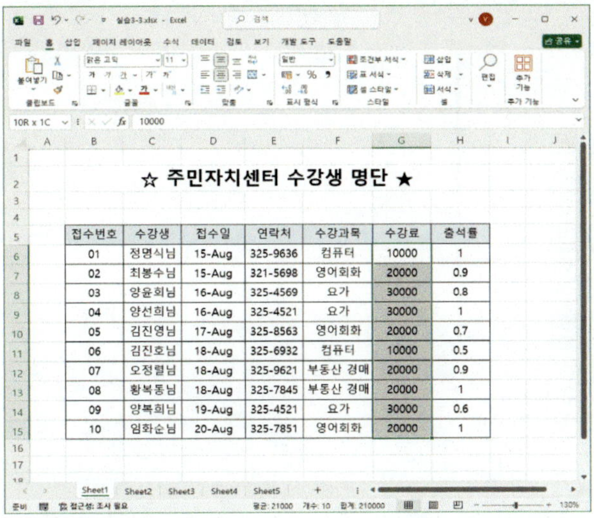

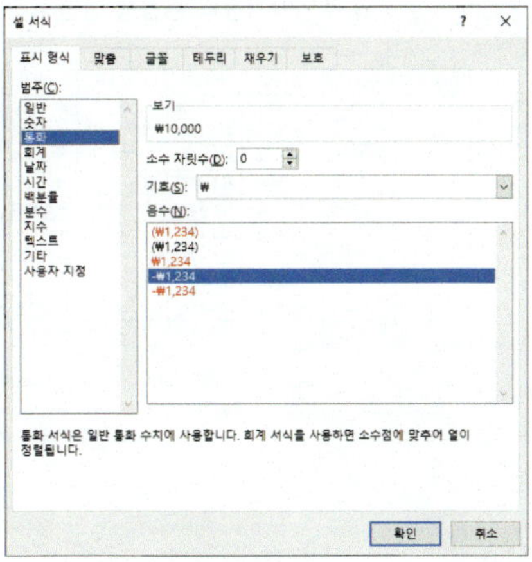

❻ **백분율 표시 형식 바꾸기** : 출석률을 백분율 형식으로 표시하기 위해 [H6:H15] 셀을 범위로 지정한 후 [셀 서식] 대화상자의 [표시 형식] 탭의 [범주]에서 '백분율'을 선택하고 [확인]을 클릭한다.

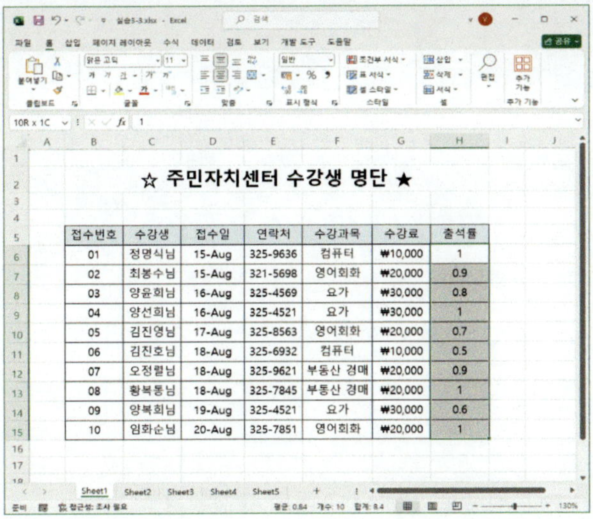

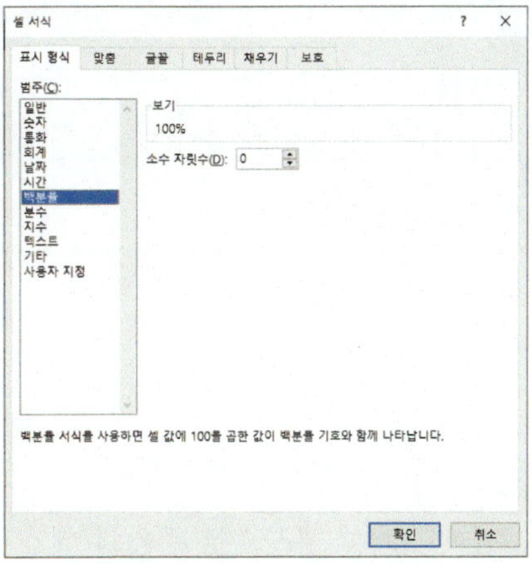

03

❼ 데이터 표시 형식을 모두 적용한 결과를 확인한다.

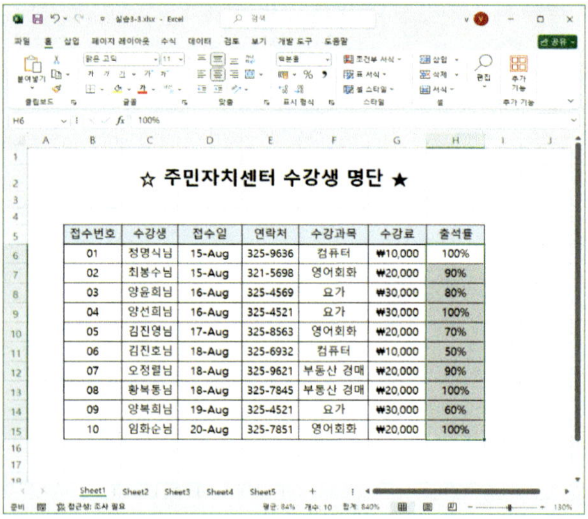

심화학습 [셀 서식] 대화상자의 [표시 형식] 탭

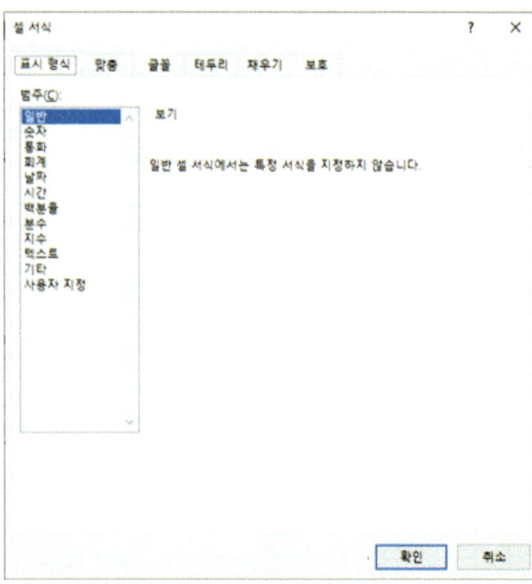

① 일반 : 기본 형식으로 숫자와 텍스트가 기본적으로 입력된 그대로 표시된다.

② 숫자 : 숫자 데이터의 1000단위 구분 기호, 소수 자릿수, 음수 표시 방법 등을 지정한다.

③ 통화 : 숫자 데이터에 소수 자릿수, 통화 기호 등을 지정한다.

④ 회계 : 통화 기호와 소수점에 맞추어 열이 정렬되며, 소수 자릿수, 통화 기호 등을 지정한다.

⑤ 날짜 : 날짜 데이터를 다양한 형식으로 표시할 수 있다.

⑥ 시간 : 시간 데이터를 다양한 형식으로 표시할 수 있다.

⑦ 백분율 : 숫자 데이터를 백분율(%) 형식으로 지정하고 소수 자릿수를 지정한다.

⑧ 분수 : 숫자 데이터를 분수 형식으로 표시하고 분수 형식을 지정한다.

⑨ 지수 : 숫자 데이터를 지수 형식으로 표시하고 소수 자릿수를 지정한다.

⑩ 텍스트 : 데이터를 텍스트 형식으로 표시한다.

⑪ 기타 : 우편 번호, 주민등록번호, 전화 번호 등을 지정하여 표시한다.

⑫ 사용자 지정 : 데이터 표시 형식을 사용자가 직접 지정할 수 있다.

---

3 조건부 서식 설정

엑셀의 조건부 서식은 셀의 값이나 수식에 따라 자동으로 셀의 서식을 변경할 수 있는 강력한 기능입니다. 이를 통해 데이터의 패턴, 추세 또는 특정 조건을 시각적으로 강조할 수 있습니다. 예를 들어, 특정 조건을 만족하는 셀에 색상을 입히거나 데이터 막대, 색조 등을 적용할 수 있습니다.

〈준비파일 : 실습3-4.xlsx〉

실습 3-4 셀 값으로 조건부 서식 설정하기

❶ '실습3-4.xlsx' 파일을 열고 조건부 서식을 지정할 [F6:F15] 셀을 범위로 지정한다.

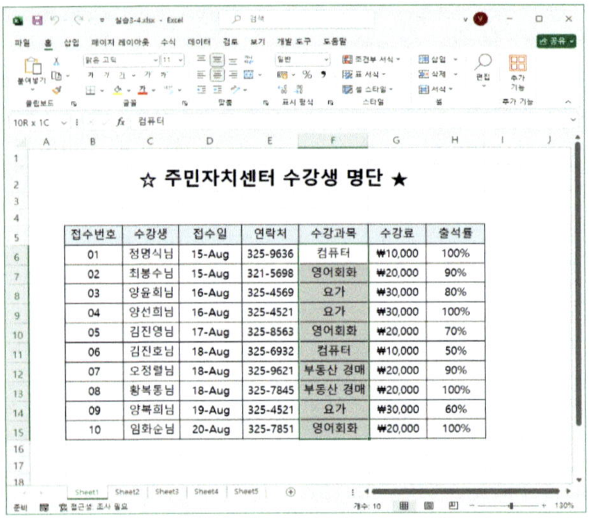

❷ [홈] 탭 – [스타일] 그룹 – [조건부 서식] – [셀 강조 규칙] – [같음]을 선택한다.

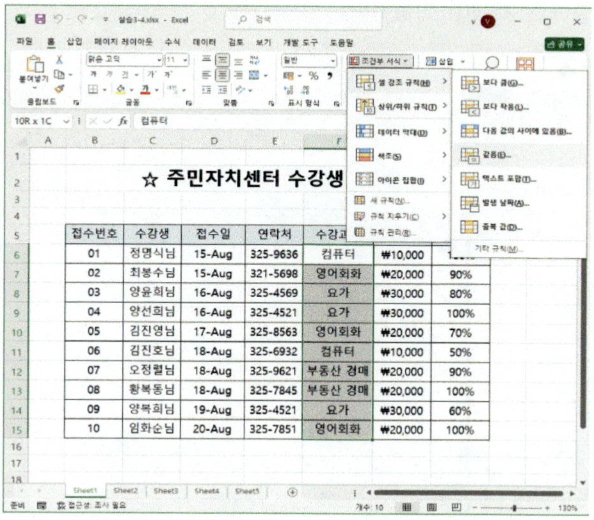

03

Tip 엑셀에서 제공하는 규칙이 만족스럽지 않다면 [기타 규칙]을 선택해서 자신만의 규칙을 만들 수 있다.

❸ '요가' 값이 입력되어 있는 셀에 서식을 지정하기 위해 [F8] 셀을 클릭하고 [적용할 서식]의 목록 단추를 눌러 '진한 녹색 텍스트가 있는 녹색 채우기'를 선택한 후 [확인]을 클릭한다.

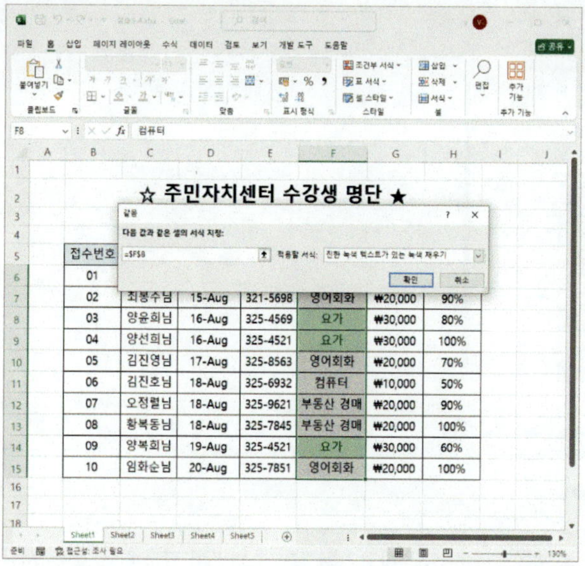

❹ 선택한 범위에서 '요가'가 입력되어 있는 셀에만 서식이 적용된다.

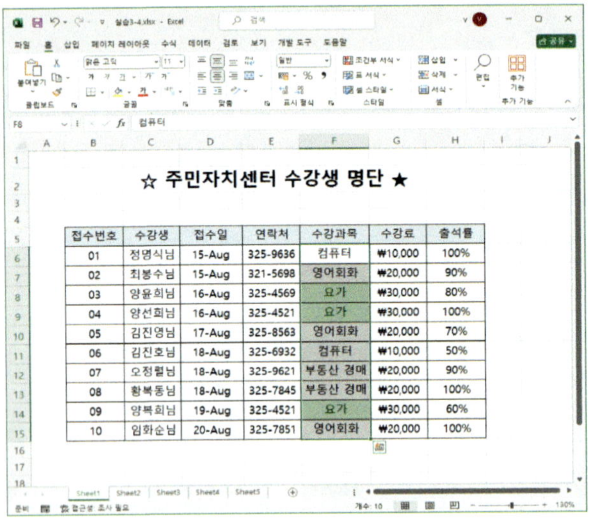

❺ 조건부 서식을 지정할 [H6:H15] 셀을 범위로 지정한 후, [홈] 탭 – [스타일] 그룹 – [조건부 서식] – [데이터 막대] – [그라데이션 채우기:주황 데이터 막대]를 선택한다.

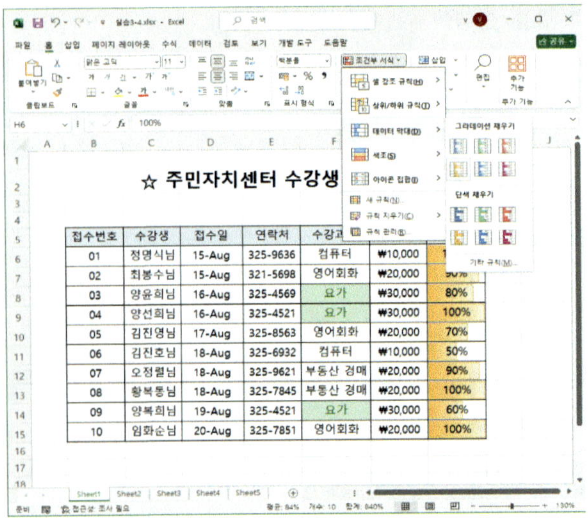

Tip	셀에 지정한 조건부 서식을 해제하려면 해당 셀을 범위로 지정하고 [홈] 탭 – [스타일] 그룹 – [조건부 서식] – [규칙 지우기] – [선택한 셀의 규칙 지우기]를 선택한다.

〈준비파일 : 실습3-5.xlsx〉

실습 3-5 수식으로 조건부 서식 지정하기

❶ '실습3-5.xlsx' 파일을 열고 조건부 서식을 지정할 [B6:H15] 셀을 범위로 지정한 후, [홈] 탭 – [스타일] 그룹 – [조건부 서식] – [새 규칙]을 선택한다.

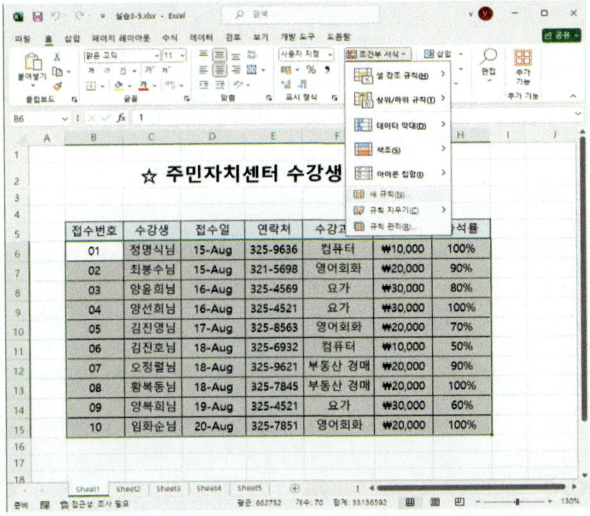

❷ [새 서식 규칙] 대화상자의 [규칙 유형 선택]에서 '수식을 사용하여 서식을 지정할 셀 결정'을 선택하고 출석률이 80% 미만인 셀이 포함된 열에 서식을 지정하기 위해 [규칙 설명 편집]에 '=$H6 〈 80%'라는 식을 입력한 후 [서식]을 클릭한다.

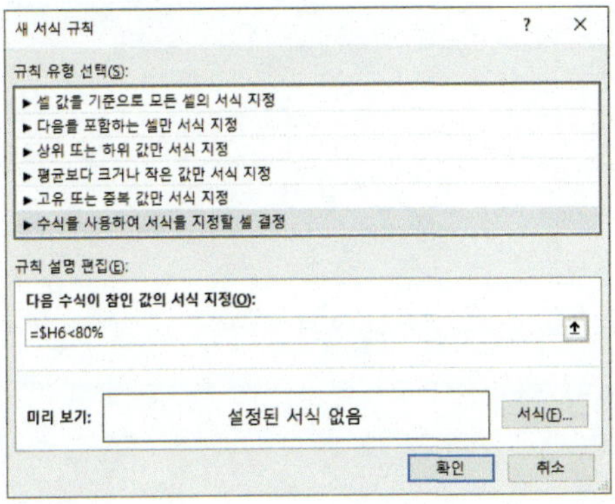

> **Tip** 수식을 사용하여 조건부 서식을 적용할 때는 셀의 참조 형태를 반드시 열 이름만 고정된 혼합 참조 형태로 해야 하며, 표 범위는 머리글(첫 행)을 제외하고 전체 범위로 지정해야 한다.

❸ [셀 서식] 대화상자의 [글꼴] 탭에서 글자색을 '진한 빨강'으로 선택하고 [확인]을 클릭한 후 [새 서식 규칙] 대화상자에서도 [확인]을 클릭한다.

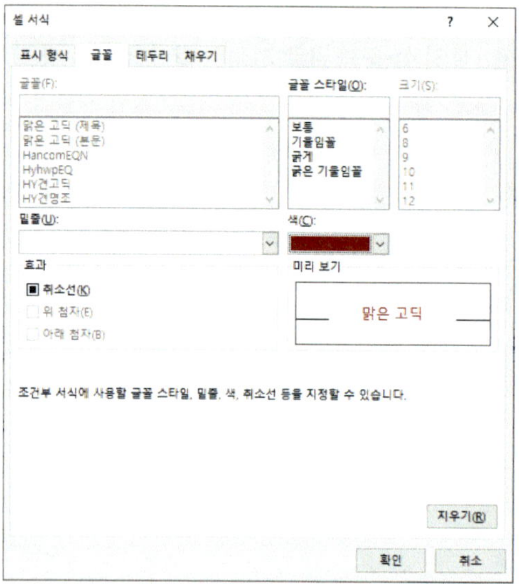

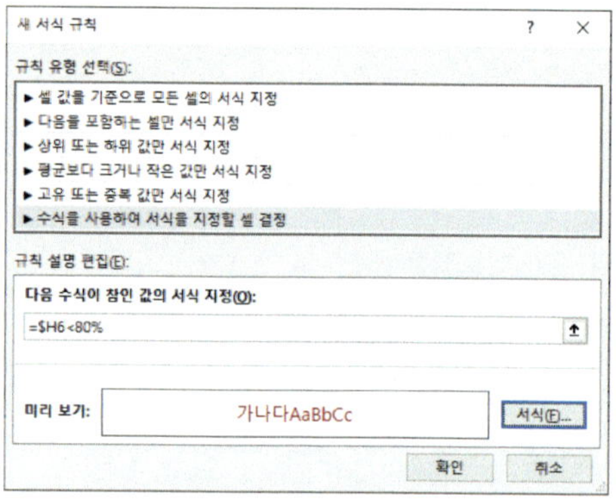

❹ 조건부 서식을 모두 적용한 결과를 확인한다.

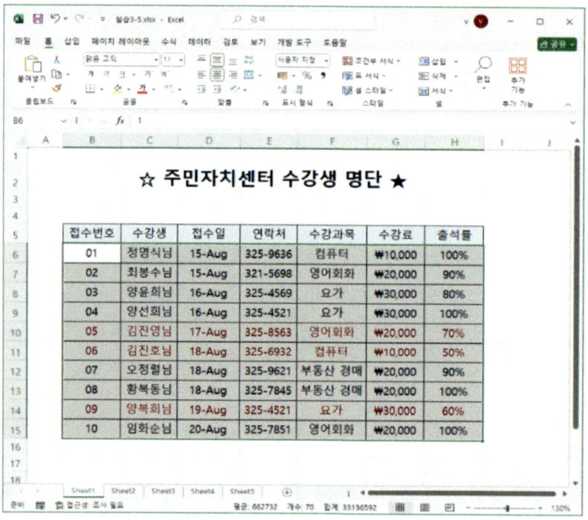

심화학습 주요 조건부 서식 규칙

- **셀 강조 규칙**
  - 더 크거나 작은 값: 특정 값보다 큰 값이나 작은 값을 강조한다.
  - 텍스트 포함: 특정 텍스트를 포함하는 셀에 서식을 적용한다.
  - 날짜 발생: 특정 날짜 이전, 이후 또는 오늘 날짜와 관련된 셀을 강조한다.
  - 중복 값: 중복된 값을 가진 셀에 서식을 적용한다.
- **상위/하위 규칙**
  - 상위 10개 항목: 가장 큰 값 상위 N개 항목을 강조한다.
  - 하위 10개 항목: 가장 작은 값 하위 N개 항목을 강조한다.
  - 상위 10% 또는 하위 10%: 상위 또는 하위 비율에 해당하는 셀을 강조한다.
- **데이터 막대**
  - 셀에 데이터 막대를 추가하여 데이터의 상대적 크기를 시각적으로 나타낸다.
- **색조 스케일**
  - 셀의 값을 기준으로 색상 그라데이션을 적용한다. 예를 들어, 높은 값에는 진한 색상을, 낮은 값에는 연한 색상을 적용할 수 있다.
- **아이콘 집합**
  - 셀의 값에 따라 아이콘을 표시하여 데이터의 상태를 시각적으로 나타낸다. (예: 화살표, 원형, 기호 등)
- **새 규칙**
  - 수식을 사용하여 서식 지정 : 특정 수식의 결과에 따라 셀에 서식을 적용할 수 있다. 이 옵션을 사용하면 더 복잡한 조건을 설정할 수 있다.
  - 서식 설정: 조건을 만족할 때 적용할 서식을 지정한다. (글꼴 색상, 배경색, 테두리 등).

단원요약

1 셀 서식 설정하기

- 셀 서식이란 데이터의 글꼴, 맞춤, 테두리, 음영 등을 바꾸는 것을 말한다.
- [홈] 탭의 [글꼴], [맞춤], [표시 형식] 그룹에서 바꿀 수 있다.
- [셀 서식] 대화상자를 이용하면 셀 서식을 좀 더 자세하게 지정할 수 있다.

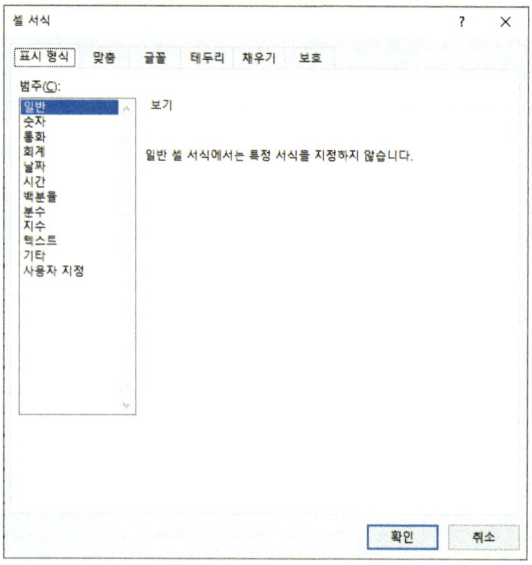

2 조건부 서식 지정하기

- 특정한 조건을 지정하고 그 조건에 맞는 셀을 검색하여 셀의 색, 글꼴, 무늬 등을 지정할 수 있다
- 조건부 서식은 [홈] 탭 – [스타일] 그룹 – [조건부 서식]을 클릭하여 사용할 수 있으며, 5가지의 기능이 제공된다.
- 행 단위로 조건부 서식을 적용하려면 수식을 사용한다. 이때 수식은 반드시 '='으로 시작해야 한다.

연습문제

01 '연습3-1.xlsx' 파일을 열어 조건에 맞게 완성한 후 '연습3-1(완성).xlsx'로 저장하시오.

조 건 〈준비파일 : 연습3-1.xlsx〉

① 셀 서식을 이용하여 글꼴, 테두리, 맞춤, 채우기 색을 설정하시오.

② 제목은 [B2:G2] 셀을 범위로 지정한 후 '병합 후 가운데 맞춤', 글꼴은 'HY견고딕', 크기 '20', '굵게'로 지정하고, 셀에 그라데이션 채우기 효과를 설정하시오.(색은 임의로 지정하며, 그라데이션 효과는 셀 서식 대화상자에서 [채우기]탭-[채우기 효과]에서 지정할 수 있다.)

③ [B5:G15] 셀 영역의 텍스트를 '가운데 맞춤'하고, 테두리는 아래 화면과 같이 지정하시오.(테두리 색은 임의로 지정한다).

④ [B5:G5] 셀 영역은 채우기 색을 '바다색'으로 지정하고 글꼴은 굵게 지정하시오.

⑤ 5행에서 15행까지 행 높이는 '20'으로 지정하시오.

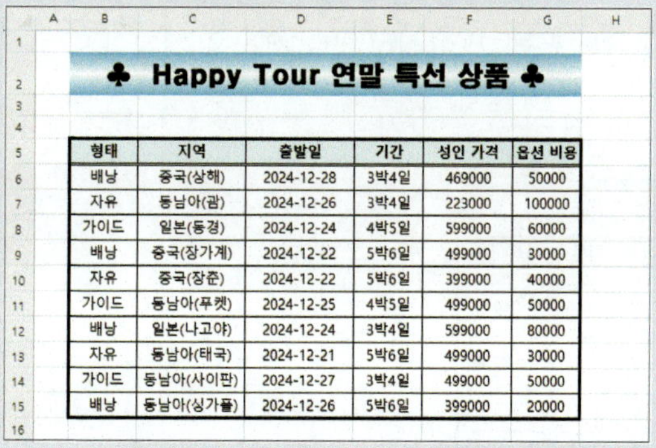

♣ Happy Tour 연말 특선 상품 ♣

형태	지역	출발일	기간	성인 가격	옵션 비용
배낭	중국(상해)	2024-12-28	3박4일	469000	50000
자유	동남아(괌)	2024-12-26	3박4일	223000	100000
가이드	일본(동경)	2024-12-24	4박5일	599000	60000
배낭	중국(장가계)	2024-12-22	5박6일	499000	30000
자유	중국(장춘)	2024-12-22	5박6일	399000	40000
가이드	동남아(푸켓)	2024-12-25	4박5일	499000	50000
배낭	일본(나고야)	2024-12-24	3박4일	599000	80000
자유	동남아(태국)	2024-12-21	5박6일	499000	30000
가이드	동남아(사이판)	2024-12-27	3박4일	499000	50000
배낭	동남아(싱가폴)	2024-12-26	5박6일	399000	20000

02 '연습3-2.xlsx' 파일을 열어 B열, D열, F열, G열의 데이터 표시 형식을 다음 화면과 같이 설정하고 '연습3-2(완성).xlsx'로 저장하시오.

조 건 〈준비파일 : 연습3-2.xlsx〉

① [B]열 : [B6:B15] 영역은 사용자 지정 표시 형식을 이용하여 텍스트 뒤에 '여행'을 [표시 예]와 같이 표시하시오. [표시 예 : 자유 -> 자유여행]

② [D]열 : [D6:D15] 영역은 날짜 표시 형식을 이용하여 [표시 예]와 같이 표시하시오. [표시 예 : 2024-12-28 -> 28-Dec]

③ [F]열, [G]열 : 통화형식을 지정하시오.

♣ Happy Tour 연말 특선 상품 ♣

형태	지역	출발일	기간	성인 가격	옵션 비용
배낭여행	중국(상해)	28-Dec	3박4일	₩ 469,000	₩ 50,000
자유여행	동남아(괌)	26-Dec	3박4일	₩ 223,000	₩ 100,000
가이드여행	일본(동경)	24-Dec	4박5일	₩ 599,000	₩ 60,000
배낭여행	중국(장가계)	22-Dec	5박6일	₩ 499,000	₩ 30,000
자유여행	중국(장춘)	22-Dec	5박6일	₩ 399,000	₩ 40,000
가이드여행	동남아(푸켓)	25-Dec	4박5일	₩ 499,000	₩ 50,000
배낭여행	일본(나고야)	24-Dec	3박4일	₩ 599,000	₩ 80,000
자유여행	동남아(태국)	21-Dec	5박6일	₩ 499,000	₩ 30,000
가이드여행	동남아(사이판)	27-Dec	3박4일	₩ 499,000	₩ 50,000
배낭여행	동남아(싱가폴)	26-Dec	5박6일	₩ 399,000	₩ 20,000

03 '연습3-3.xlsx' 파일을 열어 아래와 같이 조건부 서식을 지정하고 '연습3-3(완성).xlsx'로 저장하시오.

조 건 〈준비파일 : 연습3-3.xlsx〉

① F열 : 셀 값이 400,000 미만인 셀은 글꼴 색을 '빨강'으로 지정하시오

② G열 : 다음 화면과 같이 각 셀에 '3색 플래그' 아이콘으로 서식을 지정하시오.

♣ Happy Tour 연말 특선 상품 ♣

형태	지역	출발일	기간	성인 가격	옵션 비용
배낭여행	중국(상해)	28-Dec	3박4일	₩ 469,000	₩ 50,000
자유여행	동남아(괌)	26-Dec	3박4일	₩ 223,000	₩ 100,000
가이드여행	일본(동경)	24-Dec	4박5일	₩ 599,000	₩ 60,000
배낭여행	중국(장가계)	22-Dec	5박6일	₩ 499,000	₩ 30,000
자유여행	중국(장춘)	22-Dec	5박6일	₩ 399,000	₩ 40,000
가이드여행	동남아(푸켓)	25-Dec	4박5일	₩ 499,000	₩ 50,000
배낭여행	일본(나고야)	24-Dec	3박4일	₩ 599,000	₩ 80,000
자유여행	동남아(태국)	21-Dec	5박6일	₩ 499,000	₩ 30,000
가이드여행	동남아(사이판)	27-Dec	3박4일	₩ 499,000	₩ 50,000
배낭여행	동남아(싱가폴)	26-Dec	5박6일	₩ 399,000	₩ 20,000

04 '연습3-4.xlsx' 파일을 열어 아래와 같이 조건부 서식을 지정하고 '연습3-4(완성).xlsx'로 저장하시오.

조 건 〈준비 파일 : 연습3-4.xlsx〉

① 사원의 '부서'가 '총무'인 행 전체의 채우기 색을 '노랑'으로 지정하시오.

② 사원의 '등급'이 1, 2, 3 등급인 행 전체의 글꼴 색을 '빨강'으로 지정하시오.

사 원 명 부

사 번	성 명	부 서	등 급	성 별	주 소
70021	박주원	영업	5	남	서울 강남구
70022	박시은	구매	3	여	서울 도봉구
70023	원상훈	총무	4	남	경기 성남시
70024	최성은	기획	2	여	경기 일산시
70025	홍수하	구매	1	여	경기 부천시
70026	노유리	총무	5	여	경기 남양주시
70027	황영준	영업	5	남	경기 하남시
70028	김민준	전산	3	남	인천 계양구
70029	김민찬	영업	3	남	서울 강서구
70030	김은솔	전산	6	남	서울 강남구
70031	박지영	기획	8	여	서울 중구
70032	박현태	총무	9	남	서울 영등포구

05 '연습3-5.xlsx' 파일을 열어 아래와 같이 데이터 표시형식과 조건부 서식을 지정하고 '연습3-5(완성).xlsx'로 저장하시오.

조 건 〈준비파일 : 연습3-5.xlsx〉

① [C]열, [D]열 : '회계' 표시 형식을 지정하시오

② [E]열, [F]열 : '쉼표 스타일'을 지정하시오

③ [E]열 : '데이터 막대(녹색 데이터 막대)'를 지정하시오.

④ [F]열 : 하반기 판매량에 '상위/하위 규칙 – 상위 30%'에 대해 글꼴 색을 '빨강'으로 지정하시오.

A사 제품 판매 현황

제품코드	원가	판매가	상반기판매량	하반기판매량
A-100	₩ 15,000	₩ 20,000	450,000	500,000
B-100	₩ 14,000	₩ 17,000	152,000	150,000
B-200	₩ 10,000	₩ 15,000	452,000	450,000
C-300	₩ 20,000	₩ 24,000	78,000	80,000
D-100	₩ 25,000	₩ 28,000	50,000	60,000
D-200	₩ 30,000	₩ 35,000	150,000	100,000
E-100	₩ 15,000	₩ 20,000	455,200	300,000
E-200	₩ 14,000	₩ 19,000	200,000	150,000
E-300	₩ 17,000	₩ 20,000	400,000	350,000
F-100	₩ 20,000	₩ 25,000	250,000	300,000
F-200	₩ 24,000	₩ 28,000	400,000	300,000
F-300	₩ 25,000	₩ 30,000	350,000	300,000

06

컴퓨터활용능력 실기 2급 기출 문제) '연습3-6.xlsx' 파일을 열어 아래와 같이 조건부 서식을 지정하고 '연습3-6(완성).xlsx'로 저장하시오.

조 건 〈준비파일 : 연습3-6.xlsx〉

① [F4:F16] 영역에서 총점이 200 미만인 셀에는 '진한 녹색 텍스트가 있는 녹색 채우기'를 지정하시오.

② [C4:E16] 영역에서 평균을 초과하는 셀에는 채우기 색 '표준 색 - 연한 파랑', 글꼴 색 '표준 색 - 빨강'을 지정하시오.

▶ 규칙 유형은 '셀 강조 규칙'과 '상위/하위 규칙'을 이용하시오

발명 경진 대회 수상 현황

팀명	수상	창의성	실용성	경제성	총점
GoodIdea	대상	75	76	71	222
창조굿	금상	93	91	90	274
IDEAofKING	은상	66	58	68	192
발명왕	동상	75	75	75	225
GID	인기상	71	75	73	219
IDEAdesign	인기상	57	86	64	207
발명유명	장려상	93	64	89	246
파워Idea	장려상	84	76	82	242
사고친창의	장려상	72	69	71	212
상상나라	장려상	68	79	72	219
SMS	장려상	79	71	77	227
발명에디슨	장려상	57	60	55	172
창의적발명	장려상	91	90	91	272

07

컴퓨터활용능력 실기 2급 기출 문제) '연습3-7.xlsx' 파일을 열어 아래와 같이 조건부 서식을 지정하고 '연습3-7(완성).xlsx'로 저장하시오.

조 건 〈준비파일 : 연습3-7.xlsx〉

① [A4:G16] 영역에 대해 각 지역의 '지역평균' 값이 2024년 전체의 평균값보다 큰 행 전체의 글꼴 색을 '표준 색-빨강', 글꼴 스타일을 '굵게'로 지정하는 조건부 서식을 작성하시오.

- 단, 수식을 사용하여 한 개의 규칙으로 설정하시오.
- AVERAGE 함수 사용

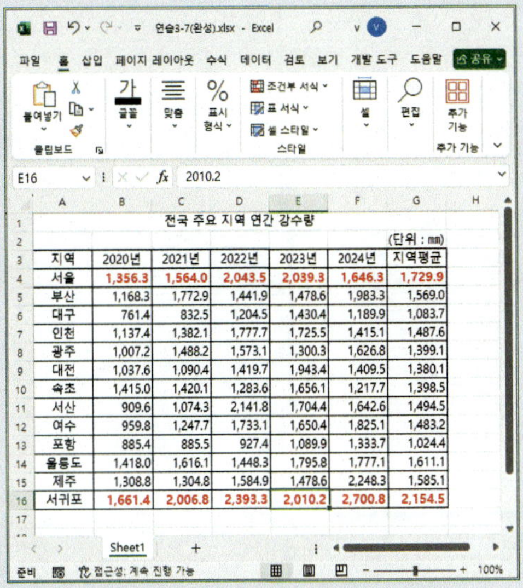

전국 주요 지역 연간 강수량

(단위 : mm)

지역	2020년	2021년	2022년	2023년	2024년	지역평균
서울	1,356.3	1,564.0	2,043.5	2,039.3	1,646.3	1,729.9
부산	1,168.3	1,772.9	1,441.9	1,478.6	1,983.3	1,569.0
대구	761.4	832.5	1,204.5	1,430.4	1,189.9	1,083.7
인천	1,137.4	1,382.1	1,777.7	1,725.5	1,415.1	1,487.6
광주	1,007.2	1,488.2	1,573.1	1,300.3	1,626.8	1,399.1
대전	1,037.6	1,090.4	1,419.7	1,943.4	1,409.5	1,380.1
속초	1,415.0	1,420.1	1,283.6	1,656.1	1,217.7	1,398.5
서산	909.6	1,074.3	2,141.8	1,704.4	1,642.6	1,494.5
여수	959.8	1,247.7	1,733.1	1,650.4	1,825.1	1,483.2
포항	885.4	885.5	927.4	1,089.9	1,333.7	1,024.4
울릉도	1,418.0	1,616.1	1,448.3	1,795.8	1,777.1	1,611.1
제주	1,308.8	1,304.8	1,584.9	1,478.6	2,248.3	1,585.1
서귀포	1,661.4	2,006.8	2,393.3	2,010.2	2,700.8	2,154.5

08 컴퓨터활용능력 실기 2급 기출 문제 '연습3-8.xlsx' 파일을 열어 아래와 같이 조건부 서식을 지정하고 '연습3-8(완성).xlsx'로 저장하시오.

조 건 〈준비파일 : 연습3-8.xlsx〉

① [A1:J1] 영역은 '병합하고 가운데 맞춤', 글꼴 크기 '15', 글꼴 스타일 '굵게', 글꼴 색 '표준 색-파랑'으로 지정하시오.

② [A3:A4], [B3:B4], [C3:C4], [D3:E3], [F3:J3], [A6:A11] 영역은 '병합하고 가운데 맞춤'과 '세로 가운데 맞춤'을 지정하시오.

③ [C5:J5], [C12:J12] 영역은 사용자 지정 표시 형식을 이용하여 천 단위 구분 기호와 숫자 뒤에

"명"을 포함하여 표시하시오. [표시 예 : 1234 → 1,234명 , 0 → 0명]

④ [A3:J12] 영역은 '모든 테두리'를 적용하여 표시하시오

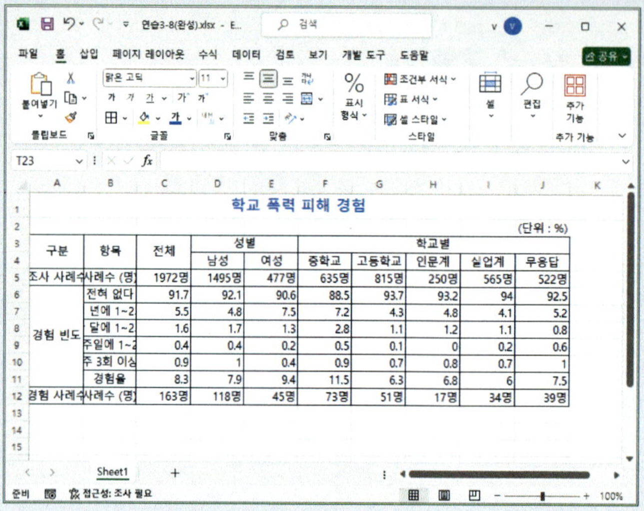

학교 폭력 피해 경험

(단위 : %)

구분	항목	전체	성별		학교별				
			남성	여성	중학교	고등학교	인문계	실업계	무응답
조사 사례수	사례수 (명)	1972명	1495명	477명	635명	815명	250명	565명	522명
경험 빈도	전혀 없다	91.7	92.1	90.6	88.5	93.7	93.2	94	92.5
	년에 1~2	5.5	4.8	7.5	7.2	4.3	4.8	4.1	5.2
	달에 1~2	1.6	1.7	1.3	2.8	1.1	1.2	1.1	0.8
	주일에 1~2	0.4	0.4	0.2	0.5	0.1	0	0.2	0.6
	주 3회 이상	0.9	1	0.4	0.9	0.7	0.8	0.7	1
	경험율	8.3	7.9	9.4	11.5	6.3	6.8	6	7.5
경험 사례수	사례수 (명)	163명	118명	45명	73명	51명	17명	34명	39명

EXCEL

4 수식 입력과 셀 참조

이번 장에서는 다음과 같은 내용을 학습합니다.

- 수식을 직접 입력하여 계산 결과를 구하는 방법을 학습합니다.
- 다양한 셀 참조 방식을 이해하고 활용하는 방법을 학습합니다.
- 함수의 기본 개념과 사용 형식에 대해 학습합니다.
- 함수 마법사를 이용하여 함수를 입력하는 방법을 학습합니다.

1 수식입력

엑셀에서 수식을 활용하면 다양한 데이터 분석과 계산을 쉽게 할 수 있습니다. 엑셀에서 수식을 사용하기 위한 몇 가지 규칙과 셀 참조 방식에 대해 알아보도록 하겠습니다.

〈준비파일 : 실습4-1.xlsx〉

실습 4-1 수식 입력하기

❶ '실습4-1.xlsx' 파일을 열고 [F5] 셀에 잔여수량을 구하는 식 '=D5-E5'를 입력하고 [Enter]를 누른다.

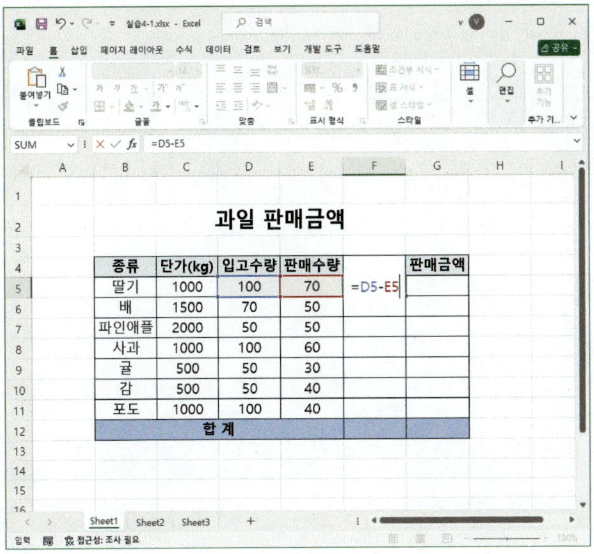

더 알아보기 **수식 입력의 일반적인 방식**

- 엑셀의 수식은 '=' 기호를 입력한다.
- 엑셀에서 수식을 사용하는 방법은 크게 두 가지가 있는데, 첫 번째는 산술, 논리, 관계 연산자를 이용하는 방법이고, 두 번째는 함수를 이용하는 방법이다.
- 셀 주소는 직접 입력하거나 마우스로 해당 셀을 클릭하여 지정할 수 있다.
- 입력한 수식은 셀에 표시되지 않고 결과값만 나타난다. 입력한 수식을 보려면 셀을 선택한 후 수식 입력줄을 보거나 단축키 [Ctrl] + [~]를 이용한다.

❷ [F5] 셀에 결과값이 나타난다. 수식이 입력된 셀을 선택하면 수식 입력줄에 입력된 수식이 표시된다.

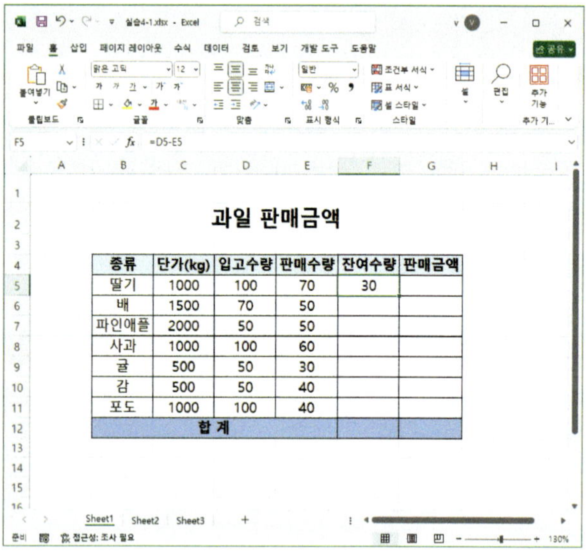

❸ [F5] 셀에서 채우기 핸들을 이용하여 [F11] 셀까지 드래그한다.

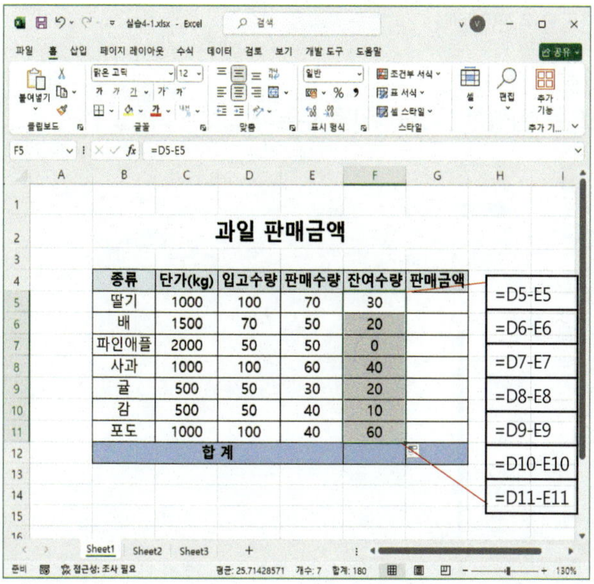

Tip 수식이 입력된 셀을 자동 채우기하면 셀 주소가 자동으로 변경되면서 올바른 계산 결과가 나타난다.

❹ [E5] 셀의 값을 '60'으로 바꾸면 [F5] 셀의 결과값이 달라지는 것을 확인할 수 있다.

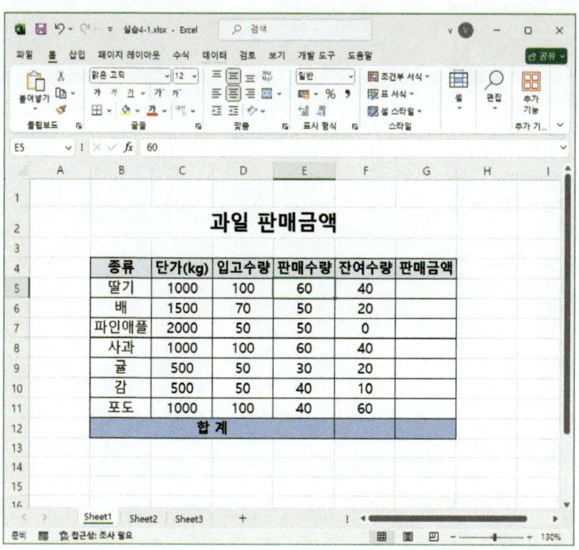

Tip	셀의 데이터가 바뀌면 수식의 결과값도 자동으로 변경된다.

❺ [G5] 셀에 판매금액을 구하는 식 '=C5*E5'를 입력한 후 [Enter]를 누른다.

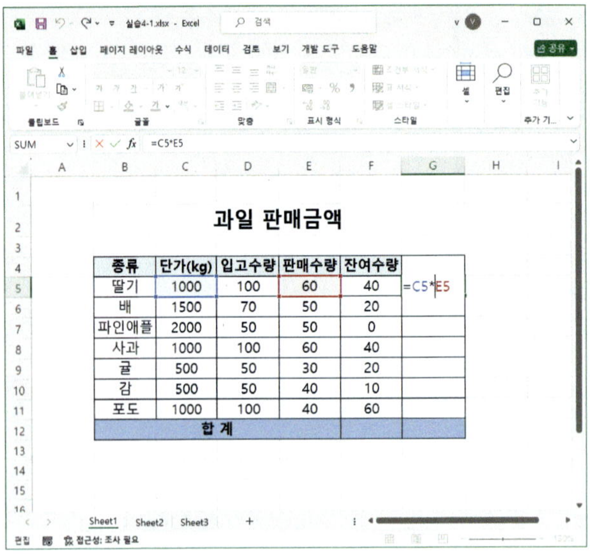

❻ [G5] 셀에서 채우기 핸들을 이용하여 [G11] 셀까지 드래그하여 수식을 복사한다.

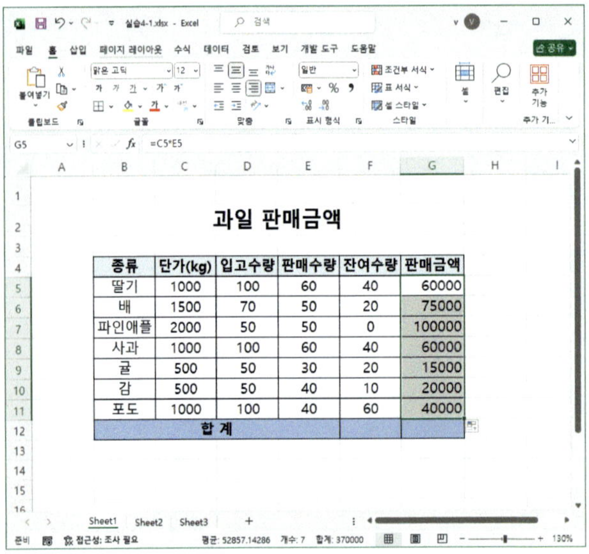

❼ [F5:G11] 셀을 범위로 지정하고, [수식] 탭 – [함수 라이브러리] 그룹 – [자동 합계]를 클릭한다.

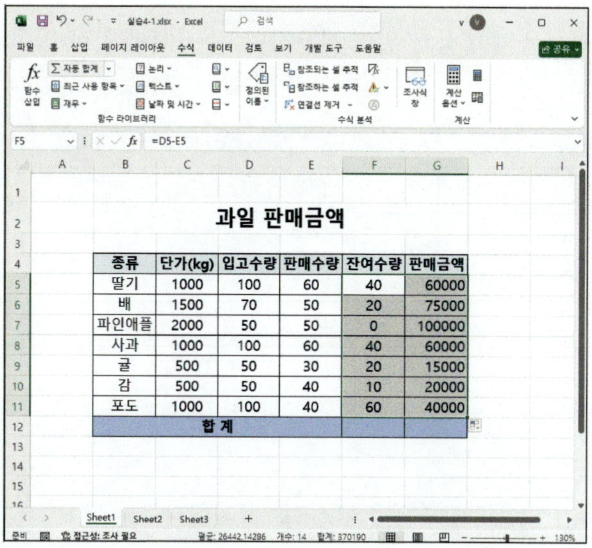

❽ [F12] 셀과 [G12] 셀에 합계가 표시된다.

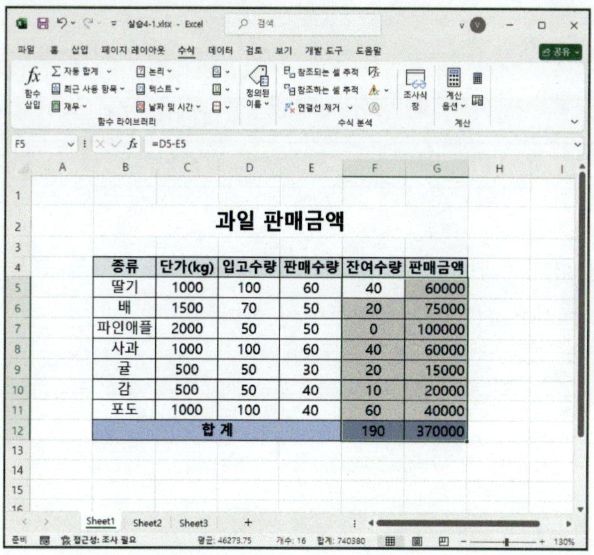

04

심화학습 수식에 사용되는 연산자

① **산술 연산자 :** 사칙연산 등의 기본적인 연산을 수행하기 위해 사용하며, 수식에서 가장 많이 사용하는 연산 방법이다.

연산자	의미	사용 예
+	더하기	=A1+B1
–	빼기	=A1–B1
*	곱하기	=A1*B1
/	나누기	=A1/2
%	백분율	=A1*20%
^	지수	=B1^3

② **비교 연산자 :** 두 개의 값을 비교하여 논리 값을 TRUE와 FALSE로 표시한다.

연산자	의미	사용 예
〉	크다	=A1〉B1
〉=	크거나 같다	=A1〉=B1
〈	작다	=A1〈B1
〈=	작거나 같다	=A1〈=B1
=	같다	=A1=B1
〈〉	같지 않다	=A1〈〉B1

③ **문자열 연산자** : 두 개의 문자열을 연결하여 하나의 문자열로 만들며 연산자는 '&'다. 수식에 직접 문자열을 사용할 때는 반드시 큰따옴표(" ")로 묶어주어야 한다.

연산자	의미	사용 예
&	연결	="대한민국"&"만세"

	A	B	C	D
1	문자열 연결하기			
2				
3	문자열1	문자열2	연결식	결과
4	엑셀	2021	=A4&B4	엑셀2021
5	대한민국	만세	=A5&B5	대한민국 만세
6			="대한민국" & "만세"	대한민국만세

2 셀 참조

엑셀에서 셀 참조 방식은 수식이 다른 셀의 데이터를 참조할 때 사용하는 방법입니다. 셀 참조는 수식을 작성하는 데 중요한 역할을 하며, 다음과 같은 세 가지 기본 방식이 있습니다.

심화학습 **참조 방식 비교 및 변환 순서**

참조 방식	설명
상대 참조	• 엑셀에서 가장 일반적으로 사용하는 주소 형식으로 수식을 복사하면 피연산자로 사용한 셀 주소값이 알맞은 상대적인 주소로 변한다. 행과 열을 고정시키지 않을 때 사용한다.
절대 참조	• 절대 참조는 수식에서 언제나 같은 셀을 참조하도록 지정하며, 수식을 복사해도 셀 주소값이 변경되지 않는다. 행과 열 머리글 모두 $ 기호가 붙는 주소로, 행과 열 모두를 고정시킬 때 사용한다.
혼합 참조	• 혼합 참조는 상대 참조와 절대 참조를 혼합한 방식으로 혼합 참조의 $ 기호가 붙는 부분은 수식을 복사해도 변경되지 않으며, $ 기호가 붙지 않은 부분은 수식을 복사하면 셀 주소가 변경된다. $ 기호는 행과 열 중 하나만 고정시킬 때 이용하며, $A1(열 고정), A$1(행 고정)과 같이 사용한다.

※ 참조 변환 순서(단축키:F4)

상대 참조(기본) → 절대 참조 → 혼합 참조(행만 절대 참조) → 혼합 참조(열만 절대 참조)

〈준비파일 : 실습4-2.xlsx〉

실습 4-2 상대 참조 사용하기

❶ '실습4-2.xlsx' 파일을 열고, [F5] 셀에 수식 '=D5+E5'를 입력한 후 [Enter]를 누른다.

04

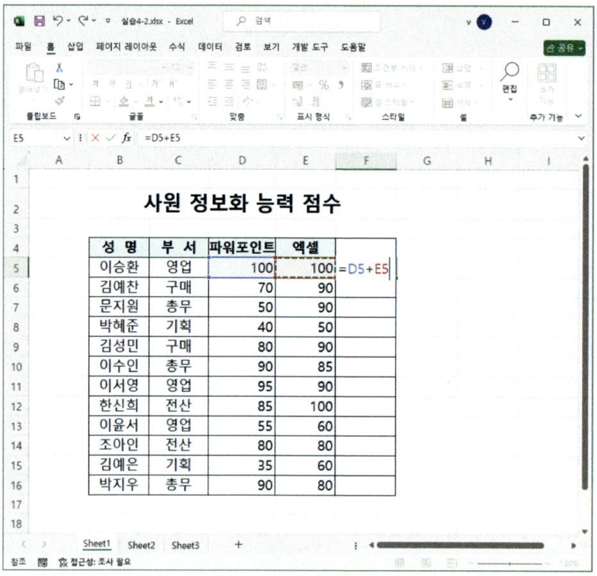

❷ 셀 포인터를 [F5] 셀에 두고 채우기 핸들을 더블클릭하면 [F16] 셀까지 수식이 자동으로 복사된다.

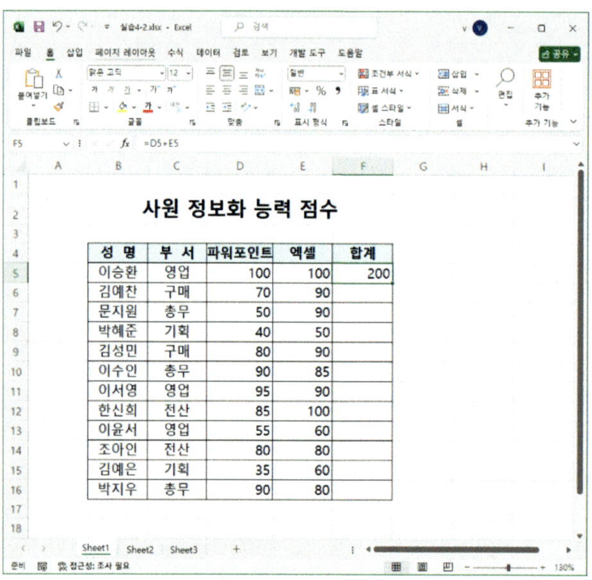

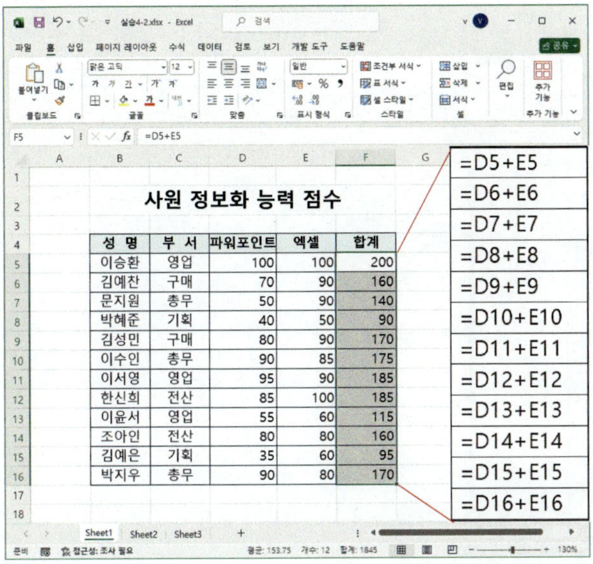

〈준비파일 : 실습4-3.xlsx〉

실습 4-3 절대 참조 사용하기

❶ '실습4-3.xlsx' 파일을 열고 [G5] 셀에서 수식 '=F5*G17'을 입력한다.

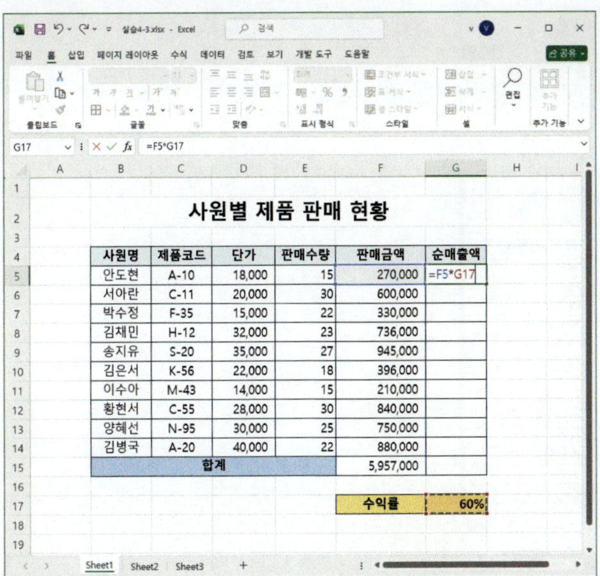

❷ [G5] 셀의 채우기 핸들을 더블클릭하거나 [G15] 셀까지 드래그하여 수식을 복사하면, 다음과 같이 예상하지 못한 결과가 나타난다.

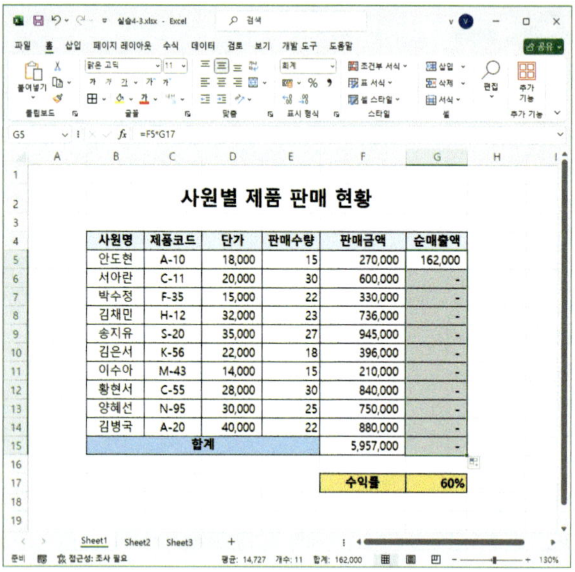

사원별 제품 판매 현황

사원명	제품코드	단가	판매수량	판매금액	순매출액
안도현	A-10	18,000	15	270,000	162,000
서아란	C-11	20,000	30	600,000	-
박수정	F-35	15,000	22	330,000	-
김채민	H-12	32,000	23	736,000	-
송지유	S-20	35,000	27	945,000	-
김은서	K-56	22,000	18	396,000	-
이수아	M-43	14,000	15	210,000	-
황현서	C-55	28,000	30	840,000	-
양혜선	N-95	30,000	25	750,000	-
김병국	A-20	40,000	22	880,000	-
합계				5,957,000	-
				수익률	60%

❸ [Ctrl] + [~]을 눌러 셀에 적용된 수식을 보면 다음과 같다. G열의 '순매출액'을 구하기 위해서는 F열의 '판매금액'과 [G17] 셀의 '수익률'을 곱해야 하는데 적용된 수식을 보면 [G17] 셀이 고정되어있지 않고 상대 참조가 적용되어 셀 값이 변하는 것을 확인할 수 있다. 이 경우 [G17] 셀의 셀 참조를 절대 참조로 바꾸어야 올바른 결과를 얻을 수 있다.

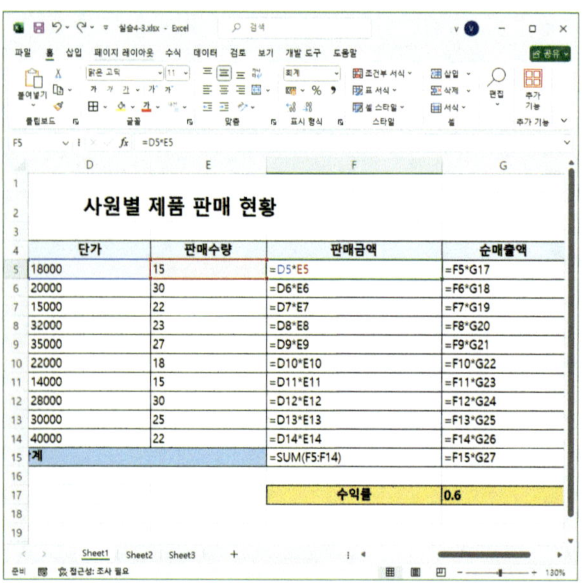

사원별 제품 판매 현황

단가	판매수량	판매금액	순매출액
18000	15	=D5*E5	=F5*G17
20000	30	=D6*E6	=F6*G18
15000	22	=D7*E7	=F7*G19
32000	23	=D8*E8	=F8*G20
35000	27	=D9*E9	=F9*G21
22000	18	=D10*E10	=F10*G22
14000	15	=D11*E11	=F11*G23
28000	30	=D12*E12	=F12*G24
30000	25	=D13*E13	=F13*G25
40000	22	=D14*E14	=F14*G26
계		=SUM(F5:F14)	=F15*G27
		수익률	0.6

Tip 단축키 [Ctrl] + [~]을 누르면 사용된 수식을 확인할 수 있다.

❹ [Ctrl] + [~]을 다시 눌러 화면을 원래대로 되돌리고, [G5:G14] 셀을 범위로 지정한 상태에서 [Delete]를 눌러 입력된 수식을 모두 지운 후 [G5] 셀에 '=F5*$G$17'을 입력한다.

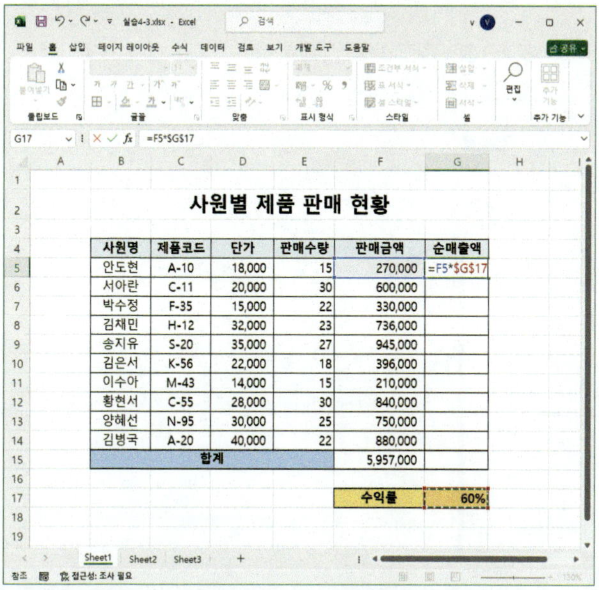

Tip '=G17'을 입력한 후 단축키 [F4]를 누르면 상대 참조 → 절대 참조 → 혼합 참조 순서로 변환되어 쉽게 참조 방식을 바꿀 수 있다.

❺ [G5] 셀의 채우기 핸들을 [G15]까지 드래그하면 다음과 같이 올바른 결과값을 얻을 수 있다.

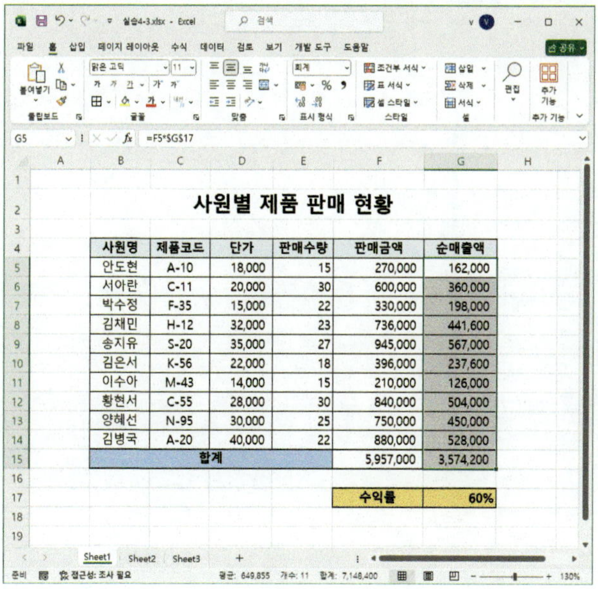

〈준비파일 : 실습4-4.xlsx〉

실습 4-4 혼합 참조 사용하기

❶ '실습5-4.xlsx' 파일을 열고 [E5] 셀에 수식 '=$D5+$D5*E$4'를 입력한다.

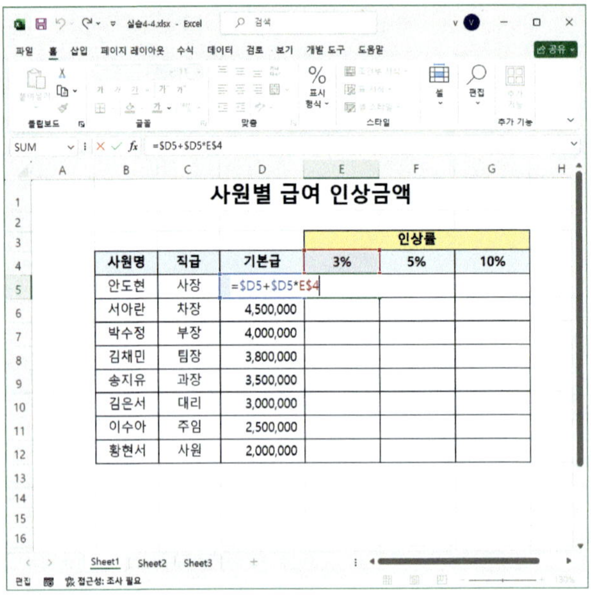
사원별 급여 인상금액

사원명	직급	기본급	인상률		
			3%	5%	10%
안도현	사장	=$D5+$D5*E$4			
서아란	차장	4,500,000			
박수정	부장	4,000,000			
김채민	팀장	3,800,000			
송지유	과장	3,500,000			
김은서	대리	3,000,000			
이수아	주임	2,500,000			
황현서	사원	2,000,000			

❷ [E5] 셀에 입력된 수식을 [G12] 셀까지 복사하면 다음과 같은 결과값을 얻을 수 있다.

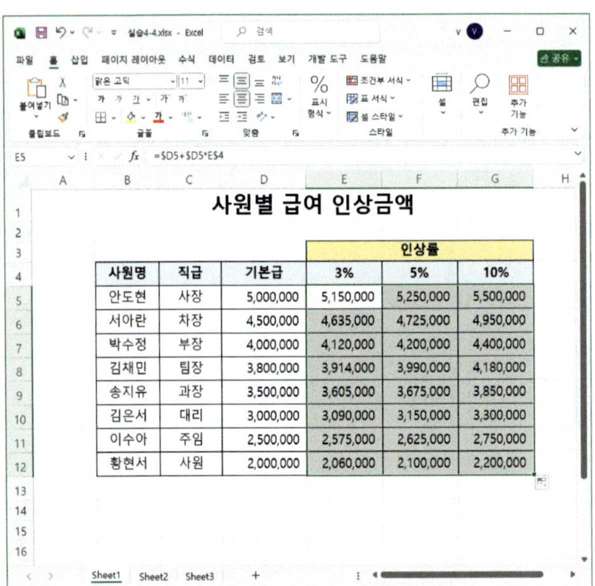
사원별 급여 인상금액

사원명	직급	기본급	인상률		
			3%	5%	10%
안도현	사장	5,000,000	5,150,000	5,250,000	5,500,000
서아란	차장	4,500,000	4,635,000	4,725,000	4,950,000
박수정	부장	4,000,000	4,120,000	4,200,000	4,400,000
김채민	팀장	3,800,000	3,914,000	3,990,000	4,180,000
송지유	과장	3,500,000	3,605,000	3,675,000	3,850,000
김은서	대리	3,000,000	3,090,000	3,150,000	3,300,000
이수아	주임	2,500,000	2,575,000	2,625,000	2,750,000
황현서	사원	2,000,000	2,060,000	2,100,000	2,200,000

3 함수를 이용한 수식 입력

엑셀 함수 마법사는 함수나 수식 작성을 도와주는 유용한 도구로서 복잡한 수식을 쉽게 작성할 수 있도록 도와줍니다. 함수 마법사를 이용하여 함수를 다루는 방법을 알아보겠습니다.

함수

- 일정한 규칙에 따라 계산할 수 있도록 수식과 논리식 등을 만들어 놓은 프로그램을 함수라고 한다. 함수를 사용하면 복잡한 계산식을 간단하게 작성할 수 있다.
- 함수를 직접 입력하여 사용할 수도 있지만, [수식] 탭 – [함수 라이브러리] 그룹에 있는 [함수 삽입]을 클릭하거나 수식 입력줄 옆에 [함수 삽입 *fx*]을 클릭하여 함수 마법사를 이용하면 복잡한 식을 보다 편리하게 사용할 수 있다.
- 엑셀에서는 340개가 넘는 함수를 제공하며, [수식] 탭에 함수와 관련된 기능들이 배치되어 있다. 이중 [함수 라이브러리] 그룹에는 자주 사용하는 6개의 함수 범주가 있다.

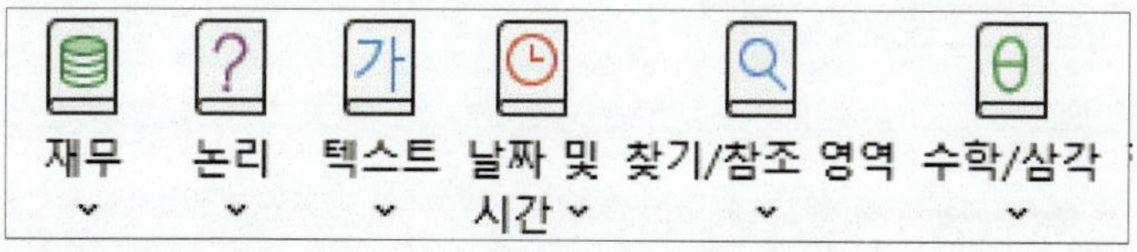

함수의 형식

반드시 등호(=)를 먼저 입력한 후 함수의 이름과 괄호, 함수에 대한 인수 순서로 입력한다.

= 함수이름(인수1,인수2, ... 인수n)

① 등호 : 함수는 수식과 마찬가지로 반드시 등호(=)로 시작한다.

② 함수 이름 : 등호 뒤에 함수의 이름을 입력한다.

③ 인수 : 괄호로 묶어 표시하고, 여러 개인 경우에는 콤마로 구분한다. 연산에 필요한 셀 범위나 데이터, 즉 함수의 대상이 되는 자료이다.

〈준비파일 : 실습4-5.xlsx〉

실습 4-5 함수 마법사 이용하기

❶'실습4-5.xlsx' 파일을 열고 [G4] 셀을 클릭한 후, [수식] 탭 – [함수 라이브러리] 그룹 – [함수 삽입]을 누르거나 수식 입력줄 옆에 [함수 삽입(fx)]을 클릭한다.

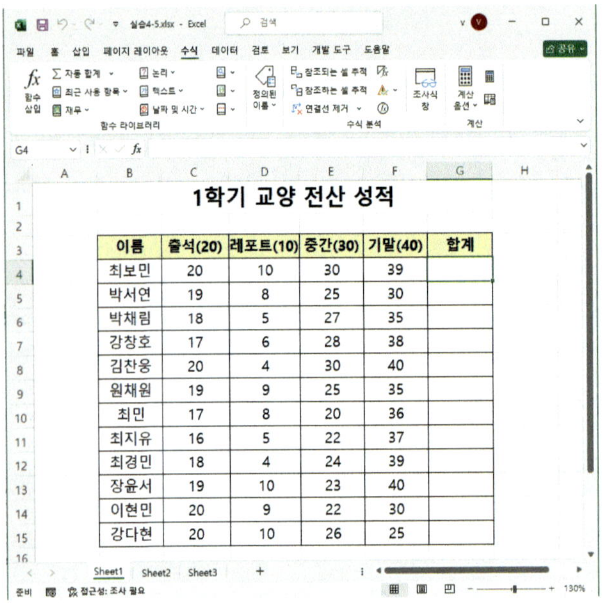

❷ [함수 마법사] 대화상자가 열리면 [범주 선택] 항목에는 '수학/삼각'을, [함수 선택] 항목에는 'SUM'을 선택한 후 [확인]을 클릭한다.

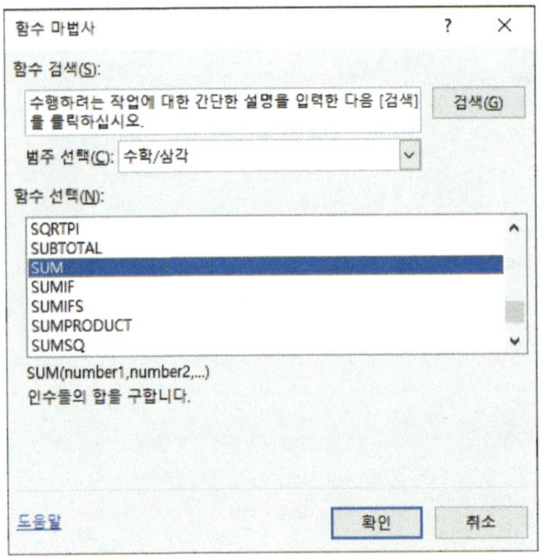

❸ [함수 인수] 대화상자의 [Number1] 입력상자가 활성화된 상태에서 [C4:F4] 셀을 드래그한 후 [확인]을 클릭한다.

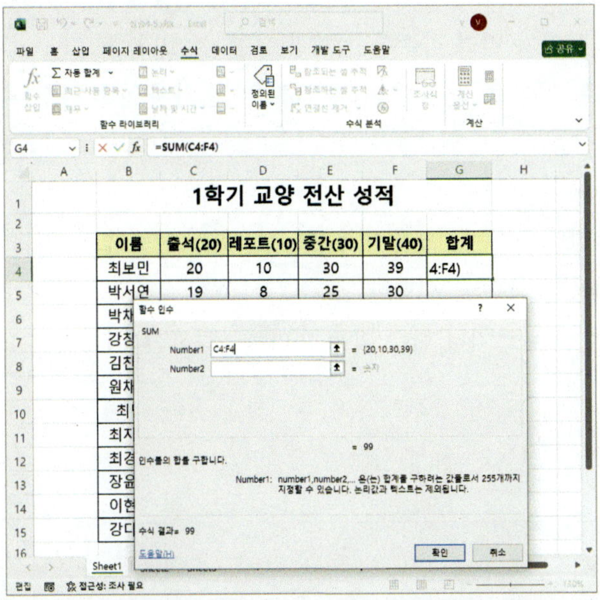

❹ [G4] 셀의 채우기 핸들을 더블클릭하여 [G15] 셀까지 수식을 복사한다.

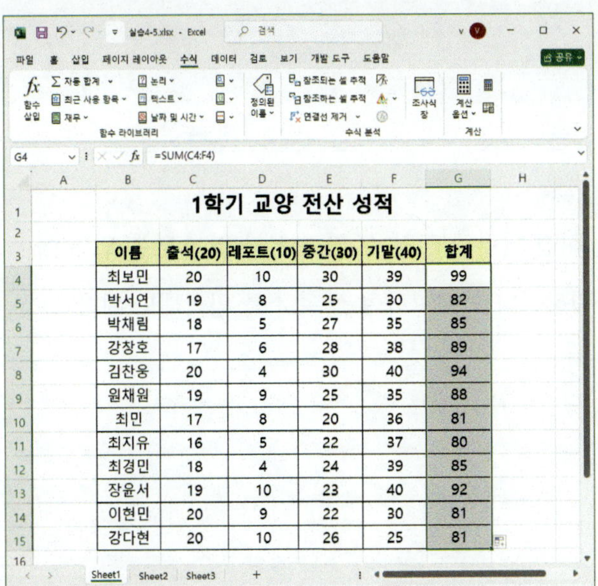

심화학습 [함수 마법사] 대화상자

- [함수 마법사]는 필요한 함수를 찾아주고, 함수의 형식을 알려주는 도우미 역할을 담당한다. 해당 함수를 선택하면 [함수 인수] 대화상자가 열려 함수를 쉽게 사용할 수 있다.
- 사용이 익숙한 함수는 셀에 직접 입력하는 것이 좋고, 사용이 복잡하고 익숙하지 않은 함수는 함수 마법사를 이용하는 것이 편리하다.

① **범주 선택** : 사용할 함수의 범주를 선택한다. 범주를 모를 경우에는 '모두'를 선택하고, 최근에 사용한 함수를 찾으려면 '최근에 사용한 함수'를 선택한다.

② **함수 선택** : 함수 이름을 선택하고 [확인]을 누르거나 함수 이름을 더블클릭하면 [함수 인수] 대화상자가 표시된다.

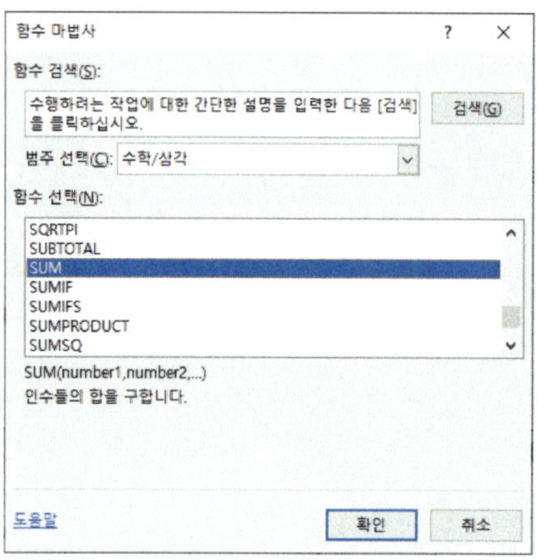

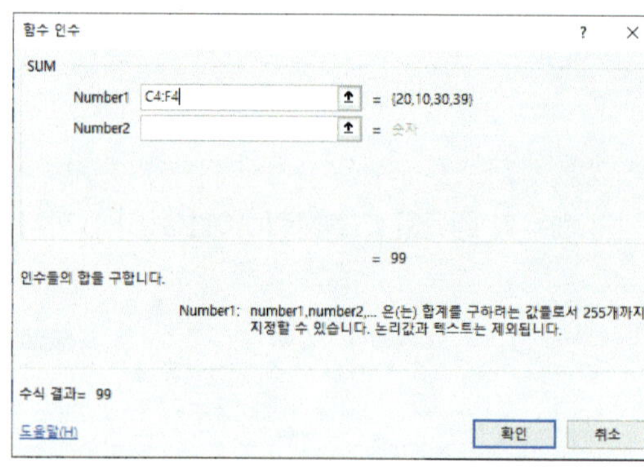

- [함수 인수] 대화상자에 셀 주소나 값을 직접 입력해도 되며, 입력 상자 옆에 있는 범위 아이콘( )을 클릭한 후 시트에서 셀을 클릭하거나 드래그하여 셀 주소를 입력해도 된다.

단원요약

1 수식 입력

- 엑셀의 수식은 '=' 으로 시작한다.
- 엑셀에서 수식을 사용하는 방법은 크게 두 가지가 있는데, 첫 번째는 산술, 논리, 관계 연산자를 이용하는 방법이고, 두 번째는 함수를 이용하는 방법이다.
- 셀 주소는 직접 입력하거나 마우스로 해당 셀을 클릭하여 지정할 수 있다.
- 수식에 사용되는 연산자는 산술 연산자, 비교 연산자, 문자열 연산자, 참조 연산자 등 네 가지 연산자가 있다.

2 셀 참조

- **상대 참조** : 기본적으로 적용되는 참조 방식으로, 셀 주소값이 복사하는 방향에 따라 변경된다. 행과 열을 고정시키지 않을 때 사용한다.
- **절대 참조** : 수식에서 언제나 같은 셀을 참조하도록 지정하며, 수식을 복사해도 셀 주소값이 변경되지 않는다. 행과 열 머리글 모두 $ 기호가 붙으며, 행과 열을 모두 고정시킬 때 사용한다.
- **혼합 참조** : 상대 참조와 절대 참조를 혼합한 방식으로, $ 기호가 붙는 부분은 수식을 복사해도 변경되지 않으며, $ 기호가 붙지 않은 부분은 수식을 복사하면 값이 변경된다. 행과 열 중 하나만 고정시킬 때 사용한다.
- 참조 유형은 직접 셀 주소 앞에 $를 입력하거나, 단축키 〈F4〉를 사용하여 변환할 수도 있다.

3 함수를 이용한 수식 입력

- 함수란 미리 일정한 규칙에 따라 계산할 수 있도록 수식과 논리식 등을 만들어 놓은 프로그램으로, 복잡한 계산식을 간단하게 작성할 수 있다.
- 함수는 반드시 등호(=)를 먼저 입력한 후 함수 이름과 괄호, 인수를 입력하여 수식을 완성한다.
- 함수를 직접 입력하여 사용할 수도 있지만, [수식] 탭 – [함수 라이브러리] 그룹 – [함수 삽입]을 클릭하거나 수식 입력줄 옆에 [함수 삽입 f_x]을 클릭하여 함수 마법사를 이용하면 복잡한 식을 편리하게 사용할 수 있다.

연습문제

01 '연습4-1.xlsx' 파일을 열어 아래 주어진 조건에 맞게 완성한 후 '연습4-1(완성).xlsx'로 저장하시오.

조 건 〈준비파일 : 연습4-1.xlsx〉

① 보너스 = 이달급여 * 보너스 비율

② 총지급액 = 이달급여 + 보너스

③ 차액 = 이달급여 - 전월급여

④ 합계는 자동합계를 이용하여 구한다.

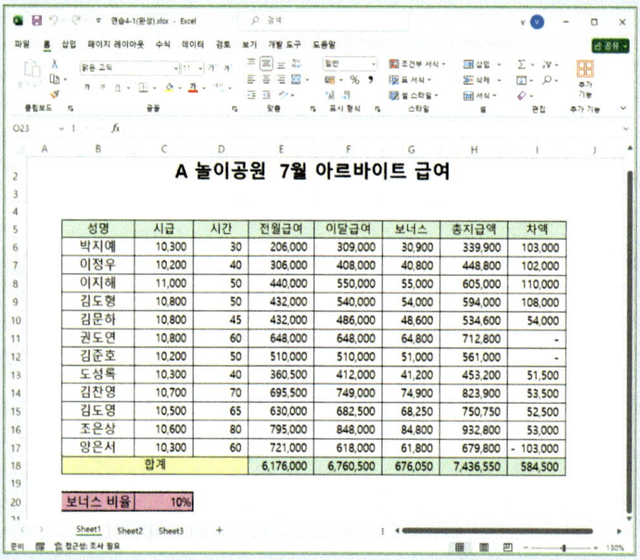

A 놀이공원 7월 아르바이트 급여

성명	시급	시간	전월급여	이달급여	보너스	총지급액	차액
박지예	10,300	30	206,000	309,000	30,900	339,900	103,000
이정우	10,200	40	306,000	408,000	40,800	448,800	102,000
이지해	11,000	50	440,000	550,000	55,000	605,000	110,000
김도형	10,800	50	432,000	540,000	54,000	594,000	108,000
김문하	10,800	45	432,000	486,000	48,600	534,600	54,000
권도연	10,800	60	648,000	648,000	64,800	712,800	-
김준호	10,200	50	510,000	510,000	51,000	561,000	-
도성록	10,300	40	360,500	412,000	41,200	453,200	51,500
김찬영	10,700	70	695,500	749,000	74,900	823,900	53,500
김도영	10,500	65	630,000	682,500	68,250	750,750	52,500
조은상	10,600	80	795,000	848,000	84,800	932,800	53,000
양은서	10,300	60	721,000	618,000	61,800	679,800	- 103,000
합계			6,176,000	6,760,500	676,050	7,436,550	584,500

보너스 비율	10%

02 '연습4-2.xlsx' 파일을 열어 아래 조건에 맞게 완성한 후 '연습4-2(완성).xlsx'로 저장하시오.

조 건 〈준비파일 : 연습4-2.xlsx〉

① 연체일수 = 실제반납일 * 반납일

② 연체금액 = 연체일수 * 연체금액(F17)

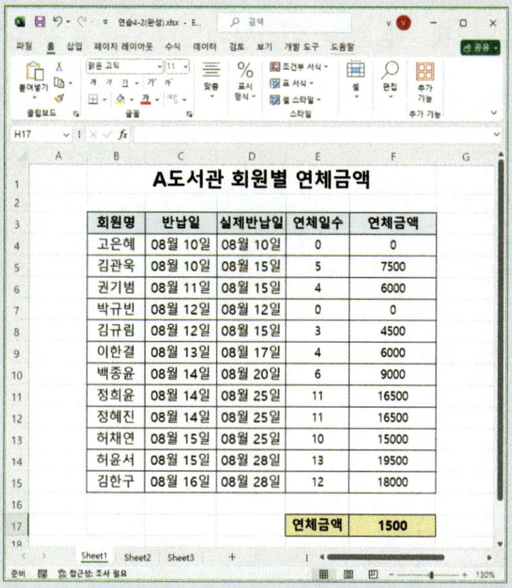

A도서관 회원별 연체금액

회원명	반납일	실제반납일	연체일수	연체금액
고은혜	08월 10일	08월 10일	0	0
김관욱	08월 10일	08월 15일	5	7500
권기범	08월 11일	08월 15일	4	6000
박규빈	08월 12일	08월 12일	0	0
김규림	08월 12일	08월 15일	3	4500
이한결	08월 13일	08월 17일	4	6000
백종윤	08월 14일	08월 20일	6	9000
정희윤	08월 14일	08월 25일	11	16500
정혜진	08월 14일	08월 25일	11	16500
허채연	08월 15일	08월 25일	10	15000
허윤서	08월 15일	08월 28일	13	19500
김한구	08월 16일	08월 28일	12	18000
			연체금액	1500

03 '연습4-3.xlsx' 파일을 열어 아래 주어진 조건에 맞게 완성한 후 '연습4-3(완성).xlsx'로 저장하시오.

조 건 〈준비파일 : 연습4-3.xlsx〉

① [D6:F10] 범위에 등록금 인상률이 적용된 최종금액을 완성한다.
최종금액=등록금+인상금액(등록금*인상률)

② Hint : 혼합 참조 방식을 적절히 활용한다.

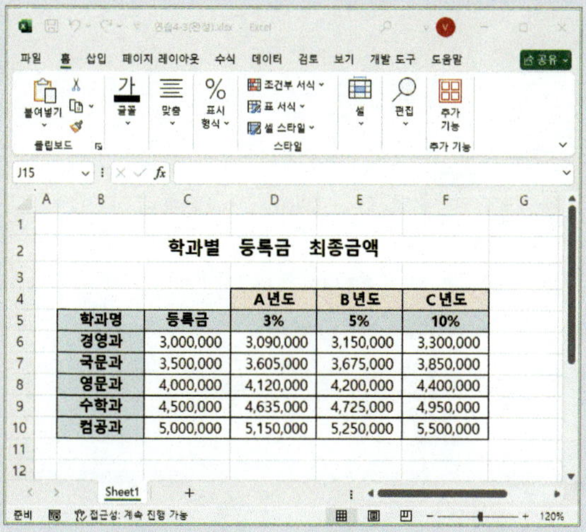

학과별 등록금 최종금액

		A년도	B년도	C년도
학과명	등록금	3%	5%	10%
경영과	3,000,000	3,090,000	3,150,000	3,300,000
국문과	3,500,000	3,605,000	3,675,000	3,850,000
영문과	4,000,000	4,120,000	4,200,000	4,400,000
수학과	4,500,000	4,635,000	4,725,000	4,950,000
컴공과	5,000,000	5,150,000	5,250,000	5,500,000

04 '연습4-4.xlsx' 파일을 열어 아래 조건에 맞게 완성한 후 '연습4-4(완성).xlsx'로 저장하시오.

조 건 〈준비파일 : 연습4-4.xlsx〉

① [D6:H11] 범위에 할인율이 적용된 실제 판매가격을 구한다.

② 실제 판매가격 = 판매가격 – (판매가격 * 할인율)
(Hint : 혼합 참조 방식을 적절히 활용한다)

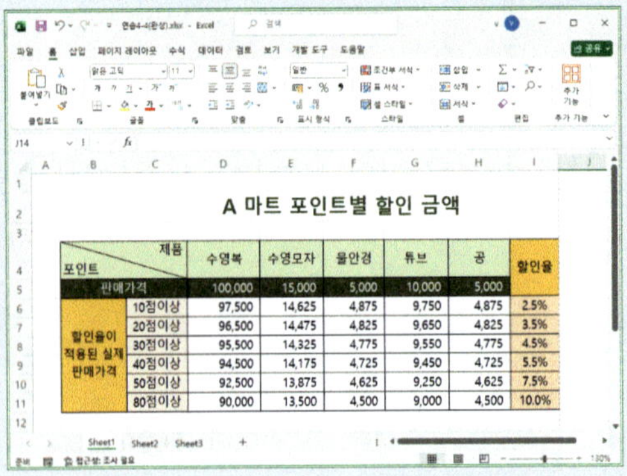

05 '연습4-5.xlsx' 파일을 열어 아래 조건에 맞게 완성한 후 '연습4-5(완성).xlsx'로 저장하시오.

조 건 〈준비파일 : 연습4-5.xlsx〉

① [H5:H10] 범위에 판매비율을 구한다.

② 판매비율 = 판매금액/전체판매금액합계
예시 : H5=G5/G10
(Hint : 상대 참조 방식과 절대 참조 방식을 적절히 활용한다)

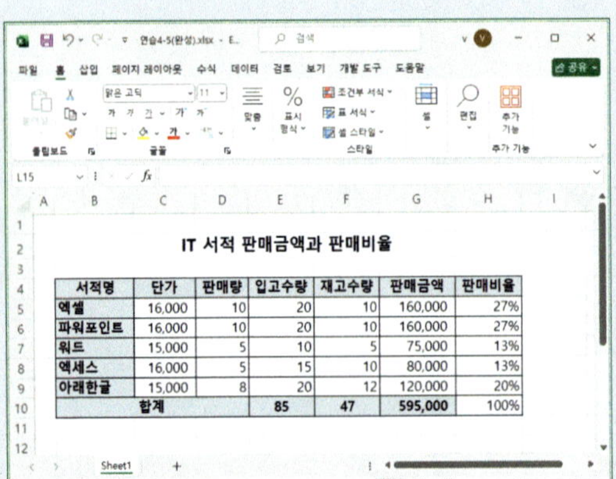

EXCEL

5 엑셀 함수

이번 장에서는 다음과 같은 내용을 학습합니다.
- 통계함수 활용하는 방법을 학습합니다.
- 수학/삼각 함수 활용하는 방법을 학습합니다.
- 텍스트 함수와 논리함수 활용하는 방법을 학습합니다.
- 날짜/시간 함수 활용하는 방법을 학습합니다.
- 찾기/참조 함수 활용하는 방법을 학습합니다.
- 데이터베이스 함수 활용하는 방법을 학습합니다.

05

엑셀에서 제공하는 함수를 이용하면 복잡한 수식을 사용하지 않고도 빠르게 결과값을 구할 수 있습니다. 엑셀에서 제공하는 함수는 340개가 넘으며, 이 함수들 중에는 매우 전문적인 분야에서만 사용되거나 일상에서는 자주 사용되지 않는 것들도 많습니다. 이번 장에서는 일반적으로 자주 사용되는 통계함수, 수학/삼각 함수, 논리 함수, 날짜 함수, 찾기/참조 함수를 알아보도록 하겠습니다.

심화학습 함수에 대한 이해

엑셀 함수는 데이터를 처리하거나 계산하기 위해 사용되는 미리 정의된 수식입니다. 함수는 특정 작업을 자동화하고 복잡한 계산을 쉽게 수행할 수 있도록 도와줍니다. 함수는 대개 다음과 같은 형식을 갖습니다.

함수의 형식
= 함수이름(인수1, 인수2, ...)

- **함수이름** : 함수의 이름을 나타내며, 함수의 기능을 설명합니다. 예를 들어, SUM은 합계를 계산하는 함수입니다.
- **인수(Arguments)** : 함수에 입력되는 값으로, 계산에 사용되는 데이터를 지정합니다. 인수는 셀 참조, 숫자, 텍스트, 또는 다른 함수일 수 있습니다.

1 통계 함수 이해

통계함수는 범위로 지정한 데이터를 통계적으로 분석하는 함수입니다. 주로 평균, 순위, 최대값, 최소값, 조건에 만족하는 셀의 개수 등을 구할 때 사용합니다.

1) 평균함수

1-1) AVERAGE, AVERAGEA 함수

형식	설명
=AVERAGE(인수1,인수2...)	인수들의 수치 데이터의 평균을 구한다.
=AVERAGEA(인수1,인수2...)	문자열을 포함한 인수들의 평균을 구한다.

이름	성적	AVERAGE함수	AVERAGEA 함수
주현아	10	10	10
최이수	20	20	20
서진원	미응시	계산제외	0
서지수	30	30	30
신지원		계산제외	계산제외
김지윤	TRUE	계산제외	1

	함수식	결과
AVERAGE	=AVERAGE(C3:C8)	20
AVERAGEA	=AVERAGEA(C3:C8)	12.2

더 알아보기 AVERAGE/AVERAGEA 함수

AVERAGE 함수는 오직 숫자 셀에 대한 평균값을 반환하는데 AVERAGEA 함수는 숫자, 텍스트, 논리값이 포함된 셀의 평균을 구하므로 아래와 같이 계산된다.

- 10, 20, 30은 숫자로 계산되고
- 공백은 계산에서 제외되고
- 미응시는 텍스트(문자열)이므로 0으로 계산
- TRUE는 1로 계산/ FALSE는 0으로 계산

1-2) AVERAGEIF, AVERAGEIFS 함수

형 식	설 명
=AVERAGEIF(조건범위,조건,[평균범위])	하나의 조건에 맞는 셀의 수치데이터의 평균을 구한다. 평균범위가 조건범위와 같으면 생략가능하다.
=AVERAGEIFS(평균범위,조건범위1,조건1,조건범위2,조건2...)	여러 조건에 맞는 셀의 수치데이터의 평균을 구한다.

- 성적이 '0'이 아닌 셀의 평균
- 성적이 '0'이 아니고 성별이 '여'인 셀의 평균

	A	B	C	D	E	F	G	H
1								
2		이름	성별	성적			함수식	결과
3		김지유	여	90		AVERAGEIF	=AVERAGEIF(D3:D6,"<>0",D3:D6)	88
4		이관우	여	80		AVERAGEIFS	=AVERAGEIFS(D3:D6,D3:D6,"<>0",C3:C6,"=여")	85
5		정기주	남	0				
6		한우빈	남	94				

05

2) MAX, MIN, MEDIAN, MODE.SNGL 함수

형 식	설 명
=MAX(인수1,인수2,...)	인수범위에서 최대값을 구한다.
=MIN(인수1,인수2...)	인수범위에서 최소값을 구한다.
=MEDIAN(인수1,인수2...)	인수범위에서 중간값을 구한다.
=MODE.SNGL(인수1,인수2...)	인수범위에서 최빈값(가장 많이 나타나는 값)을 구한다.
= MAXIFS(최대값범위,조건범위1, 조건1,...)	범위 내 여러 개의 조건을 만족하는 최대값을 반환한다.(2019버전 추가)
= MINIFS(최소값범위,조건범위1, 조건1,...)	범위 내 여러 개의 조건을 만족하는 최소값을 반환한다.(2019버전 추가)

	A	B	C	D	E	F	G	H
1								
2		이름	성적	성별			함수식	결과
3		주승윤	100	남		최대값	=MAX(C3:C7)	100
4		권주희	90	여		최소값	=MIN(C3:C7)	80
5		박상현	80	남		중간값	=MEDIAN(C3:C7)	85
6		김정민	85	남		최빈값	=MODE.SNGL(C3:C7)	80
7		이정희	80	여				
8						여학생의 최고점수	=MAXIFS(C3:C7,D3:D7,"여")	90

3) RANK 함수

형식	설명
=RANK.EQ(수, 범위, 유형)	일정 범위 내에서 특정 수치의 순위를 구하지만 같은순위가 나올 경우 같은순위로 표시한다.
=RANK.AVG(수, 범위, 유형)	일정 범위 내에서 특정 수치의 순위를 구하지만 같은순위가 나올 경우 같은 순위의 평균값을 순위로 표시한다.

- 수 : 순위를 구할 값을 지정한다.
- 범위 : 순위를 구할 범위를 지정한다. 반드시 절대참조를 해야 한다.
- 유형 : 유형을 생략하거나 0을 입력하면 내림차순으로 정렬되며 가장 큰 값이 1등이다.
  오름차순으로 정렬할 경우 1을 입력하면 가장 작은 값이 1등이다.

① RANK.EQ 함수 - 내림차순

	A	B	C	D
1				
2		이름	성적	함수식
3		김현서	100	=RANK.EQ(C3,$C$3:$C$7)
4		김보선	85	
5		김민우	80	
6		변가령	85	
7		김나연	90	

	A	B	C	D
1				
2		이름	성적	함수식
3		김현서	100	1
4		김보선	85	3
5		김민우	80	5
6		변가령	85	3
7		김나연	90	2

② RANK.AVG 함수 – 오름차순

	A	B	C	D
1				
2		이름	초	함수식
3		김현서	20	=RANK.AVG(C3,$C$3:$C$7,1)
4		김보선	15	
5		김민우	14	
6		변가령	14	
7		김나연	25	

	A	B	C	D
1				
2		이름	초	함수식
3		김현서	20	4
4		김보선	15	3
5		김민우	14	1.5
6		변가령	14	1.5
7		김나연	25	5

4) COUNT, COUNTA, COUNTBLANK,COUNTIF, COUNTIFS함수

형 식	설 명
=COUNT(인수1, 인수2...)	수치데이터가 입력되어 있는 셀의 개수
=COUNTA(인수1, 인수2...)	값이 입력되어 있는 셀의 개수(문자데이터도 포함)
=COUNTBLANK(범위)	비어있는 셀의 개수
=COUNTIF(범위, 조건)	하나의 조건을 만족하는 셀의 개수
=COUNTIFS(범위1, 조건1,범위2, 조건2...)	여러 개의 조건을 만족하는 셀의 개수를 구하는 함수로 최대 127개까지 가능하다.

	A	B	C	D	E	F	G	H
1								
2		이름	학년	성적			함수식	결과
3		김현서	1	100		숫자셀	=COUNT(D3:D7)	3
4		김보선	3	90		비어있지 않은 셀	=COUNTA(D3:D7)	4
5		김민우	2	미응시		비어있는 셀	=COUNTBLANK(D3:D7)	1
6		변가령	3	85		90점 이상인 셀	=COUNTIF(D3:D7,">=90")	2
7		김나연	1			1학년이면서 90점 이상인 셀	=COUNTIFS(C3:C7,"=1",D3:D7,">=90")	1

5) LARGE, SMALL 함수

형 식	설 명
=LARGE(범위, K)	범위에서 K번째로 큰 값
=SMALL(범위, K)	범위에서 K번째로 작은 값

	A	B	C	D	E	F	G	H
1								
2		이름	학년	성적			함수식	결과
3		김현서	1	100		2번째로 큰값	=LARGE(D3:D7,2)	90
4		김보선	3	90		3번째로 작은값	=SMALL(D3:D7,3)	85
5		김민우	2	80				
6		변가령	3	85				
7		김나연	1	70				

〈준비파일 : 실습5-1.xlsx〉

실습 5-1 통계 함수 활용하기

❶ [AVERAGE 함수] '실습5-1.xlsx' 파일을 열고 [G5] 셀에 다음 함수식을 입력한 후 Enter↵를 누른다. [G5]에 평균이 구해지면 셀의 채우기 핸들을 더블클릭하거나 [G12]까지 드래그한다.

=AVERAGE(D5:F5)
[D5:F5] 범위, 즉 엑셀, 파워포인트, 엑세스 점수의 평균을 구한다.

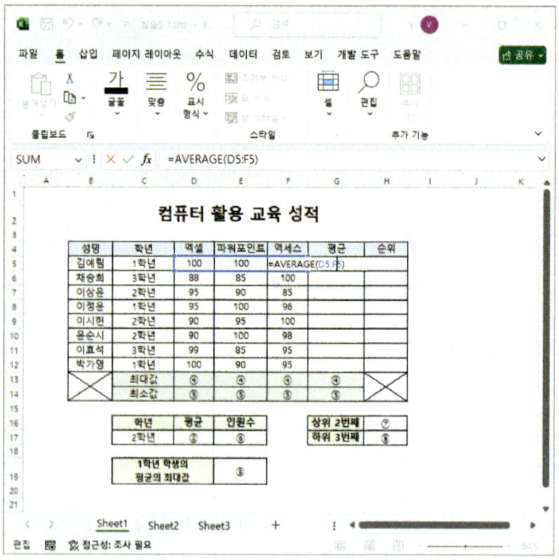

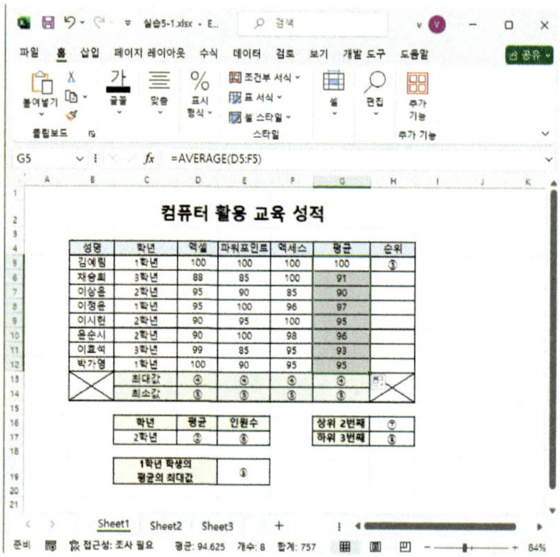

❷ **[AVERAGEIF 함수]** [D17] 셀에 다음 함수식을 입력한 후 Enter↵를 누른다.

=AVERAGEIF(C5:C12,C17,G5:G12)
조건검사범위[C5:C12], 조건[C17], 평균범위[G5:G12] 셀로 2학년 학생들의 평균을 구한다.

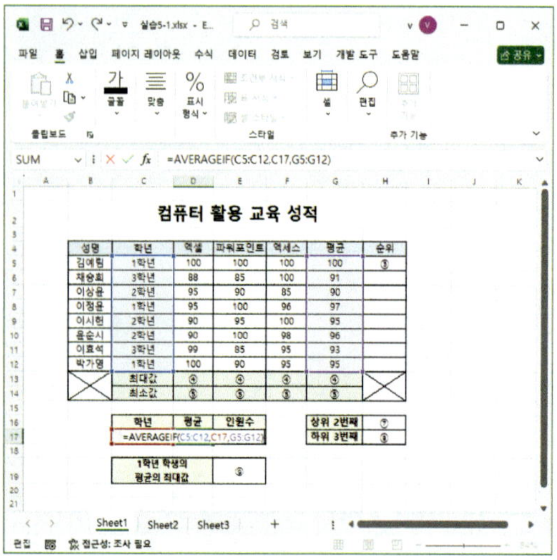

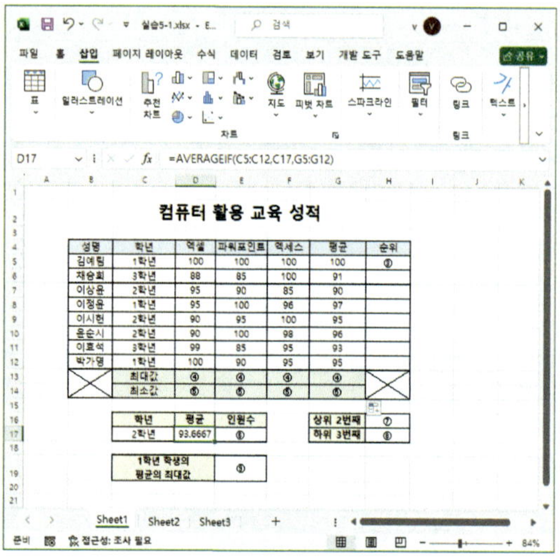

❸ **[RANK 함수]** [H5] 셀에 다음 함수식을 입력한 후 [Enter]를 누른다. [H5]에 순위가 구해지면 [H5] 셀의 채우기 핸들을 [H12] 셀까지 드래그한다.

=RANK.EQ(G5,$G$5:$G$12)) [G5:G12] 범위에서 [G5] 셀이 차지하는 순위, 즉 평균 점수의 순위를 구한다.

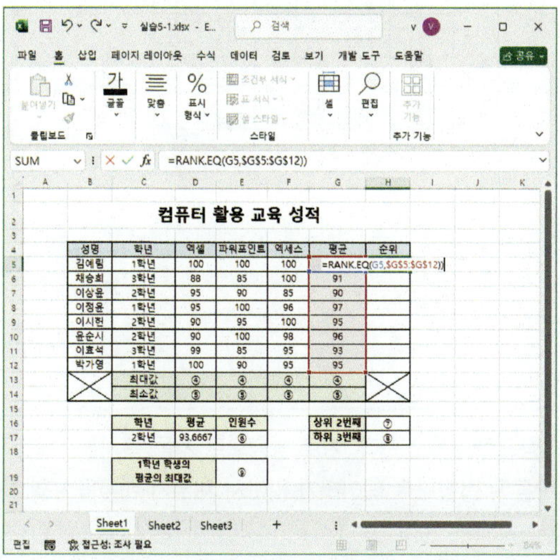

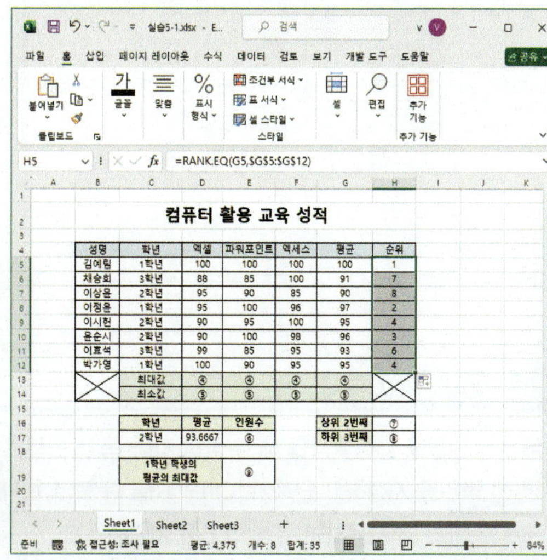

❹ **[MAX 함수]** [D13] 셀에 "=MAX(D5:D12)" 함수식을 입력한 후 Enter↵를 누른다. [D13] 셀에 최대값이 구해지면 채우기 핸들을 [G13] 셀까지 드래그한다.

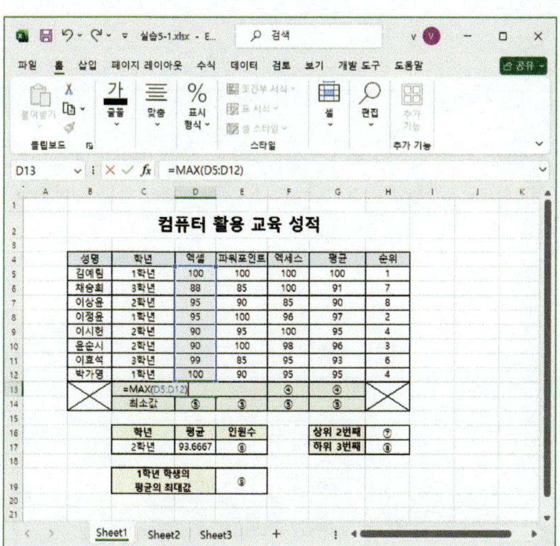

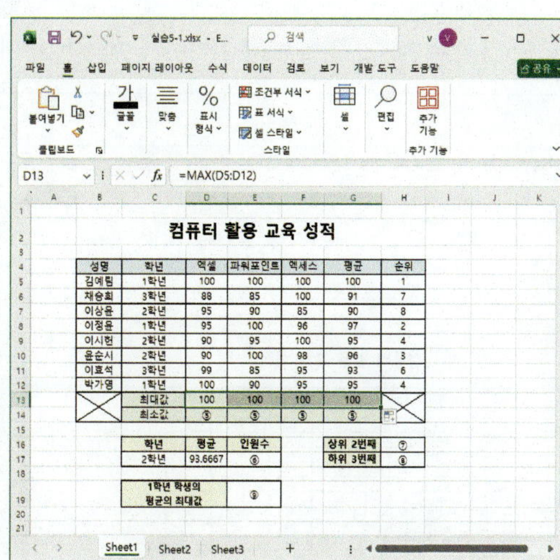

⑤ **[MIN 함수]** [D14] 셀에 "=MIN(D5:D12)" 함수식을 입력한 후 Enter↵를 누른다. [D14] 셀에 최소값이 구해지면 채우기 핸들을 [G14] 셀까지 드래그한다.

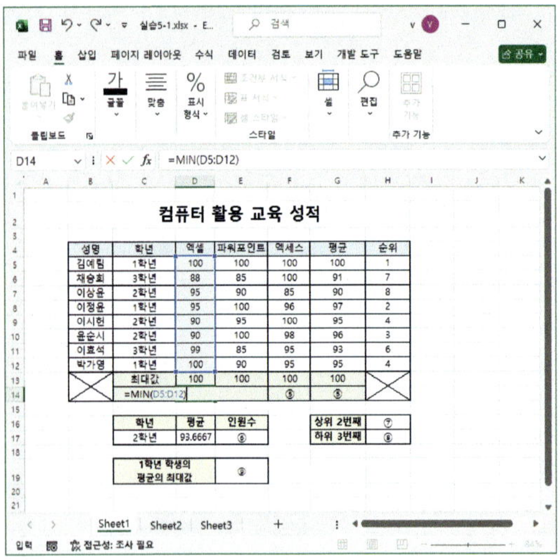

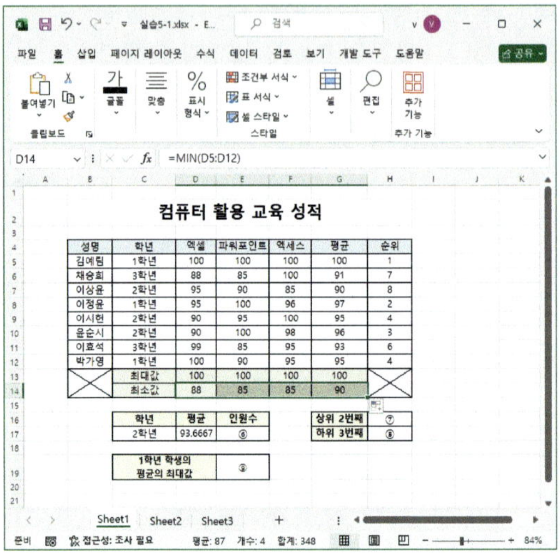

더 알아보기 **자동채우기**

채우기 핸들을 더블클릭할 때 수식의 자동 복사는 세로 방향으로만 수행된다. 가로 방향으로 자동 복사를 하려면 셀 범위를 지정하고 단축키 [Ctrl + R]을 누르면 된다. 오른쪽 방향으로 데이터가 많아서 채우기 핸들을 드래그하기 힘들 때 사용하면 유용하니 꼭 기억해두자.

❻ [COUNTIF 함수] [E17]셀에 다음 함수식을 입력한 후 Enter↵를 누른다.

=COUNTIF(C5:C12,C17)
[C5:C12] 범위에서 "2학년"이 입력되어 있는 셀의 개수를 구한다.

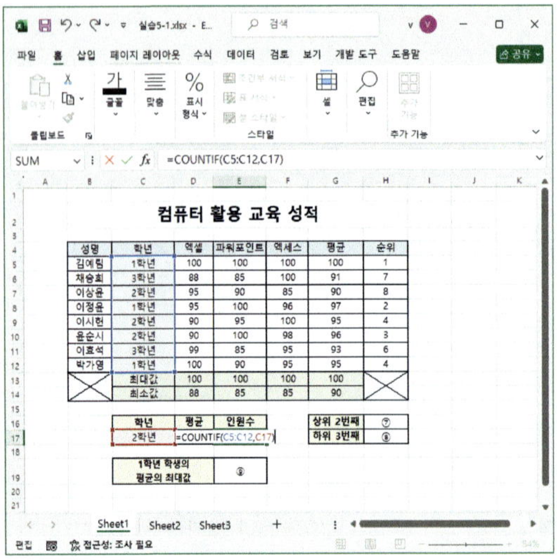

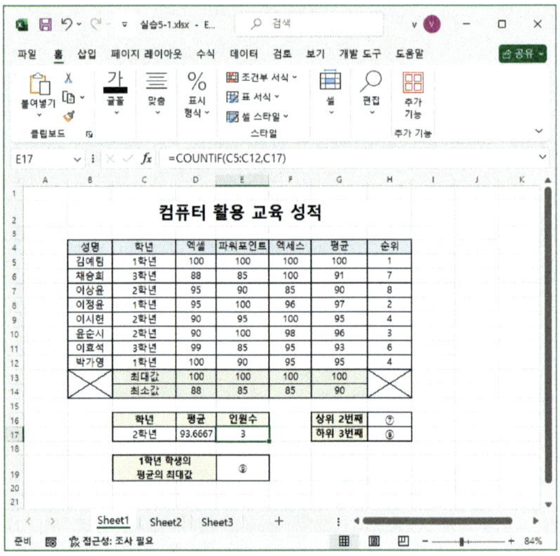

❼ **[LARGE 함수]** [H16]셀에 다음 함수식을 입력한 후 Enter↵를 누른다.

=LARGE(G5:G12,2) [G5:G12] 범위에서 2번째로 큰값을 구한다.

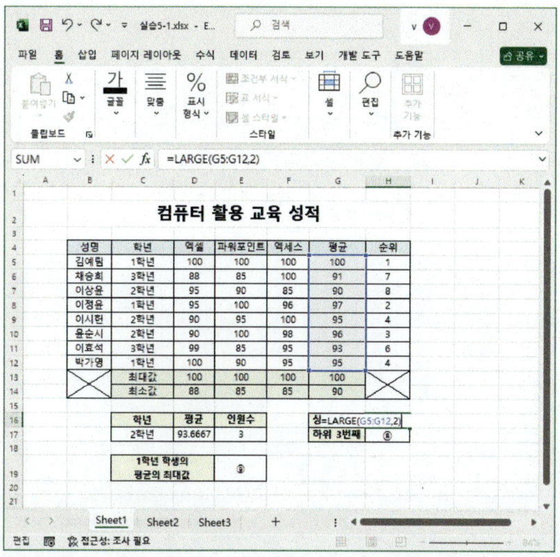

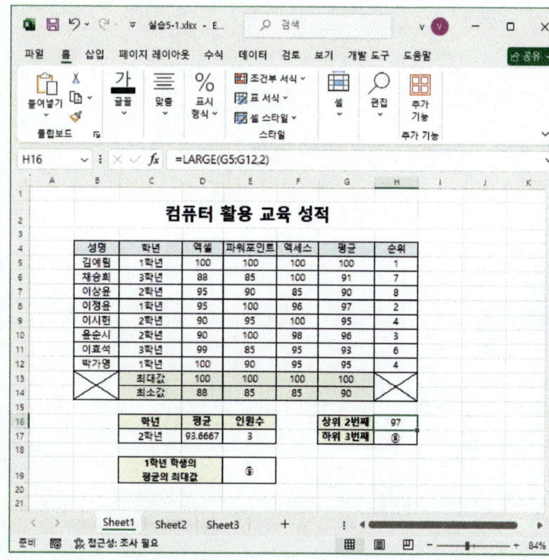

❽ **[SMALL 함수]** [H17]셀에 다음 함수식을 입력한 후 Enter↵를 누른다.

=SMALL(G5:G12,3) G5:G12 범위에서 3번째로 작은값을 구한다.

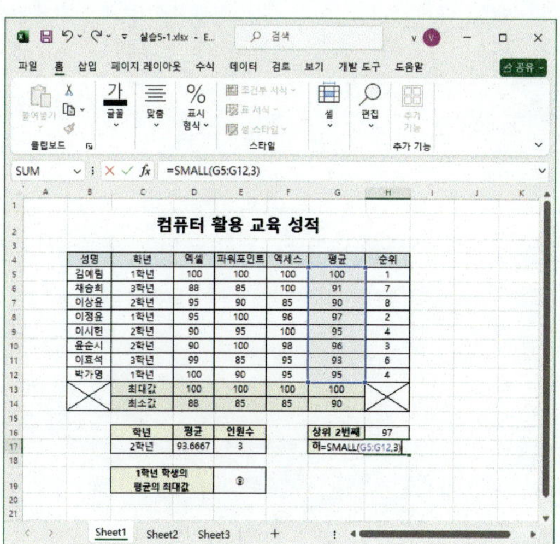

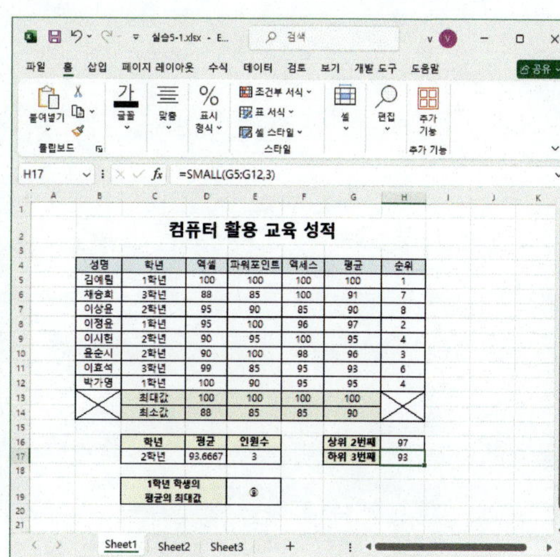

⑨ [MAXIFS 함수] [E19]셀에 다음 함수식을 입력한 후 Enter↵를 누른다.

=MAXIFS(G5:G12,C5:C12,"=1학년")
[G5:G12] 범위에서 1학년 학생의 최대값을 구한다.

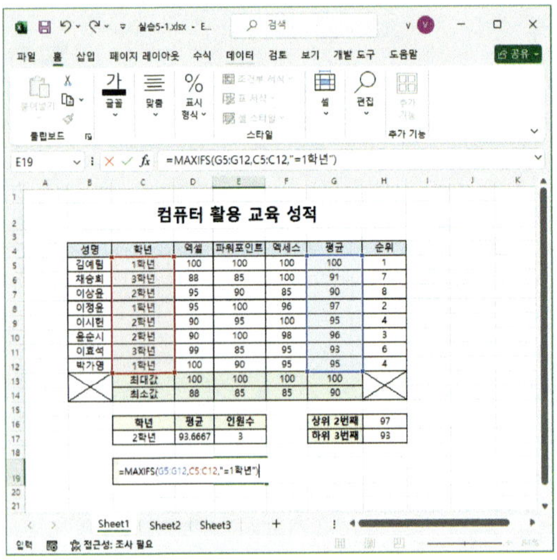

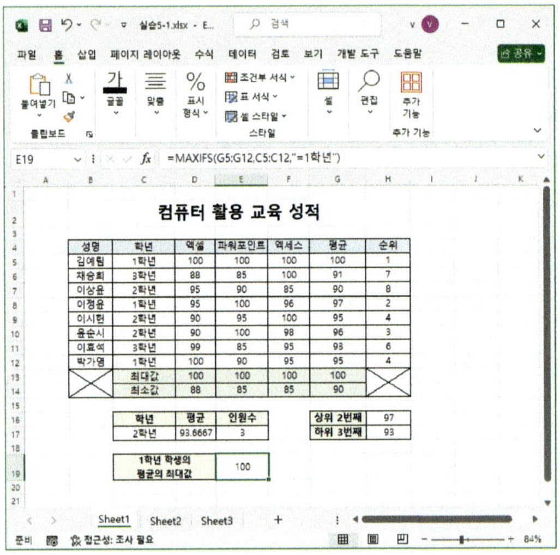

2 수학/삼각 함수 다루기

엑셀의 수학 함수들은 수학적인 계산을 수행하는 데 사용됩니다. 삼각 함수는 각도와 관련된 수학적 계산에 사용됩니다. 주로 합계, 조건에 맞는 합계, 반올림 등을 구할 때 사용합니다.

1) SUM 함수

형 식	설 명
=SUM(인수1,인수2...)	인수들의 합계를 구한다.

2) SUMIF 함수

형 식	설 명
=SUMIF(조건이 적용된 범위, 조건, 합계를 구할 범위)	하나의 조건을 비교하여 만족하는 인수의 합계를 구한다.
=SUMIFS(합계를 구할 범위, 조건범위1, 조건1, 조건범위2, 조건2....)	여러 조건을 비교하여 만족하는 인수의 합계를 구한다.

	A	B	C	D	E	F	G
1		판매실적 현황					
2							
3		사원	제품	상반기	하반기	판매대수 합	
4		정명식	냉장고	70	80	=SUM(D4:E4)	
5		김진영	냉장고	50	50	=SUM(D5:E5)	
6		최봉수	세탁기	50	80	=SUM(D6:E6)	
7		김진호	가스렌지	20	70	=SUM(D7:E7)	
8		정명식	TV	40	60	=SUM(D8:E8)	
9		김진영	세탁기	100	80	=SUM(D9:E9)	
10		황복동	에어컨	150	70	=SUM(D10:E10)	
11		합계		=SUM(D4:D10)	=SUM(E4:E10)	=SUM(F4:F10)	
12		'정명식'사원의 판매대수 합계				=SUMIF(B4:B10,"=정명식",F4:F10)	
13							

3) SUMPRODUCT 함수

형 식	설 명
=SUMPRODUCT(배열1,배열2,...)	배열 또는 범위의 대응되는 값을 곱하여 합을 표시한다.

4) PRODUCT 함수

형 식	설 명
=PRODUCT(곱할 수1, 곱할 수2...)	인수들의 곱을 구하여 표시한다.

판매실적 현황

사원	제품	단가	수량	판매금액
정명식	냉장고	100	5	=PRODUCT(D4,E4)
김진영	냉장고	100	2	=PRODUCT(D5,E5)
최봉수	세탁기	50	2	=PRODUCT(D6,E6)
김진호	가스렌지	20	5	=PRODUCT(D7,E7)
정명식	TV	40	6	=PRODUCT(D8,E8)
김진영	세탁기	50	4	=PRODUCT(D9,E9)
황복동	에어컨	60	5	=PRODUCT(D10,E10)
판매금액 합계		=SUMPRODUCT(D4:D10,E4:E10)		=SUM(F4:F10)

5) ROUND, ROUNDDOWN, ROUNDUP 함수

형 식	설 명
=ROUND(실수, 자릿수)	실수를 지정된 자릿수로 반올림한다.
=ROUNDDOWN(실수, 자릿수)	실수를 지정된 자릿수로 내림한다.
=ROUNDUP(실수, 자릿수)	실수를 지정된 자릿수로 올림한다.

사원 정보화 능력 점수

사원	부서	PPT	EXCEL	ACCESS	평균	반올림	내림	올림
정명식	영업	95	98	90	=AVERAGE(D4:F4)	=ROUND(G4,1)	=ROUNDDOWN(G4,1)	=ROUNDUP(G4,1)
김진영	구매	90	95	85				
최봉수	총무	91	94	95				
오정렬	기획	98	96	93				
황복동	구매	95	90	88				
최대필	총무	85	90	92				
강민경	영업	95	94	86				
김효정	전산	97	95	92				
한현수	전산	100	92	90				
김성미	영업	86	88	90				

심화학습 ROUND 계열 함수

- **자릿수가 양수이면** : 소수점 오른쪽에서 지정한 자릿수로 표시된다.
- **자릿수가 0이면** : 가장 가까운 정수로 표시된다.
- **음수이면** : 소수점 왼쪽에서 지정한 자릿수에서 계산이 이루어진다.
- **반올림 함수 사용 예**

수 식	결 과	설명
=ROUND(123.456,2)	123.46	소수점 셋째 자리에서 반올림 하여 소수점 둘째 자리까지 표시
=ROUND(123.456,-2)	100	소수점 왼쪽 2번째(십의 자리)에서 반올림한다.
=ROUND(123.456,0)	123	가장 가까운 정수로 표시된다.

6) SORT 함수

형 식	설 명
= SORT (범위, [기준열], [정렬순서], [정렬방향])	범위를 지정한 열 기준으로 오름차순 또는 내림차순으로 정렬하는 함수로, 기본값으로 첫 번째 열을 기준으로 오름차순 정렬한다.

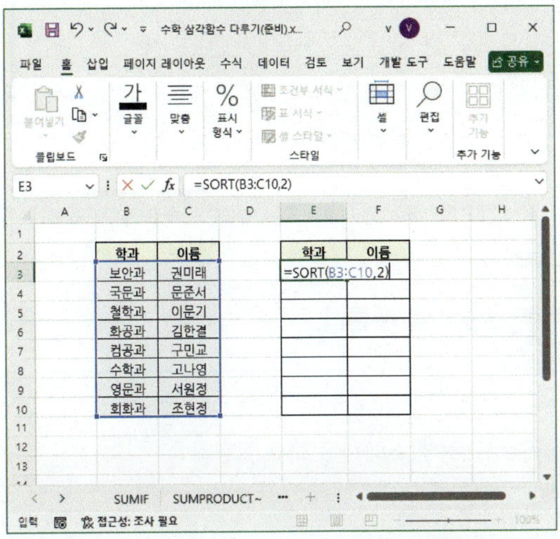

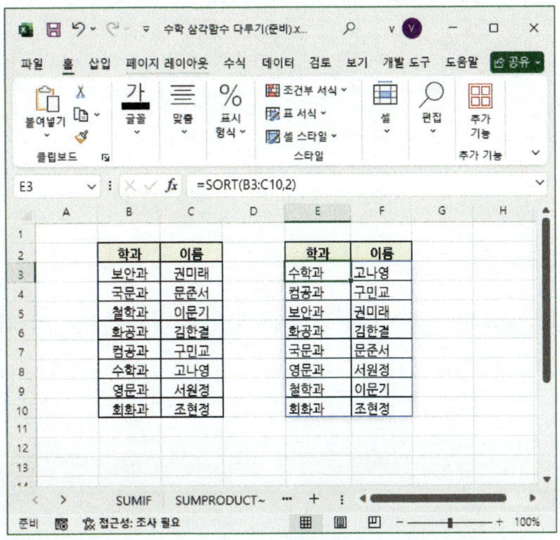

Tip SORT() 함수는 대량의 데이터를 효율적으로 정리하고 분석하는 데 매우 유용하며 정렬된 데이터를 필요에 따라 다른 함수와 결합해 사용할 수도 있다. SORT() 함수는 동적 배열 기능을 사용하므로 결과가 자동으로 업데이트되며, 특히 엑셀의 최신 버전(Excel 365 또는 Excel 2019 이상)에서 사용된다.

〈준비파일 : 실습5-2.xlsx〉

실습 5-2 수학/삼각 함수 이용하기

❶ **ROUND 함수** : '실습6-2.xlsx' 파일을 열고, [F5] 셀에 다음 함수식을 입력한 후 Enter↵를 누른다. [F5] 셀에 값이 입력되면 [F5] 셀의 채우기 핸들을 [F13] 셀까지 드래그한다.

```
=ROUND(AVERAGE(C5:E5),1)
[C5:E5] 범위의 평균을 구하고 반올림하여 소수 첫째 자리까지 표시한다.
```

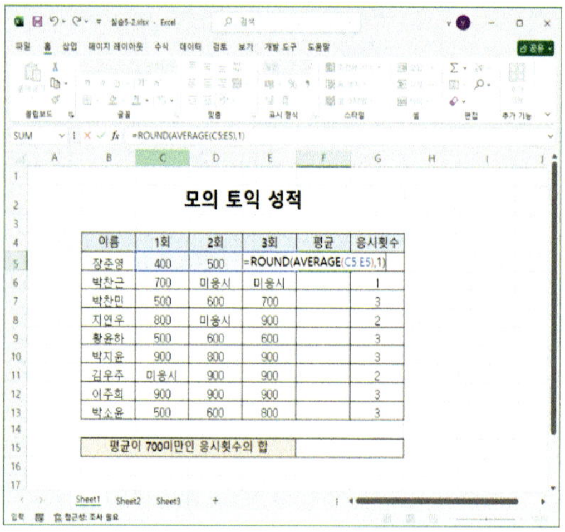

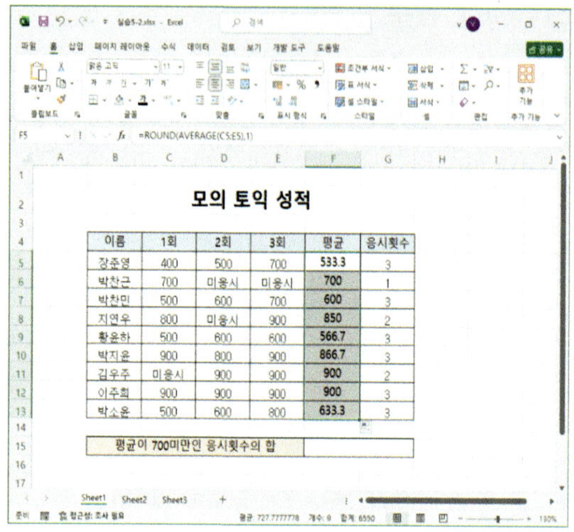

❷ SUMIF 함수 : [F15] 셀에 다음 함수식을 입력한 후 Enter↵를 누른다.

> =SUMIF(F5:F13,"<700",G5:G13)
> [F5:F13]의 평균이 700점 미만인 학생들의 응시횟수를 [G5:G13] 참조해서 구하고 합한다.

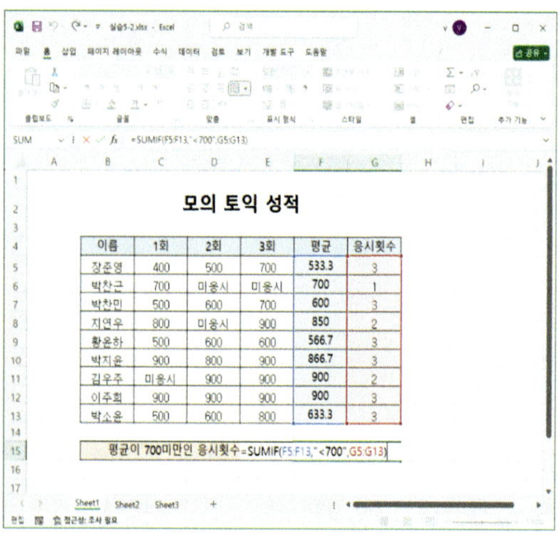

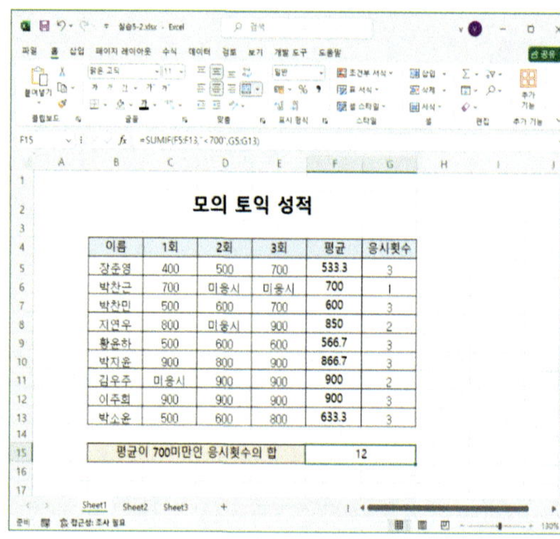

3 텍스트 함수 다루기

텍스트 함수는 텍스트 데이터를 처리하거나 변환하는 데 사용됩니다. 이러한 함수는 텍스트 데이터를 다룰 때 유용하며, 특히 데이터 정리, 변환, 조작 등이 필요할 때 유용합니다. 대표적인 텍스트 함수로는 LEFT, RIGHT, MID 등이 있습니다.

1) LEN 함수

형 식	설 명
=LEN(텍스트)	텍스트 문자열의 문자의 개수를 반환한다.

2) LEFT, RIGHT, MID 함수

형 식	설 명
=LEFT(문자열, 개수)	지정된 텍스트 문자열의 왼쪽에서부터 지정한 개수만큼의 문자를 반환한다.
=RIGHT(문자열, 개수)	지정된 텍스트 문자열의 오른쪽에서부터 지정한 개수만큼의 문자를 반환한다.
=MID(문자열, 시작위치, 개수)	문자열의 시작위치부터 지정한 개수만큼 추출한다.

	A	B	C	D	E	F
1						
2			이름	주민등록번호		
3			홍길동이	741234-1234567		
4						
5			성	이름	구분	길이
6		함수식	=LEFT(C3,1)	=RIGHT(C3,3)	=MID(D3,8,1)	=LEN(D3)
7		결과	홍	길동이	1	14

3) UPPER, LOWER, PROPER 함수

형 식	설 명
=UPPER(텍스트)	텍스트 문자열을 모두 대문자로 변환한다.
=LOWER(텍스트)	텍스트 문자열을 모두 소문자로 변환한다.
=PROPER(텍스트)	텍스트 문자열의 각 단어의 첫 글자는 대문자로, 나머지는 소문자로 변환한다.

Dream's come true

	함수식	결과
대문자로	=UPPER(B2)	DREAM'S COME TRUE
소문자로	=LOWER(B2)	dream's come true
첫글자만 대문자로	=PROPER(B2)	Dream'S Come True

4) SUBSTITUTE, CONCATENATE 또는 CONCAT, REPLACE 함수

형 식	설 명
=SUBSTITUTE(텍스트, 이전텍스트, 새로운텍스트)	텍스트 문자열 내에서 특정 텍스트를 다른 텍스트로 대체한다.
=CONCAT (텍스트1, 텍스트2)	여러 텍스트 문자열을 하나로 결합한다.
=REPLACE(텍스트, 시작위치, 문자수, 새로운텍스트)	텍스트 문자열에서 일부를 다른 텍스트로 대체한다.

학생명	학생명(함수식)	결과	소통방식	소통방식(함수식)	결과	학생명+소통방식(함수식)	결과
강태양	=REPLACE(B3,2,1,"*")	강*양	인스타그램	=SUBSTITUTE(E3,"인스타","별")	별그램	=CONCAT(B3,E3)	강태양인스타그램
윤상원			밴드				
김민서			인스타그램				
김연우			밴드				
배예원			카톡				
서예원			카톡				

5) FIND, SEARCH 함수

형 식	설 명
=FIND(찾을텍스트, 대상텍스트, [시작위치])	텍스트 문자열에서 특정 문자가 처음으로 나타나는 위치를 반환한다. 대소문자를 구분함
=SEARCH(찾을텍스트, 대상텍스트, [시작위치])	텍스트 문자열에서 특정 문자가 처음으로 나타나는 위치를 반환한다. 대소문자를 구분하지 않음.

주소에서 "/"위치 찾기

주소	함수식	결과
경기도/하남시/위례광장로	=FIND("/",B4,"1")	4
서울/강북구/성북동		
서울/강남구/압구정동		
경기도/성남시/수정구		

문자열	함수식	결과
Apple in the apple box	=FIND("apple",B10)	14
Apple in the apple box	=SEARCH("apple",B11)	1

> **Tip**
> FIND 함수는 대소문자를 구분하며, 특정 텍스트가 시작되는 위치를 찾는 데 사용되며, SEARCH 함수는 대소문자를 구분하지 않으며, 보다 유연한 검색을 수행할 수 있다. 이 두 함수는 텍스트 문자열을 분석할 때 자주 사용되며, 그 차이를 이해하고 적절히 사용하는 것이 중요하다.

05

4 논리 함수 다루기

엑셀의 논리 함수는 특정 조건을 평가하여 TRUE 또는 FALSE의 값을 반환하는 함수들입니다. 논리 함수는 데이터 분석이나 조건부 계산에 자주 사용됩니다. 주요 논리 함수에는 IF, AND, OR, NOT, IFERROR 등이 있습니다.

1) IF 함수

형식	설명
=IF(조건, 인수1, 인수2)	조건을 비교하여 참이면 인수1, 거짓이면 인수2를 실행한다.

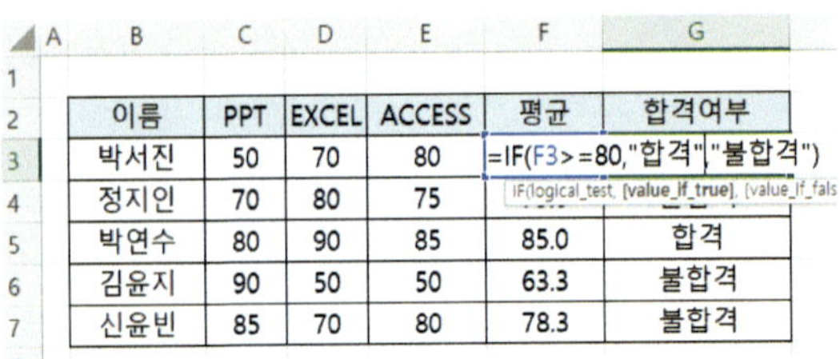

이름	PPT	EXCEL	ACCESS	평균	합격여부
박서진	50	70	80	=IF(F3>=80,"합격","불합격")	
정지인	70	80	75		
박연수	80	90	85	85.0	합격
김윤지	90	50	50	63.3	불합격
신윤빈	85	70	80	78.3	불합격

2) AND, OR, NOT 함수

형식	설명
=AND(인수1, 인수2...)	인수가 모두 참이면 TRUE이다.
=OR(인수1, 인수2...)	인수 중 하나라도 참이면 TRUE이다.
=NOT(인수)	인수의 반대 논리 값을 표시한다.

Tip IF함수와 중첩해서 많이 사용된다.

3) IF, AND 중첩 사용

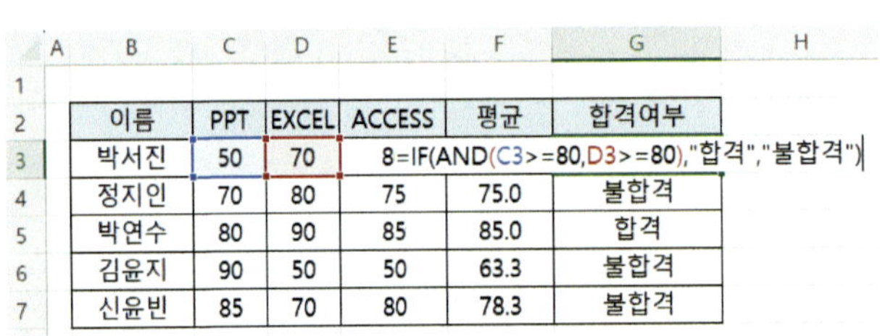

이름	PPT	EXCEL	ACCESS	평균	합격여부
박서진	50	70	8=IF(AND(C3>=80,D3>=80),"합격","불합격")		
정지인	70	80	75	75.0	불합격
박연수	80	90	85	85.0	합격
김윤지	90	50	50	63.3	불합격
신윤빈	85	70	80	78.3	불합격

4) IF, OR 중첩 사용

이름	PPT	EXCEL	ACCESS	평균	합격여부
박서진	50	70	80	=IF(OR(D3>=80,E3>=80),"우수","-")	
정지인	70	80	75	75.0	우수
박연수	80	90	85	85.0	우수
김윤지	90	50	50	63.3	-
신윤빈	85	70	80	78.3	우수

5) IFS, SWITCH 함수

형 식	설 명
=IFS(조건1, 참일 경우 반환값1, 조건2, 참일 경우 반환값2, ..., [기본값])	여러 조건을 평가하여 첫 번째로 참이 되는 조건에 대한 결과를 반환한다. IF 함수의 다중 중첩을 대신할 수 있는 함수로, 코드가 더 간결해진다.
=SWITCH(표현식, 값1, 결과1, 값2, 결과2, ..., [기본값])	특정 값을 평가하여 그 값과 일치하는 경우에 해당하는 결과를 반환한다. 여러 가지 경우의 수를 처리하는 데 매우 효율적이다.

이름	PPT	EXCEL	ACCESS	평균	합격여부(중첩IF)
박서진	50	70	80	=AVEF	=IF(F3>=80,"상",IF(F3>=70,"중","하"))
정지인	70	80	75	=AVEF	
박연수	80	90	85	=AVEF	
김윤지	90	50	50	=AVEF	
신윤빈	85	70	80	=AVEF	

이름	PPT	EXCEL	ACCESS	평균	합격여부(IFS)	합격여부(SWITCH)
박서진	50	70	80	=AVEF	=IFS(F10>=80,"상",F10>=70,"중",TRUE,"하")	=SWITCH(G10,"상","전장학금","중","반장학금","없음")
정지인	70	80	75	=AVEF		
박연수	80	90	85	=AVEF		
김윤지	90	50	50	=AVEF		
신윤빈	85	70	80	=AVEF		

더 알아보기 **중첩된 IF 함수 사용하기**

IF 함수는 하나의 조건만 사용할 수 있으므로, 여러 개의 조건을 사용할 때는 아래와 같이 중첩하여 사용한다.

=IF(F4>=90,"우수",IF(F4>=80,"보통","미흡"))

① **첫 번째 IF문** : [F4] 셀 값이 90 이상이면 '우수', 미만이면 두 번째 IF문을 수행한다.

② **두 번째 IF문** : [F4] 셀 값이 80 이상이면 '보통', '미만'이면 미흡을 표시한다.

심화학습 수식 오류표시

엑셀에서 수식 오류는 수식을 작성할 때 잘못된 구문, 잘못된 참조, 또는 계산 불가능한 상황이 발생할 때 나타나는데 이런 오류는 특정한 코드로 표시된다. 아래는 엑셀에서 자주 발생하는 수식 오류와 발생하는 원인에 대한 설명이다.

오류메시지	설 명
#####	데이터보다 열 너비가 좁거나 날짜나 시간이 음수로 사용된 경우
#DIV/0!	수식에서 값을 0으로 나누려고 할 때
#N/A	함수나 수식에 사용할 수 없는 값을 지정한 경우
#NAME?	인식할 수 없는 텍스트를 수식에 사용했을 때
#NUM!	수식이나 함수에 숫자에 관련된 문제가 있을 때
#NULL!	교차하지 않는 두 영역의 교점을 지정하였을 때
#REF!	셀 참조가 유효하지 않을 때
#VALUE!	잘못된 인수나 피연산자를 사용할 때

〈준비파일 : 실습5-3.xlsx〉

실습 5-3 텍스트 함수와 논리 함수

❶ '실습5-3.xlsx' 파일을 열고, 성별을 입력하는 [I4] 셀에 다음 함수식을 입력한 후 [Enter]를 누른다. 성별이 구해지면 [I4] 셀의 채우기 핸들을 [I12] 셀까지 드래그한다.

```
=IF(MID(C4,8,1)="3","남","여")
[C4] 셀의 8번째 값이 3이면 "남", 나머지이면 "여"로 표시한다.
```

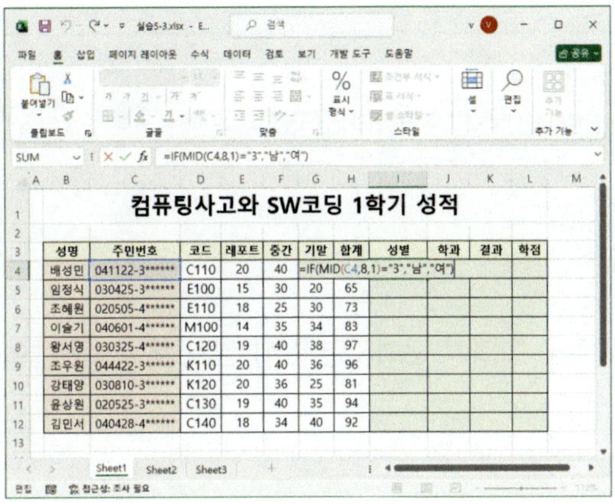

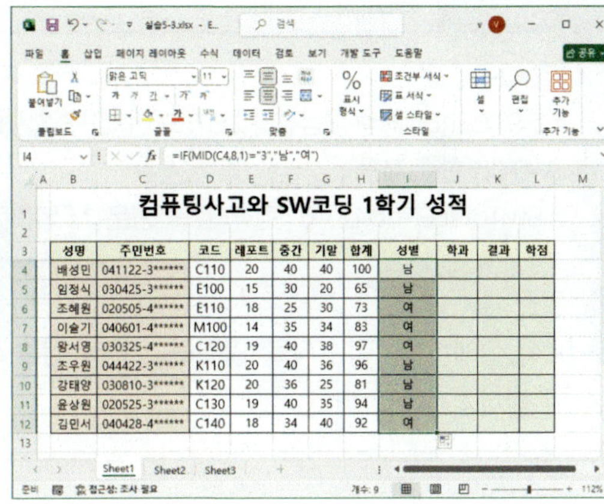

❷ 학과를 입력하는 [J4] 셀에 다음 함수식을 입력한 후 [Enter]를 누른다. 학과가 구해지면 [J4] 셀의 채우기 핸들을 [J12] 셀까지 드래그한다.

=IF(LEFT(D4,1)="C","컴퓨터",IF(LEFT(D4,1)="E","영문",IF(LEFT(D4,1)="M","수학","국문"))) 코드의 첫글자가 C이면 '컴퓨터', E이면 '영문', M이면 '수학', 그 외의 경우에는 '국문'으로 표시한다.

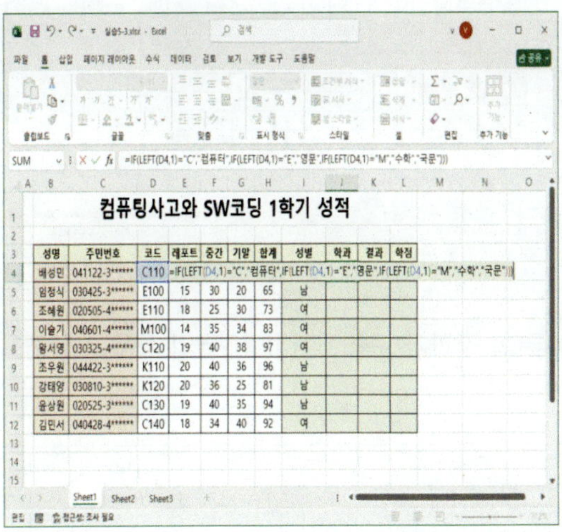

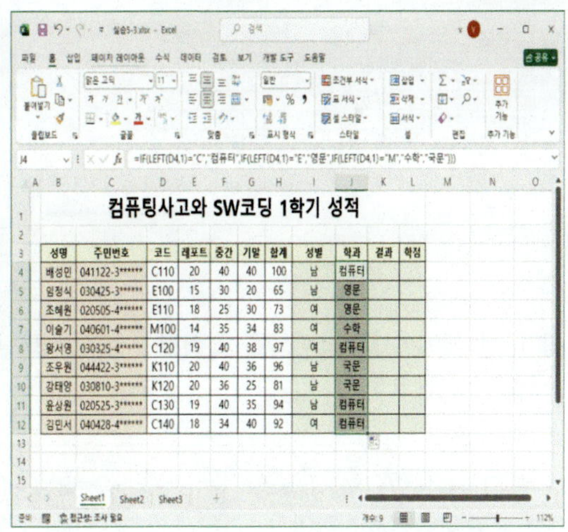

05

더 알아보기 IFS/SWITCH 함수

- **IFS 함수 적용**
  = IFS(LEFT(D4,1)="C","컴퓨터",LEFT(D4,1)="E","영문",LEFT(D4,1)="M","수학",TRUE,"국문")
- **SWITCH 함수 적용**
  = SWITCH(LEFT(D4,1),"C","컴퓨터","E","영문","M","수학","국문")

❸ [K4] 셀에 다음 함수식을 입력하고 [Enter]를 누른다. 결과가 구해지면 [K4] 셀의 채우기 핸들을 [K12] 셀까지 드래그한다.

=IF(AND(F4>=35,G4>=35),"우수","미흡")
[F4]셀과 [G4]셀의 값이 모두 35 이상이면 '우수', 그렇지 않으면 '미흡'으로 표시한다.

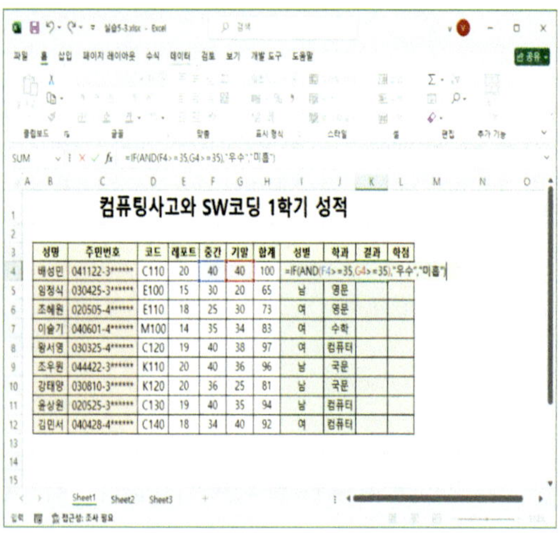

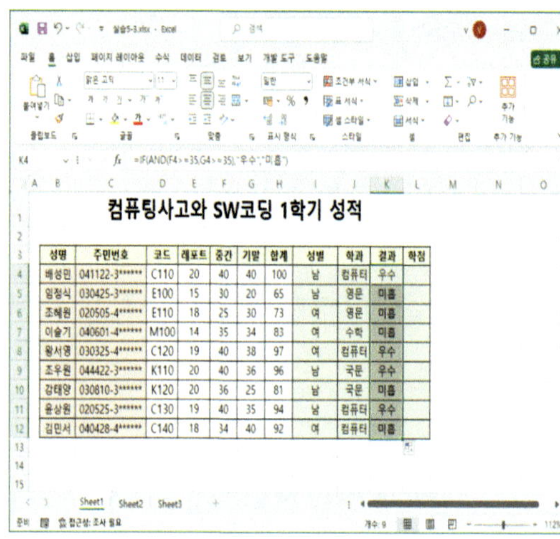

❹ [L4] 셀에 다음 함수식을 입력하고 [Enter]를 누른다. 결과가 구해지면 [L4] 셀의 채우기 핸들을 [L12] 셀까지 드래그한다.

=IFS(H4>=90,"A",H4>=80,"B",H4>=70,"C",H4>=60,"D",TRUE,"F")
[H4] 셀 값이 90이상이면 "A" 그렇지 않고 80이상이면 "B",그렇지 않고 70이상이면 "C", 그렇지 않고 60이상이면 "D", 나머지 값은 "F"로 표시한다.

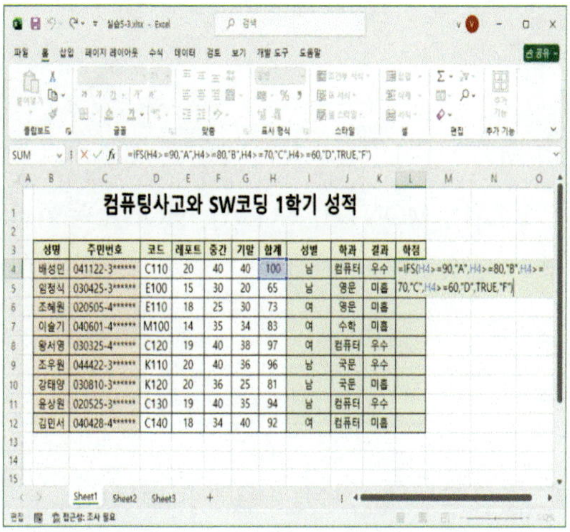

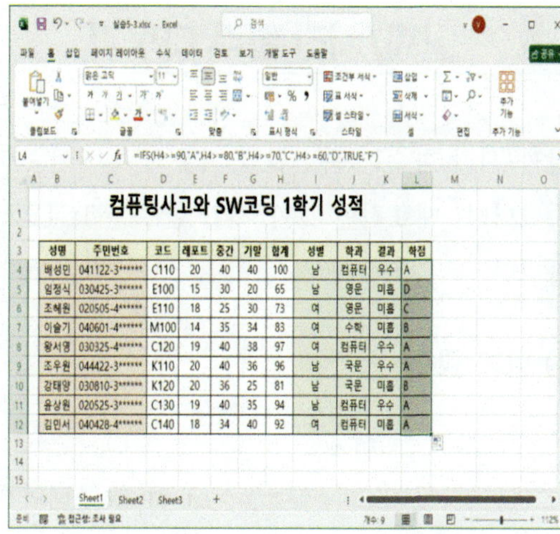

05

더 알아보기 중첩 IF 함수

- **중첩 IF 함수 적용**

  =IF(H4>=90,"A",IF(H4>=80,"B",IF(H4>=70,"C",IF(H4>=60,"D","F"))))

5 날짜/시간 함수 다루기

날짜/시간 함수는 특정일을 기준으로 해서 경과된 시간, 요일, 날짜를 계산할 때 사용하는 함수입니다. 대표적인 날짜/시간 함수는 TODAY(), YEAR, MONTH, NOW(), HOUR 등이 있습니다.

1) 날짜 함수

형 식	설 명
=TODAY()	시스템의 현재 날짜를 표시하며, 인수는 사용하지 않는다.
=YEAR(날짜)	날짜에서 년도만 표시한다.
=MONTH(날짜)	날짜에서 월도만 표시한다.
=DAY(날짜)	날짜에서 일도만 표시한다.
=WEEKDAY(날짜, 유형)	날짜에 해당하는 요일 번호를 표시한다. 요일은1(일요일) ~ 7(토요일)까지 정수로 표시한다.

	함수식	결과
오늘날짜	=TODAY()	2024-08-23
년도	=YEAR(C4)	2024
월	=MONTH(C4)	8
일	=DAY(C4)	23
요일	=WEEKDAY(C4)	6

2) 시간 함수

형 식	설 명
=NOW()	시스템의 현재 날짜와 시간을 표시한다. 인수는 사용하지 않는다.
=HOUR(시간)	시간 데이터에서 시만 표시한다.
=MINUTE(시간)	시간 데이터에서 분만 표시한다.
=SECOND(시간)	시간 데이터에서 초만 표시한다.

	함수식	결과
시스템 날짜와 시간	=NOW()	2024-08-23 4:54:50 PM
시간	=HOUR(C4)	16
분	=MINUTE(C4)	54
초	=SECOND(C4)	50

〈준비파일 : 실습5-4.xlsx〉

실습 5-4 날짜/시간 함수 다루기

❶ '실습5-4.xlsx' 파일을 열고, [C3] 셀에 '=TODAY()'를 입력하면 현재 날짜가 표시된다.

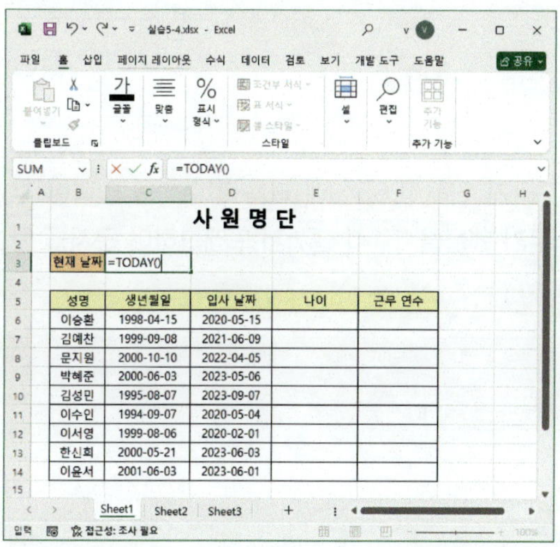

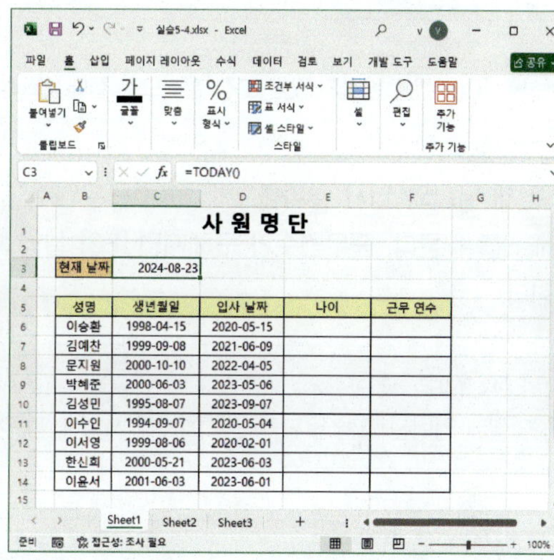

❷ 현재 날짜와 생년월일을 이용하여 나이를 구하기 위해 [E6] 셀에 다음 함수식을 입력한 후 [Enter]를 누른다. 나이가 구해지면 [E6] 셀의 채우기 핸들을 [E14] 셀까지 드래그한다.

> =YEAR($C$3)-YEAR(C6)
> [C3]셀에 입력된 오늘 날짜의 연도에서 생년월일에 입력된 연도를 뺀다.

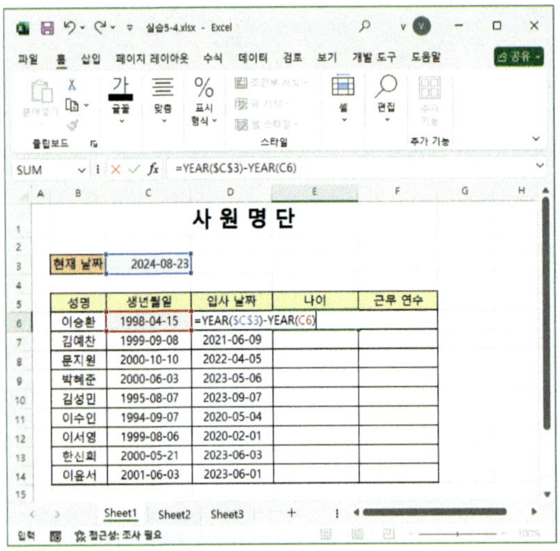

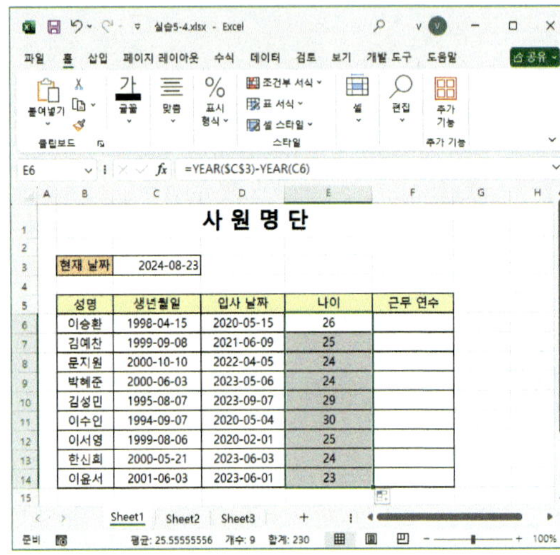

Tip [C3] 셀은 변하지 않는 고정 셀이므로 절대참조 방식으로 지정한다.

❸ 현재 날짜와 입사 날짜를 이용하여 근무연수를 구하기 위해 [F6] 셀에 다음 함수식을 입력한 후 [Enter]를 누른다. 근무연수가 구해지면 [F6] 셀의 채우기 핸들을 [F14] 셀까지 드래그하여 문서를 완성한다.

> =YEAR($C$3)-YEAR(D6)
> [C3]셀에 입력된 오늘 날짜의 연도에서 입사일에 입력된 연도를 뺀다.

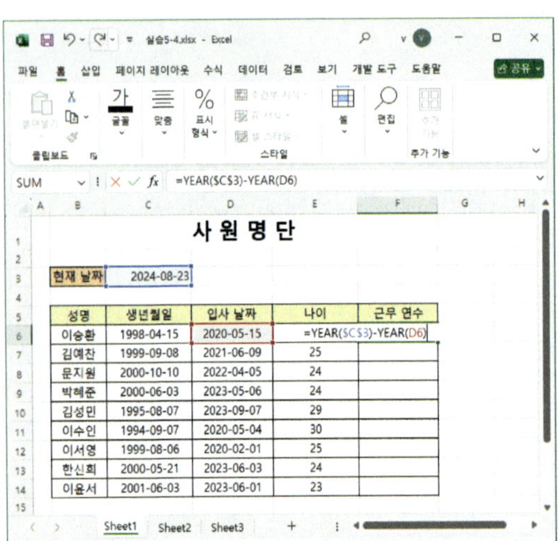

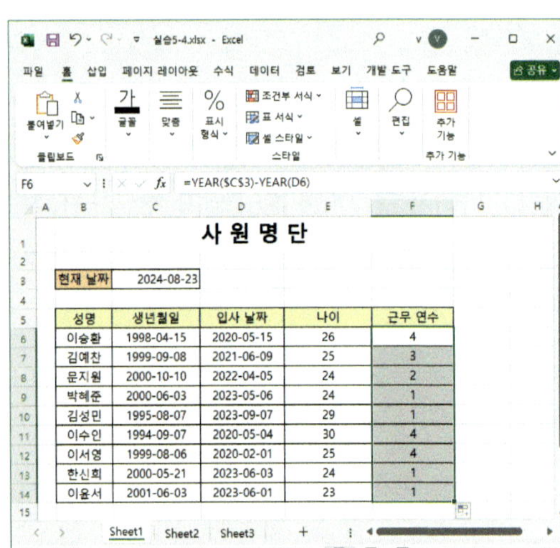

6 찾기 함수/참조 함수

엑셀에서 데이터를 찾거나 참조하는 데 유용한 함수들이 여러 가지 있습니다. 이들 함수를 활용하면 데이터베이스처럼 엑셀에서 데이터를 검색하고 분석할 수 있습니다. 대표적인 찾기/참조 함수에는 VLOOKUP, HLOOKUP, INDEX, MATCH 등이 있으며, 엑셀 2021에서 새롭게 추가된 UNIQUE, XLOOKUP, FILTER 함수가 있습니다.

형식	설명
=VLOOKUP(기준값,범위,열번호,논리값)	셀 범위나 배열에서 찾을 값에 해당하는 행을 찾은 후 열 번호에 해당하는 셀의 값을 구해 주는 함수
=HLOOKUP(기준값,범위,행번호,논리값)	셀 범위나 배열에서 찾을 값에 해당하는 열을 찾은 후 행 번호에 해당하는 셀의 값을 구해 주는 함수

- 기준값 : 찾고자하는 값
- 범위 : 찾을 정보를 갖고 있는 테이블
- 열 번호/행 번호 : 찾으려는 값이 있는 테이블의 열 번호/행 번호
- 논리값 :
  TRUE 또는 생략 : (근사값) 정확하게 일치하는 값이 없으면 기준값보다 작은 값 중에서 기준값보다 가장 큰 값
  FALSE : 정확하게 일치하는 값, 만일 찾지 못할 경우 #N/A 오류값 반환

형식	설명
= MATCH (찾을값, 범위, [일치옵션])	범위 내 찾는값의 위치(순번)을 반환하는 함수
= INDEX (배열/범위, 행번호, [열번호], [배열번호])	범위에서 몇 번째에 위치하는 값을 출력하는 함수
= XLOOKUP (조회값, 조회범위, 반환범위, [N/A값], [일치옵션], [검색방향])	범위에서 일치하는 값을 찾아 원하는 데이터를 반환하는 함수

1) VLOOKUP/HLOOKUP/XLOOKUP 함수

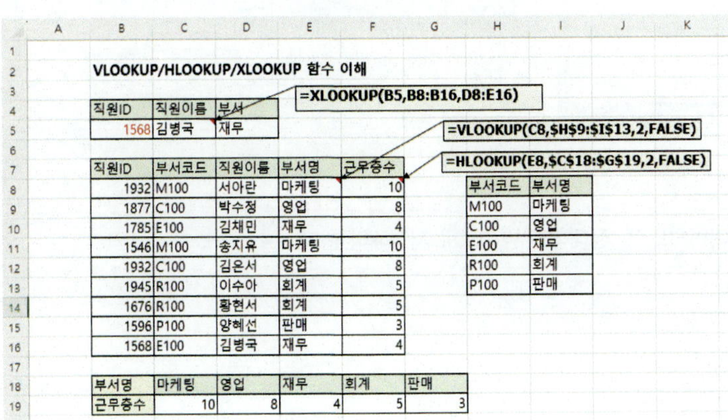

VLOOKUP/HLOOKUP/XLOOKUP 함수 이해

=XLOOKUP(B5,B8:B16,D8:E16)

직원ID	직원이름	부서
1568	김병국	재무

=VLOOKUP(C8,$H$9:$I$13,2,FALSE)

=HLOOKUP(E8,$C$18:$G$19,2,FALSE)

직원ID	부서코드	직원이름	부서명	근무층수
1932	M100	서아란	마케팅	10
1877	C100	박수정	영업	8
1785	E100	김채민	재무	4
1546	M100	송지유	마케팅	10
1932	C100	김온서	영업	8
1945	R100	이수아	회계	5
1676	R100	황현서	회계	5
1596	P100	양혜선	판매	3
1568	E100	김병국	재무	4

부서코드	부서명
M100	마케팅
C100	영업
E100	재무
R100	회계
P100	판매

부서명	마케팅	영업	재무	회계	판매
근무층수	10	8	4	5	3

2) INDEX/MATCH 함수

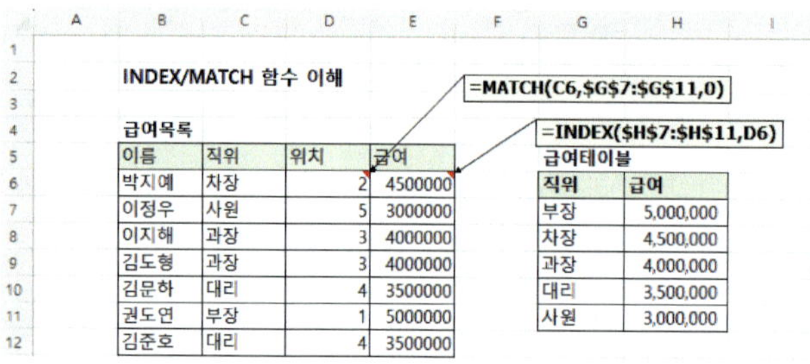

〈준비파일 : 실습5-5.xlsx〉

실습 5-5 찾기/참조 함수 다루기

❶ [VLOOKUP 함수] : '실습5-5.xlsx' 파일을 열고 [E5] 셀에 다음 함수식을 입력한 후 [Enter]를 누른다. [E5] 셀에 서비스내용이 구해지면 채우기 핸들을 [E18] 셀까지 드래그한다.

=VLOOKUP(D5,$I$5:$J$10,2,FALSE)
[I5:J10] 범위의 첫 번째 열에서 [D5] 셀의 값과 정확히 일치하는 값(FALSE)을 찾아 두 번째 열의 값을 표시한다.

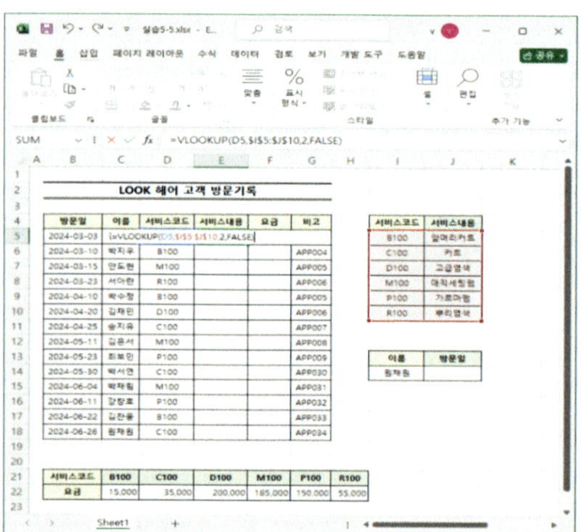

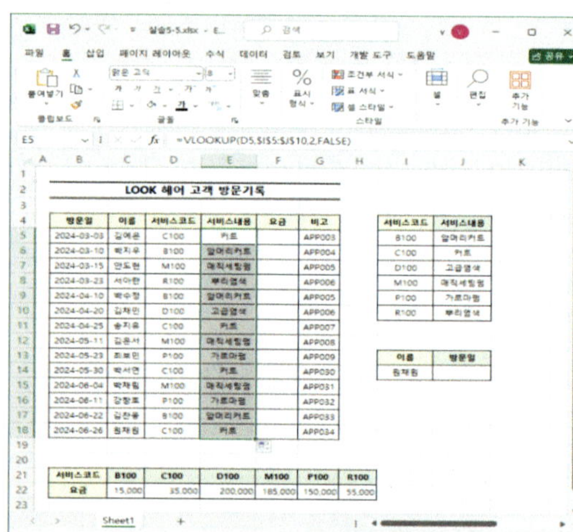

Tip [I5:J10] 셀 범위는 변하지 않아야하므로 절대참조 방식으로 지정해야 한다.

❷ **[HLOOKUP 함수]** : [F5] 셀에 다음 함수식을 입력한 후 [Enter]를 누른다. 요금이 구해지면 [F5] 셀의 채우기 핸들을 [F18] 셀까지 드래그한다.

=HLOOKUP(D5,$C$21:$H$22,2,FALSE)
[C21:H22] 범위의 첫 번째 행에서 [D5] 셀의 값과 정확히 일치하는 값(FALSE)을 찾아 두 번째 행의 값을 표시한다.

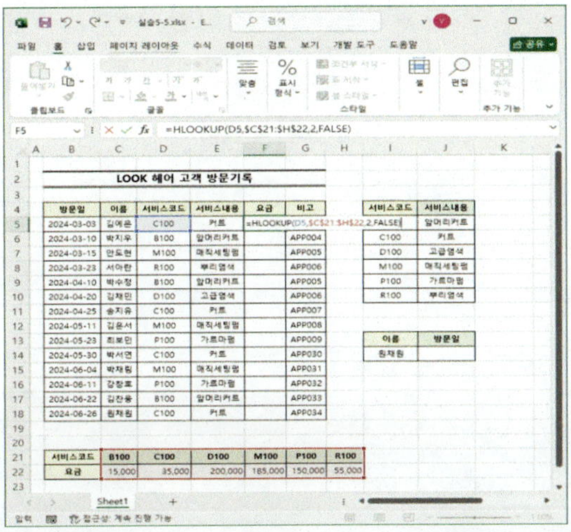

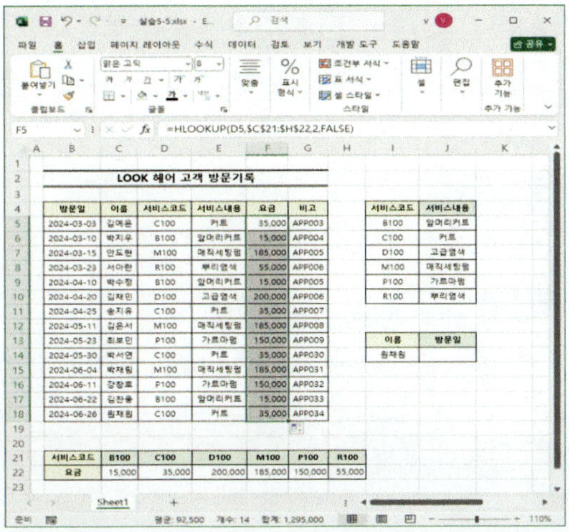

Tip [C21:H22]셀 범위는 변하지 않아야하므로 절대참조 방식으로 지정해야 한다.

❸ **[XLOOKUP 함수]** : [J14] 셀에 다음 함수식을 입력한 후 [Enter]를 누른다.

=XLOOKUP(I14,C5:C18,B5:B18,"항목 없음")
[I14] 셀 값을 [C5:C18] 영역에서 찾은 다음 [B5:B18] 영역의 값을 반환하고 만약 일치하는 값이 없다면 "항목 없음"을 반환한다.

05

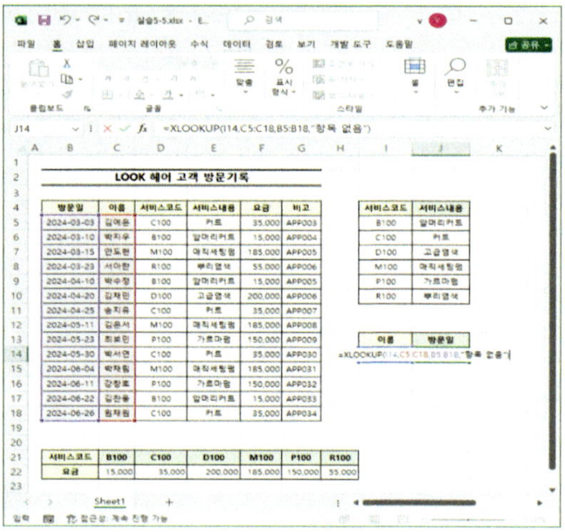

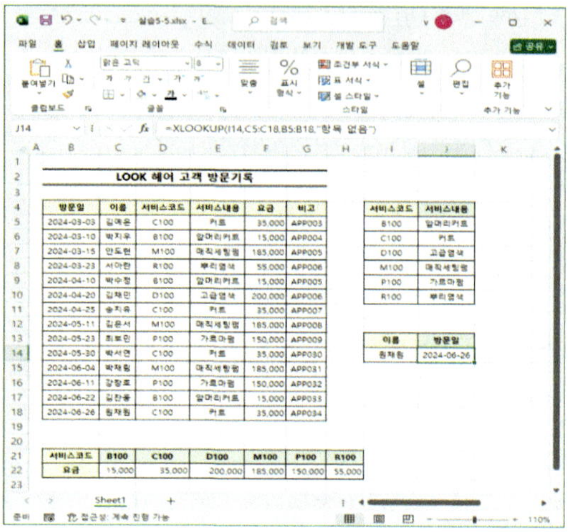

Tip

INDEX/MATCH 함수 활용

=INDEX(B5:B18,MATCH(I14,C5:C18,0),0) 함수식으로도 구할 수 있다.

7 데이터베이스 함수

엑셀에서 데이터베이스 함수를 사용하면 특정 조건에 맞는 데이터의 집합을 대상으로 계산을 수행할 수 있습니다. 대표적인 데이터베이스 함수로는 DSUM, DCOUNT, DCOUNTA, DAVERAGE, DMAX, DMIN, DGET 등이 있습니다.

형식	설명
=DSUM(데이터베이스, 필드, 조건)	지정한 조건에 맞는 데이터베이스에서 필드 값들의 합을 구한다.
=DCOUNT(데이터베이스, 필드, 조건)	지정한 조건에 맞는 데이터베이스의 필드에서 숫자를 포함한 셀의 수를 구한다.
=DCOUNTA(데이터베이스, 필드, 조건)	조건에 맞는 데이터베이스의 필드에서 비어 있지 않은 셀의 수를 구한다.
=DAVERAGE(데이터베이스, 필드, 조건)	지정한 조건에 맞는 데이터베이스나 목록에서 열의 평균을 구한다.
=DMAX(데이터베이스, 필드, 조건)	지정한 조건에 맞는 데이터베이스의 필드 값 중 가장 큰 수를 구한다.
=DMIN(데이터베이스, 필드, 조건)	지정한 조건에 맞는 데이터베이스의 필드 값 중 가장 작은 수를 구한다.

심화학습 데이터베이스 용어 설명

데이터베이스는 특정 주제나 목적에 따라 체계적으로 조직된 데이터의 집합을 말한다. 엑셀에서는 데이터베이스가 일반적으로 테이블(Table) 형태로 구성되며 테이블은 행(Row)과 열(Column)로 이루어져 있으며, 각각의 구성 요소는 다음과 같다.

- **필드(Field)** : 테이블의 열을 의미하며, 각 필드는 데이터의 특정 속성이나 항목을 나타낸다. 예를 들어, "제품명", "가격", "수량" 등이 필드가 될 수 있다.
- **레코드(Record)** : 테이블의 행을 의미하며, 각 레코드는 하나의 완전한 데이터 항목을 나타낸다. 예를 들어, 특정 제품의 모든 정보가 하나의 레코드에 포함될 수 있다.
- **데이터베이스 범위** : 엑셀에서 데이터베이스로 인식되기 위해서는 일반적으로 첫 행에 필드명이 포함되어 있어야 하며, 각 필드명은 고유해야 한다. 또한, 데이터는 연속된 셀에 입력되어야 한다.

	A	B	C	D	E
1	제품ID	제품명	카테고리	가격	수량
2	1	사과	과일	5000	50
3	2	바나나	과일	3000	30
4	3	당근	채소	2000	20

위의 테이블에서:

- **필드** : “제품ID”, “제품명”, “카테고리”, “가격”, “수량”
- **레코드** : 각 행(예 : 첫 번째 행의 사과 정보)
- **데이터베이스 범위** : ‘A1:E4’

	A	B	C	D	E	F	G
1	봉사활동 지원 현황						
2	사원명	부서명	사랑의집	나눔의집	평화의집	지원횟수	
3	장서희	영업부	O		O	2	
4	유일우	홍보부	O	O		2	
5	전지영	기획부		O	O	2	
6	조규철	기획부	O			1	
7	정종인	영업부	O	O	O	3	
8	민지혜	홍보부		O		1	
9	김종욱	홍보부	O		O	2	
10	이신숙	기획부	O			1	
11	박원준	홍보부		O	O	2	
12	강지선	영업부	O		O	2	
13							
14						결과	함수식
15	사랑의집에 지원한 홍보부 사원수					2	=DCOUNTA(A2:E12,3,B23:B24)
16	영업부 지원횟수 합계					7	=DSUM(A2:F12,6,B2:B3)
17	영업부 지원횟수 평균					2.333333	=DAVERAGE(A2:F12,6,B2:B3)
18	지원횟수가 3이상인 셀의 개수					1	=DCOUNT(A2:F12,6,D23:D24)
19	홍보부 사원 중에서 최대지원횟수					2	=DMAX(A2:F12,6,B23:B24)
20	홍보부 사원 중에서 최소 지원횟수					1	=DMIN(A2:F12,6,B23:B24)
21							
22							
23		부서명		지원횟수			
24		홍보부		>=3			

〈준비파일 : 실습5-6.xlsx〉

실습 5-6 데이터베이스함수 다루기

❶ [DSUM 함수] : ‘실습5-6.xlsx’ 파일을 열고 [표1]의 [C11] 셀에 다음 함수식을 입력한 후 [Enter]를 누른다.

=DSUM(A3:C9,3,B10:B11)

[A3:C9] 범위에서 조건이 [B10:B11](‘지점이 서울’)인 [C]필드(매출액)의 합계를 반환한다.

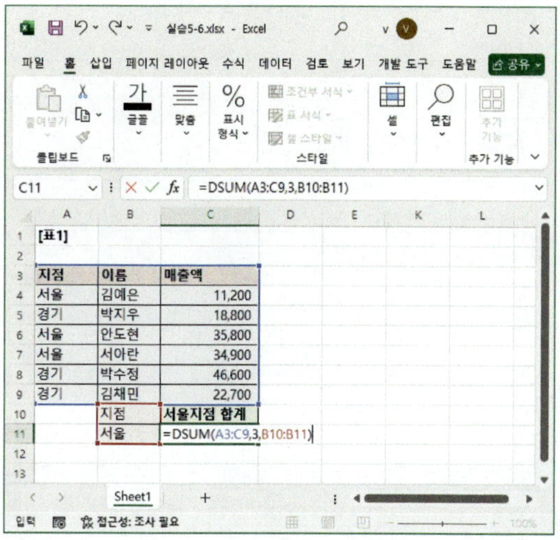

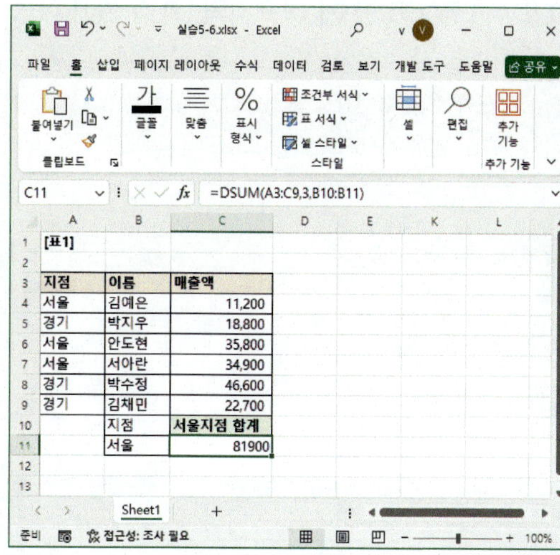

05

❷ [DSUM 함수] : [표2]의 [E24] 셀에 다음 함수식을 입력한 후 [Enter]를 누른다.

=DCOUNTA(A17:C23,3,B17:B18)
[A17:C23] 범위에서 조건이 [B17:B18]('학과가 미디어')인 [C]필드(전과희망여부)의 비어있지 않은 셀의 개수(전과희망자수)를 반환한다.

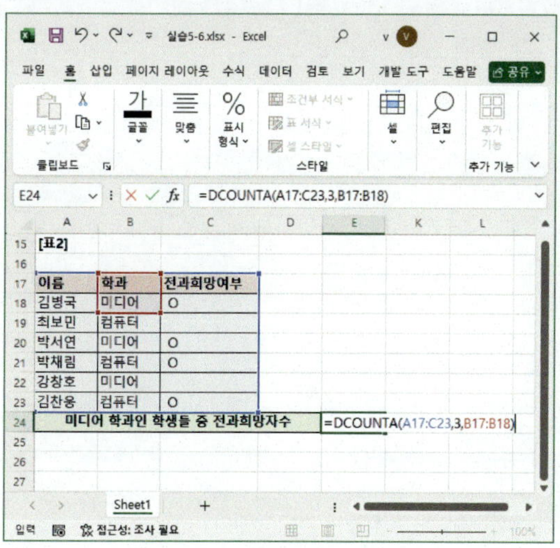

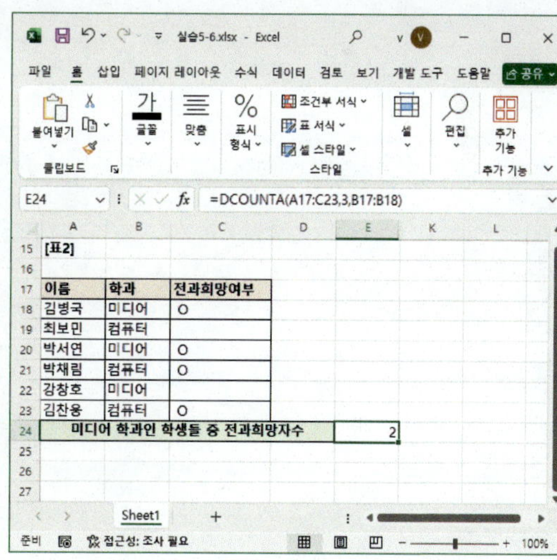

❸ **[DAVERAGE 함수]** : [표3]의 [J17] 셀에 다음 함수식을 입력한 후 [Enter]를 누른다.

=DAVERAGE(F3:J16,5,G3:G4)
[F3:J16] 범위에서 조건이 [G3:G4](‘학과가 국문과’)인 [J]필드(종합점수)의 평균을 반환한다.

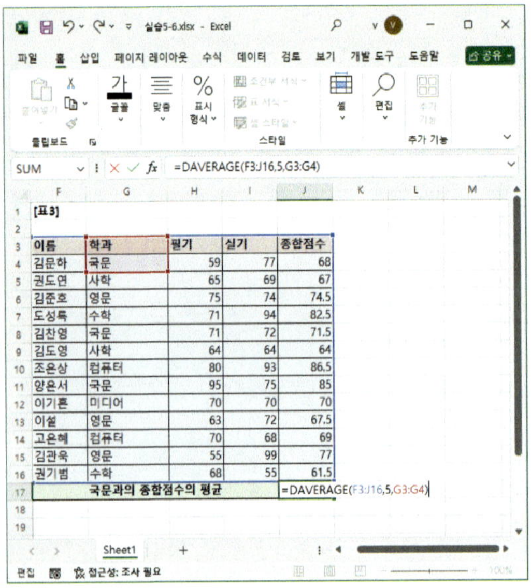

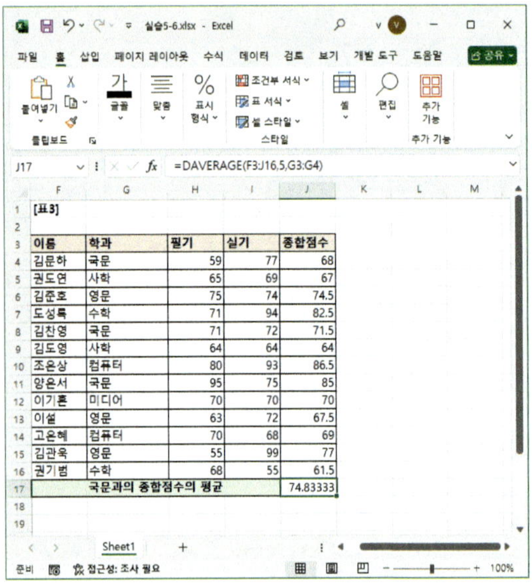

단원요약

1 통계함수

- **AVERAGE, AVERAGEA, AVERAGEIF 함수** : 지정한 범위의 평균을 구한다.
- **MAX, MIN, MEDIAN, MODE.SNGL 함수** : 지정한 범위에서 최대값, 최소값, 중간값, 최빈값을 구한다.
- **RANK.EQ, RANK.AVG 함수** : 지정한 범위에서 주어진 값의 크기 순위를 구한다.
- **COUNT, COUNTA, COUNTIF, COUNTIFS, COUNTBLANK 함수** : 지정한 범위에서 숫자가 들어있는 셀의 개수, 비어있지 않은 셀의 개수, 조건에 맞는 셀의 개수, 빈 셀의 개수를 구한다.
- **LARGE, SMALL 함수** : 지정한 범위에서 K번째로 큰값/작은값을 구한다.
- **MAXIFS, MINIFS 함수** : 범위 내 여러 개의 조건을 만족하는 최대값 또는 최소값을 반환한다.

2 수학/삼각함수

- **SUM 함수** : 지정한 범위의 합계를 구한다.
- **SUMIF, SUMIFS 함수** : 조건에 맞는 셀들의 합계를 구한다.
- **SUMPRODUCT 함수** : 배열에서 대응되는 요소를 모두 곱하고, 그 곱의 합을 구한다.
- **PRODUCT 함수** : 인수들을 모두 곱한다.
- **ROUND, ROUNDDOWN, ROUNDUP 함수** : 지정한 자릿수로 반올림/내림/올림 한다.
- **SORT 함수** : 범위를 지정한 열 기준으로 오름차순 또는 내림차순으로 정렬한다.

3 텍스트 함수 다루기

- **LEN 함수** : 텍스트의 길이를 구한다.
- **LEFT, RIGHT** : 텍스트의 왼쪽/오른쪽에서 주어진 숫자만큼 추출한다.
- **MID 함수** : 텍스트의 시작위치부터 지정한 개수만큼 추출한다.
- **UPPER, LOWER, PROPER** : 텍스트를 모두 대문자/소문자/첫 글자만 대문자로 바꾼다.
- **SUBSTITUTE 함수** : 텍스트 문자열 내에서 특정 텍스트를 다른 텍스트로 대체한다.
- **CONCAT 함수** : 여러 텍스트 문자열을 하나로 결합한다.
- **REPLACE 함수** : 텍스트 문자열에서 일부를 다른 텍스트로 대체한다.
- **FIND 함수** : 텍스트 문자열에서 특정 문자가 처음으로 나타나는 위치를 반환한다. 대소문자를

구분함

- **SEARCH 함수** : 텍스트 문자열에서 특정 문자가 처음으로 나타나는 위치를 반환한다. 대소문자를 구분하지 않음.

4 논리 함수 다루기

- **IF 함수** : 조건을 비교하여 참일 때와 거짓일 때 각각 다른 값으로 반환하거나 계산하며, 중첩된 IF문을 사용하여 계산할 수 있다.
- **AND, OR, NOT 함수** : 여러 개의 조건을 검사할 때 사용하는 함수로 주로 IF문과 함께 중첩해서 사용된다.
- **IFS 함수** : 여러 조건을 평가하여 첫 번째로 참이 되는 조건에 대한 결과를 반환한다.
- **SWITCH 함수** : 특정 값을 평가하여 그 값과 일치하는 경우에 해당하는 결과를 반환한다.

5 날짜/시간 함수 다루기

■ **날짜 함수**

형식	설명
=TODAY()	시스템의 현재 날짜를 표시하며, 인수는 사용하지 않는다.
=YEAR(날짜)	날짜에서 년도만 표시한다.
=MONTH(날짜)	날짜에서 월도만 표시한다.
=DAY(날짜)	날짜에서 일도만 표시한다.
=WEEKDAY(날짜, 유형)	날짜에 해당하는 요일 번호를 표시한다. 요일은1(일요일) ~ 7(토요일)까지 정수로 표시한다.

■ **시간 함수**

형식	설명
=NOW()	시스템의 현재 날짜와 시간을 표시한다. 인수는 사용하지 않는다.
=HOUR(시간)	시간 데이터에서 시만 표시한다.
=MINUTE(시간)	시간 데이터에서 분만 표시한다.
=SECOND(시간)	시간 데이터에서 초만 표시한다.

6 찾기/참조 함수 다루기

■ VLOOKUP / HLOOKUP 함수

형 식	설 명
=VLOOKUP(기준값,범위,열번호,논리값)	셀 범위나 배열에서 찾을 값에 해당하는 행을 찾은 후 열 번호에 해당하는 셀의 값을 구해 주는 함수
=HLOOKUP(기준값,범위,행번호,논리값)	셀 범위나 배열에서 찾을 값에 해당하는 열을 찾은 후 행 번호에 해당하는 셀의 값을 구해 주는 함수
• 기준값 : 찾고자하는 값 • 범위 : 찾을 정보를 갖고 있는 테이블 • 열 번호/행 번호 : 찾으려는 값이 있는 테이블의 열 번호/행 번호 • 논리값 : TRUE 또는 생략 : (근사값) 정확하게 일치하는 값이 없으면 기준값보다 작은 값 중에서 기준값보다 가장 큰 값 FALSE : 정확하게 일치하는 값, 만일 찾지 못할 경우 #N/A 오류값 반환	

■ MATCH/INDEX/XLOOKUP 함수

형 식	설 명
= MATCH (찾을값, 범위, [일치옵션])	범위 내 찾는값의 위치(순번)을 반환하는 함수
= INDEX (배열/범위, 행번호, [열번호], [배열번호])	범위에서 몇 번째에 위치하는 값을 출력하는 함수
= XLOOKUP (조회값, 조회범위, 반환범위, [N/A값], [일치옵션], [검색방향])	범위에서 일치하는 값을 찾아 원하는 데이터를 반환하는 함수

7 데이터베이스 함수 다루기

형 식	설 명
=DSUM(데이터베이스, 필드, 조건)	지정한 조건에 맞는 데이터베이스에서 필드 값들의 합을 구한다.
=DCOUNT(데이터베이스, 필드, 조건)	지정한 조건에 맞는 데이터베이스의 필드에서 숫자를 포함한 셀의 수를 구한다.
=DCOUNTA(데이터베이스, 필드, 조건)	조건에 맞는 데이터베이스의 필드에서 비어 있지 않은 셀의 수를 구한다.
=DAVERAGE(데이터베이스, 필드, 조건)	지정한 조건에 맞는 데이터베이스나 목록에서 열의 평균을 구한다.
=DMAX(데이터베이스, 필드, 조건)	지정한 조건에 맞는 데이터베이스의 필드 값 중 가장 큰 수를 구한다.
=DMIN(데이터베이스, 필드, 조건)	지정한 조건에 맞는 데이터베이스의 필드 값 중 가장 작은 수를 구한다.

연습문제

01 '연습5-1.xlsx' 파일을 열어 아래 조건에 맞게 완성한 후 '연습5-1(완성).xlsx'로 저장하시오.

조 건 〈준비파일 : 연습5-1.xlsx〉

① [F]열에 SUM 함수를 이용하여 합계를 구하시오.

② [G]열에 AVERAGE 함수를 이용하여 평균을 구하고 소수 첫째자리까지만 나타내시오.

③ [H]열에 평균을 이용하여 순위를 구하시오.

④ [G]열을 이용하여 상위 1, 2, 3번째 점수를 구하시오.

⑤ [G]열을 이용하여 하위 1, 2, 3번째 점수를 구하시오.

⑥ [B]열을 이용하여 '지원자수'를 구하시오.

⑦ [G]열을 이용하여 '최고점수'를 구하시오.

⑧ [G]열을 이용하여 '최저 점수'를 구하시오.

A 종합학원 지원서 현황

성명	국어	영어	수학	총점	평균	순위
고은혜	100	100	100	300	100	1
김관욱	90	50	60	200	66.7	9
권기범	99	65	70	234	78	7
박규빈	85	95	65	245	81.7	6
김규림	45	96	88	229	76.3	8
이한결	99	84	95	278	92.7	3
백종윤	100	75	92	267	89	5
정희윤	96	96	85	277	92.3	4
정혜진	95	88	96	279	93	2

상위점수	
등수	점수
1	100
2	93
3	92.7

하위점수	
등수	점수
1	66.7
2	76.3
3	78

지원자수	9
최고점수	100
최저점수	66.7

02 '연습5-2.xlsx' 파일을 열어 아래 조건에 맞게 완성한 후 '연습5-2(완성).xlsx'로 저장하시오.

조 건 〈준비파일 : 연습5-2.xlsx〉

① [G2]셀에 시스템의 날짜를 나타내시오.

② [F]열에 주민등록번호를 이용하여 성별을 구하시오.
(주민등록번호 8번째 자리의 숫자 1 또는 3이면 "남자", 2 또는 4이면 "여자"로 표시하시오.)

③ [G]열에 사번을 이용하여 부서를 구하시오.

(부서 사번의 첫 글자가 A이면 인사부, B이면 총무부, 나머지는 영업부)

④ [F16]에 입사성적인 “A”인 사원의 수를 구하시오.

사원명단

				작성일	2024-08-23
사번	성명	주민등록번호	입사성적	성별	부서
A101	이수남	770124-1907654	A	남자	인사부
A102	연재식	040519-3209834	C	남자	인사부
K101	곽도헌	771017-1098123	B	남자	영업부
B101	김영수	730601-1021213	B	남자	총무부
J101	우재남	761119-1276589	C	남자	영업부
J102	한성순	811230-2671234	A	여자	영업부
K102	우서혜	790708-2121543	B	여자	영업부
B102	박길식	070909-3345987	A	남자	총무부
A103	이명정	040120-4375727	B	여자	인사부
	입사 성적이 A인 사원수			3	

03 컴퓨터활용능력 실기 2급 기출 문제 ‘연습5-3.xlsx’ 파일을 열어 아래 조건에 맞게 완성한 후 ‘연습5-3(완성).xlsx’로 저장하시오.

조 건 〈준비파일 : 연습5-3.xlsx〉

① [표1]에서 총점 [E3:E10]을 구하시오.

- ▶ 총점 : 점수 x (1+가산비율) + 추가점수
- ▶ 가산비율표의 의미 : 등급이 “A”이면 가산비율은 3%, “B”이면 4%, “C”이면 5%, “D”이면 6%임
- ▶ 추가점수는 항목의 3번째 숫자임
- ▶ HLOOKUP과 MID 함수 사용

② [표2]에서 근무[H3:H12]나 출근[I3:I12]이 80이상이면서 외국어[J3:J12]가 90이상이면 “해외근무”, 그렇지 않으면 “국내근무”를 결과[K3:K12]에 표시하시오.

- ▶ IF, AND, OR 함수 사용

③ [표3]에서 학과[B18:B27]가 “생물”이 아니면서 전공[C18:C27]이 30이상인 학생들의 총점[E18:C27] 평균을 계산하여 [E28]셀에 표시하시오

- ▶ 총점 평균은 소수점 이하 첫째자리에서 반올림하여 표시(예 : 56.78 ->56.7)
- ▶ ROUND와 AVERAGEIFS 함수 사용

[표1] 과학경시대회 결과

응시번호	등급	점수	항목	총점
10001	B	84	B-5-1	92.36
10002	A	95	A-7-2	104.85
10003	C	78	C-6-3	87.90
10004	D	86	D-4-4	95.16
10005	C	82	C-5-5	91.10
10006	A	97	A-6-6	105.91
10007	B	86	B-8-7	97.44
10008	D	71	D-4-8	79.26

<가산비율표>

등급	A	B	C	D
가산비율	3%	4%	5%	6%

[표3] 중간고사 성적표

성명	학과	전공	교양	총점
임소희	생물	48	46	94
태우식	조경	45	40	85
서기운	환경	44	39	83
한채연	조경	28	33	61
김부성	생물	40	35	75
최성완	환경	18	26	44
김승현	생물	27	29	56
이수민	조경	25	31	56
김성은	생물	33	35	68
장태일	환경	40	37	77
조경/환경학과의 전공 우수자 총점 평균				81.7

[표2] 해외근무 응시 현황

사원명	근무	출근	외국어	결과
강용성	93	85	77	국내근무
이경심	72	99	86	국내근무
박훈석	93	75	91	해외근무
전우희	82	89	47	국내근무
원유성	57	94	85	국내근무
기상천	69	88	77	국내근무
박명훈	79	86	96	해외근무
변희영	86	96	68	국내근무
이보민	72	88	52	국내근무
최진구	96	96	97	해외근무

04 컴퓨터활용능력 실기 2급 기출 문제) '연습5-4.xlsx' 파일을 열어 아래 조건에 맞게 완성한 후 '연습5-4(완성).xlsx'로 저장하시오.

조 건 〈준비파일 : 연습5-4.xlsx〉

① [표1]에서 지역[A3:A12]이 "수원"이거나 "용인"인 지역의 처리비용[D3:D12]의 평균을 계산하여 [D13]셀에 표시하시오.

▶ [E11:E13] 영역에 조건 입력

▶ 결과값은 천의 자리에서 내림하여 만의 자리까지 표시(예: 123,456 -> 120,000)

▶ DAVERAGE와 ROUNDDOWN 함수 사용

② [표2]에서 제품코드[G3:G13]와 수량[H3:H13], 제품단가표[K3:L7]를 이용하여 판매액[I3:I13]을 계산하시오.

▶ 판매액 = 수량 X 단가

▶ 제품단가표의 의미 : 제품코드의 앞 두자리가 "SS"이면 단가는 12,500, "AA"이면 15,000, "NN"이면 16,500, "GG"이면 18,000임

▶ VLOOKUP과 LEFT 함수 사용

③ [표3]에서 장르[B17:B26]가 "코미디"이면서 관람등급[C17:C26]이 "전체"인 영화들의 예매총액[D17:E26]합계를 계산하여 [F26] 셀에 표시하시오.

▶ 숫자 뒤에 "만원"을 표시(예 : 123만원)

▶ COUNTIFS, SUMIFS, AVERAGEIFS 중 알맞은 함수와 & 연산자 사용

[표1] 지역별 A/S 처리 현황

지역	방문접수	택배접수	처리비용
안산	126	87	1,258,500
수원	201	95	1,723,000
시흥	153	79	1,355,000
화성	127	83	1,238,000
용인	62	54	692,000
수원	54	69	745,500
용인	152	112	1,564,000
시흥	112	80	1,136,000
화성	135	97	1,373,000
안산	142	111	1,502,500
수원-용인 처리비용 평균			1,180,000

지역
수원
용인

[표2] 제품판매 현황

제품코드	수량	판매액
AA-10	62	930,000
NN-10	42	693,000
GG-87	54	972,000
GG-34	35	630,000
GG-36	22	396,000
AA-15	53	795,000
NN-66	46	759,000
SS-59	38	475,000
NN-26	43	709,500
AA-25	38	570,000
SS-55	29	362,500

<제품단가표>

코드	단가
SS	12,500
AA	15,000
NN	16,500
GG	18,000

[표3] 영화예매 현황

영화명	장르	관람등급	예매량	예매총액
대구행	액션	12세이상	5,336	4,802
구름넘어서	드라마	15세이상	4,423	3,981
꿈의선물	코미디	전체	3,686	3,317
국내시장	판타지	청불	4,857	4,371
변호사	드라마	15세이상	6,987	6,288
범죄의마왕	코미디	전체	5,454	4,909
해적	액션	15세이상	6,589	5,930
미션성공	판타지	12세이상	3,566	3,209
경포대	액션	청불	8,856	7,970
수상한아이	코미디	12세이상	4,359	3,923

코미디-전체 예매총액 합계
8226만원

05

컴퓨터활용능력 실기 2급 기출 문제) '연습5-5.xlsx' 파일을 열어 아래 조건에 맞게 완성한 후 '연습5-5(완성).xlsx'로 저장하시오.

조 건 〈준비파일 : 연습5-5.xlsx〉

① [표1]에서 응시일[C3:C9]이 월요일부터 금요일이면 '평일', 그 외에는 '주말'로 요일[D3:D9]에 표시하시오.

▶ 단, 요일 계산 시 월요일이 1 인 유형으로 지정

▶ IF, WEEKDAY 함수 사용

② [표2]에서 중간고사[G3:G9], 기말고사[H3:H9]와 학점기준표[G12:K14]를 참조하여 학점[I3:I9]을 계산하시오.

▶ 평균은 각 학생의 중간고사와 기말고사로 구함

▶ AVERAGE, HLOOKUP 함수 사용

③ [표3]에서 학과[A14:A21]가 '경영학과'인 학생들의 평점에 대한 평균을 [D24] 셀에 계산하시오.

▶ 평균은 소수점 이하 셋째자리에서 반올림하여 둘째자리까지 표시[표시 예: 3.5623 → 3.56]

▶ 조건은 [A24:A25] 영역에 입력하시오.

▶ DAVERAGE, ROUND 함수 사용

④ [표4]에서 커뮤니케이션[B29:B35], 회계[C29:C35], 경영전략[D29:D35]이 모두 70 이상인 학생 수를 [D37] 셀에 계산하시오.

▶ COUNT, COUNTIF, COUNTIFS 함수 중 알맞은 함수 사용

⑤ [표5]에서 학과[F29:F36]의 앞 세 문자와 입학일자[G29:G36]의 연도를 이용하여 입학코드[H29:H36]를 표시하시오.

▶ 학과의 첫 글자만 대문자로 표시
[표시 예: 학과가 'HEALTHCARE', 입학일자가 '2015-03-02'인 경우 → Hea2015]

▶ LEFT, PROPER, YEAR 함수와 & 연산자 사용

[표1] 자격증 응시일

응시지역	성명	응시일	요일
광주	권주희	2019-12-06	평일
서울	박상현	2020-05-16	주말
안양	김정민	2019-09-26	평일
부산	이정호	2020-03-09	평일
인천	김수아	2020-06-04	평일
제주	강민준	2020-05-12	평일
대전	이강민	2019-09-17	평일

[표2]

성명	중간고사	기말고사	학점
김미정	85	90	B
서진수	65	70	D
박주영	70	95	B
원영현	90	75	B
오선영	60	75	D
최은미	95	85	A
박진희	70	85	C

학점기준표

평균	0 이상	60 이상	70 이상	80 이상	90 이상
	60 미만	70 미만	80 미만	90 미만	100 이하
학점	F	D	C	B	A

[표3]

학과	성명	생년월일	평점
컴퓨터학과	강수지	1995-10-20	3.45
경영학과	정충서	1994-03-02	4.02
경영학과	김경민	1994-08-22	3.67
컴퓨터학과	김한솔	1992-01-23	3.89
정보통신과	김형준	1995-05-12	3.12
정보통신과	김은재	1996-07-05	3.91
컴퓨터학과	박지완	1995-10-26	4.15
경영학과	김민경	1993-06-27	3.52

조건		
학과	경영학과 평균 평점	3.74
경영학과		

[표4]

학생명	커뮤니케이션	회계	경영전략
강수지	77	75	88
정충서	58	76	78
김경민	68	70	80
김한솔	53	69	94
김형준	73	75	91
김은재	55	67	88
박지완	95	89	79
모든 과목이 70 이상인 학생 수			3

[표5]

학과	입학일자	입학코드
HEALTHCARE	2018-03-01	Hea2018
HEALTHCARE	2020-03-02	Hea2020
COMPUTER	2018-03-01	Com2018
COMPUTER	2020-03-01	Com2020
DESIGN	2017-03-01	Des2017
DESIGN	2019-03-02	Des2019
ARTS-THERAPY	2017-03-01	Art2017
ARTS-THERAPY	2019-03-02	Art2019

EXCEL

6 데이터 시각화

이번 장에서는 다음과 같은 내용을 학습합니다.
- 차트를 이해하고 차트를 작성하는 방법을 학습합니다.
- 차트의 구성을 이해하고 편집하는 방법을 학습합니다.

차트는 데이터 간의 크기 비교, 데이터 증감 변화, 데이터 간의 상관관계 등 빠르고 쉽게 확인하고 분석할 수 있도록 데이터를 그래프 형태로 표현한 것입니다. 이 장에서는 차트의 개념과 구성요소를 살펴보고 다양한 방법으로 차트를 만들어보고 차트 도구를 이용하여 차트를 편집하는 방법도 자세히 알아보도록 하겠습니다.

1 차트 이해

차트는 데이터 분석과 시각화에서 매우 중요한 도구이며, 다양한 데이터 유형과 분석 목적에 맞게 조정할 수 있어, 비즈니스, 학술 연구, 개인적 분석 등 여러 분야에서 유용하게 활용됩니다.

1) 차트 필요성과 장점

① 데이터 시각화

- 차트는 복잡한 데이터를 시각적으로 표현하여 이해하기 쉽게 만듭니다. 숫자와 데이터 표를 해석하기 어려운 경우, 차트는 패턴과 트렌드를 쉽게 파악할 수 있게 도와줍니다.

② 빠른 정보 전달

- 차트는 데이터를 한눈에 파악할 수 있는 형태로 제공하여 빠르게 정보를 전달합니다. 이는 특히 보고서, 프레젠테이션, 의사결정 과정에서 유용합니다.

③ 패턴 및 트렌드 식별

- 데이터를 시각화함으로써, 시간에 따른 변화, 패턴, 트렌드 등을 쉽게 식별할 수 있습니다. 예를 들어, 매출의 계절적 변동이나 성장 추세를 시각적으로 확인할 수 있습니다.

④ 비교 용이

- 차트를 사용하면 여러 데이터 시리즈를 비교하는 것이 수월해집니다. 예를 들어, 여러 제품의 매출을 막대 차트로 비교하면 각 제품의 성과를 직관적으로 비교할 수 있습니다.

⑤ 의사결정 지원

- 명확한 데이터 시각화는 경영진이나 팀이 보다 신속하고 정확한 의사결정을 내리는 데 도움을 줍니다. 데이터의 중요한 포인트를 강조하거나 시각적으로 분석할 수 있습니다.

⑥ 정보 전달의 효과 증대

- 시각적 요소는 텍스트만으로 전달하기 어려운 정보를 보다 효과적으로 전달할 수 있습니다. 특히 시청각적인 자료가 포함된 발표에서는 차트가 매우 유용합니다.

⑦ 데이터의 장기적 기록

- 차트는 데이터의 시간에 따른 변화를 기록하고 시각적으로 기록할 수 있는 도구로, 장기적인 분석 및 추적에 도움이 됩니다.

⑧ 데이터의 인사이트 도출

- 차트를 통해 데이터를 분석하면 인사이트를 쉽게 도출할 수 있습니다. 이는 데이터에 기반한 전략적 접근을 가능하게 합니다.

2) 차트 만들기

- 표의 데이터를 그림이나 그래프로 나타내는 것을 차트라고 합니다.
- 데이터를 한눈에 비교하고 추세를 확인할 수 있으며, 원하는 내용을 쉽고 빠르게 전달할 수 있습니다.
- [삽입] 탭 – [차트] 그룹을 이용하거나 단축키 [F11]를 클릭하여 작성할 수 있습니다.
- 기본차트를 만들고 난 후 [차트도구]를 사용하거나, [바로 가기 메뉴]를 사용해서 차트를 조절하고 서식을 지정할 수 있습니다.

3) 차트의 구성요소

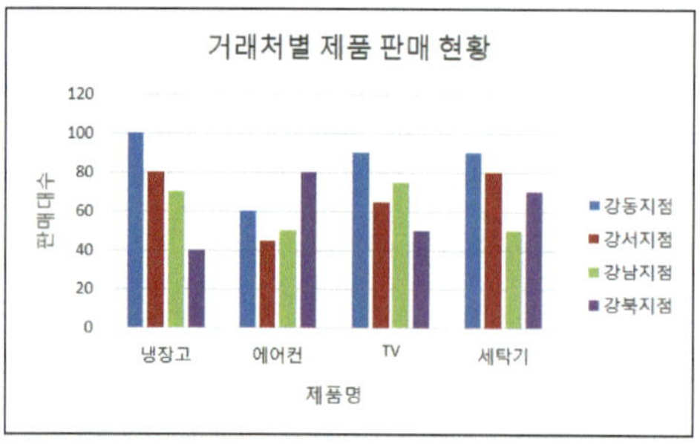

구성요소	설 명
❶ 차트영역	차트의 전체 영역이며, 차트 영역의 서식을 변경하면 모든 구성요소의 서식이 변경된다.
❷ 차트제목	차트 내용을 표시하는 제목이다.
❸ 그림영역	차트 그래프가 표시되는 영역이다.
❹ X축 제목	X축의 내용을 표시하는 제목이다.
❺ X축	데이터 항목을 표시하는 축이다.
❻ Y축 제목	Y축의 내용을 표시하는 제목이다.
❼ Y축	데이터 값을 표시하는 축이다.
❽ 범례	데이터 계열의 내용을 표시한다.
❾ 데이터계열	실제 값을 표시하는 차트 그래프를 데이터계열이라 한다.

4) 차트를 작성하는 과정

5) 엑셀에서 자주 사용하는 차트 유형과 그 예시

차트종류	예시
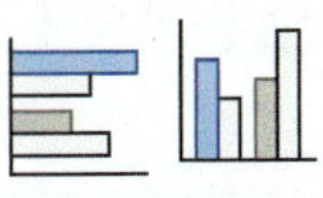 막대형 차트 (Bar Chart)	특정 연도의 매출액을 국가별로 비교할 때 유용합니다. 국가별 매출 데이터를 가로 막대 또는 세로 막대로 표시하여 국가 간 비교가 쉽도록 합니다.
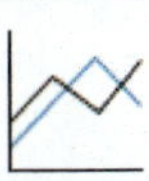 꺾은선형 차트 (Line Chart)	특정 기간 동안의 주식 가격 변동을 표시할 때 유용합니다. 시간에 따른 데이터를 선으로 연결하여 추세를 한눈에 볼 수 있습니다.
 원형 차트 (Pie Chart)	시장 점유율을 각 기업별로 비교할 때 사용됩니다. 전체 시장에서 각 기업의 점유율을 원형으로 표현하여 비율을 쉽게 이해할 수 있습니다.

 도넛형 차트 (Doughnut Chart)	원형 차트와 유사하지만, 여러 계층의 데이터를 동시에 표현할 때 사용됩니다. 예를 들어, 한 조직 내에서 부서별로 예산 배분을 도넛형 차트로 나타낼 수 있습니다.
 분산형 차트 (Scatter Plot)	두 변수 간의 상관관계를 분석할 때 사용됩니다. 예를 들어, 광고 비용과 판매량 간의 관계를 점으로 표시하여 두 변수 간의 상관성을 시각적으로 확인할 수 있습니다.
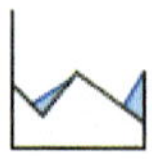 영역형 차트 (Area Chart)	누적된 데이터를 보여줄 때 유용합니다. 예를 들어, 3년간의 월별 매출을 누적된 방식으로 표현하여, 매년 누적된 매출의 변화를 보여줄 수 있습니다.
 방사형 차트 (Radar Chart)	여러 항목 간의 성과를 비교할 때 사용됩니다. 예를 들어, 여러 제품의 성능을 다양한 지표(속도, 효율성, 디자인 등)로 비교할 때 유용합니다.
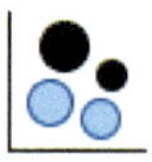 거품형 차트 (Bubble Chart)	세 개의 변수를 동시에 표현할 때 사용됩니다. 예를 들어, 각 회사의 시장 점유율, 매출, 그리고 직원 수를 동시에 표시할 때 사용합니다. 점의 크기가 세 번째 변수를 나타냅니다.
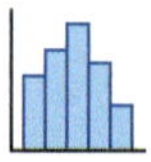 히스토그램 (Histogram)	데이터의 분포를 시각화할 때 사용됩니다. 예를 들어, 시험 점수의 분포를 나타내는 데 적합하며, 특정 점수 범위에 몇 명의 학생이 포함되는지를 시각적으로 표현할 수 있습니다.
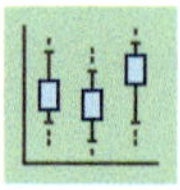 상자 수염 차트 (Box and Whisker Plot)	데이터의 분포와 이상치를 시각화할 때 사용됩니다. 예를 들어, 여러 그룹의 시험 점수를 비교할 때 각 그룹의 중앙값, 사분위 범위, 그리고 이상치를 한눈에 보여줍니다.
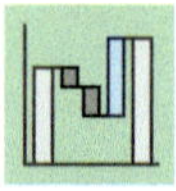 폭포 차트 (Waterfall Chart)	특정 항목이 시간에 따라 어떻게 변하는지 시각화할 때 사용됩니다. 예를 들어, 예산의 시작 값에서 최종 값까지 어떻게 변화했는지를 보여주는 데 유용합니다.
 트리맵 차트 (Treemap Chart)	계층적 데이터를 직사각형 형태로 시각화할 때 사용됩니다. 예를 들어, 회사의 전체 예산을 부서별로 나누어 시각화할 수 있습니다. 각 직사각형의 크기가 해당 항목의 크기를 나타냅니다.

이러한 차트 유형을 통해 다양한 데이터를 효과적으로 시각화할 수 있으며, 적절한 차트를 선택하면 데이터의 의미를 더욱 명확하게 전달할 수 있습니다.

2 차트 작성

[삽입] 탭 – [차트] 그룹에서 [추천 차트], [빠른 분석 갤러리], [사용자 정의]를 이용하여 차트를 만드는 방법을 알아보도록 하겠습니다.

〈준비파일 : 실습6–1.xlsx〉

실습 6-1 차트 만들기

방법 1 : 추천차트로 차트 만들기

❶ '실습6–1.xlsx'를 불러온 후 [추천 차트] 시트를 선택한 후 차트 작성에 필요한 데이터 범위 [B3:F7]를 지정한다.

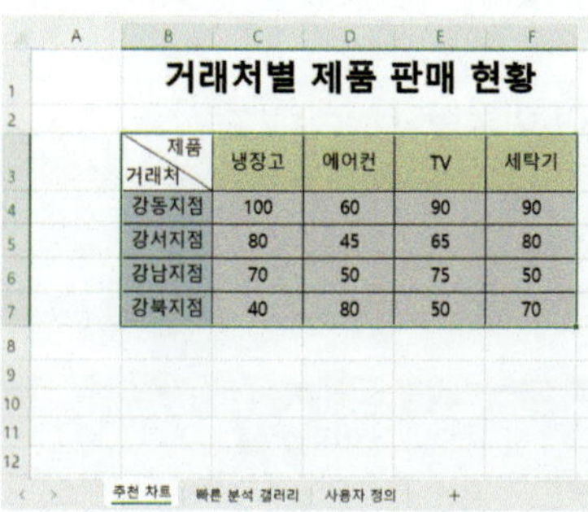

❷ [삽입] 탭 – [차트] 그룹에서 [추천 차트]를 클릭한다.

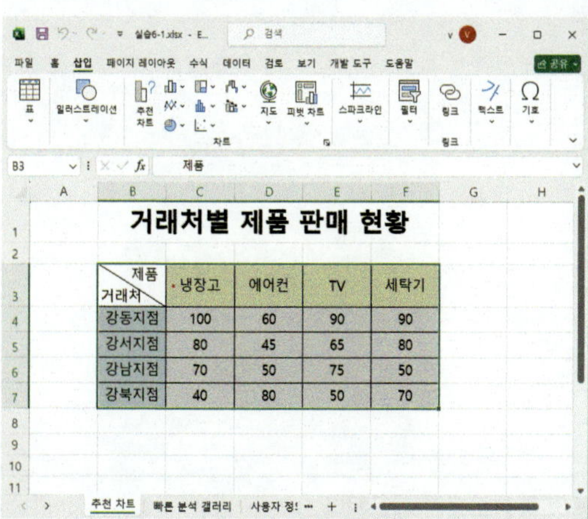

❸ [차트 삽입] 대화상자가 열리면 [추천 차트] 탭의 왼쪽 목록에서 [묶은 세로 막대형]을 선택하고 [확인]을 클릭한다.

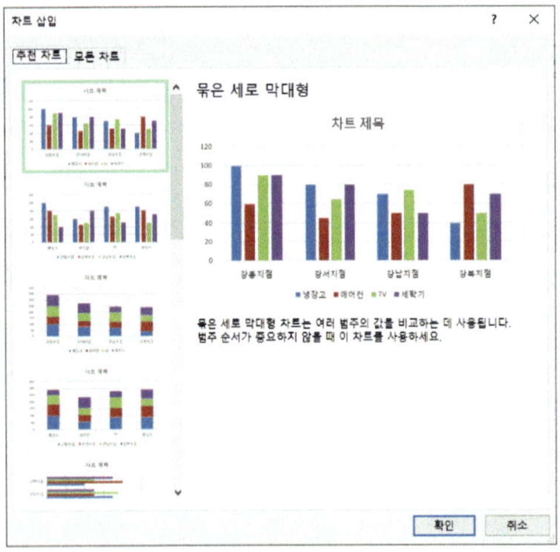

❹ 삽입된 차트를 클릭한 후 아래와 같이 적당한 위치로 드래그하여 이동한다.

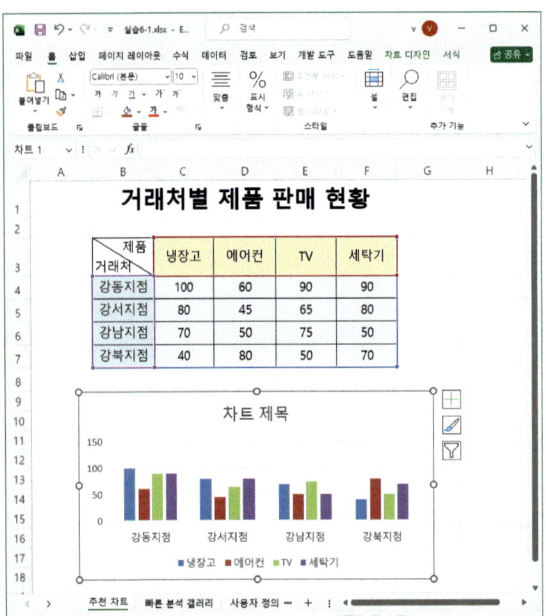

Tip 기본 차트를 만들면 메뉴에 [차트 디자인], [서식] 탭이 활성화되어 제공된다.

방법 2 : 빠른 분석 갤러리로 차트 만들기

❶ [빠른 분석 갤러리] 시트를 선택하고 차트 작성에 필요한 데이터 범위 [B3:F7]를 지정한다.

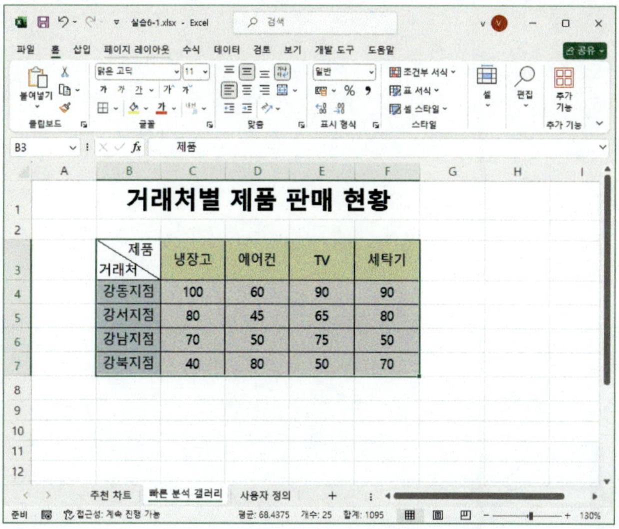

06

❷ 지정한 셀 범위의 우측 하단에 나타나는 [빠른 분석]을 클릭하여 갤러리에서 [차트]를 클릭한 후 [묶은 세로 막대형]을 클릭하여 차트를 삽입한다.

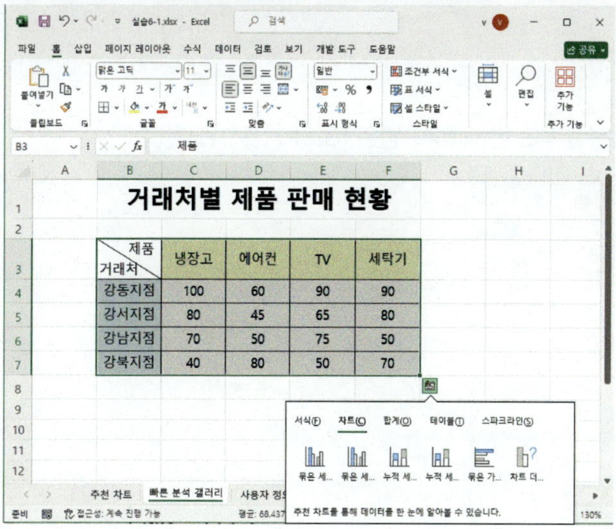

❸ 삽입된 차트를 클릭한 후 아래와 같이 적당한 위치로 드래그하여 이동한다.

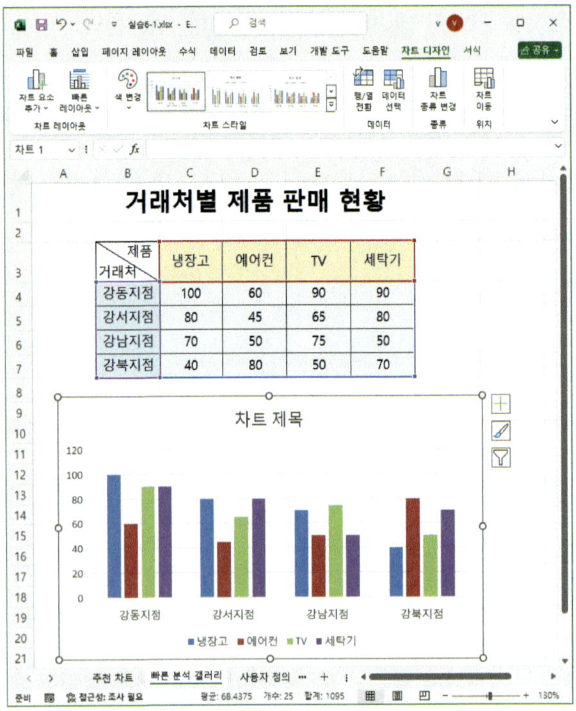

방법 3 : 사용자 정의로 차트 만들기

❶ [사용자 정의] 시트를 선택하고 차트 작성에 필요한 데이터 범위 [B3:F7]를 지정한다.

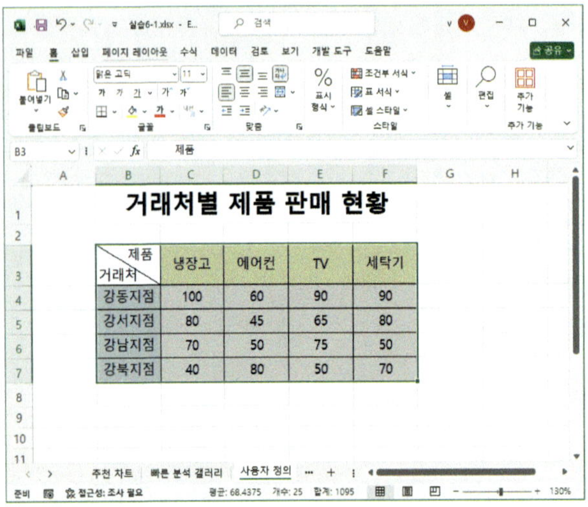

❷ [삽입] 탭 – [차트] 그룹 – [세로 또는 가로 막대형 차트 삽입] – [2차원 세로 막대형] – [묶은 세로 막대형]을 클릭한다.

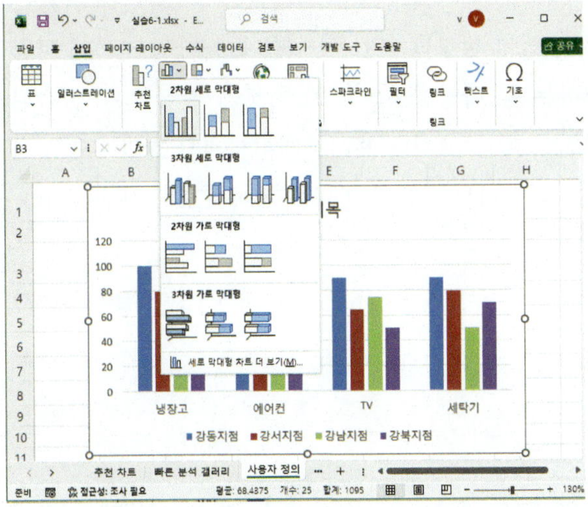

❸ 삽입된 차트를 클릭한 후 아래와 같이 적당한 위치로 드래그하여 이동한다.

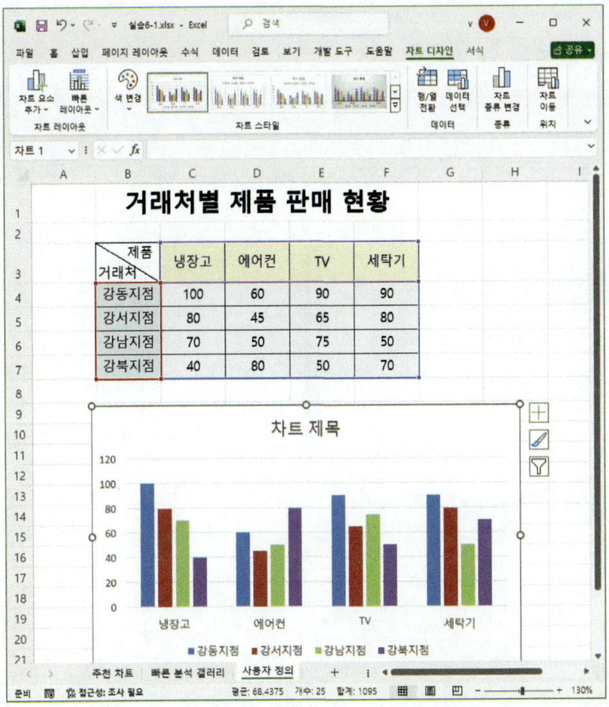

Tip 단축키 [F11]으로도 차트를 만들 수 있으며, 별도의 'Chart1' 이라는 시트가 추가된다.

3 차트 편집

차트를 선택하면 메뉴에 [차트 디자인], [서식] 탭이 생성됩니다. 이 탭을 활용하여 차트에 다양한 효과를 추가하거나, 차트의 크기를 조정하는 등 다양한 방법으로 차트를 편집할 수 있습니다. 이를 통해 데이터를 더욱 명확하게 시각화하고, 보고서나 프레젠테이션에서 효과적으로 사용할 수 있습니다. 이 탭들을 활용하여 차트를 편집하는 다양한 방법을 알아보도록 하겠습니다.

〈준비파일 : 실습6-2.xlsx〉

실습 6-2 차트 도구 활용하기

[1단계] [차트 디자인] 탭 활용하기

❶ **[빠른 레이아웃 적용하기]** : '실습6-2.xlsx' 파일을 열고 차트를 선택한 후 [차트 디자인] 탭 – [차트 레이아웃] 그룹 – [빠른 레이아웃]을 클릭하고 차트 제목과 축 서식을 나타내는 '레이아웃 9'를 선택한다.

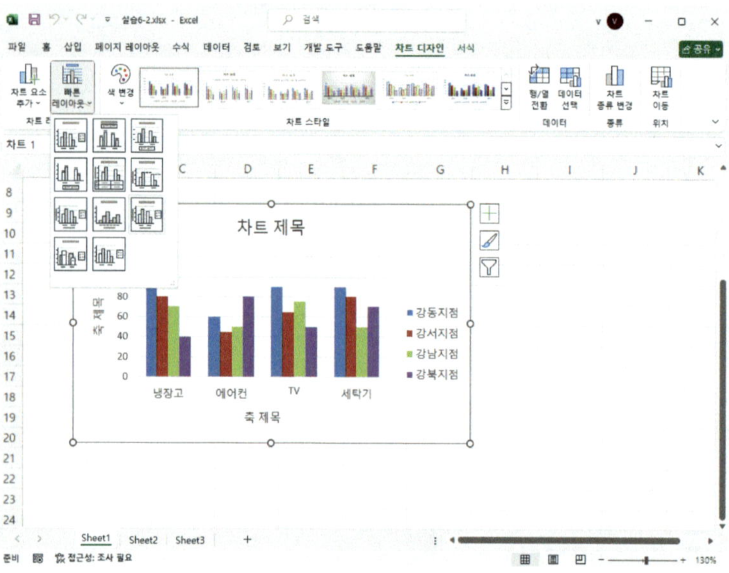

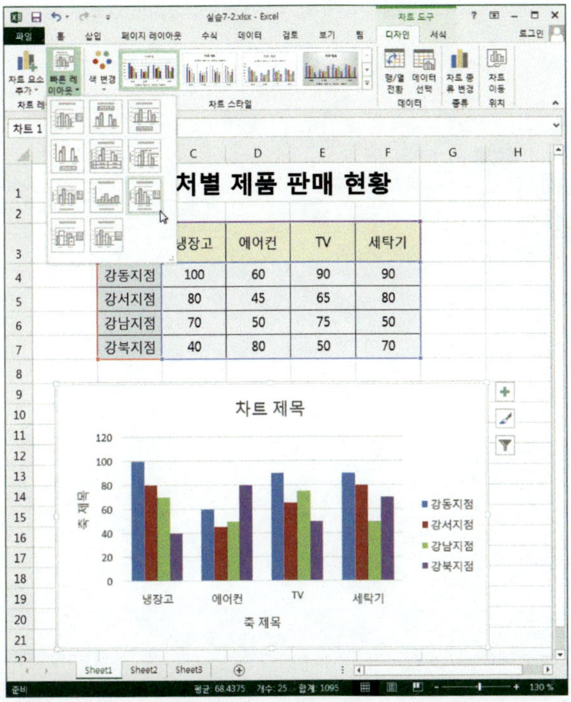

❷ [차트 서식 입력하기] : 차트 제목과 축 제목이 포함된 레이아웃이 적용되면 다음과 같이 차트 제목, X축 제목, Y축 제목을 변경한다.

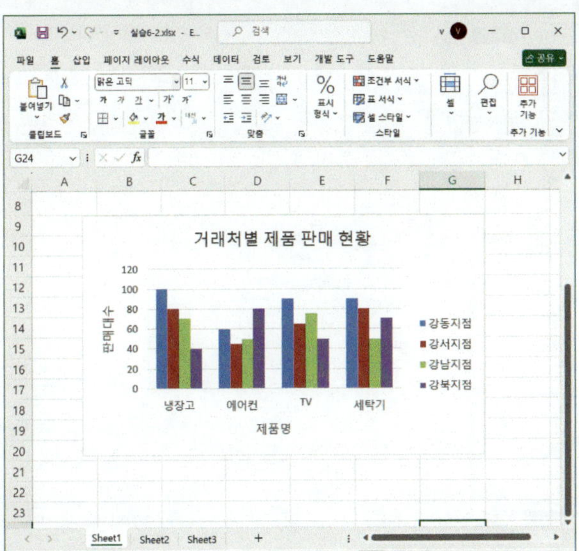

❸ **[차트 스타일 적용하기]** : 차트를 선택하고 [차트 디자인] 탭의 [차트 스타일] 그룹에 있는 [자세히]를 클릭하고 [스타일 6]을 선택한다.

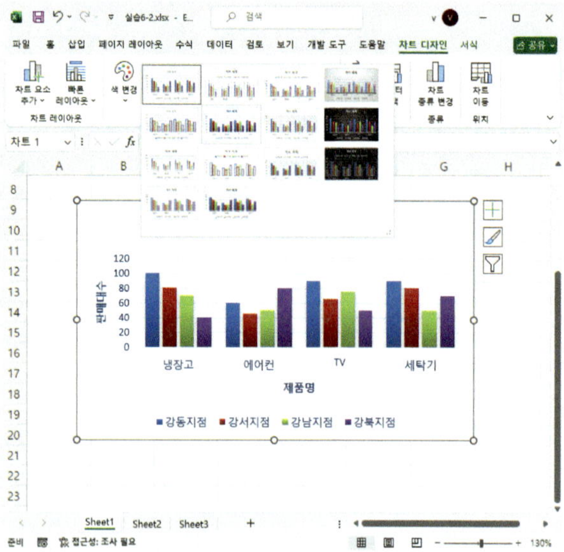

❹ **[차트 색변경하기]** : 차트를 선택하고 [차트 디자인] 탭의 [차트 스타일] 그룹에 있는 [색변경]를 클릭하고 '다양한 색상표 4'를 선택한다.

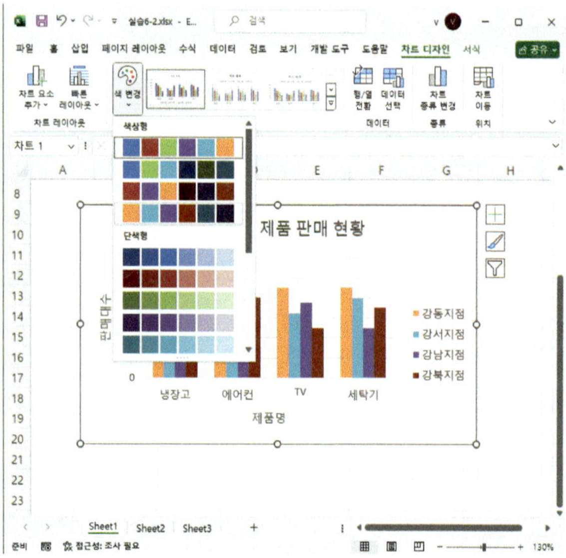

> **Tip**
>
> 차트 스타일과 색은 차트를 클릭하면 차트 오른쪽 나타나는 차트스타일( ) 〈차트스타일〉을 클릭해서 변경할 수도 있다.

❺ **[데이터 레이블 표시하기]** : 차트를 선택하고 [차트 디자인] 탭의 [차트 레이아웃] 그룹에 있는 [차트 요소 추가]를 클릭한 후 [데이터 레이블]–[바깥쪽 끝에]를 선택한다.

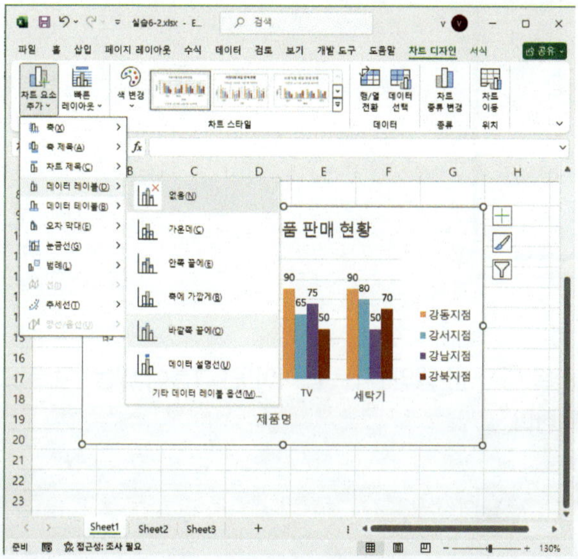

> **Tip**
>
> 차트 제목과 축 제목 등은 차트를 클릭하면 차트 오른쪽에 나타나는 차트요소( ) 〈차트요소〉을 클릭하여 변경할 수 있다.

❸ **[눈금선 적용하기]** : 차트를 선택하고 [차트 디자인] 탭의 [차트 레이아웃] 그룹에 있는 [차트 요소 추가]를 클릭한 후 [눈금선]–[기본 주 세로]를 선택한다.

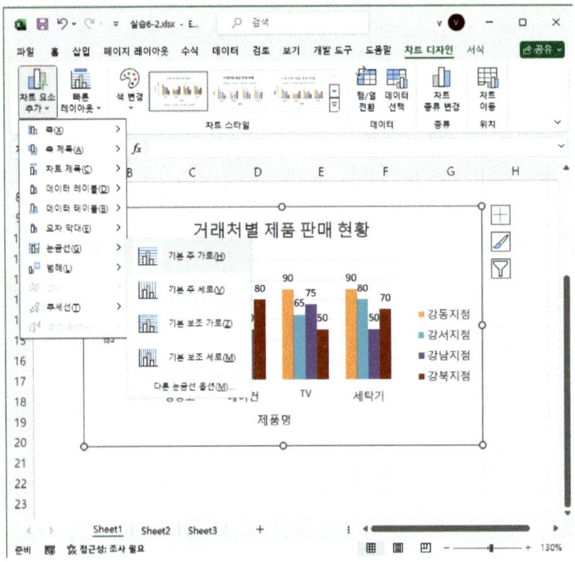

❹ [범례 위치 적용하기] : 차트를 선택하고 [차트 디자인] 탭의 [차트 레이아웃] 그룹에 있는 [차트 요소 추가]를 클릭한 후 [범례] – [오른쪽]을 선택한다.

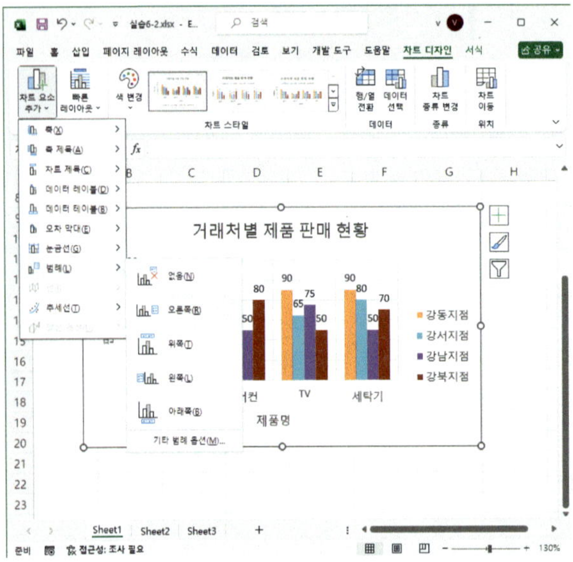

[2단계] [서식]탭 활용하기

❶ [차트 영역 서식 지정하기] : 전체 차트를 선택한 후에 [서식] 탭 – [도형 스타일] 그룹 – [빠른 스타일]을 클릭하고 '미세효과–황록색, 강조3'을 선택한다.

❷ [범례 서식 지정하기] : 범례에 테두리 선을 넣기 위해 범례를 선택하고 [서식] 탭 – [도형스타일] 그룹에서 – [도형 윤곽선]을 클릭하고 '빨강'을 선택한다.

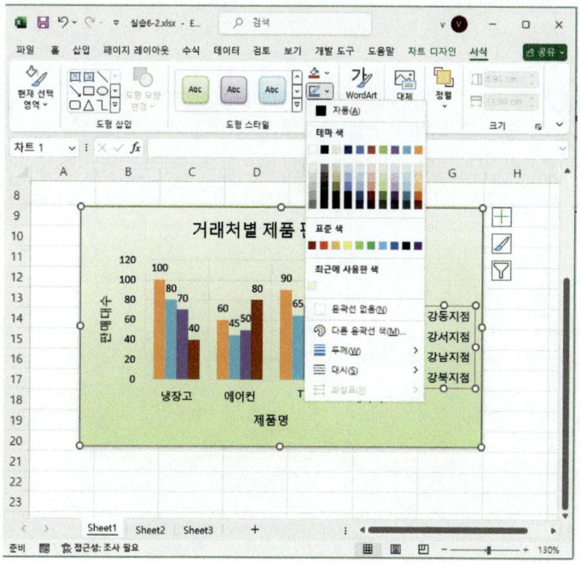

06

> **Tip** 차트 요소들은 각각 별도의 개체로 취급되기 때문에 서식을 변경하고자 하는 요소를 선택한 후에 편집 작업을 한다.

❸ **[차트 제목 서식 지정하기]** : 차트 제목을 선택하고 [서식] 탭 – [WordArt 스타일] 그룹 – [빠른 스타일]을 클릭한 후 '채우기 : 흰색, 윤곽선 : 빨강, 강조색 2, 진한그림자 : 빨강, 강조색2'를 선택한다.

❹ 다음과 같이 차트 편집이 완성된다.

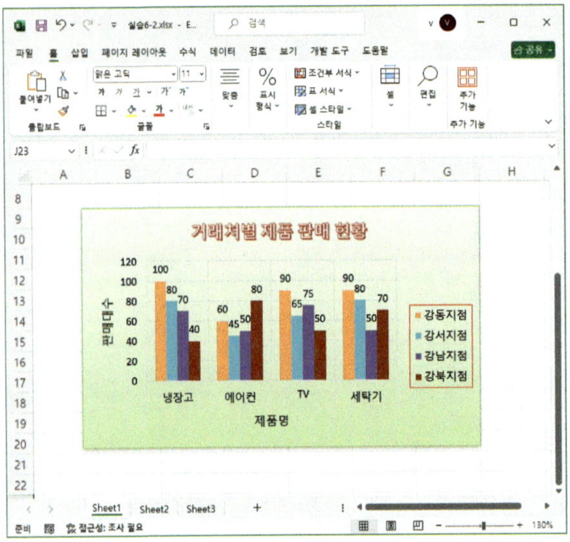

더 알아보기 바로 가기 메뉴 활용하기

• 차트 구성 요소의 서식을 변경하는 또 다른 방법은 다음과 같이 차트 구성 요소를 선택하고 마우스 오른쪽 단추를 눌러 바로 가기 메뉴를 이용하는 것이다. 세밀한 작업의 경우에는 바로 가기 메뉴를 활용하는 것이 좋다.

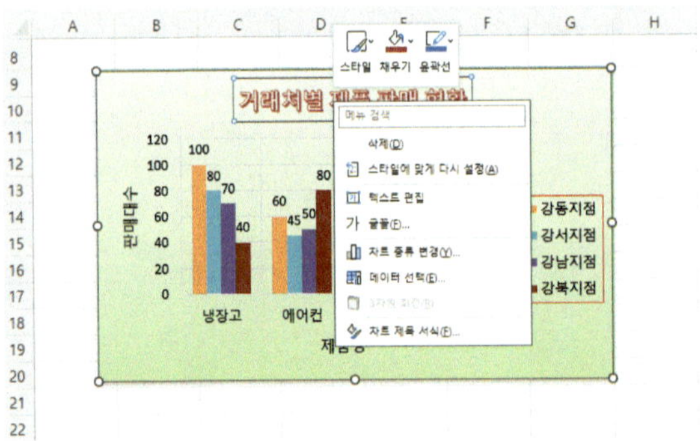

4 다양한 차트 만들기

기본 차트 외에 많이 활용되는 원형차트와 콤보(이중 축 혼합)차트 만드는 방법을 알아보고 셀 안에 작은 차트로 삽입되는 스파크라인 차트를 만들어보도록 하겠습니다. 원형차트는 전체에 대한 항목의 비율을 보여주는데 유용한 차트이고, 콤보(이중 축 혼합)차트는 서로 다른 두 종류의 차트로 구성된 차트로 데이터의 범위의 값이 현저히 차이가 날 때 사용하면 좋습니다.

〈준비파일 : 실습6-3.xlsx〉

실습 6-3 원형 차트 만들기

❶ **원형 차트 삽입하기** : '실습6-3.xlsx' 파일을 열고 차트를 작성할 범위 [B4:C8] 셀을 범위로 지정한 후 [삽입] 탭 – [차트] 그룹 –[원형 또는 도넛형 차트 삽입]을 클릭한 후 '3차원 원형'을 선택한다.

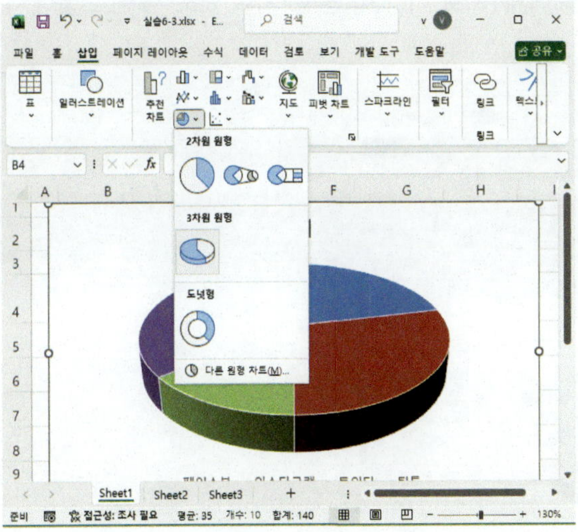

❷ **[레이아웃 지정하기]** : 원형차트가 삽입되면 크기를 조절하여 차트 오른쪽으로 이동시키고, 차트가 선택된 상태에서 [차트 디자인] 탭 – [차트 레이아웃] 그룹에서 [빠른 레이아웃]을 클릭한 후 [레이아웃 2]를 선택한다.

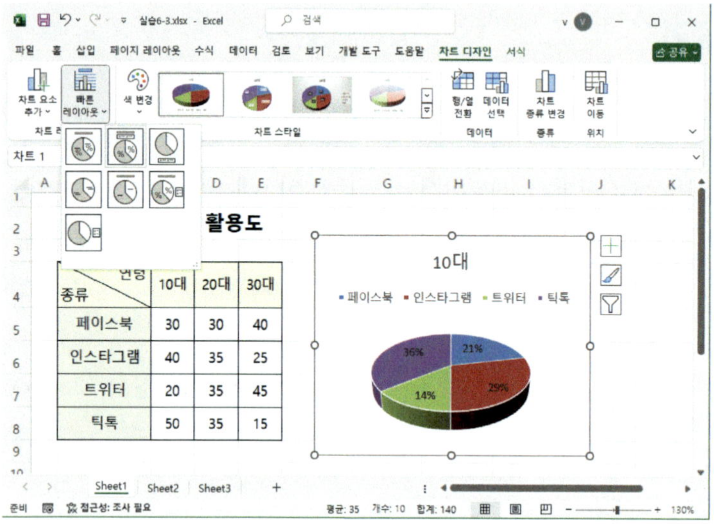

❸ **[데이터 레이블 지정하기]** : 차트가 선택된 상태에서 [차트 디자인] 탭 – [차트 요소 추가] 그룹에서 [데이터 레이블]에서 [데이터 설명선]을 선택한다.

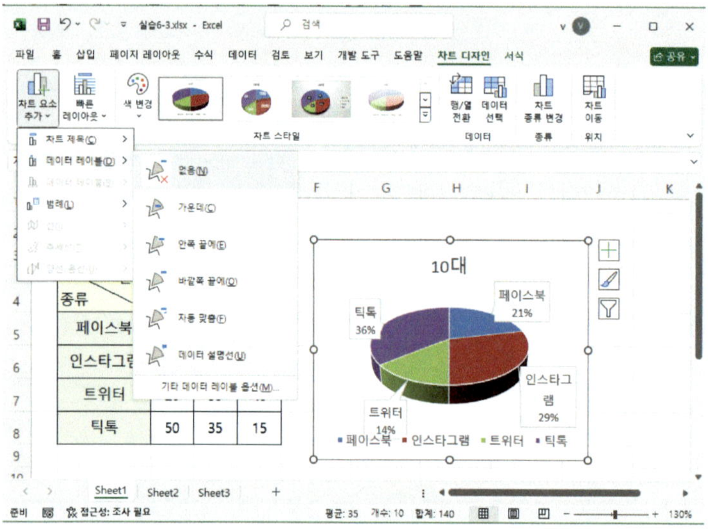

❹ **[원형 조각 분리하기]** : 차트에서 가장 비중이 큰 요소만 분리하여 눈에 띄게 하기 위해 '틱톡' 요소를 천천히 두 번 클릭하여 선택하고 바깥쪽으로 드래그하여 조각을 분리한다.

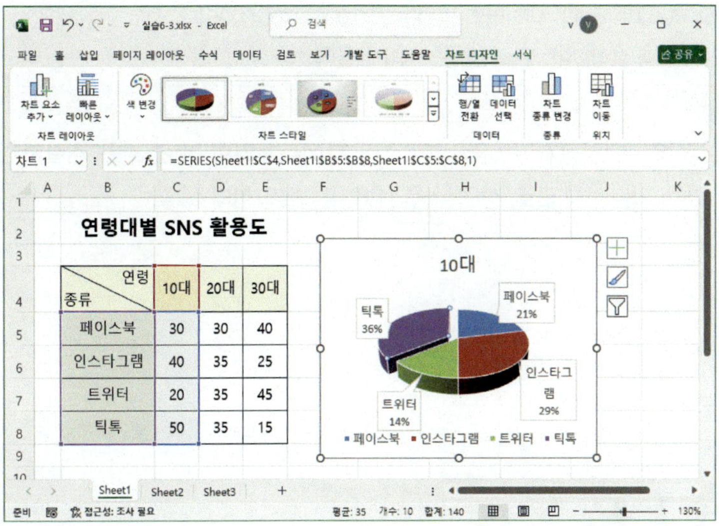

〈준비파일 : 실습6-4.xlsx〉

실습 6-4 콤보(이중 축 혼합) 차트 만들기

❶ [콤보 차트 삽입하기] : '실습7-4.xlsx' 파일을 열고 차트를 작성할 범위 [B4:D10]을 선택하고 [삽입] 탭 – [차트] 그룹 – [콤보차트 ▾ 〈콤보차트〉] – [사용자 지정 콤보 차트 만들기]를 선택한다.

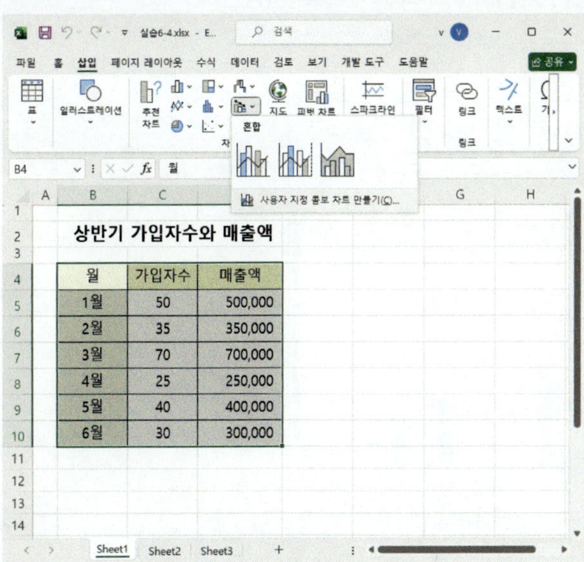

Tip 가입자수 데이터 범위는 25~70이며 매출액 데이터의 범위는 250,000~700,000이다. 서로 현저하게 범위가 떨어져 있으므로 콤보(이중 축 혼합) 차트로 표현하는 것이 효율적이다.

❷ **[차트 종류 변경하기]** : [차트 삽입] 대화상자가 나타나면 '가입자 수' 계열의 '보조축'을 체크하고 '매출액'의 차트 종류를 '표식이 있는 꺾은선형'으로 선택한 후 [확인]을 클릭한다.

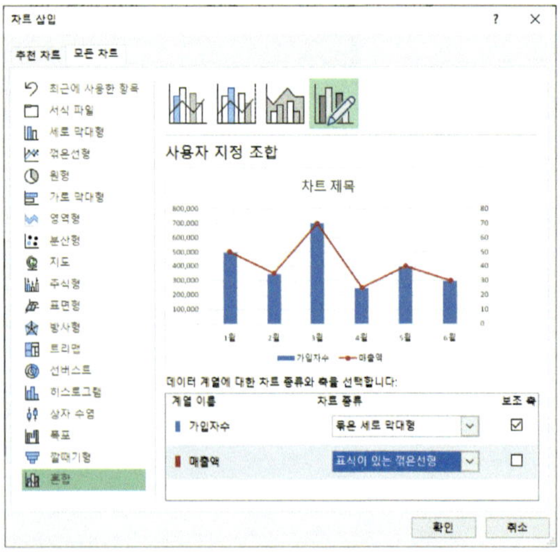

❸ **[차트 제목 입력하기]** : 차트 제목을 '상반기 가입자수와 매출액'으로 변경한다.

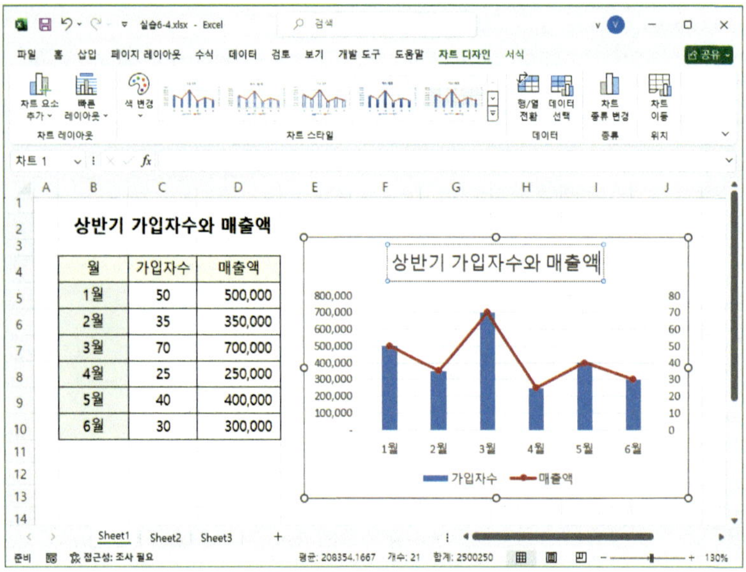

❹ **[데이터 계열 서식 지정하기]** : '가입자수' 계열을 선택한 후 [차트 디자인] 탭 – [차트 레이아웃] 그룹 – [차트 요소 추가] – [데이터 레이블] –[가운데]를 선택한다.

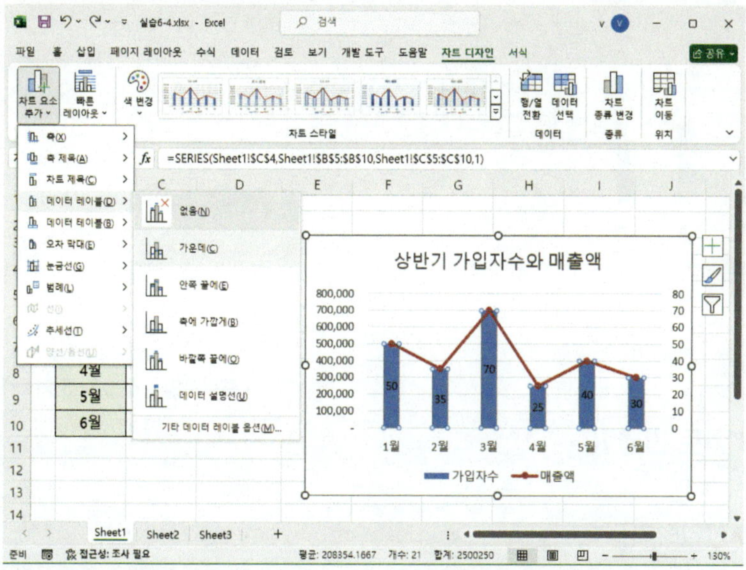

❺ **[차트 색상 변경하기]** : '매출액' 계열을 선택하고 [서식] 탭 – [도형 스타일] 그룹 –[도형 윤곽선]을 클릭한 후 [주황]을 선택한다.

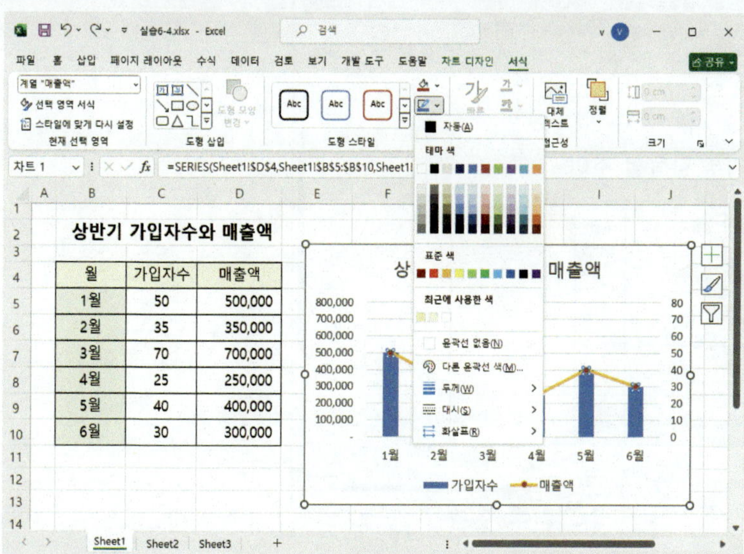

Tip	각각의 데이터 계열을 선택하여 서식을 바꾸거나 차트 종류를 변경할 수 있다.

❻ 다음과 같이 콤보 차트가 완성된다.

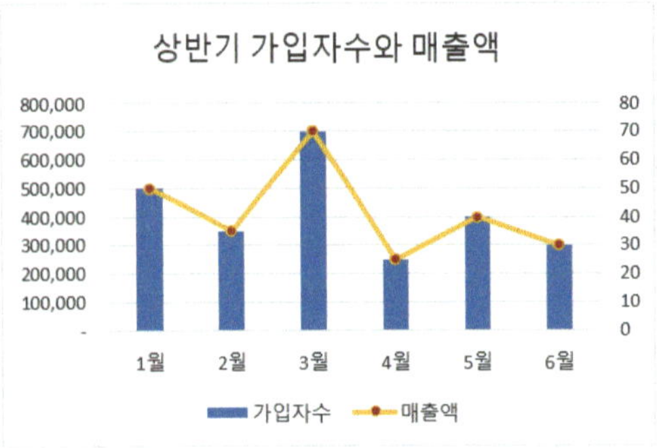

〈준비파일 : 실습6-5.xlsx〉

실습 6-5 스파크라인 차트 만들기

[단계 1 : 스파크라인 차트 삽입하기]

❶ '실습6-5.xlsx' 파일을 열고 차트를 작성할 범위 [C4:H7]을 선택하고 [삽입] 탭 – [스파크라인] 그룹 – [열]을 선택한다.

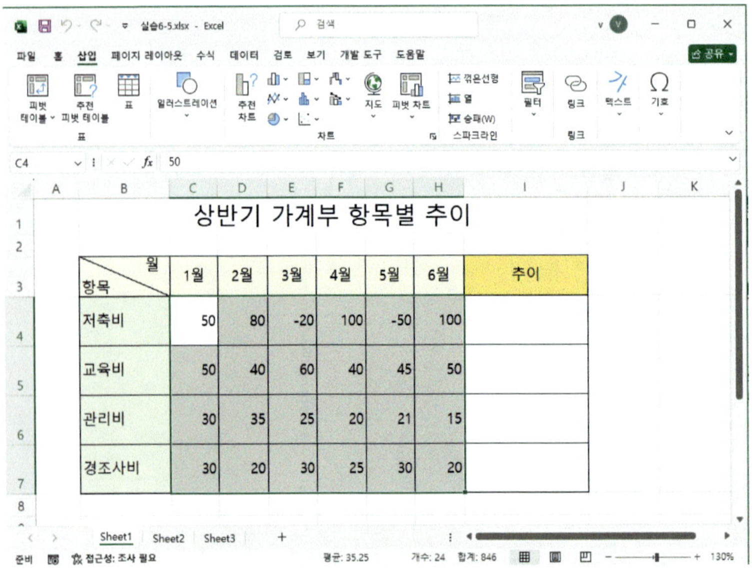

항목 \ 월	1월	2월	3월	4월	5월	6월	추이
저축비	50	80	-20	100	-50	100	
교육비	50	40	60	40	45	50	
관리비	30	35	25	20	21	15	
경조사비	30	20	30	25	30	20	

Tip 스파크라인 차트는 셀 안에 삽입되는 작은 차트로 데이터의 변화와 추세를 한눈에 볼 수 있어서 유용하다.

❷ [스파크라인 만들기] 대화상자가 나타나면, 위치 범위에서 마우스로 [I4:I7]까지 드래그한 후 [확인]을 클릭한다.

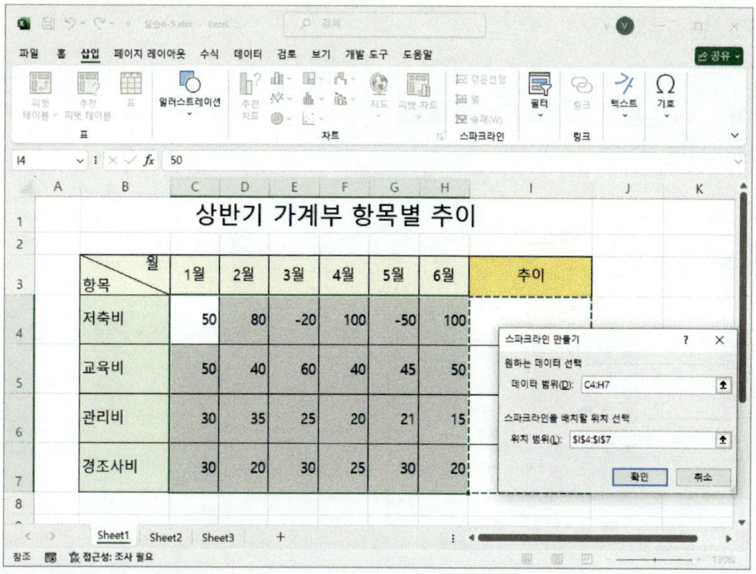

❸ 아래와 같이 각 셀에 스파크 라인 차트가 만들어진다.

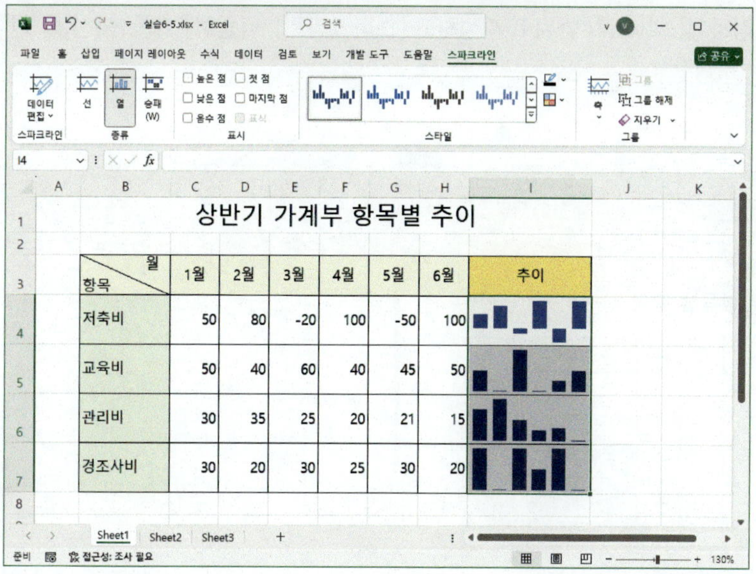

[단계 2 : 스파크라인 차트 편집하기]

❶ **[스파크라인 차트 강조하기]** : [I4:I7] 범위로 지정하고 [스파크라인] 탭 – [표시] 그룹 – [높은점]을 체크하면 최고값이 '빨강색'으로 변경된다.

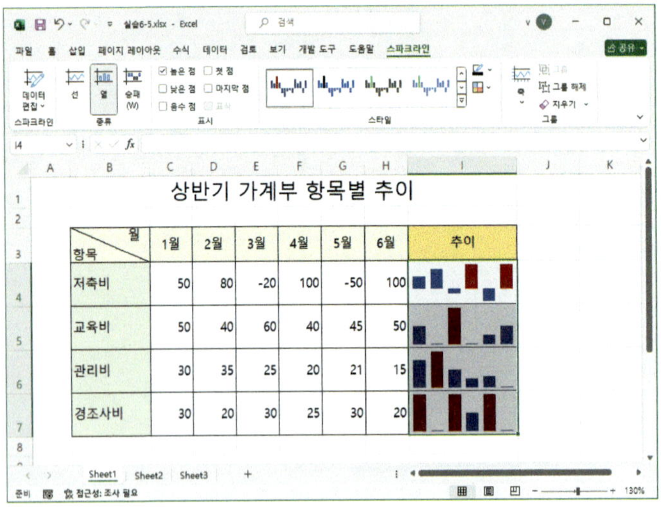

Tip [스파크라인] 탭 – [스타일] 그룹 – [표식 색]을 이용하여 서식을 변경할 수 있다.

❷ **[스파크라인 차트 종류 변경하기]** : [I4:I7] 범위로 지정하고 [스파크라인] – [종류] 그룹 – [선]을 선택한다.

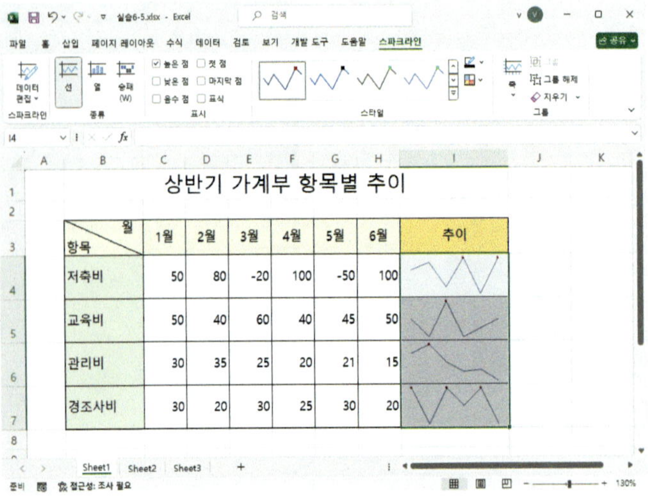

Tip 스파크라인 차트를 지우려면 [스파크라인] 탭 – [그룹] 그룹 –[지우기]를 클릭하여 일부 또는 전체를 지울 수 있다.

단원요약

1 차트 이해

구성요소	설 명
❶ 차트영역	차트의 전체 영역이며, 차트 영역의 서식을 변경하면 모든 구성요소의 서식이 변경된다.
❷ 차트제목	차트 내용을 표시하는 제목이다.
❸ 그림영역	차트 그래프가 표시되는 영역이다.
❹ X축 제목	X축의 내용을 표시하는 제목이다.
❺ X축	데이터 항목을 표시하는 축이다.
❻ Y축 제목	Y축의 내용을 표시하는 제목이다.
❼ Y축	데이터 값을 표시하는 축이다.
❽ 범례	데이터 계열의 내용을 표시한다.
❾ 데이터계열	실제 값을 표시하는 차트 그래프를 데이터계열이라 한다.

2 차트 작성

- **[추천차트로 차트 만들기]** : [삽입] 탭 – [차트] 그룹에서 [추천차트]를 클릭한다.
- **[빠른 분석 갤러리로 차트 만들기]** : 셀 범위의 우측 하단에 나타나는 [빠른 분석]을 클릭하여 갤러리에서 [차트]를 클릭한다.
- **[사용자 정의로 차트 만들기]** : [삽입] 탭 – [차트] 그룹에서 원하는 차트를 클릭한다.

3 차트 편집

- 먼저 범위를 설정하여 차트를 만들면 메뉴에 생성된 [차트 디자인], [서식] 탭을 활용하여 차트 영역 서식, 차트 제목 서식, 그림 영역 서식, 범례 서식, X와Y축의 서식, 데이터 계열 서식, 차트 종류 외에도 차트에 관한 모든 것을 새롭게 설정할 수 있다.

4 다양한 차트 만들기

- 원형 차트는 전체에 대한 항목의 비율을 보여주는데 유용한 차트이며, 데이터 계열이 하나일 때만 사용할 수 있다.

- 콤보(혼합 이중 축)차트는 서로 다른 두 종류 이상의 차트로 구성된 차트이며, 데이터값이 현저히 차이가 날 때 유용한 차트이다.
- 스파크라인 차트는 셀 안에 삽입되는 작은 차트로 데이터의 변화와 추세를 한눈에 볼 수 있어서 유용하다.

연습문제

01 '연습6-1.xlsx' 파일을 열어 조건에 맞게 차트를 만들고 '연습6-1(완성).xlsx'로 저장하시오.

조 건 〈준비파일 : 연습6-1.xlsx〉

① 차트 종류 : '꺾은선형'

② 차트 레이아웃 : '레이아웃3'

③ 그림 영역 서식 : '흰색, 배경 1, 5% 더 어둡게'

④ 데이터계열 : '총판매량' 계열에만 데이터레이블 표시하기

⑤ 차트 제목 : '판매량 실적'

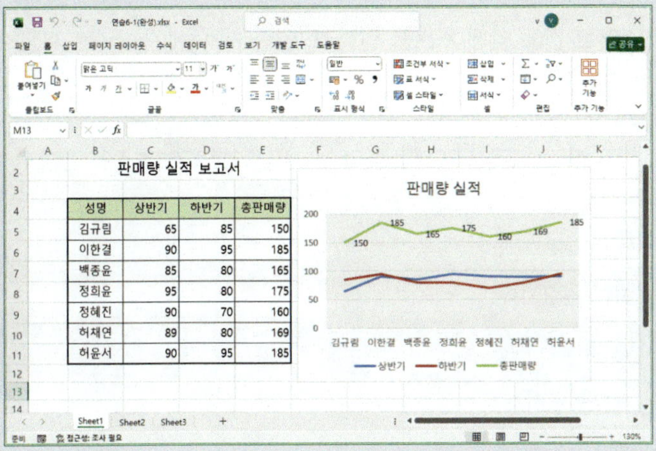

02 '연습6-2.xlsx' 파일을 열어 조건에 맞게 차트를 만들고 '연습6-2(완성).xlsx'로 저장하시오.

조 건 〈준비파일 : 연습6-2.xlsx〉

① 차트 종류 : '원형-3차원 원형'

② 차트 레이아웃 : '레이아웃2'

③ 범례 : 지우기

④ 차트 제목 : '컴퓨팅사고와 SW코딩 평가 방법'

⑤ 데이터계열

'항목이름'과 '백분율'을 '쉼표(,)'로 구분하여 차트 안쪽 끝에 표시

'출석' 레이블은 '글꼴 색-빨강'으로 지정

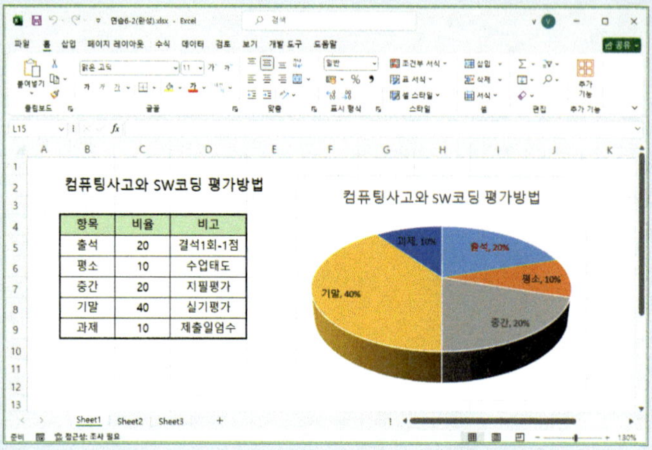

03 '연습6-3.xlsx' 파일을 열어 조건에 맞게 차트를 만들고 '연습6-3(완성).xlsx'로 저장하시오.

조 건 〈준비파일 : 연습6-3.xlsx〉

① 차트 종류 : '콤보차트'

② 차트 제목 : '가전제품 수입/판매 금액'

③ 차트 레이아웃 : '레이아웃 3'

④ 차트 스타일 : '스타일 4'

⑤ 범례 위치 : '위쪽에 범례 표시'

⑥ 데이터 테이블 : '범례 표지 없음'

⑦ 데이터 계열 : '수입금액'–보조축, '냉장고' – '주황, 강조6' 색 채우기

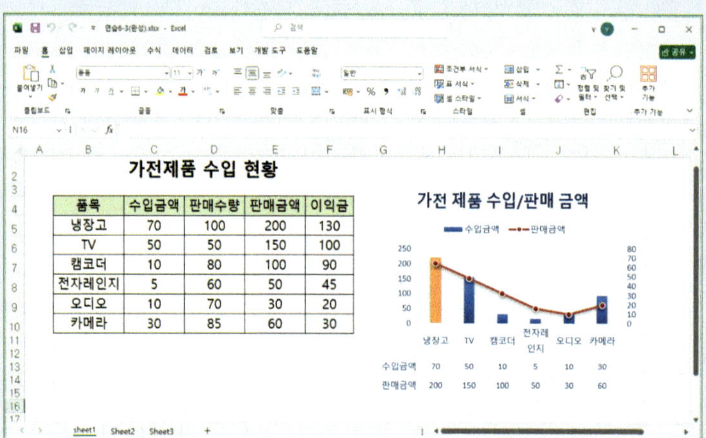

04 '연습6-4.xlsx' 파일을 열어 조건에 맞게 차트를 작성한 후 '연습6-4(완성).xlsx'로 저장하시오.

조 건 〈준비파일 : 연습6-4.xlsx〉

① 스파크라인 차트 종류 : '열'

② 스파크라인 음수점에는 빨간색 표식을 넣는다.

③ 스파크라인 색은 '녹색-강조6'

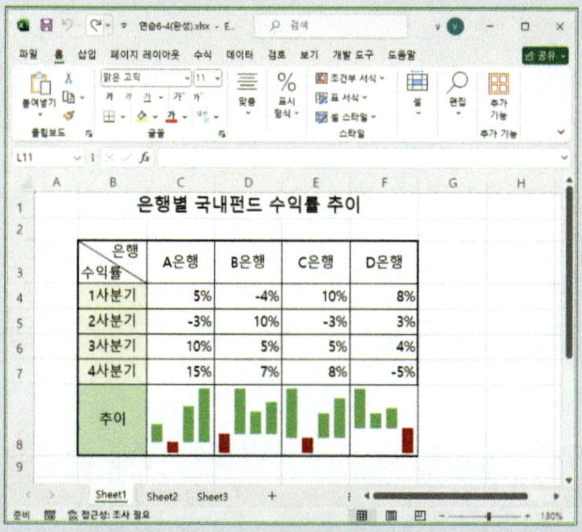

05 컴퓨터활용능력 실기 2급 기출 문제 '연습6-5.xlsx' 파일을 열어 조건에 맞게 차트를 작성한 후 '연습6-5(완성).xlsx'로 저장하시오.

조 건 〈준비파일 : 연습6-5.xlsx〉

'차트작업' 시트의 차트를 지시사항에 따라 그림과 같이 수정하시오.

① 성명별로 '필기'와 '면접'계열만 차트에 표시되도록 데이터 범위를 지정하시오.

② '면접' 계열의 차트 종류를 '영역형'으로 변경하시오

③ 세로(값) 축의 표시 형식은 범주의 '숫자', 소수 자릿수 1로 지정하시오.

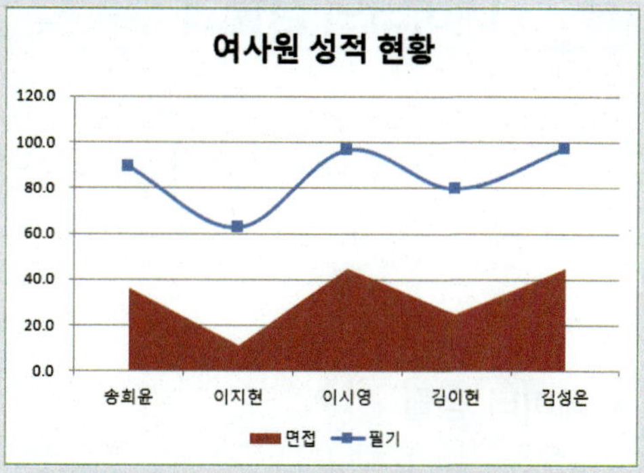

④ '필기' 계열의 선 스타일은 '완만한 선'으로, 표시 옵션의 모양은 '■'으로 지정하시오.

⑤ 범례는 아래쪽에 배치하시오.

7 데이터 관리와 분석하기

이번 장에서는 다음과 같은 내용을 학습합니다.
– 데이터를 정렬하는 방법을 학습합니다.
– 데이터 부분합 구하는 기능을 학습합니다.
데이터를 추출하는 방법을 학습합니다.
피벗 테이블과 피벗 차트에 대해 학습합니다.

엑셀에서 데이터베이스를 관리하는 것은 다양한 업무와 분석 작업을 효율적으로 수행하는 데 매우 중요합니다.
이번 장에서는 데이터를 상황에 맞게 정리하여 사용하는 다양한 방법들에 대해 학습하도록 하겠습니다. 데이터를 내림차순, 오름차순으로 정렬해보고, 부분합 기능을 사용하여 데이터의 그룹별 계산하는 방법을 알아보도록 하겠습니다. 또한 데이터 목록에서 조건에 맞는 데이터를 추출하는 방법과 많은 양의 데이터를 분석하고 요약하는 피벗 테이블과 피벗 차트를 작성하는 방법도 자세히 알아보도록 하겠습니다.

1 데이터의 정렬과 부분합

데이터베이스의 구성과 정렬 기능을 살펴보고, 다양한 형태의 정렬하는 기법을 적용해보도록 하겠습니다. 또한 부분합 기능을 이용하여 데이터를 그룹별로 계산하는 방법을 알아보도록 하겠습니다.

■ 데이터 정렬

엑셀에서 데이터 정렬은 데이터를 원하는 순서로 배열하여 보기 쉽게 하고, 분석을 쉽게 하기 위해 매우 중요한 작업으로 엑셀의 정렬 기능을 사용하면 데이터를 오름차순이나 내림차순으로 정렬할 수 있으며, 다양한 기준으로 복잡한 정렬도 가능합니다. 엑셀의 정렬 기능을 적절히 활용하면 데이터를 체계적으로 관리하고 분석하는 데 큰 도움이 됩니다. 정렬을 통해 데이터를 쉽게 탐색하고 인사이트를 도출할 수 있으며, 데이터 분석 작업의 효율성을 높일 수 있습니다.

■ 부분합

엑셀에서 "부분합" 기능은 데이터를 그룹화하고, 각 그룹에 대해 합계, 평균, 최대값, 최소값 등과 같은 집계 함수를 계산할 때 유용합니다. 이 기능을 사용하면 데이터를 계층적으로 분석하고, 대량의 데이터를 효율적으로 요약할 수 있습니다.

■ 데이터베이스 구성

번호	이름	부서	성별	워드	엑셀	파워포인트
4	이승환	총무부	남	80	75	55
7	김예찬	구매부	남	80	90	90
6	문지원	인사부	여	95	55	55
5	박혜준	영업부	여	90	60	80
9	김성민	영업부	여	60	65	75
8	이수인	인사부	여	70	90	60
3	이서영	기획부	남	75	60	60
2	한신희	영업부	남	60	80	85
1	이윤서	인사부	남	75	90	70
10	조아인	구매부	남	85	50	80

구분	설명
① 데이터베이스	데이터 목록 전체를 의미하며 필드, 레코드, 필드명으로 구성되어 있다.
② 필드	데이터베이스에서 '열'을 의미한다.
③ 레코드	데이터베이스에서 '행'을 의미한다.
④ 필드명	각 필드를 구분하는 이름을 의미한다.

〈준비파일 : 실습7-1.xlsx〉

실습 7-1 데이터 정렬하기

정렬이란 특정 기준에 맞게 데이터를 순서대로 나열하는 것을 말한다. 정렬기준은 최대 64개까지 지정할 수 있으며, 기본적으로 행 단위로 정렬된다. 정렬 방식에는 오름차순과 내림차순이 있으며 오름차순은 작은 값에서 큰 값으로, 내림차순은 큰 값에서 작은 값으로 배열되는 것을 말한다.

❶ '실습7-1.xlsx' 파일을 열고 셀 포인터를 데이터 목록 내의 임의의 셀에 위치시킨 후 [데이터] 탭 – [정렬 및 필터] 그룹 – [정렬]을 클릭한다.

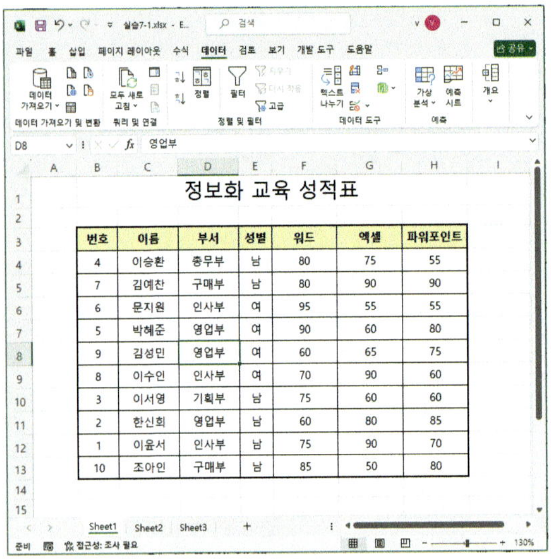

❷ [하나의 기준으로 정렬하기] : [정렬기준]에서 '번호, 셀 값, 오름차순'을 선택하고 [확인]을 클릭한다.

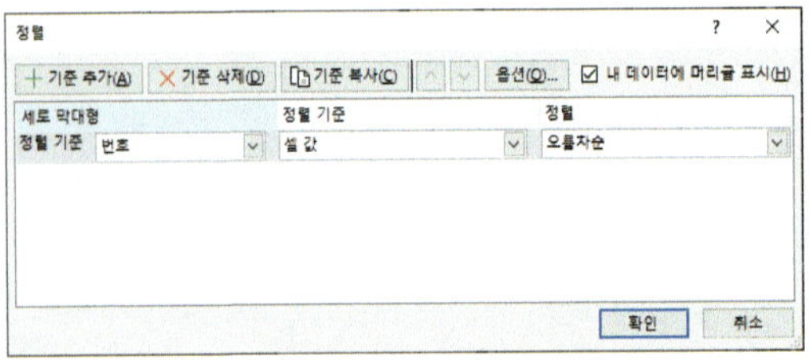

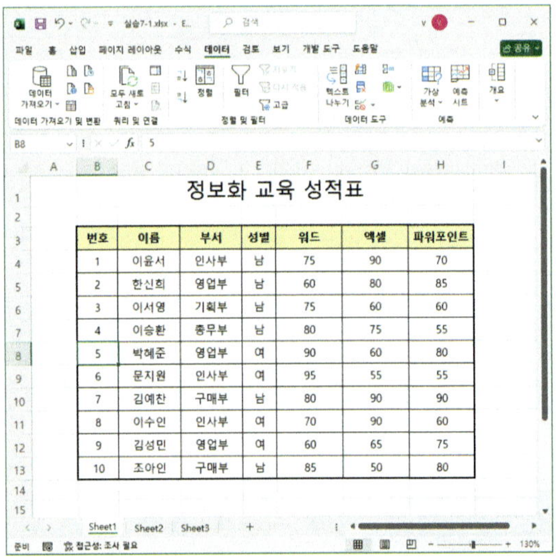

❸ [여러개의 기준으로 정렬하기] : [정렬] 대화상자가 열리면 '정렬 기준'을 '부서, 셀값, 오름차순'을 선택하고 [기준 추가]를 클릭한 후 '다음 기준'을 '이름, 셀 값, 오름차순'으로 선택하고 [확인]을 클릭한다.

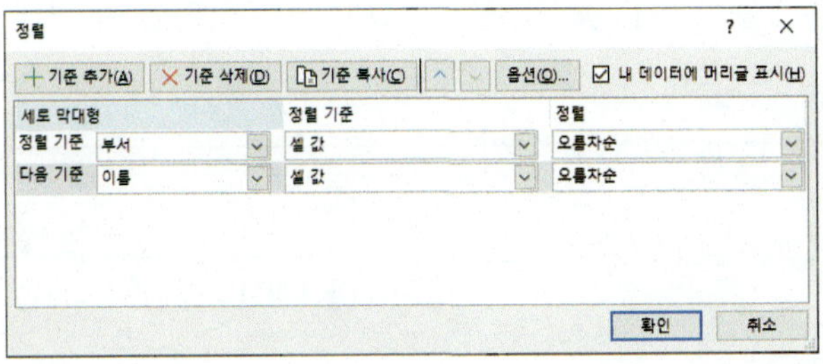

❹ '부서'로 오름차순 정렬되고, 동일한 '부서'안에서는 '이름'으로 오름차순 정렬된다.

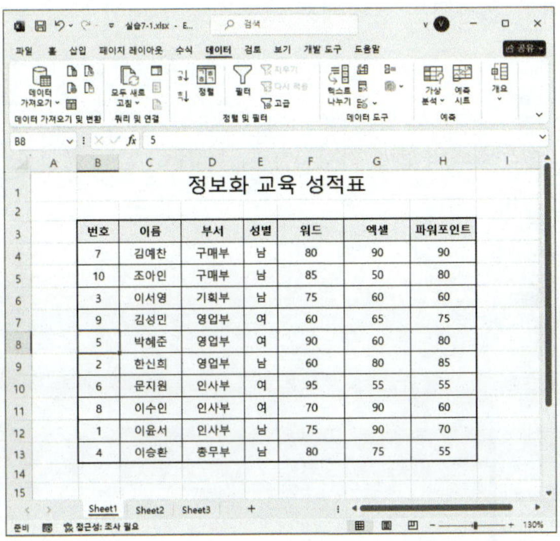

정보화 교육 성적표

번호	이름	부서	성별	워드	엑셀	파워포인트
7	김예찬	구매부	남	80	90	90
10	조아인	구매부	남	85	50	80
3	이서영	기획부	남	75	60	60
9	김성민	영업부	여	60	65	75
5	박혜준	영업부	여	90	60	80
2	한신희	영업부	남	60	80	85
6	문지원	인사부	여	95	55	55
8	이수인	인사부	여	70	90	60
1	이윤서	인사부	남	75	90	70
4	이승환	총무부	남	80	75	55

심화학습 [정렬] 대화상자

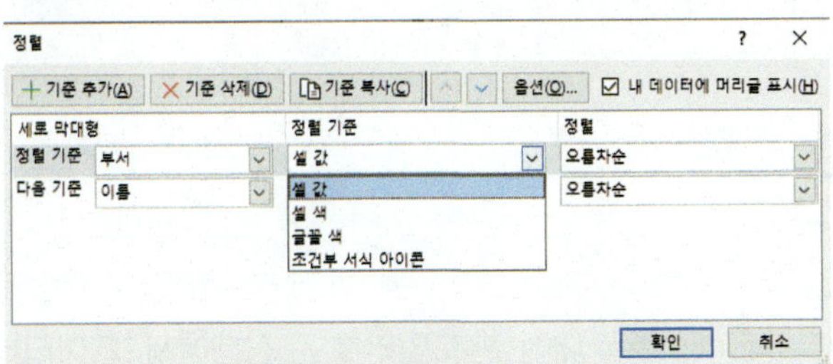

① 정렬 기준을 추가, 삭제, 복사할 수 있으며, 정렬 기준은 64개까지 추가할 수 있다.

② 정렬기준의 순서를 바꿀 수 있다.

③ 영어 대/소문자 구분, 정렬의 방향을 조절할 수 있다.

④ [내 데이터에 머리글 표시]의 체크를 해제하면 첫 행도 정렬 대상에 포함된다.

⑤ 조건부 서식이 설정된 경우는 정렬 기준에서 '셀 색', '글꼴 색', '조건부 서식 아이콘'을 선택하여 색이나 아이콘을 기준으로 정렬할 수 있다.

〈준비파일 : 실습7-2.xlsx〉

실습 7-2 부분합 구하기

엑셀에서 '부분합' 기능을 사용하면 데이터의 특정 그룹에 대한 합계, 평균, 최대값, 최소값 등 다양한 계산을 쉽게 수행할 수 있다. 주로 데이터를 정렬된 상태에서 그룹별로 집계할 때 유용하다.

❶ '실습7-2.xlsx' 파일을 열고 셀 포인터를 '부서' 열의 임의의 셀에 위치시킨 후 [데이터] 탭– [정렬 및 필터] 그룹 – [텍스트 오름차순 정렬]을 클릭한다.

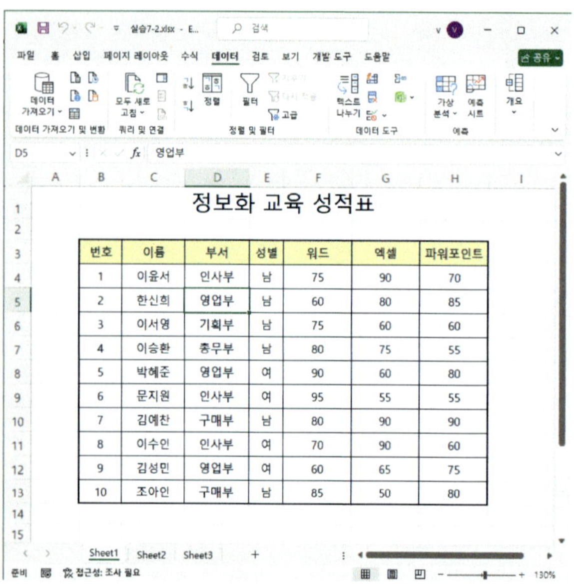

정보화 교육 성적표

번호	이름	부서	성별	워드	엑셀	파워포인트
1	이윤서	인사부	남	75	90	70
2	한신희	영업부	남	60	80	85
3	이서영	기획부	남	75	60	60
4	이승환	총무부	남	80	75	55
5	박혜준	영업부	여	90	60	80
6	문지원	인사부	여	95	55	55
7	김예찬	구매부	남	80	90	90
8	이수인	인사부	여	70	90	60
9	김성민	영업부	여	60	65	75
10	조아인	구매부	남	85	50	80

❷ '부서' 열의 텍스트가 오름차순으로 정렬된다. 데이터 목록 내에 셀 포인터를 둔 상태에서 [데이터] 탭 – [개요] 그룹 – [부분합 부분합]을 클릭한다.

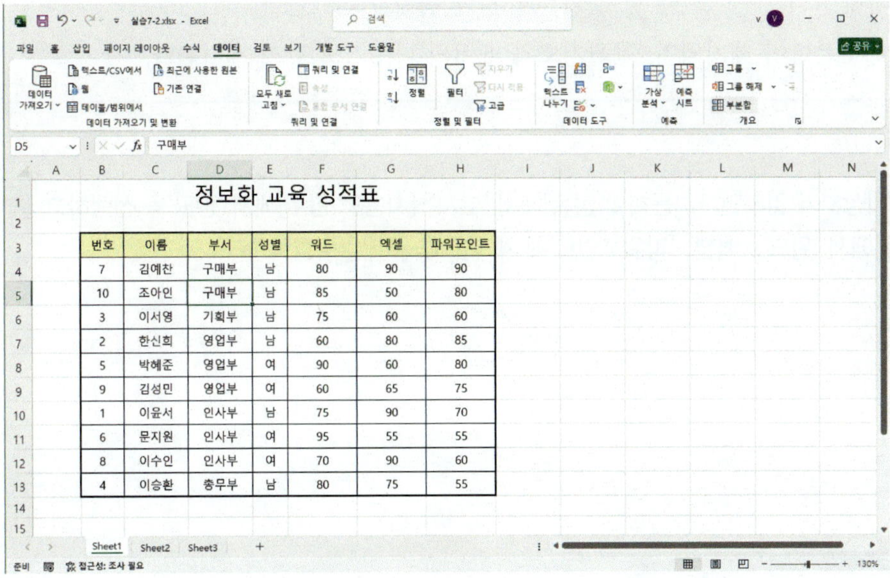

번호	이름	부서	성별	워드	엑셀	파워포인트
7	김예찬	구매부	남	80	90	90
10	조아인	구매부	남	85	50	80
3	이서영	기획부	남	75	60	60
2	한신희	영업부	남	60	80	85
5	박혜준	영업부	여	90	60	80
9	김성민	영업부	여	60	65	75
1	이윤서	인사부	남	75	90	70
6	문지원	인사부	여	95	55	55
8	이수인	인사부	여	70	90	60
4	이승환	총무부	남	80	75	55

심화학습 [부분합] 대화상자

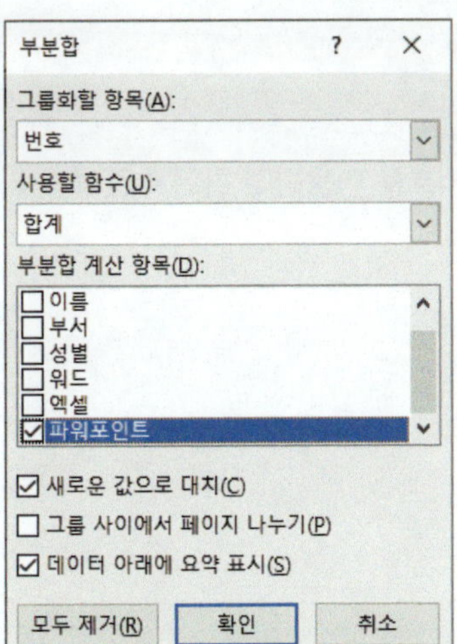

① 그룹화할 항목 : 데이터를 그룹으로 분류하는 데 기준이 되는 필드다.

② 사용할 함수 : 그룹별로 계산할 때 사용하는 함수로 합계, 개수, 평균 등의 함수로 구성된다.

③ 부분합 계산 항목 : 그룹별로 계산할 필드이다.

④ 새로운 값으로 대치 : 기존 부분합 결과를 없애고 현재의 결과로 대치한다.

⑤ 그룹 사이에서 페이지 나누기 : 각 그룹의 다음에 페이지가 나누어진다.

⑥ 데이터 아래에 요약 표시 : 부분합 결과를 표시할 위치를 선택한다.

⑦ 모두 제거 : 부분합이 제거되며, 윤곽기호와 페이지 나누기도 함께 제거된다.

---

❸ [부분합] 대화상자가 열리면 [그룹화할 항목]에서 '부서', [사용할 함수]에서 '평균'을 선택하고, [부분합 계산 항목]에서 '워드', '엑셀', '파워포인트'에 체크한 후 [확인]을 클릭한다.

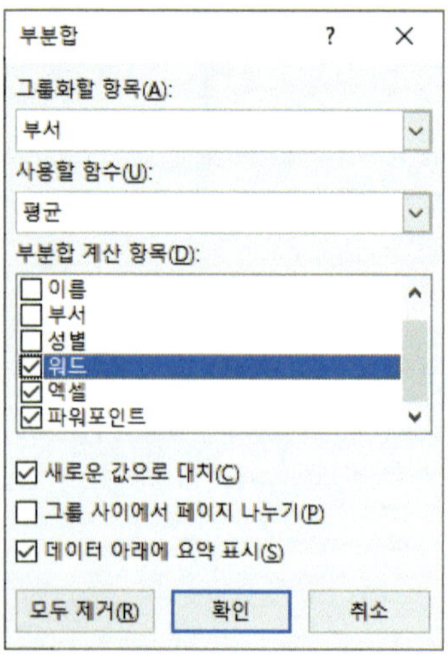

❹ 부분합 결과로 평균값이 표시된다. 워크시트 왼쪽에 표시된 윤곽기호를 이용하여 하위 수준을 숨기거나 표시할 수 있다.

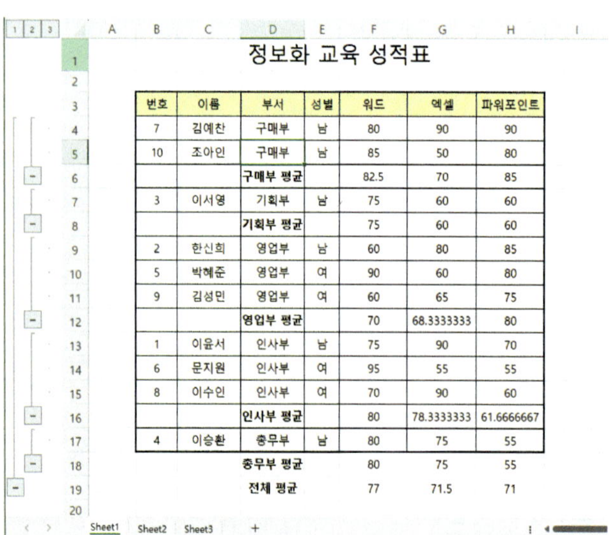

정보화 교육 성적표

번호	이름	부서	성별	워드	엑셀	파워포인트
7	김예찬	구매부	남	80	90	90
10	조아인	구매부	남	85	50	80
		구매부 평균		82.5	70	85
3	이서영	기획부	남	75	60	60
		기획부 평균		75	60	60
2	한신희	영업부	남	60	80	85
5	박혜준	영업부	여	90	60	80
9	김성민	영업부	여	60	65	75
		영업부 평균		70	68.3333333	80
1	이윤서	인사부	남	75	90	70
6	문지원	인사부	여	95	55	55
8	이수인	인사부	여	70	90	60
		인사부 평균		80	78.3333333	61.6666667
4	이승환	총무부	남	80	75	55
		총무부 평균		80	75	55
		전체 평균		77	71.5	71

❺ 데이터 목록 내에 셀 포인터를 두고 [데이터] 탭 – [개요] 그룹 – [부분합]을 클릭한다. [부분합] 대화상자가 열리면 [사용할 함수]에서 '개수'를 선택하고 [새로운 값으로 대치]를 해제한 후 [확인]을 클릭한다.

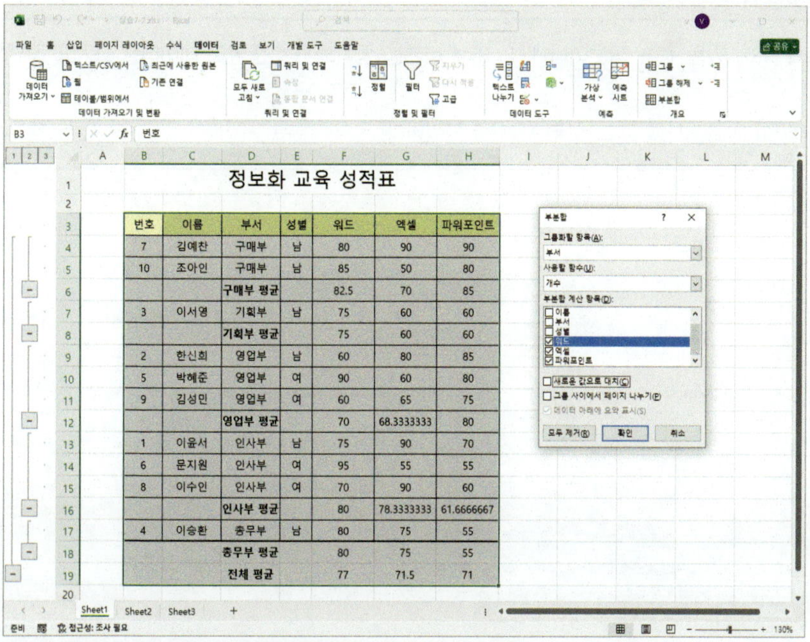

❻ 부분합의 결과로 평균과 개수가 함께 표시된다.

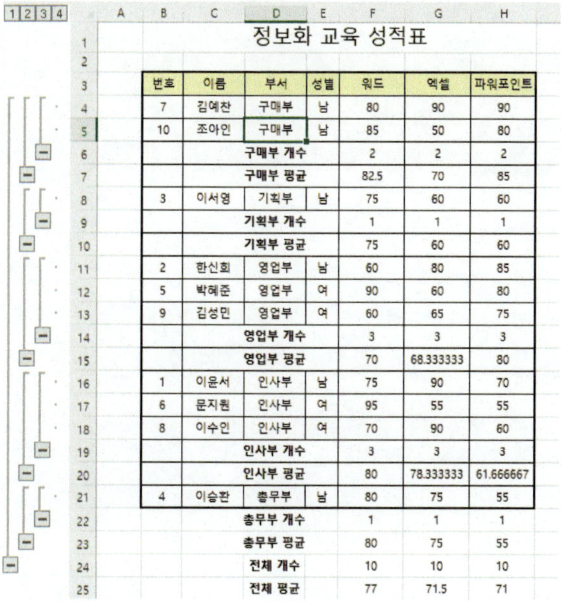

정보화 교육 성적표

번호	이름	부서	성별	워드	엑셀	파워포인트
7	김예찬	구매부	남	80	90	90
10	조아인	구매부	남	85	50	80
		구매부 개수		2	2	2
		구매부 평균		82.5	70	85
3	이서영	기획부	남	75	60	60
		기획부 개수		1	1	1
		기획부 평균		75	60	60
2	한신희	영업부	남	60	80	85
5	박혜준	영업부	여	90	60	80
9	김성민	영업부	여	60	65	75
		영업부 개수		3	3	3
		영업부 평균		70	68.333333	80
1	이윤서	인사부	남	75	90	70
6	문지원	인사부	여	95	55	55
8	이수인	인사부	여	70	90	60
		인사부 개수		3	3	3
		인사부 평균		80	78.333333	61.666667
4	이승환	총무부	남	80	75	55
		총무부 개수		1	1	1
		총무부 평균		80	75	55
		전체 개수		10	10	10
		전체 평균		77	71.5	71

07

Tip [부분합] 대화상자에서 [새로운 값으로 대치]가 체크되어 있다면 평균이 없어지고 개수로 대치된다.

더 알아보기 부분합의 표시 방법과 제거

- 부분합이 적용된 시트 왼쪽에 있는 +, − 버튼이나 1, 2, 3, 4 버튼을 클릭해서 수준별로 데이터를 표시할 수 있다.
- 부분합 제거하려면 [부분합] 대화상자를 열고 [모두 제거]를 클릭한다.

2 데이터 추출하기

사용자가 필요한 것만 걸러내는 것을 '필터링'이라고 하는데, 엑셀에서 자동 필터와 고급 필터는 데이터를 필터링하여 특정 조건에 맞는 데이터를 추출할 때 사용하는 기능이다. 자동 필터는 엑셀에서 가장 기본적인 필터링 도구로, 사용자 인터페이스가 직관적이며 빠르게 데이터를 필터링할 수 있다. 고급 필터는 더 복잡한 조건을 사용하거나, 필터링된 데이터를 다른 위치에 복사하는 등의 고급 기능이 필요한 경우에 사용된다. 데이터 목록에서 조건에 맞는 데이터를 추출하는 방법을 알아보자.

〈준비파일 : 실습7-3.xlsx〉

실습 7-3 자동 필터로 추출하기

단계 1 : 필터 단추 표시하기

❶ '실습7-3.xlsx' 파일을 열고 셀 포인터를 데이터 내의 임의의 셀에 위치시킨 후 [데이터] 탭 – [정렬 및 필터] 그룹 –[필터]를 클릭한다.

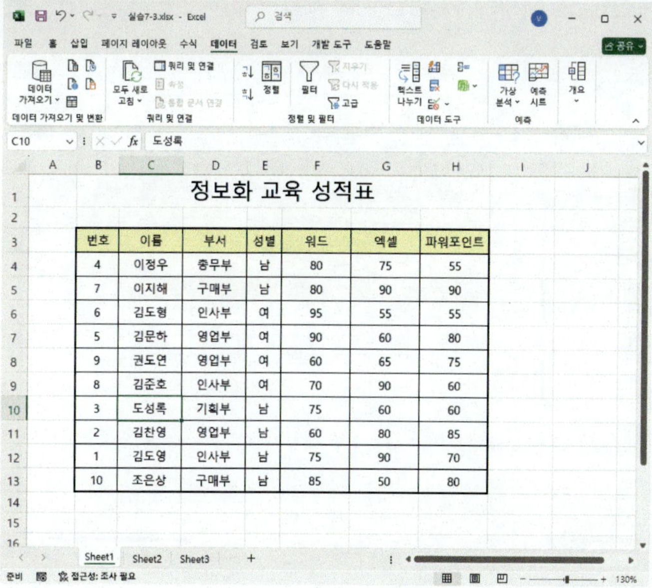

정보화 교육 성적표

번호	이름	부서	성별	워드	엑셀	파워포인트
4	이정우	총무부	남	80	75	55
7	이지해	구매부	남	80	90	90
6	김도형	인사부	여	95	55	55
5	김문하	영업부	여	90	60	80
9	권도연	영업부	여	60	65	75
8	김준호	인사부	여	70	90	60
3	도성록	기획부	남	75	60	60
2	김찬영	영업부	남	60	80	85
1	김도영	인사부	남	75	90	70
10	조은상	구매부	남	85	50	80

❷ 다음과 같이 필드 이름 옆에 필터 단추가 표시된다.

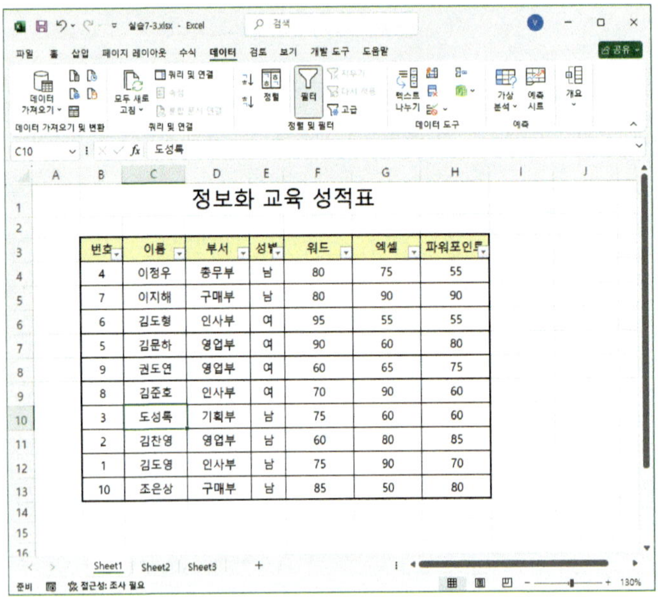

정보화 교육 성적표

번호	이름	부서	성별	워드	엑셀	파워포인트
4	이정우	총무부	남	80	75	55
7	이지해	구매부	남	80	90	90
6	김도형	인사부	여	95	55	55
5	김문하	영업부	여	90	60	80
9	권도연	영업부	여	60	65	75
8	김준호	인사부	여	70	90	60
3	도성록	기획부	남	75	60	60
2	김찬영	영업부	남	60	80	85
1	김도영	인사부	남	75	90	70
10	조은상	구매부	남	85	50	80

단계 2 : 자동필터로 추출하기

❶ '부서'의 필터 단추를 클릭하여 '(모두선택)'을 해제한 후 '영업부'를 체크하고 [확인]을 클릭하면 '부서'가 '영업부'인 데이터만 화면에 나타난다.

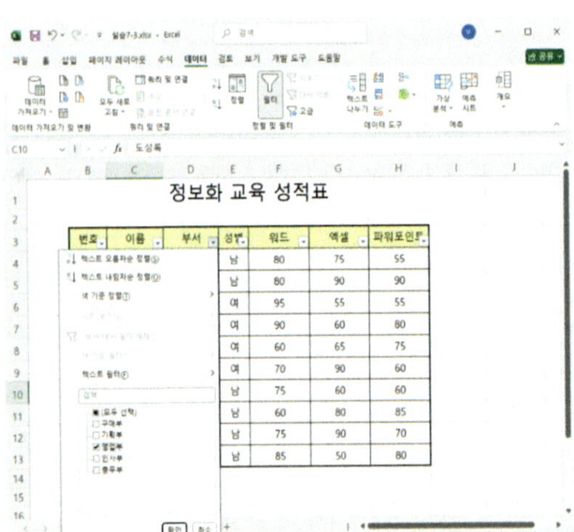

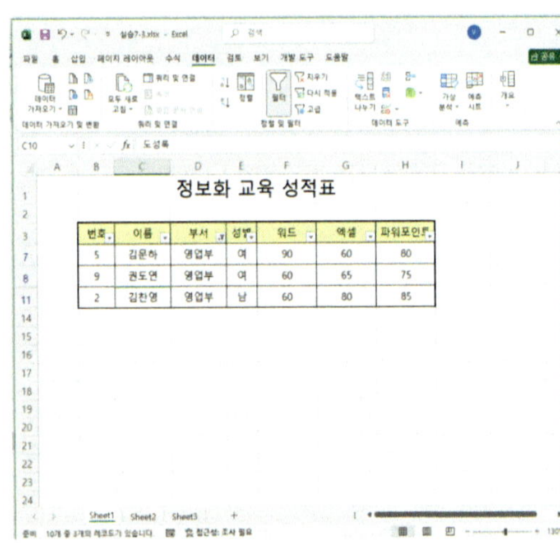

정보화 교육 성적표

번호	이름	부서	성별	워드	엑셀	파워포인트
5	김문하	영업부	여	90	60	80
9	권도연	영업부	여	60	65	75
2	김찬영	영업부	남	60	80	85

❷ '성별'의 필터 단추를 클릭하고 '(모두선택)'을 해제한 후 '남'을 체크하고 [확인]을 클릭하면 부서가 '영업부'이고 성별이 '남자'인 데이터만 추출된다.

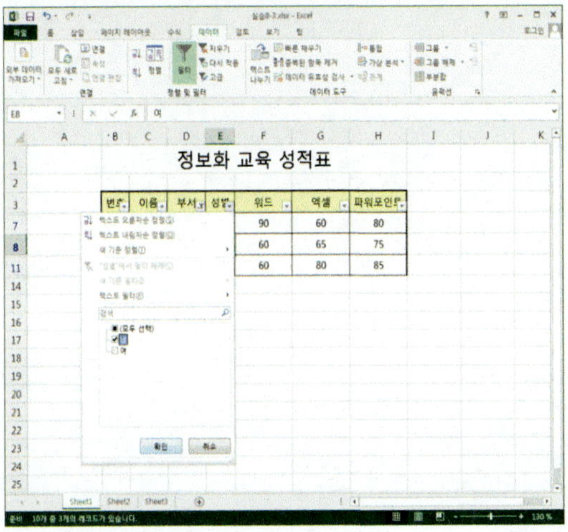

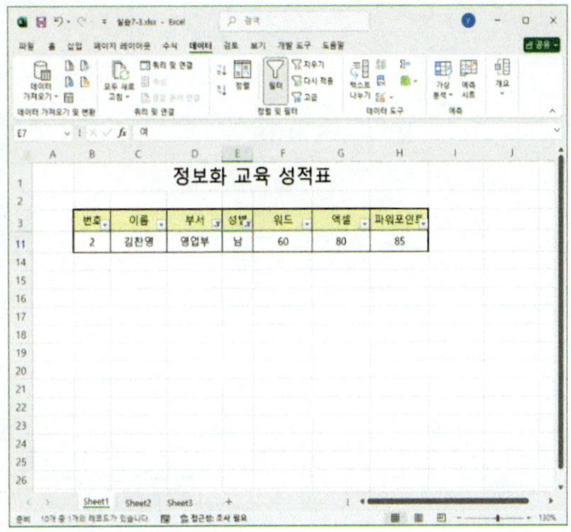

❸ '부서', '성별'의 필터 단추를 각각 클릭하고 '(모두선택)'을 선택하여 전체 데이터를 나타낸다.

❹ '엑셀'의 필터 단추를 클릭하고 [숫자 필터] – [크거나 같음]을 선택한 후 [사용자 지정 자동 필터] 대화상자가 나타나면 '80'을 입력하고 [확인]을 클릭한다.

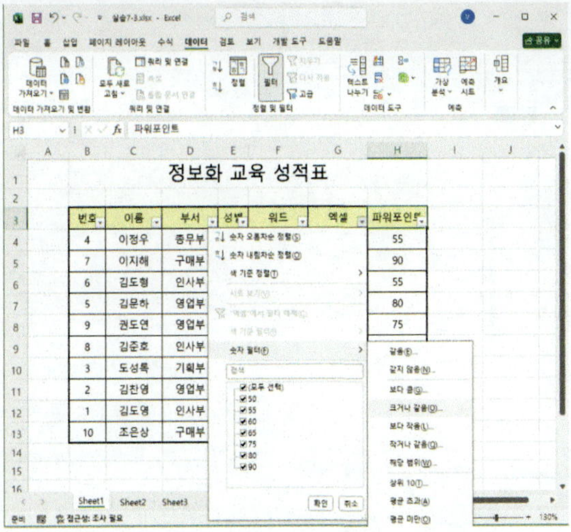

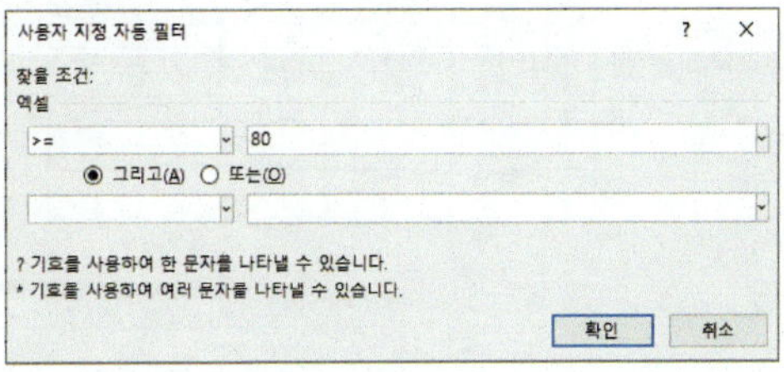

❺ '엑셀' 점수가 80점 이상인 데이터만 추출되어 화면에 나타난다.

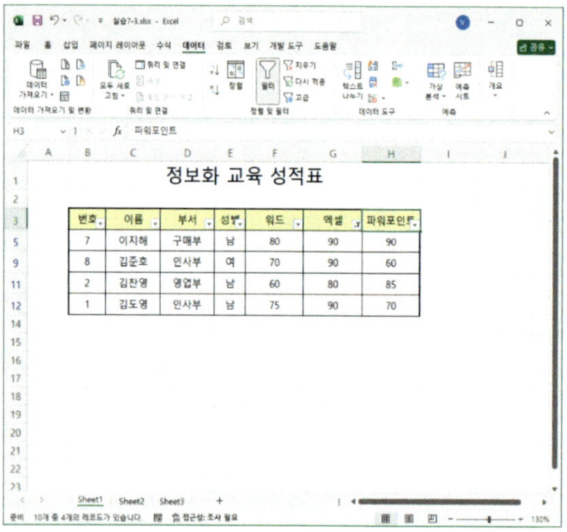

〈준비파일 : 실습7-4.xlsx〉

실습 7-4 고급 필터로 추출하기

❶ '실습7-4.xlsx'파일을 열고 셀 포인터를 데이터 목록의 임의의 셀에 위치시킨 후 [데이터] 탭 – [정렬 및 필터] 그룹 – [고급]을 클릭한다.

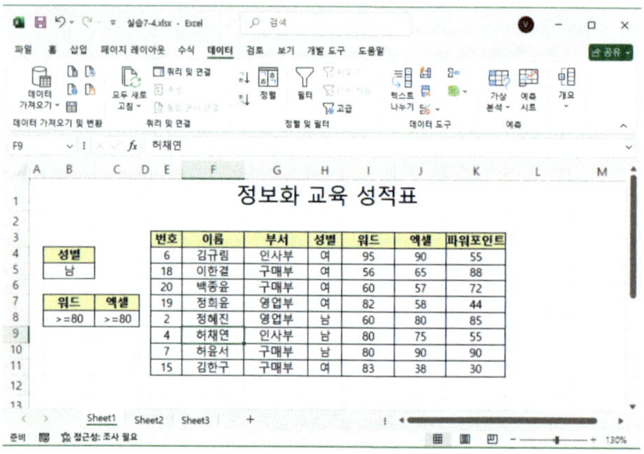

❷ [고급필터] 대화상자에서 [결과]는 '다른 장소에 복사'를 체크하고 [조건 범위]는 [B4:B5] 드래그하여 선택하고, [복사 위치]는 [E14] 셀로 지정한 다음 [확인]을 클릭한다.

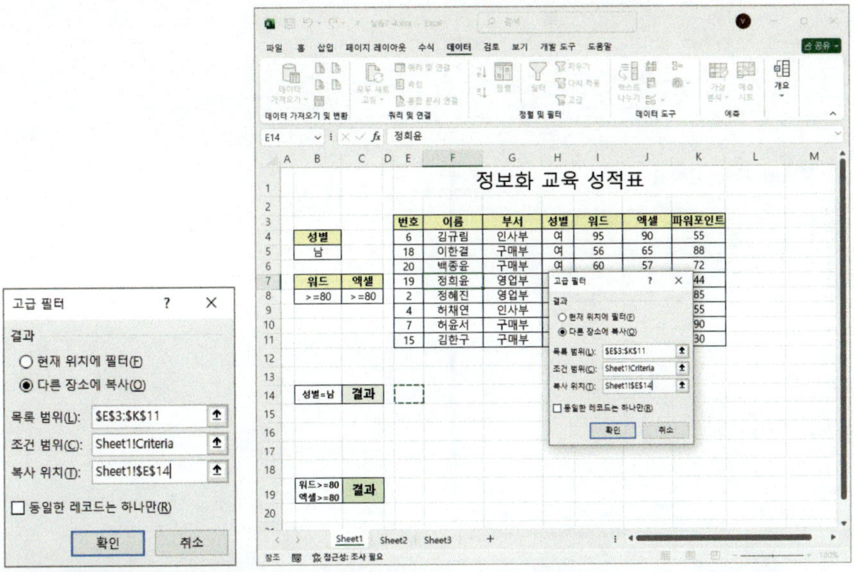

❸ 다음과 같이 [E14] 셀부터 시작하여 결과값이 나타난다.

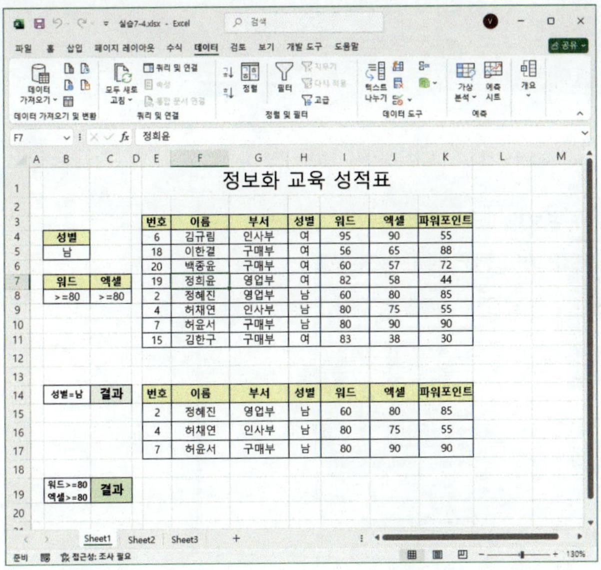

❹ 셀 포인터를 데이터 목록안의 임의의 셀에 위치시키고 [데이터] 탭 – [정렬 및 필터] 그룹 – [고급]을 클릭한다.

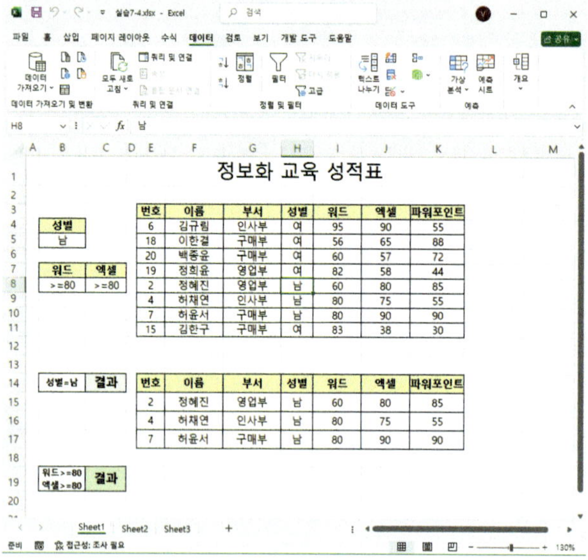

❺ [고급필터] 대화상자에서 [결과]는 '다른 장소에 복사'를 체크한 후 [조건 범위]는 [B7:C8] 드래그하여 선택하고, [복사 위치]는 [E19] 셀로 지정한 다음 [확인]을 클릭한다.

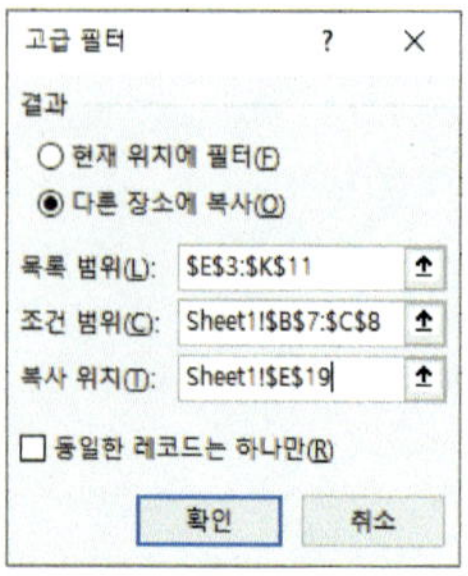

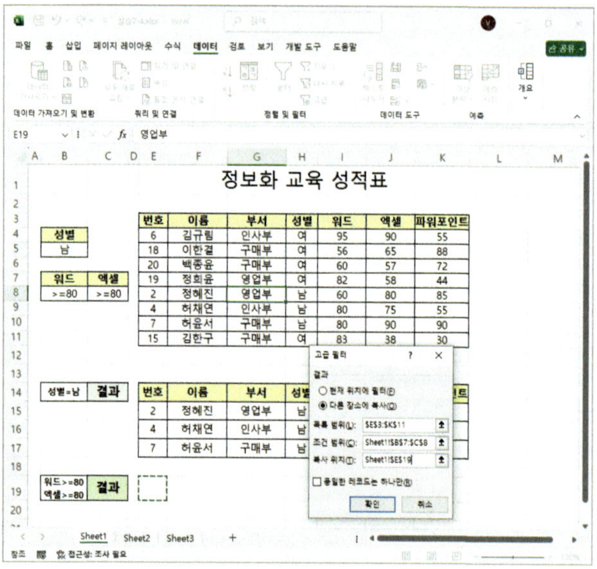

❻ 다음과 같이 [E19] 셀부터 시작하여 결과값이 표시된다.

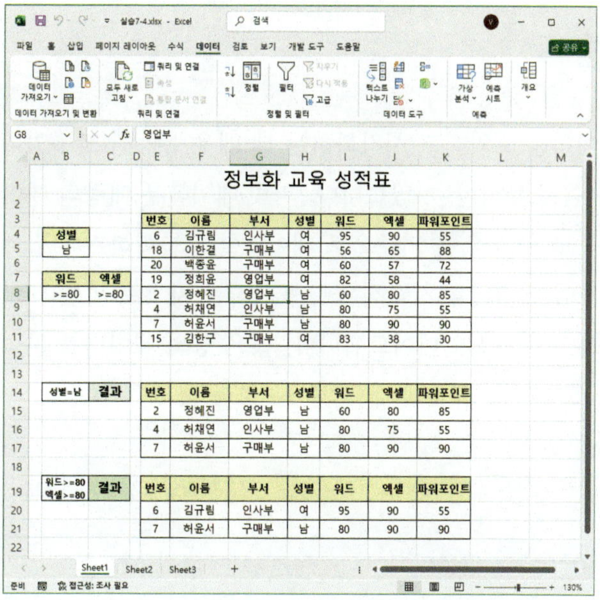

심화학습 고급 필터 조건 지정 방법

- 고급 필터는 사용하기 전에 조건 범위를 지정해야 한다.
- 조건 범위의 첫 번째 행에는 데이터 목록 범위에 있는 필드의 이름과 동일한 필드이름을 입력하고, 두 번째 행부터는 해당 필드값과 비교할 조건 값을 입력한다.
- 조건을 지정할 때 '*'나 '?'같은 와일드 카드를 사용할 수 있다.
- **AND 조건** : 하나의 행에 여러 조건을 입력하면 그 조건들이 모두 만족되는 데이터만 필터링된다.
- **OR 조건** : 조건 범위의 다른 행에 다른 조건을 입력하면, 그 중 하나라도 만족하는 데이터가 필터링된다.

①

이름
나행복

②

이름	부서
나행복	기획부

성별	부서
남	
	영업부

③

이름
나??

④

①	이름이 '나행복'인 레코드를 검색
②	이름이 '나행복'이고 부서가 '기획부'인 레코드를 검색
③	성별이 '남'이거나 부서가 '영업부'인 레코드를 검색
④	이름이 세 글자이면서 '이'로 시작하는 레코드를 검색

3 피벗 테이블과 피벗 차트

엑셀에서 피벗 테이블과 피벗 차트는 데이터를 요약하고 시각화하는 데 매우 유용한 도구입니다. 두 도구를 활용하면 복잡한 데이터를 쉽게 분석할 수 있습니다. 피벗 테이블은 대량의 데이터를 요약하고 분석하는 데 사용되는 도구로 행과 열을 기준으로 데이터를 그룹화하거나 집계할 수 있습니다. 피벗 차트는 피벗 테이블의 데이터를 시각적으로 표현하는 차트로 피벗 테이블과 연동되어 데이터가 변경되면 차트도 자동으로 업데이트됩니다. 많은 양의 데이터를 분석하여 피벗 테이블과 피벗 차트 형식으로 표현하는 방법에 대해 알아보도록 하겠습니다.

〈준비파일 : 실습7-5.xlsx〉

실습 7-5 피벗 테이블 만들기

❶ '실습7–5.xlsx' 파일을 열고 셀 포인터를 데이터 목록 내의 임의의 셀에 위치시킨 후 [삽입]탭 – [표] 그룹 – [피벗테이블]을 클릭한다.

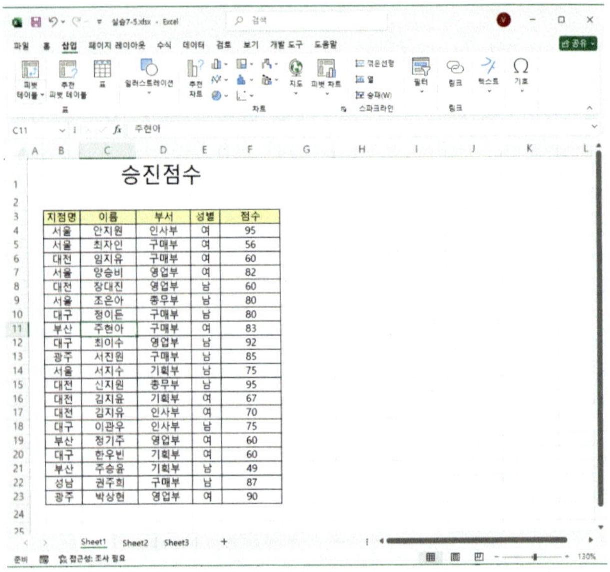

지점명	이름	부서	성별	점수
서울	안지원	인사부	여	95
서울	최자인	구매부	여	56
대전	임지유	구매부	여	60
서울	양승비	영업부	여	82
대전	장대진	영업부	남	60
서울	조은아	총무부	남	80
대구	정이든	구매부	남	80
부산	주현아	구매부	여	83
대구	최이수	영업부	남	92
광주	서진원	구매부	남	85
서울	서지수	기획부	남	75
대전	신지원	총무부	남	95
대전	김지윤	기획부	여	67
대전	김지유	인사부	여	70
대구	이관우	인사부	남	75
부산	정기주	영업부	여	60
대구	한우빈	기획부	여	60
부산	주승윤	기획부	남	49
성남	권주희	구매부	남	87
광주	박상현	영업부	여	90

❷ **피벗 테이블 작성** : [피벗 테이블 만들기] 대화상자가 나타나면 [테이블 또는 범위 선택]의 '표/범위'에 데이터가 입력된 모든 셀인 '$B$3:$F$23'인지 확인–〉 [피벗 테이블 배치할 위치]가 '새 워크 시트' 인지 확인 –〉 [확인]을 클릭한다.

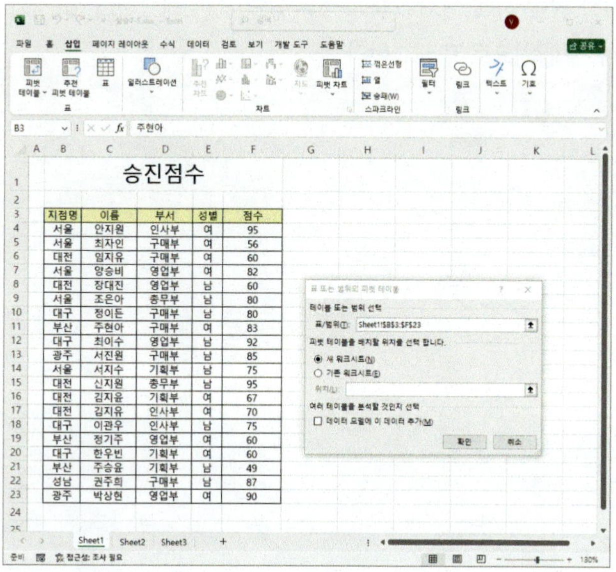

❸ 새 시트가 삽입되면서 [피벗 테이블 필드] 작업창이 열리고 [피벗 테이블 분석]과 [디자인]탭이 메뉴 탭에 생성된다.

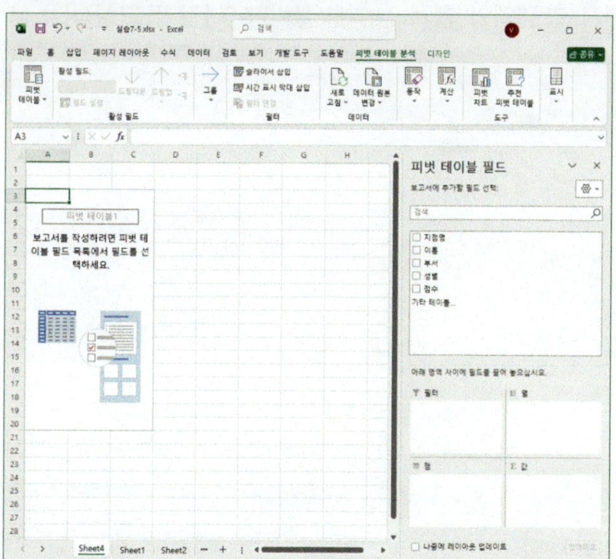

❹ **피벗 테이블 필드 지정** : [보고서에 추가할 필드 선택]에서 '지점명'을 [필터]로 드래그한다. 마찬가지로 '부서'를 [열]로 '성별'을 [행]으로 '점수'를 [값]으로 드래그한다.

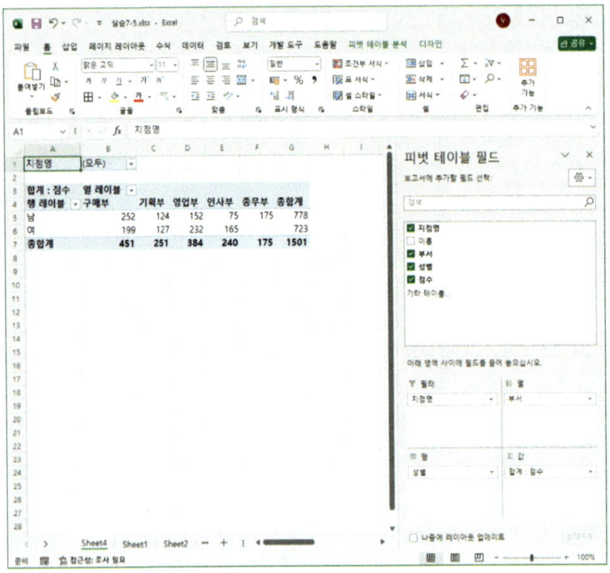

❺ **값 필드 지정** : [피벗 테이블 필드] 창에서 '값'영역의 '합계:점수'를 클릭한 후 [값 필드 설정]을 선택한다.

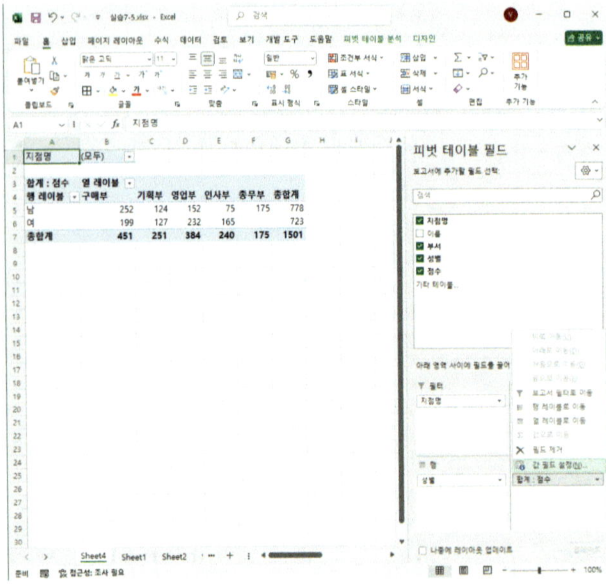

❻ [값 필드 설정] 대화 상자가 열리면 [값 요약 기준] 탭의 '선택한 필드의 데이터'에서 '평균'을 선택 –〉 [표시 형식] 단추를 클릭한 후 [셀 서식] 대화상자에서 [숫자]–'소수 자릿수'를 2로 설정하고 [확인]을 클릭한다. [값 필드 설정] 대화상자에서 [확인]을 클릭한다.

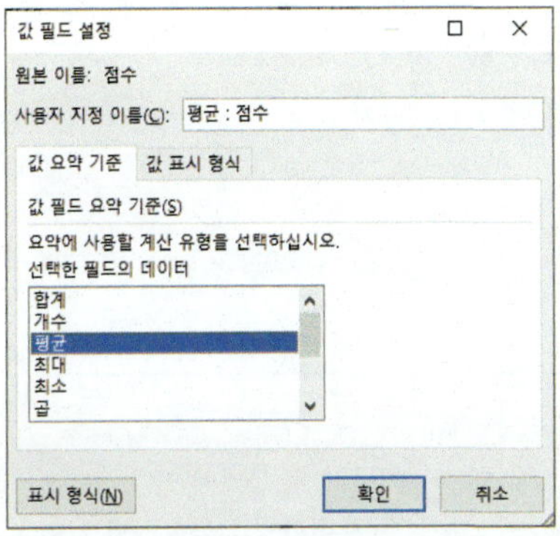

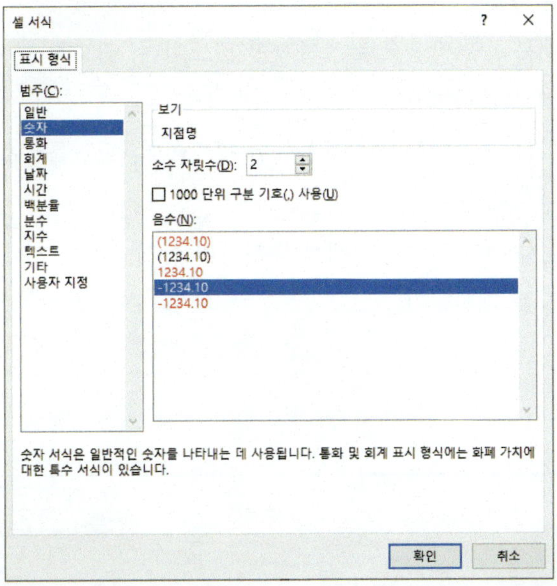

❼ **[디자인] 변경하기** : 피벗 테이블의 디자인을 바꾸기 위해 [디자인] 탭 – [피벗 스타일] 그룹 – [빠른 스타일〈▿〉]를 클릭하고 '연한파랑 : 피벗 스타일 보통2'를 선택한다.

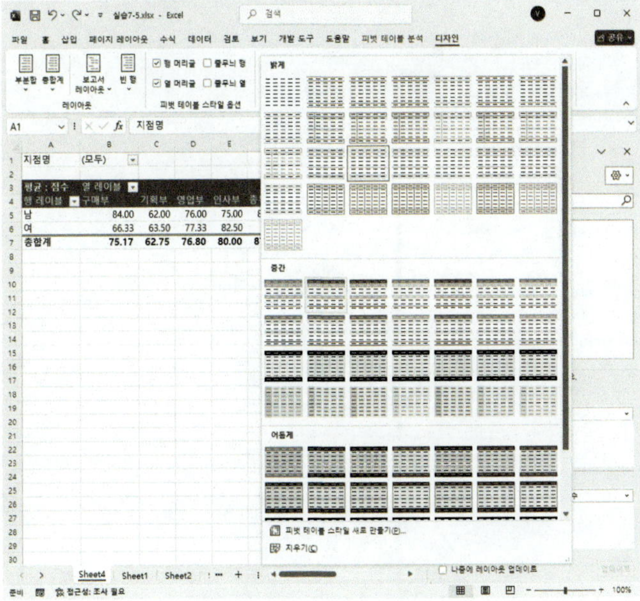

심화학습 [피벗 테이블 필드 목록] 대화상자 이해하기

① 필터 : 선택한 항목에 따라 전체 피벗 테이블 보고서를 필터링 하는데 사용한다.

② 열 레이블 : 열 방향으로 그룹화할 필드이며, 필드를 보고서 위쪽에 열로 표시한다.

③ 행 레이블 : 행 방향으로 그룹화할 필드이며, 필드를 보고서 옆쪽에 행으로 표시한다.

④ 값 : 숫자 데이터를 요약해서 표시하며 합계, 평균, 최대값, 최소값 등을 계산한다.

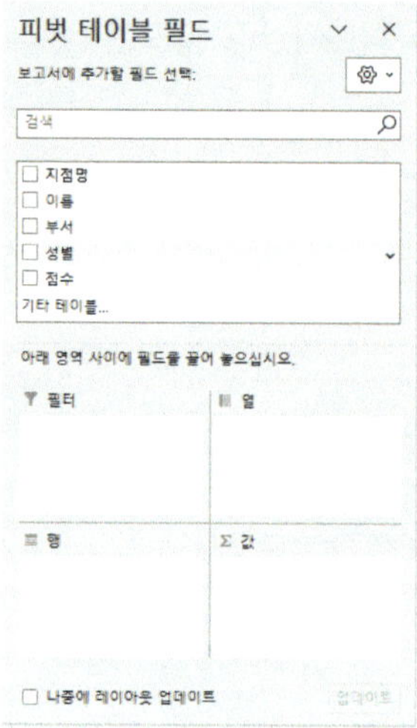

〈준비파일 : 실습7-6.xlsx〉

실습 7-6 피벗 차트 만들기

❶ '실습7-6.xlsx' 파일을 열고 셀 포인터를 데이터 목록 내의 임의의 셀에 위치시킨 후 [삽입] 탭 – [차트] 그룹 – [피벗 차트] – [피벗차트]를 선택한다.

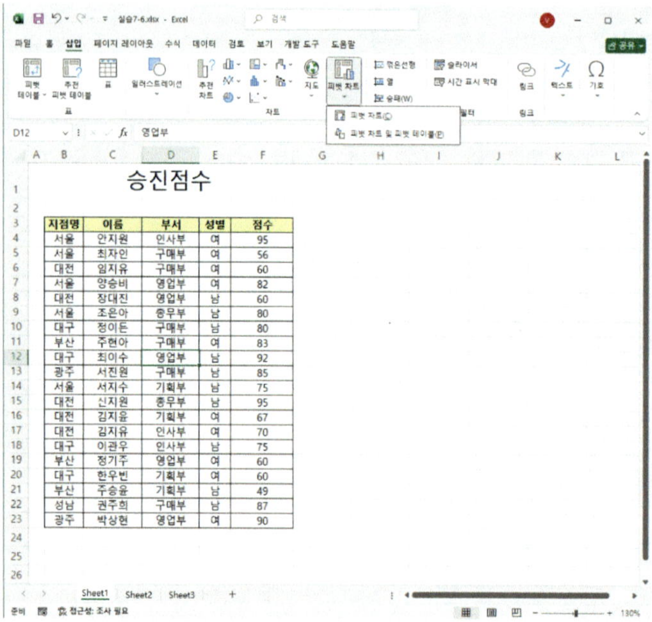

② [피벗 차트 만들기] 대화상자가 열리면 [확인]을 클릭한다.

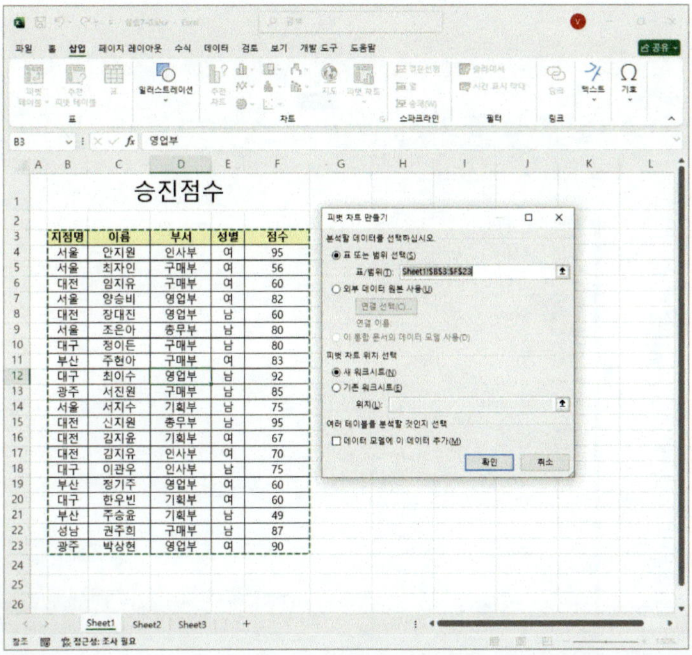

❸ [피벗 차트 필드] 작업 창이 열리면 [보고서에 추가할 필드 선택]에서 '부서'를 [축(범주)]로, '점수'를 [값]으로 드래그한다.

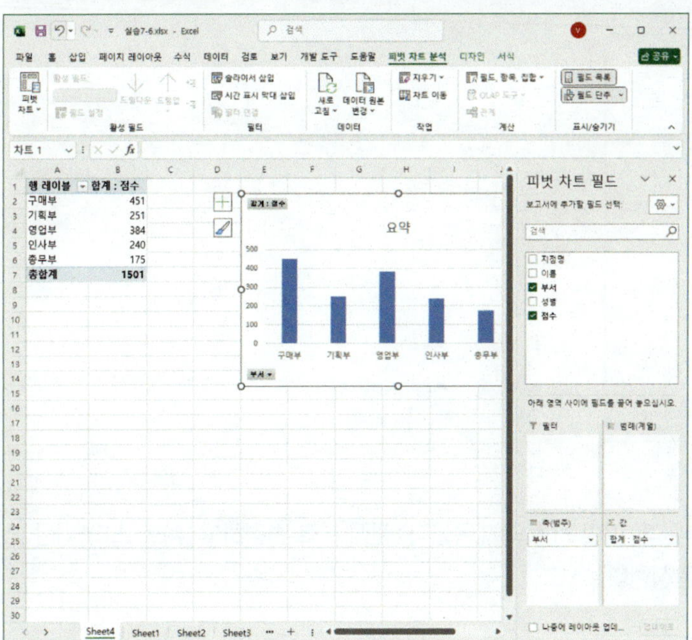

❹ [피벗 테이블 필드 목록]의 아래쪽에 있는 '값'영역의 합계 : 점수 ▼ 를 클릭하여 아래와 같이 [값 필드 설정]을 선택한다.

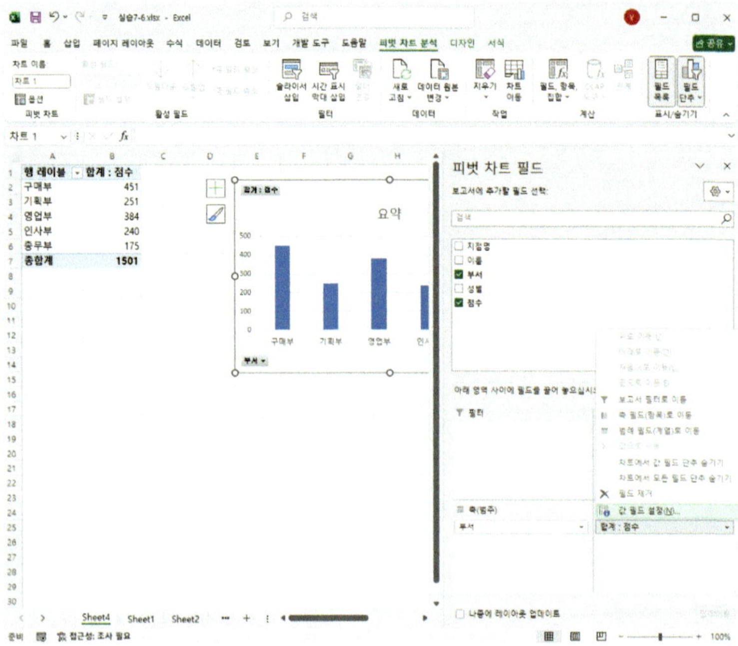

❺ [값 필드 설정] 대화상자에서 [선택한 필드의 데이터]에서 '최대'를 선택하고 [확인]을 클릭한다.

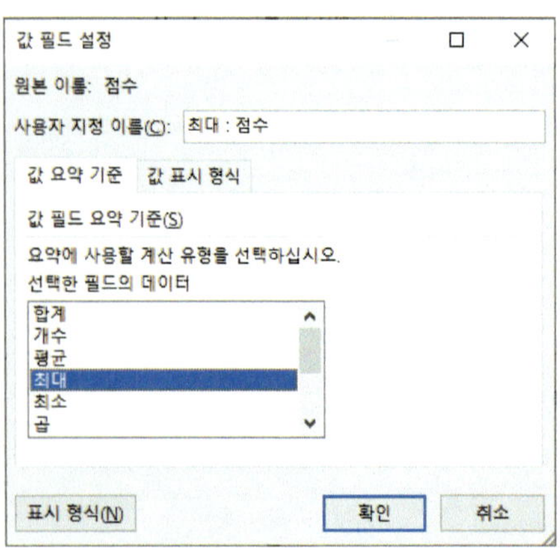

❻ 최대값을 보여주는 차트로 변경된다. 피벗 차트의 제목을 '승진점수'로 변경하고 [차트 스타일]은 '스타일 4'로 변경하여 다음과 같이 완성한다.

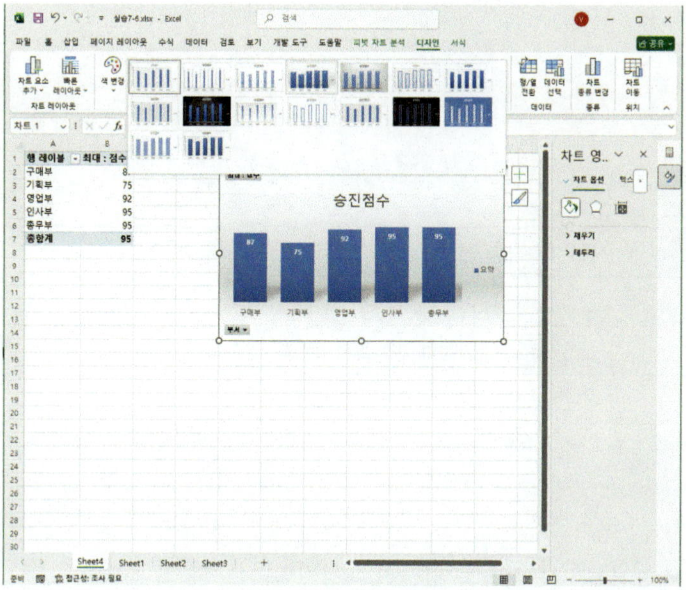
승진점수
구매부
기획부
영업부
인사부
총무부
Sheet4
Sheet1
Sheet2
Sheet3

단원요약

1 데이터베이스 구성

데이터베이스	데이터 목록 전체로 필드, 레코드, 필드명으로 구성
필드	데이터베이스에서 '열'을 의미
레코드	데이터베이스에서 '행'을 의미
필드명	각 필드를 구분하는 이름

2 데이터 정렬

- 데이터를 순서대로 배열하는 기능으로 기본적으로 행단위로 정렬된다.
- 정렬 방식에는 오름차순과 내림차순이 있으며 오름차순은 작은 값에서 큰 값으로, 내림차순은 큰 값에서 작은 값으로 배열된다.

3 부분합

- 데이터 목록의 특정 필드를 기준으로 레코드를 그룹화한 다음, 그룹별로 합계, 평균, 개수 등을 계산하는 기능이다.
- 부분합을 실행하기 위해서는 그룹화 할 항목을 기준으로 데이터를 정렬해야한다.

4 자동필터로 추출

- 단순한 조건으로 데이터 목록에서 데이터를 검색할 수 있는 기능이다.
- [데이터][정렬 및 필터][필터] 메뉴를 눌러 자동 필터를 표시하거나 해제한다.
- [사용자 지정 필터]를 이용하여 조건에 맞는 데이터만 나타낼 수 있다. 조건은 그리고(AND), 또는(OR)으로 연결할 수 있으며, =, 〈, 〉, 시작문자 등을 지정할 수 있다.

5 고급필터로 추출

- 복잡한 조건의 지정이 가능하고 필터링된 결과를 별도의 위치에 표시할 수 있다.
- 고급 필터는 사용하기 전에 조건 범위를 지정해야 한다.
- 조건범위의 첫 번째 행에는 데이터 목록 범위에 있는 필드의 이름과 동일한 필드이름을 입력하

고, 두 번째 행부터는 해당 필드 값과 비교할 조건 값을 입력한다.

- 조건을 입력할 때 같은 행에 입력하면 AND조건으로 추출한다.
- 조건을 입력할 때 다른 행에 입력하면 OR조건으로 추출한다.

6 피벗 테이블과 피벗차트

- 피벗 테이블은 데이터 목록의 필드를 축으로 하여 재구성함으로써 필드의 위치에 따라 데이터의 통계를 한눈에 파악할 수 있도록 정리된 표로 만들어 주며, 리본메뉴에서 [삽입]탭의 [표]그룹에 있는[피벗테이블]을 선택해서 만들 수 있다.
- 피벗차트는 피벗테이블의 요약된 데이터를 그래프 형식으로 보여줌으로써 시각적인 효과를 나타낼 수 있다.

연습문제

01 자동 필터를 이용하여 다음 조건에 맞는 데이터를 검색하시오.

조 건 〈준비파일 : 연습7-1.xlsx〉

① 평점이 '80이상'이고 결석횟수가 '0'인 학생들만 검색하시오.

② 전공학과가 '경영'이고 출결점수가 '90'이상인 학생들만 검색하시오.

③ 평점이 높은 순서대로 상위 5개 데이터만 검색하시오.

④ 검색한 데이터를 각각 '연습7-1-1(완성).xlsx', '연습7-1-2(완성).xlsx', '연습7-1-3(완성).xlsx'로 저장하시오.

컴퓨터 과학 1학기 성적

전공학과	성명	결석회수	출결점수	과제	중간고사	기말고사	평점
영문	참사랑	0	100	98	80	67	86.0
영문	김우진	0	100	76	78	88	85.5

컴퓨터 과학 1학기 성적

전공학과	성명	결석회수	출결점수	과제	중간고사	기말고사	평점
경영	성인지	2	94	87	77	78	84.0

컴퓨터 과학 1학기 성적

전공학과	성명	결석회수	출결점수	과제	중간고사	기말고사	평점
영문	구만리	6	82	100	98	95	93.8
국문	강태공	1	97	90	96	89	93.0
영문	도연명	1	97	83	90	90	90.0
영문	태우나	2	94	78	90	84	86.5
국문	피성훈	3	91	67	98	89	86.3

02 '연습7-2.xlsx' 파일을 열어 아래 조건에 맞게 완성한 후 '연습7-2(완성).xlsx로 저장하시오.

조 건 〈준비파일 : 연습7-2.xlsx〉

· 전공학과가 '영문'이고, 평점이 '80 이상 90 미만'인 데이터를 고급필터를 사용하여 검색하시오.

① 고급필터 조건은 [B16:D17] 범위 내에 알맞게 입력하시오

② 고급필터 결과 복사 위치는 동일 시트의 [B20] 셀로 지정하시오.

컴퓨터 과학 1학기 성적

전공학과	성명	결석회수	출결점수	과제	중간고사	기말고사	평점
경영	성인지	2	94	87	77	78	84.0
영문	참사랑	0	100	98	80	67	86.3
국문	피성훈	3	91	67	98	89	86.3
경영	남주나	4	88	56	96	98	84.5
영문	도연명	1	97	83	90	90	90.0
경영	장태호	5	85	90	67	96	84.5
영문	김우진	0	100	76	78	88	85.5
국문	호지운	0	100	65	56	86	76.8
영문	태우나	2	94	78	90	84	86.5
국문	강태공	1	97	90	96	89	93.0
영문	구만리	6	82	100	98	95	93.8

전공학과	평점	평점
영문	>=80	<90

전공학과	성명	결석회수	출결점수	과제	중간고사	기말고사	평점
영문	참사랑	0	100	98	80	67	86.3
영문	김우진	0	100	76	78	88	85.5
영문	태우나	2	94	78	90	84	86.5

03 '연습7-3.xlsx' 파일을 열어 아래 조건에 맞게 완성한 후 '연습7-3(완성).xlsx로 저장하시오.

조 건 〈준비파일 : 연습7-3.xlsx〉

① 정렬 – 부서명의 오름차순, 직위의 내림차순으로 정렬하시오.

② 부분합 – 부서명을 그룹화하여 '외국어 점수', '신용점수', '고과점수'의 합계와 최대값을 구하시오.

사원 인사평가

사원번호	부서명	직위	성명	외국어점수	신용점수	고과점수
M01	관리부	부장	황복동	67	85	57
M02	관리부	과장	박혜련	63	81	65
	관리부 최대값			67	85	65
	관리부 요약			130	166	122
P01	생산부	사원	이경희	96	65	84
P03	생산부	사원	최진	98	61	81
P04	생산부	대리	이용대	81	80	83
P02	생산부	과장	송혜란	54	92	85
	생산부 최대값			98	92	85
	생산부 요약			329	298	333
B01	영업부	사원	정명식	74	53	69
B02	영업부	사원	유재식	76	74	76
B03	영업부	부장	박명수	74	55	74
B04	영업부	대리	윤덕호	84	77	70
	영업부 최대값			84	77	76
	영업부 요약			308	259	289
	전체 최대값			98	92	85
	총합계			767	723	744

04 '연습7-4.xlsx' 파일을 열어 아래 조건에 맞게 완성한 후 '연습7-4(완성).xlsx로 저장하시오.

조 건 〈준비파일 : 연습7-4.xlsx〉

① [행 레이블] : '성명'

② [값] : '레포트', '중간', '기말', '합계'

③ [총합계] : 소수 첫째자리까지만 표시되도록 서식을 지정하시오.

④ [디자인] : [피벗 테이블 스타일 옵션]에서 '줄무늬 행' 표시하시오.
[피벗 테이블 스타일]에서 '연한 녹색 : 피벗 스타일 보통 11' 지정하시오.

⑤ [피벗 차트] : [차트 스타일]에서 '스타일 2' 지정하시오.

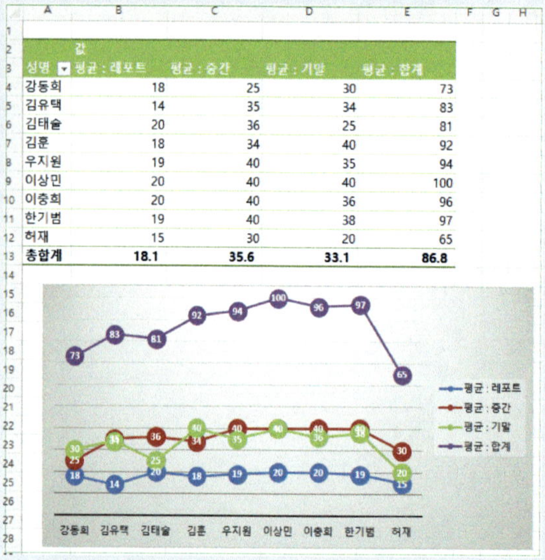

성명	평균 : 레포트	평균 : 중간	평균 : 기말	평균 : 합계
강동희	18	25	30	73
김유택	14	35	34	83
김태술	20	36	25	81
김훈	18	34	40	92
우지원	19	40	35	94
이상민	20	40	40	100
이충희	20	40	36	96
한기범	19	40	38	97
허재	15	30	20	65
총합계	**18.1**	**35.6**	**33.1**	**86.8**

05 컴퓨터활용능력 실기 2급 기출 문제 '연습7-5.xlsx' 파일을 열어 아래 조건에 맞게 완성한 후 '연습7-5(완성).xlsx'로 저장하시오.

조 건 〈준비파일 : 연습7-5.xlsx〉

[부분합] 기능을 이용하여 '소양인증포인트 현황' 표에 〈그림〉과 같이 학과별 '합계'의 최대값을 계산한 후 '기본영역', '인성봉사', '교육훈련'의 평균을 계산하시오.

▶ 정렬은 '학과'를 기준으로 오름차순으로 처리하시오.

▶ 최대값과 평균은 위에 명시된 순서대로 처리하시오.

	A	B	C	D	E	F
1	**소양인증포인트 현황**					
2						
3	학과	성명	기본영역	인성봉사	교육훈련	합계
4	경영정보	정소영	85	75	75	235
5	경영정보	주경철	85	85	75	245
6	경영정보	한기철	90	70	85	245
7	**경영정보 평균**		87	77	78	
8	**경영정보 최대값**					245
9	유아교육	강소미	95	65	65	225
10	유아교육	이주현	100	90	80	270
11	유아교육	한보미	80	70	90	240
12	**유아교육 평균**		92	75	78	
13	**유아교육 최대값**					270
14	정보통신	김경호	95	75	95	265
15	정보통신	박주영	85	50	80	215
16	정보통신	임정민	90	80	60	230
17	**정보통신 평균**		90	68	78	
18	**정보통신 최대값**					265
19	**전체 평균**		89	73	78	
20	**전체 최대값**					270

06 컴퓨터활용능력 실기 2급 기출 문제) '연습7-6xlsx' 파일을 열어 아래 조건에 맞게 완성한 후 '연습7-6완성).xlsx'로 저장하시오.

조 건 〈준비파일 : 연습7-6.xlsx〉

'택배 배송 현황'표를 이용하여 배송시간대는 '보고서 필터', 배송지역은 '행 레이블', 물품종류 '열 레이블'로 처리하고, '값'에 거리(m)의 평균과 배송료의 최대값을 계산한 후 '값'을 '행 레이블'로 설정하는 피벗테이블을 작성하시오.

▶ 피벗 테이블 보고서는 동일 시트의 [A21] 셀에서 시작하시오.

▶ 피벗 테이블 보고서는 행의 총합계만 설정하시오.

19	배송시간대	(모두)			
20					
21		**열 레이블**			
22	**행 레이블**	**식품**	**의류**	**전자제품**	**총합계**
23	**망원동**				
24	평균 : 거리(m)	550	715	480	615
25	최대값 : 배송료	3400	4000	2800	4000
26	**서교동**				
27	평균 : 거리(m)	625	625		625
28	최대값 : 배송료	3800	3200		3800
29	**합정동**				
30	평균 : 거리(m)	620	600	721	665.5
31	최대값 : 배송료	3400	3200	3900	3900

02

파워포인트 편 (PowerPoint)

1 파워포인트 기본 기능

이번 장에서는 다음과 같은 내용을 학습합니다.
- 프레젠테이션과 파워포인트에 대하여 이해할 수 있습니다.
- 파워포인트를 이용한 프레젠테이션 제작 단계에 대하여 설명할 수 있습니다.
- 파워포인트 문서 다루는 방법에 대하여 이해하고 사용할 수 있습니다.
- 파워포인트 기본 표시 기능에 대하여 이해하고 사용할 수 있습니다.

프레젠테이션할 때 파워포인트는 가장 많이 사용되고 있는 도구이다. 파워포인트를 이용한 프레젠테이션 제작 단계에 대하여 알아보고, 파워포인트를 이용한 프레젠테이션 문서 작성에 대한 기본 기능에 대하여 살펴본다.

1 프레젠테이션과 파워포인트의 이해

대중에게 정보 공유, 상품 홍보, 설득이나 소통이 필요할 때 프레젠테이션이 필요하다. 바로 프레젠테이션할 때 필요한 도구가 파워포인트이다. 파워포인트를 이용하게 되면 일방적 정보 전달이 아닌 상호 작용이 가능해지고, 다양한 형태의 자료나 멀티미디어 등을 이용하여 더욱 가독력 높은 정보 전달이 효과적으로 가능하다. 그러기 위해서는 파워포인트의 몇 가지 기능을 잘 활용하여 작성할 필요가 있다.

(1) 프레젠테이션 제작 단계

일반적으로 프레젠테이션은 기획, 자료 수집, 파워포인트 작성, 발표순으로 이루어진다. 프레젠테이션 기획 단계에서는 발표하고자 하는 주제와 청중의 대상 특징을 파악한 후 스토리를 구성하고 파워포인트에 포함될 주요 내용을 요약한다. 자료 수집 단계에서는 발표 목적, 목표, 계획 일정에 따라 자료를 준비한다. 파워포인트 작성 단계에서는 수집된 정보를 활용하여 발표 문서를 제작하는 단계이다. 파워포인트의 다양한 기능을 활용하여 함축적이고 명확한 내용 전달을 위해 텍스트, 도형, 이미지, 소리, 동영상, 애니메이션 등을 시각적으로 구성하고 배치하여 파워포인트를 작성한다. 마지막 발표 및 평가 단계에서는 제작한 파워포인트를 이용하여 청중과 소통하는 마지막 단계이다. 프레젠테이션 반응에 따라 파워포인트 내용을 평가하고 수정 사항을 반영한다.

[그림 1-1] 프레젠테이션 제작 단계

위에서 보았던 프레젠테이션 제작 단계별 고려해야 할 사항과 특징에 대하여 정리하면 다음과 같다.

〈표 1-1〉 프레젠테이션 제작 단계별 특징

제작 단계	특징
프레젠테이션 기획	– 주제와 청중 파악: 같은 주제의 프레젠테이션을 진행하더라도 청중의 특징에 따라 이해도나 공감이 많이 달라진다. 취업 준비에 대한 프레젠테이션을 진행한다고 할 때 청중이 청년, 중년, 노년인지에 따라 프레젠테이션 기획의 초점이 달라져야 하는 것이다. – 스토리 구성: 일반적인 서론, 본론, 결론의 형식을 따르는 것이 좋다. 서론에서는 주제와 배경 등에 관해 설명하고, 본론에서는 주장하고자 하는 내용을 논리적으로 전개하여 목표에 도달할 수 있는 결론까지 스토리를 구성한다. – 내용 요약: 구성한 스토리를 짜임새 있게 요약 및 작성하여 원하는 파워포인트 결과물이 만들어지도록 한다.
자료 수집	– 자료 수집: 다양하고 많은 정보가 있어야 파워포인트 내용이 풍부해질 수 있다. 뉴스, 통계 정보, 자체 설문 조사, 이미지 등의 자료를 수집한다. – 자료 정리: 방대한 자료에서 꼭 필요한 자료들로만 이루어질 수 있도록 넣어서 채우고, 빼서 줄이는 작업을 거쳐야 탄탄한 내용으로 만들 수 있다.
파워포인트 작성	– 파워포인트 작성 시 유의사항: · 내용은 간결하고, 텍스트 크기와 색상, 그림과 도형 등은 보기 쉽게 만든다. · 텍스트와 이미지 등의 콘텐츠 간의 레이아웃은 효과적으로 배치한다. · 발표 순서에 맞게 슬라이드 순서를 정하여 제작한다. · 주제 또는 소재는 세 가지 이내로, 색상도 세 가지 이내의 색을 사용한다. · 슬라이드에 반복되는 요소들은 마스터 등을 이용하여 효율적으로 작업한다.
발표 및 평가	– 발표 시 고려사항 · 청중 분석(3P 분석): 청중(People), 목적(Purpose), 장소(Place)를 분석한다. · 시작과 끝 강조: 초두 및 최신 효과를 이용하여 두괄식으로 발표한다. · 시각 자료 활용: 귀로만 들었을 때는 20%를 기억하는데, 귀와 눈으로 동시에 보았을 때는 40%를 기억한다는 점을 활용한다.

	· 발표 시간 엄수: 발표 시간이 길어지면 청중의 집중도는 현저히 떨어진다. · 시선 처리: 청중과의 적당한 눈 맞춤은 언어보다 훨씬 더 많은 정보를 전달한다. 눈 맞춤에 따라 청중의 자세와 집중도가 달라지기 때문이다. · 반복 연습: 불필요한 말을 줄이고 잘못된 발표 습관이나 문제점을 파악하기 위해 발표 영상을 촬영하여 반복 연습을 해야 효과적이다.

(2) 파워포인트 특징

파워포인트는 프레젠테이션 문서를 만드는 프로그램으로 설득력 있는 내용 전달을 위해 다양한 형태의 슬라이드 기능을 제공한다. 슬라이드에 텍스트, 이미지, 도형, 소리, 동영상 등의 멀티미디어 자료를 활용하여 상호 소통이 가능한 파워포인트 문서를 작성할 수 있다. 또한 파워포인트는 효과적인 협동 작업을 할 수 있는 플랫폼을 제공하며, 많은 청중에게 논리적인 의사 전달을 하거나 발표할 때 시각적 보조 자료로 많이 활용한다.

1) 다양한 서식 파일

[새로 만들기]에 다양한 서식을 제공한다. 마이크로소프트사에서 제공하는 다양한 서식은 기본적으로 디자인과 내용 구성을 완성한 상태에서 제공하기 때문에 사용자는 필요한 내용을 수정하기만 하면 된다. 따라서 쉽게 프레젠테이션 문서를 만들 수 있다.

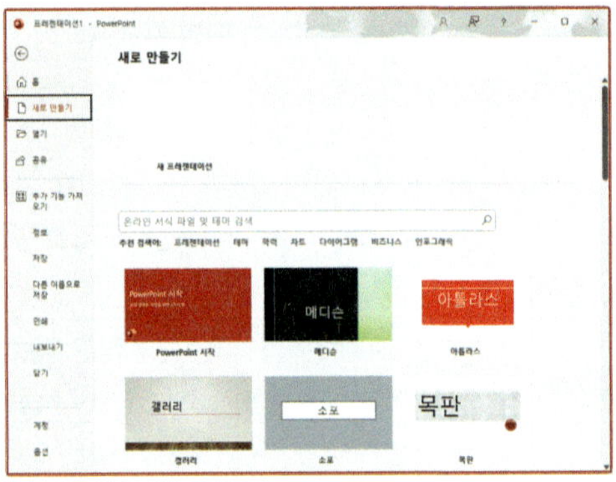

2) 다양한 멀티미디어 개체

슬라이드에 그림, 스크린샷, 사진 앨범, 도형, 아이콘, 3D 모델, 스마트아트, 차트, 비디오, 오디오 등의 다양한 멀티미디어 개체를 삽입할 수 있다.

3) 다양한 슬라이드 쇼 기능

[슬라이드 쇼] → 발표자 보기 사용, 슬라이드 녹화, 예행 연습, 슬라이드 쇼 재구성 기능 등을 활용하여 슬라이드 쇼를 다양하게 편집 및 재구성할 수 있다.

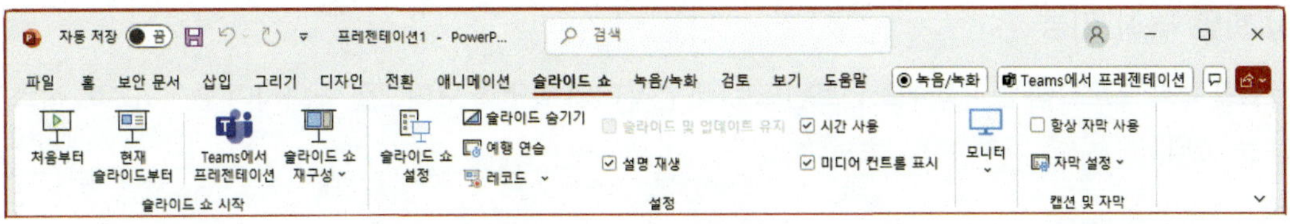

(3) 파워포인트의 새로운 기능

파워포인트에서 사용할 수 있는 새로운 기능으로 시각 효과, 텍스트 강조 색, 벡터 그래픽 등 다양한 기능이 추가되었는데, 주요한 새로운 기능을 정리하면 다음과 같다.

1) 모핑 전환

화면 전환 효과에 추가된 모핑 전환은 두 이미지를 부드럽게 연결하여 변환하면서 화면 전환이 일어난다.

2) 확대/축소

[삽입] → [링크] 그룹의 확대/축소는 순서에 따라 슬라이드를 연결하는 것이 아니라 원하는 슬라이드로 이동할 수 있고, 확대/축소할 수 있으며, 요약 확대/축소, 구역 확대/축소, 슬라이드 확대/축소 등을 할 수 있다.

3) 텍스트 강조 색

눈에 띄는 형광의 밝은색으로 텍스트를 강조할 수 있다.

4) 벡터 이미지 제공

[삽입] → [아이콘]에 기존 이미지 파일 형식(BMP, GIF, JPG, PNG, WMF) 외에도 벡터형식인 SVG 형식의 이미지를 삽입할 수 있다.

5) 벡터 이미지를 도형으로 변환

[삽입] → [아이콘]에서 SVG 도형을 삽입 후 [도형으로 변환]을 하게 되면 도형 그룹을 해제하거나 [점 편집] 기능으로 원하는 형태의 도형으로 변경할 수 있다.

6) 3D 모델 다양한 각도 보기

[삽입] → [3D 모델]에서 삽입한 3D 모델링 파일은 [3D 모델 보기] 형태를 다양하게 변경하여 볼 수 있다.

7) 더 쉬운 배경 제거

삽입한 이미지의 배경을 삭제할 때 보관할 영역, 제거할 영역을 지정하여 더 세밀하게 배경을 제거할 수 있다.

8) 화면 녹화 기능

별도의 녹화 프로그램 없이 파워포인트만으로 내 컴퓨터의 화면과 오디오를 녹화하여 슬라이드에 삽입할 수 있다.

(4) 파워포인트 화면 구성

파워포인트를 실행하면 다음과 같은 화면이 표시된다. 파워포인트의 기능별 위치를 알아 두면 파워포인트를 원활하게 활용하기 좋다. 파워포인트 화면 구성과 각 기능의 역할을 정리하면 다음과 같다.

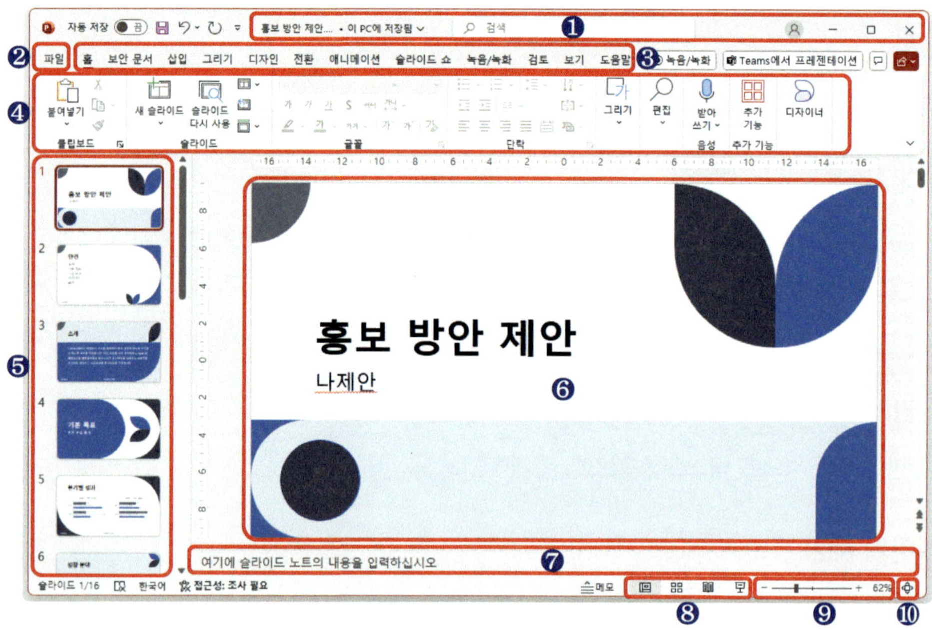

❶ **제목 표시줄** : 현재 파워포인트 문서의 이름이 표시되고, 오른쪽에는 창 크기를 조절할 수 있는 [최소화], [최대화], [닫기]의 [창 조절] 버튼이 있다.

❷ **[파일] 탭** : 파워포인트 문서 작업을 할 수 있는 기본적인 메뉴와 [옵션] 메뉴를 제공하여 여러 항목의 옵션을 지정할 수 있다.

❸ **메뉴 탭** : 파워포인트 명령을 모아 기능에 따라 구분하여 표시한 것으로 홈, 삽입, 그리기, 전환, 애니메이션, 슬라이드 쇼, 녹음/녹화, 검토, 보기, 도움말, 상황 탭(도형, 그림, 차트, 표 등 추가로 생기는 탭)으로 구성된다.

❹ **리본 메뉴** : 탭 형식의 메뉴를 선택하면 그룹별로 모아 구성된 관련된 명령들이 나타난다.

❺ **슬라이드 미리보기 창** : 모든 슬라이드를 미리 볼 수 있고, 슬라이드 순서를 변경, 추가, 삭제 작업을 간편하게 할 수 있다.

❻ **슬라이드 창** : 슬라이드 미리보기 창에서 선택한 특정 슬라이드에 텍스트 입력, 도형, 그림 등을 삽

입하고 속성 등을 설정하는 편집 작업을 할 수 있다.

❼ 슬라이드 노트 : 현재 선택한 슬라이드에 대한 설명을 추가 입력하여 발표할 때 인쇄하여 자료로 사용할 수 있다.

❽ 슬라이드 보기 : 슬라이드 보기 형태를 선택할 수 있는데, 기본, 여러 슬라이드, 읽기용 보기, 슬라이드 쇼가 있다.

❾ 슬라이드 확대/축소 : 슬라이드 바를 드래그하거나 [+], [−]를 클릭하여 슬라이드 크기를 확대 또는 축소할 수 있다.

❿ 창 크기 맞춤 : 현재 창 크기에 맞게 자동으로 슬라이드 크기를 조절한다.

파워포인트로 도형, 그림과 같은 개체 작업을 할 때 가이드 선을 이용하여 정확한 위치를 맞출 수 있도록 지원하는 눈금자, 눈금선, 안내선 표시 기능이 있다.

1) 눈금자

파워포인트 상단과 좌측에 표시되는 자 형태의 눈금이다. [보기] 탭 → [표시] 그룹의 [눈금자]를 클릭하면 눈금자가 나타난다.

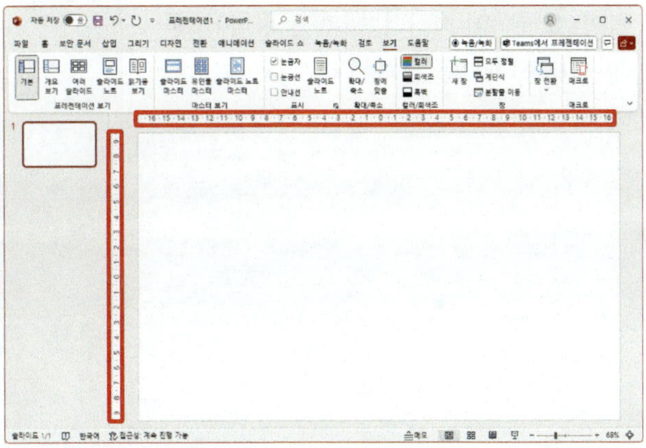

2) 안내선

슬라이드 창 중간에 가로와 세로 점선으로 안내선이 표시되는데, [보기] 탭 → [표시] 그룹의 [안내선]을 클릭하면 나타난다. 많은 개체를 원활하게 작업하기 위해서는 필요한 만큼 가로선 또는 세로선을 추가할 필요가 있다. 보이는 가로선 또는 세로선에 마우스 포인터를 갖다 놓고 Ctrl를 누른 상태에서 드래그하면 새로운 가로선 또는 세로선이 추가된다.

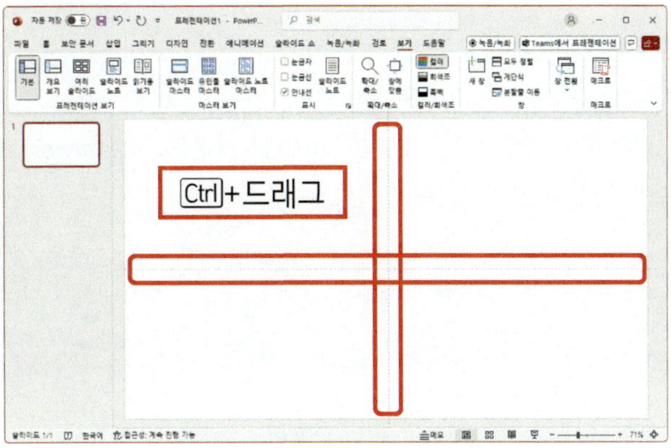

2 파워포인트 시작

파워포인트를 처음 사용할 때는 어떤 내용으로 어떻게 작성해야 할지 막막할 수 있다. 이럴 때 파워포인트의 서식 파일을 이용하면 간편하게 프레젠테이션 파일을 작성할 수 있다. 파워포인트 서식 파일로 프레젠테이션 파일을 만들어 보는 과정을 살펴보자.

(1) 서식 파일

파워포인트에서 제공하는 여러 서식 파일 중에서 비즈니스용 서식을 이용하여 프레젠테이션을 만들어 파일로 저장해 본다.

❶ 파워포인트를 실행하면 나타나는 첫 화면에서 왼쪽 [새로 만들기]를 클릭한다. 클릭 후 오른쪽에 나타나는 [추천 검색어] 중에서 [비즈니스]를 클릭한다.

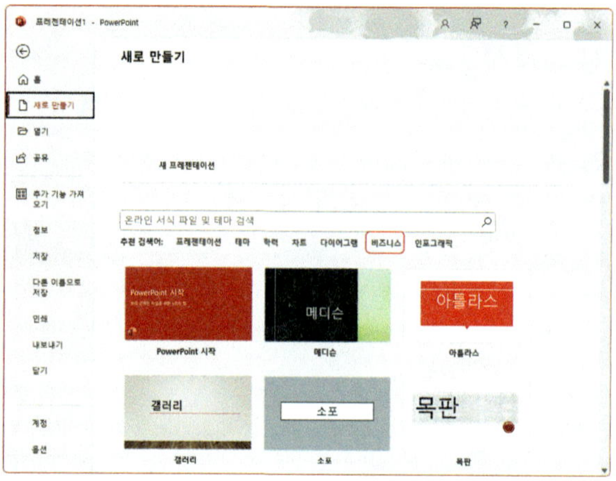

❷ 비즈니스용 서식 파일 목록에서 아래로 이동하여 [유니버설 프레젠테이션]을 선택한다.

❸ [유니버설 프레젠테이션] 대화상자가 나타나면 [만들기]를 클릭한다.

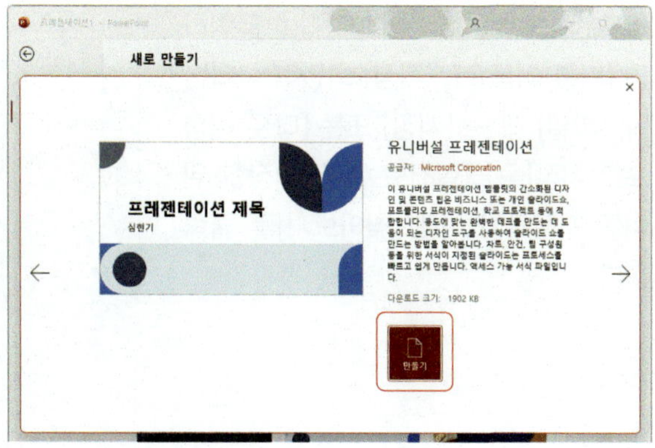

❹ 여러 슬라이드가 포함된 프레젠테이션 문서가 만들어지면 [도움말] 창을 닫는다.

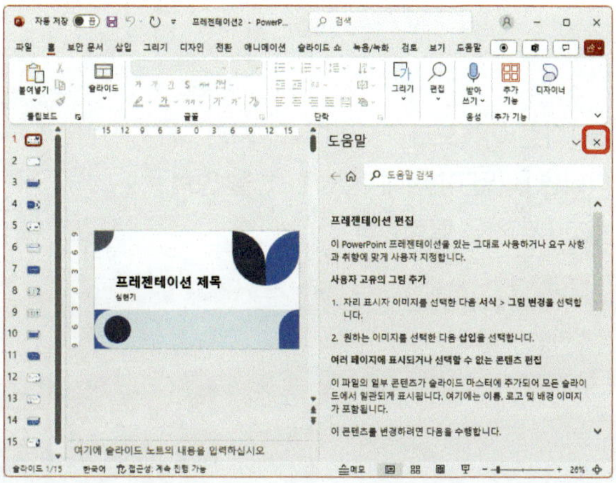

❺ 슬라이드 제목과 부제목의 내용을 수정한다. 제목은 "홍보 방안 제안", 부제목은 "나제안"으로 수정한다.

Note 서식 파일에 의해 만들어진 슬라이드의 제목이나 내용은 필요에 따라 수정하여 완성한다. 또한 서식 파일에서 제공하는 슬라이드는 순서를 바꾸거나 새 슬라이드 추가, 삭제할 수 있다.

❻ 제목 표시줄 왼쪽의 [저장]을 클릭하면 [다른 이름으로 저장] 화면이 나타난다. [파일] 탭 → [저장] 또는 [다른 이름으로 저장]을 클릭해도 된다. 저장할 위치를 지정하기 위해 [찾아보기]를 클릭한다.

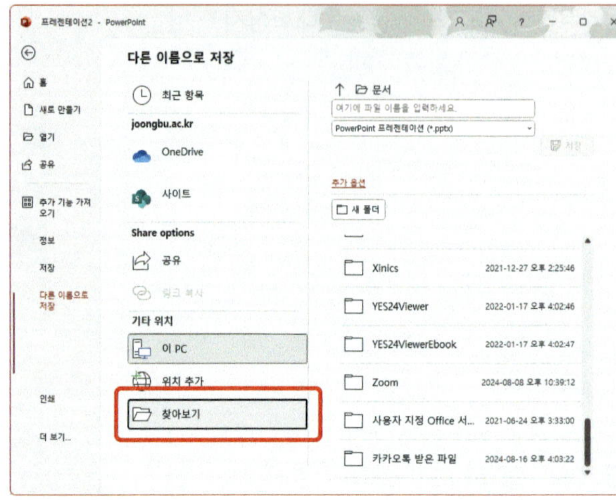

❼ [다른 이름으로 저장] 대화상자가 나타나면 [파일 이름]에 "실습1-1"을 입력하고 [저장]을 클릭한다.

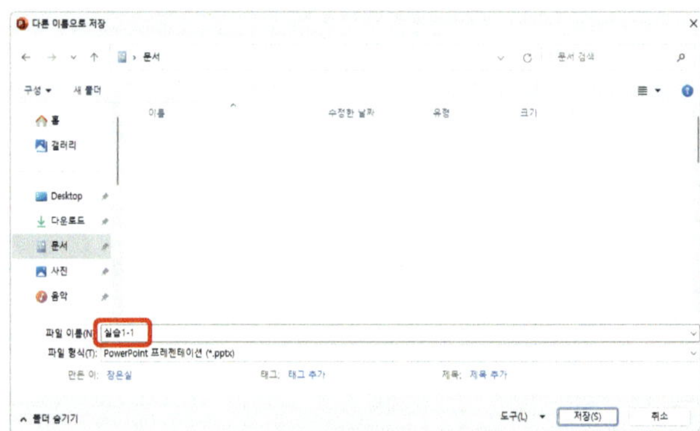

❽ 프레젠테이션 문서 및 프로그램을 종료할 때는 [파일] 탭 → [닫기] 또는 화면 오른쪽 상단의 [×]를 클릭한다.

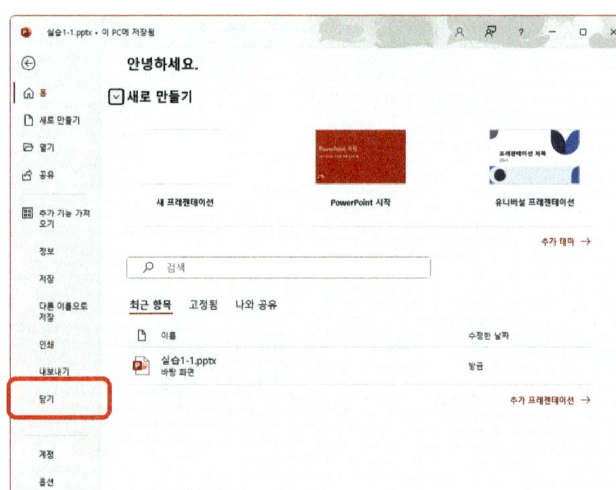

3 파워포인트 문서 다루기

파워포인트에서 제공하는 많은 메뉴 중에서 자주 사용하는 메뉴는 빠른 실행 도구 모음에 등록해 두면 빠르게 사용할 수 있다. 파일 내보내기 기능을 이용하면 파워포인트에서 만든 프레젠테이션을 PDF 형식의 파일이나 비디오 및 오디오와 같은 형식의 파일로 저장할 수 있다. 이러한 기능을 수행하는 과정을 살펴보자.

(1) 빠른 실행 도구 모음에 메뉴 추가

파워포인트의 빠른 실행 도구 모음에 필요한 메뉴를 추가하고 사용해 본다.

❶ 파워포인트를 실행하면 나타나는 첫 화면의 [최근 항목] 중에서 "실습1-1"을 클릭한다. 만약 파워포인트가 이미 실행 중이라면 [파일] 탭 → [열기]에서 [최근 항목]이나 [찾아보기]에서 파일을 선택하여 연다.

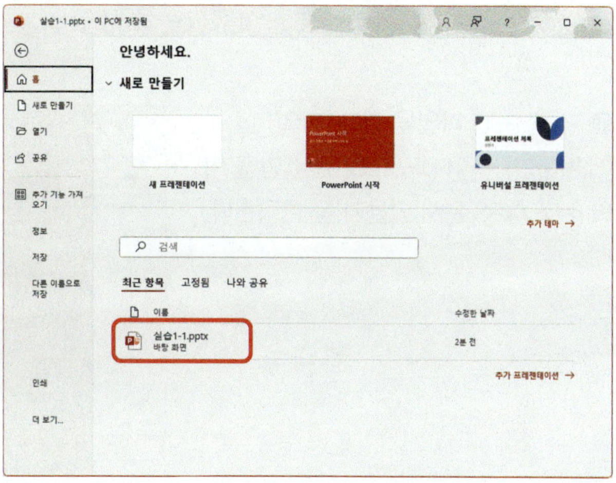

❷ [삽입] 탭 → [텍스트] 그룹에서 [텍스트 상자] → [가로 텍스트 상자 그리기]에서 마우스 오른쪽 버튼을 클릭하여 나타나는 메뉴에서 [빠른 실행 도구 모음에 추가]를 클릭한다.

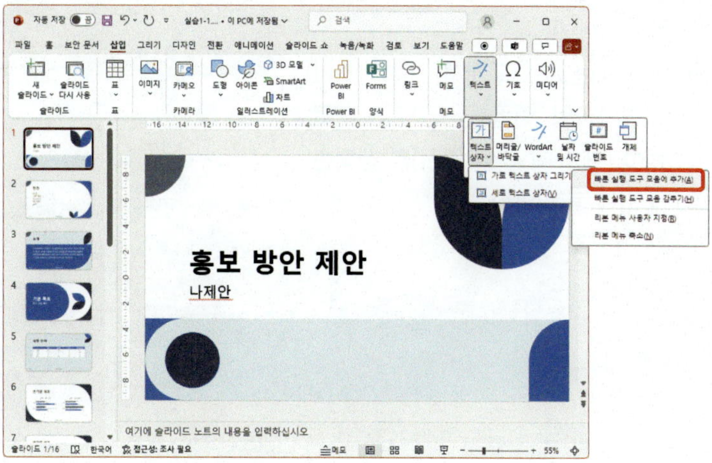

01

❸ 빠른 실행 도구 모음에 추가한 메뉴를 제거하려면 해당 메뉴에서 마우스 오른쪽 버튼을 클릭하여 나타나는 메뉴에서 [빠른 실행 도구 모음에서 제거]를 클릭하여 제거한다.

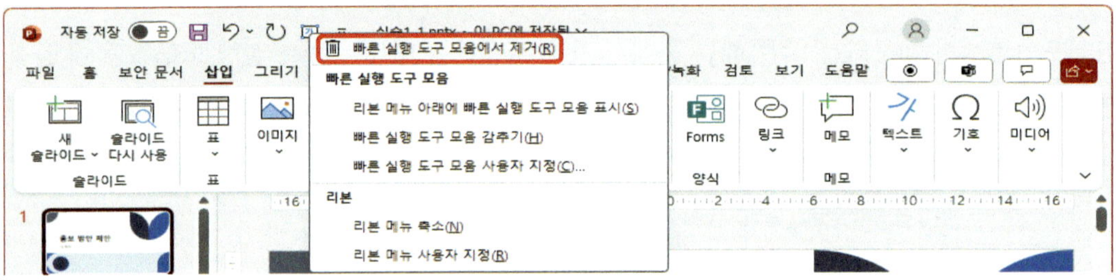

(2) PDF 파일 또는 비디오 파일로 저장

"실습1-1" 파일을 이용하여 파워포인트 문서를 다른 형식의 파일로 저장해 본다.

❶ "실습1-1" 파일을 열고 [파일] 탭 → [내보내기] → [PDF/XPS 문서 만들기]의 [PDF/XPS 문서 만들기]를 클릭한다.

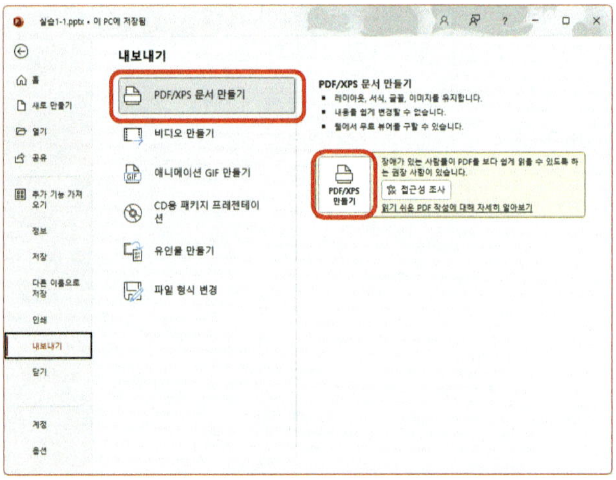

❷ [PDF 또는 XPS로 게시] 대화상자가 나타나면 [파일 이름]을 "실습1-1"로 입력하고 [게시 후 파일 열기]를 선택한 후 [게시]를 클릭한다.

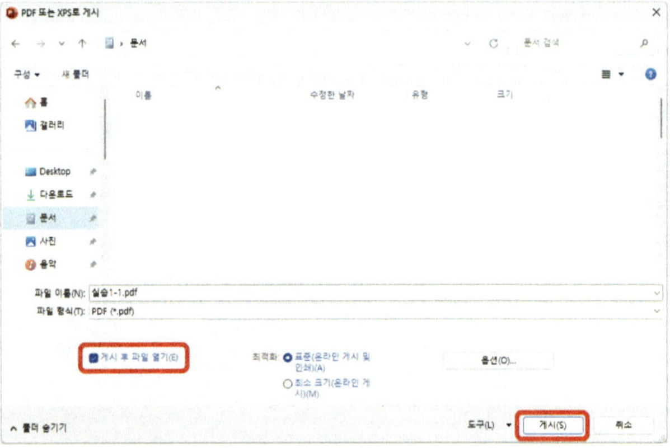

❸ PDF 파일 만들기 과정이 종료되면 만들어진 PDF 파일이 화면에 게시된다.

❹ 파워포인트 파일을 비디오로 만들기 위해 [파일] 탭 → [내보내기] → [비디오 만들기]를 클릭하여 나타나는 화면에서 [각 슬라이드에 걸린 시간]을 3으로 변경하고 [비디오 만들기]를 클릭한다.

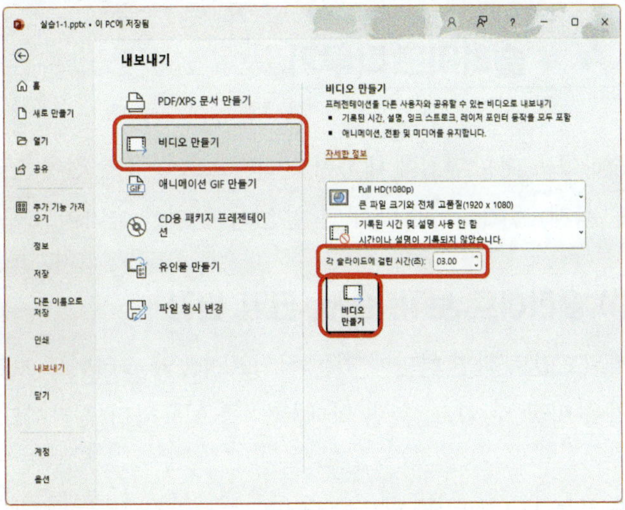

❺ [비디오 내보내기] 대화상자에서 [파일 이름]은 "실습1-1"로 입력하고 [파일 형식]은 [MPEG-4 비디오]를 선택한 후 [내보내기] 버튼을 클릭한다.

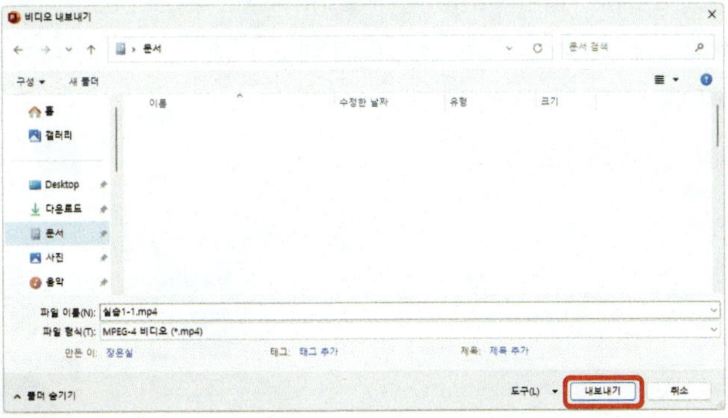

⑥ 저장된 비디오 파일을 찾아 더블클릭하면 비디오가 재생된다.

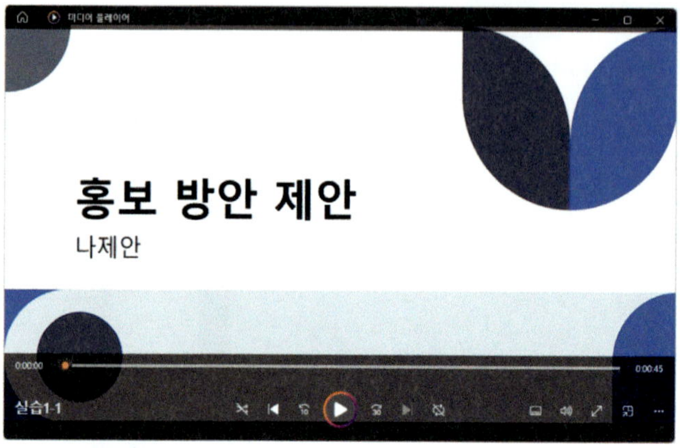

4 슬라이드 다루기

슬라이드 내용 편집에 대하여 본격적으로 다루기 전에 슬라이드 보기, 순서, 크기 변경, 슬라이드 복제, 추가, 삭제 및 구역 설정 등에 대한 슬라이드 구성 도구들에 대하여 살펴본다.

(1) 슬라이드 보기, 순서, 크기 변경

파워포인트 화면 하단에 있는 작업표시줄의 슬라이드 보기 형태를 선택하면 슬라이드 보기 모양을 바꿀 수 있고, 화면 확대/축소를 이용하면 슬라이드 크기를 변경할 수 있다.

❶ "실습1-1" 파일을 열고 슬라이드 보기 중에서 [여러 슬라이드] 버튼을 클릭한다. 슬라이드 보기는 [보기] 탭 → [프레젠테이션 보기] 그룹에서 선택할 수도 있다.

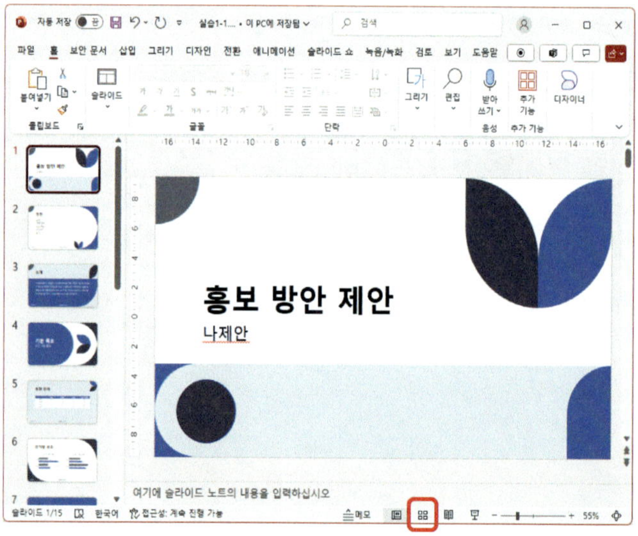

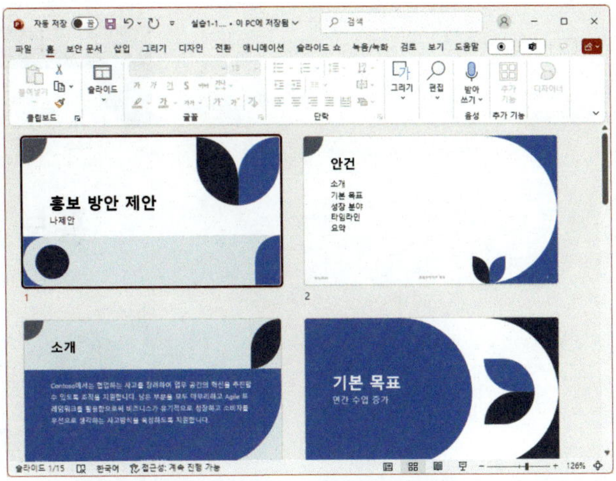

❷ 5번 슬라이드를 마우스로 드래그하여 6번 슬라이드에 오도록 하여 슬라이드 위치를 변경한다. 여러 슬라이드 보기에서는 모든 슬라이드를 한 번에 볼 수 있으므로 슬라이드 순서를 바꾸거나 삭제하는 등의 슬라이드 구성 작업을 할 때 유용하다.

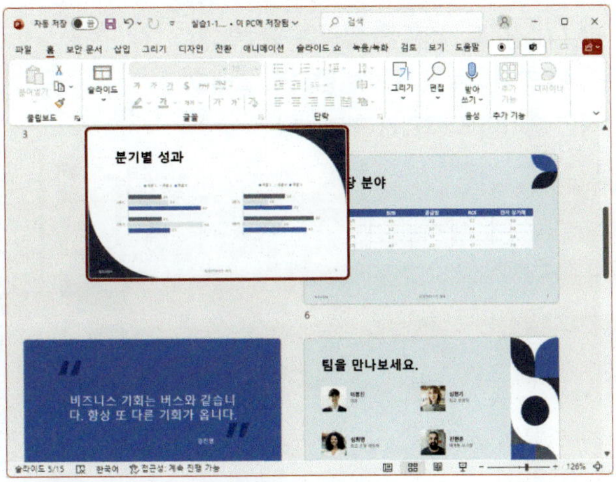

❸ [읽기용 보기] 버튼을 클릭하면 발표할 때 표시되는 슬라이드 화면을 확인할 수 있다. [슬라이드 쇼]와는 다르게 [읽기용 보기]에서는 파워포인트 창 크기가 전체 화면으로 확대되어 나타나지 않고 설정한 화면 전환이나 애니메이션 효과 등을 확인할 수 있다.

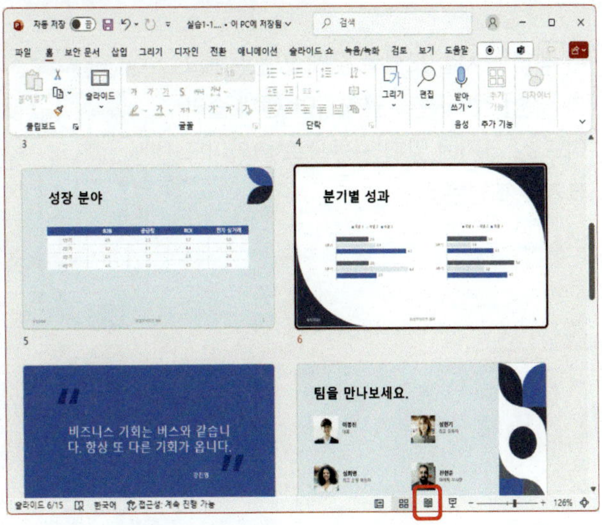

❹ [기본] 버튼을 클릭한 뒤 [확대/축소] 조절점을 오른쪽 방향으로 드래그하면 슬라이드 크기가 확대된다.

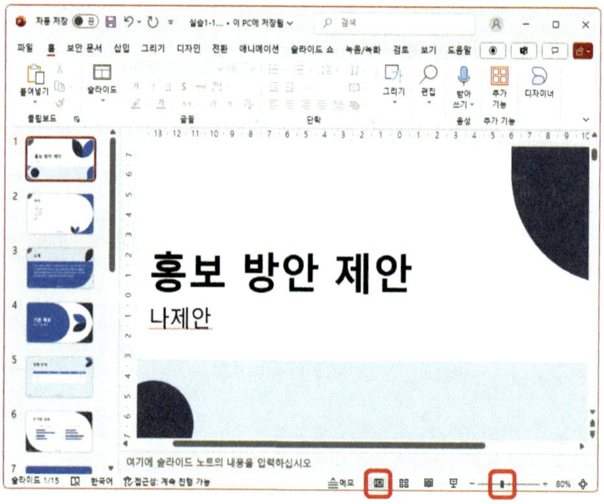

❺ 작업 표시줄 오른쪽 끝에 있는 [창 크기 맞춤] 버튼을 클릭하면 현재 슬라이드 창 크기에 맞춰 자동으로 슬라이드 크기가 조정된다.

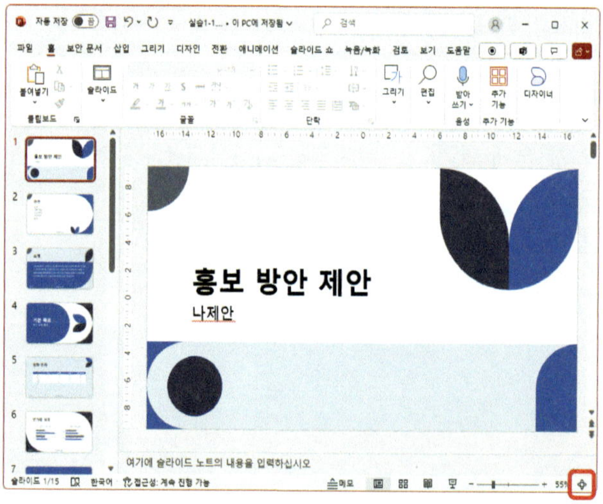

(2) 슬라이드 복제, 추가, 삭제, 이동

왼쪽 슬라이드 미리보기 창을 이용하여 슬라이드 복제, 추가, 삭제, 이동 작업을 할 수 있다.

❶ "실습1-1" 파일을 열고 슬라이드 미리보기 창에서 6번 슬라이드에 마우스 오른쪽 버튼을 클릭한다. 클릭하여 나타나는 메뉴에서 [슬라이드 복제]를 선택하면 복제된 슬라이드가 삽입된다. 또는 Ctrl를 누른 상태에서 슬라이드를 원하는 위치로 드래그하면 원하는 위치에 슬라이드를 복제할 수 있다.

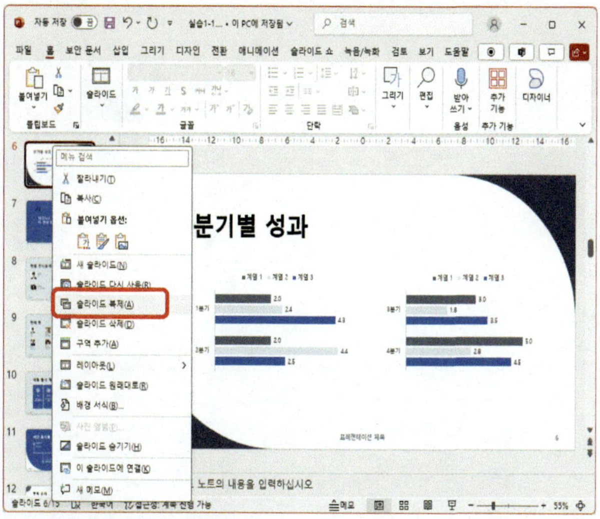

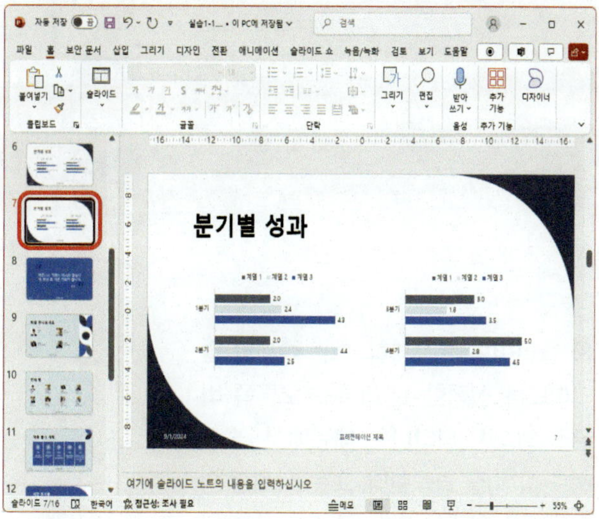

❷ 새로운 슬라이드를 추가할 때는 [홈] 탭 → [슬라이드] 그룹 → [새 슬라이드]에서 원하는 슬라이드 레이아웃을 클릭한다. 또는 슬라이드 미리보기 창에서 슬라이드 하나를 선택한 뒤 Enter↵를 누르면 선택한 슬라이드와 동일한 레이아웃의 새 슬라이드가 추가된다.

01

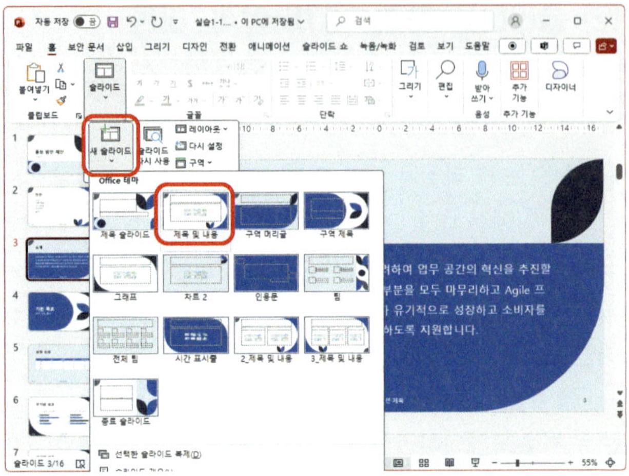

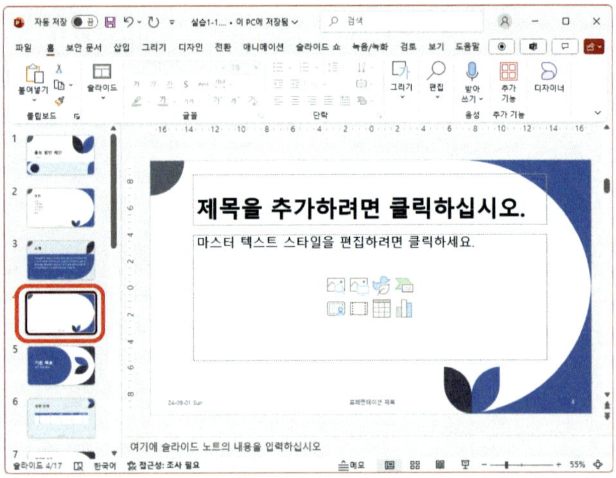

❸ 슬라이드를 삭제할 때는 삭제할 슬라이드를 선택한 뒤 마우스 오른쪽 버튼을 눌러서 나타나는 메뉴에서 [슬라이드 삭제]를 클릭한다. 또는 삭제할 슬라이드를 선택한 뒤 Del를 눌러 삭제한다.

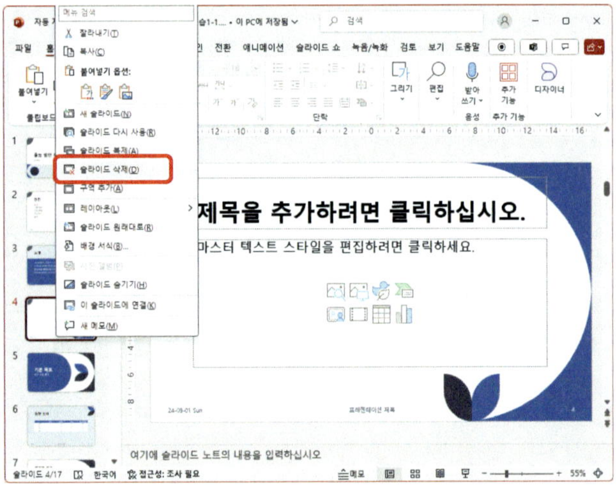

(3) 구역 설정과 제거

파워포인트 작업을 하면서 주제나 내용에 따라 그룹을 구분하여 작업하는 것이 효율적일 때가 있는데, 구역 설정 기능을 이용하면 그룹화 작업이 가능하다. 이러한 구역 설정 및 제거에 대하여 살펴본다.

❶ "실습1-1" 파일을 열고 1번 슬라이드를 선택한 뒤 [홈] 탭 → [슬라이드] 그룹 → [구역]의 [구역 추가]를 클릭한다. [구역 이름 바꾸기] 대화상자가 나타나면 [구역 이름]에 "파트1"이라고 입력하고 [이름 바꾸기] 버튼을 클릭한다. 구역이 만들어지면 구역 이름 앞에 ◢ 파트1 기호를 클릭하면 구역에 포함된 슬라이드를 펼치거나 숨길 수 있다. 또한 구역 이름을 선택하면 구역에 속한 모든 슬라이드를 선택하여 한 번에 슬라이드를 이동, 복제, 인쇄할 수 있다.

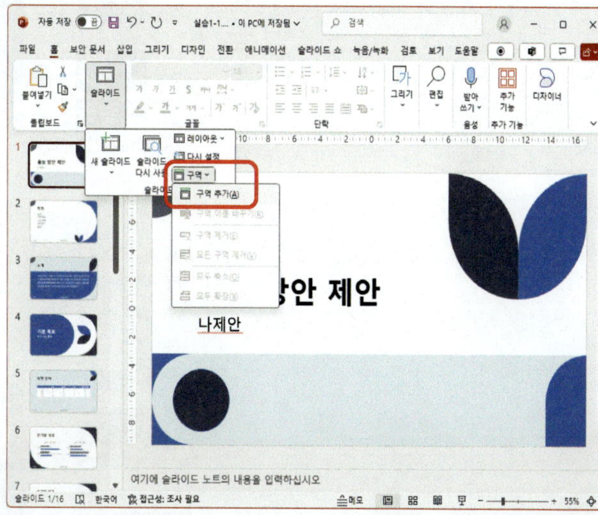

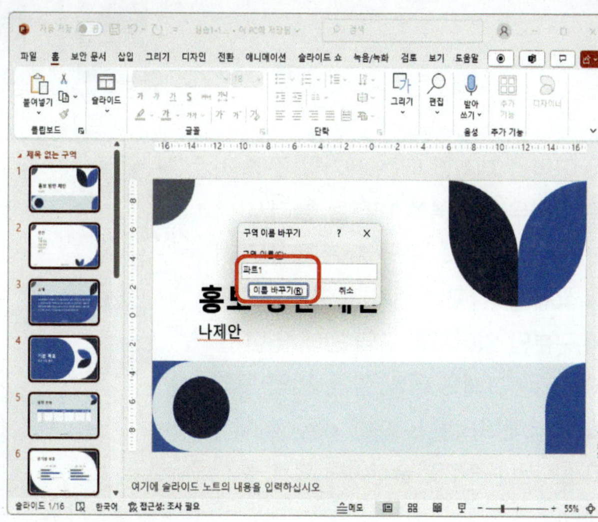

❷ 4번 슬라이드를 선택한 뒤 앞의 과정을 반복하여 "파트2" 구역을 추가하고 15번 슬라이드를 선택한 뒤 동일한 과정을 반복하여 "파트3" 구역을 추가한다. 슬라이드 미리보기 창에서 구역이름을 마우스로 드래그하면 구역 위치를 변경할 수 있고, 다른 구역에 있는 슬라이드를 드래그하면 해당 슬라이드 구역을 변경할 수 있다.

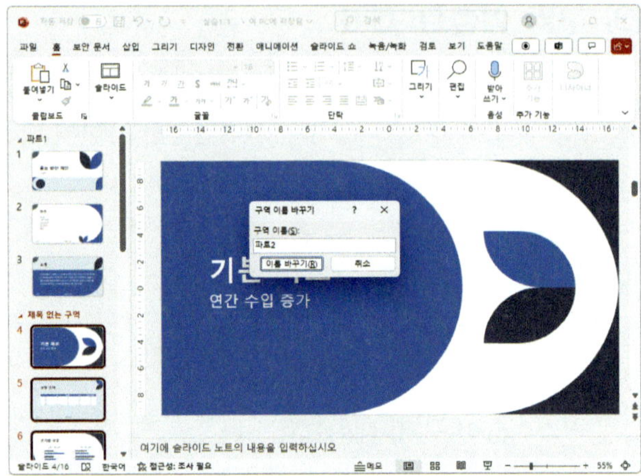

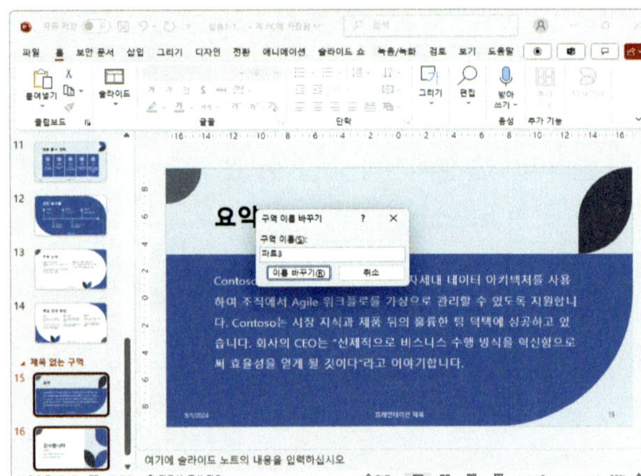

❸ 구역을 제거할 때는 제거할 구역 이름에 마우스 오른쪽 버튼을 눌러서 나타나는 메뉴에서 [구역 제거]를 선택하여 삭제한다. [구역 제거]를 클릭하면 구역 구분만 없어지고 구역 안에 있던 슬라이드는 그래도 남게 된다. 만약 구역과 구역 안의 슬라이드를 모두 삭제하고 싶다면 [구역 및 슬라이드 제거]를 선택한다.

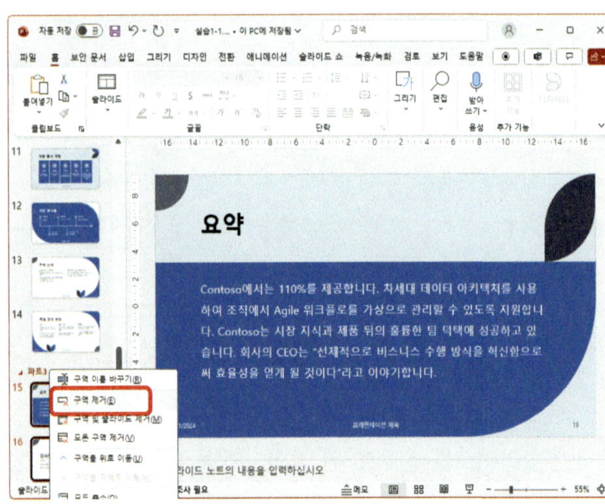

5 파워포인트 기본 기능 연습 문제

01 프레젠테이션 제작 단계별 특징에 대하여 작성하시오.

02 파워포인트의 특징과 새로운 기능에 대하여 작성하시오.

03 다음 〈조건〉을 참고하고 결과 화면과 같이 나타나도록 파워포인트 서식 파일을 이용하여 프레젠테이션 문서를 작성하시오.

① 서식 파일 [추천 검색어] → [학력] → [PowerPoint 시작]

② 제목과 부제목 수정

③ 구역 이름 변경

- '감사합니다.' 구역을 "서론"으로 변경
- '디자인, 모핑, 주석 달기, 공동 작업, 입력하세요' 구역을 "본론"으로 변경
- '자세한 정보' 구역을 "결론"으로 변경

④ "연습1-3.pptx" 파일 이름으로 저장

⑤ [내보내기] 기능을 이용하여 "연습1-3.pdf" 형식의 파일로 저장

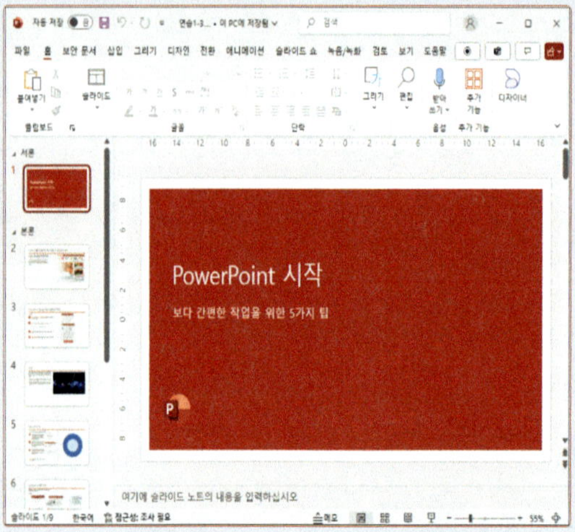

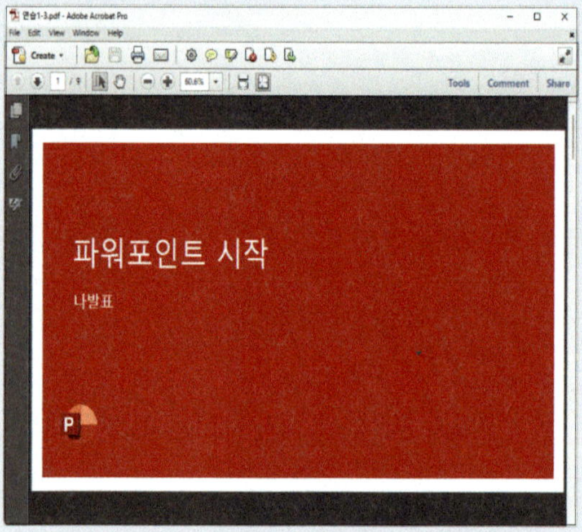

04 다음 〈조건〉을 참고하고 파워포인트 서식 파일을 이용하여 자유롭게 프레젠테이션 문서를 작성하시오.

① 원하는 서식 파일을 선택

② 제목과 부제목 수정

③ 필요에 따라 슬라이드 삭제, 추가, 변경, 이동

④ 적절한 구역 이름으로 변경

⑤ "연습1-4.pptx" 파일 이름으로 저장

⑥ [내보내기] 기능을 이용하여 "연습1-4.mp4" 형식의 파일로 저장

2 텍스트 슬라이드

이번 장에서는 다음과 같은 내용을 학습합니다.

- 파워포인트의 기본 정보 형태인 텍스트를 개체 틀, 텍스트 상자, 도형을 활용하여 입력할 수 있습니다.
- 글꼴, 글꼴 색, 글머리 기호, 단락 서식, 문자 간격, 줄 간격 등을 조정하여 가독성 있는 프레젠테이션으로 디자인할 수 있습니다.
- 한자, 기호, 수식 등 다양한 종류의 텍스트를 입력할 수 있습니다.

텍스트 슬라이드는 프레젠테이션의 핵심적인 요소 중 하나로, 정보를 효과적으로 전달하는 데 중요한 역할을 한다. 이 장에서는 파워포인트에서 텍스트를 입력하고 편집하는 다양한 방법을 다룬다. 기본적인 텍스트 입력 방법부터 글꼴 및 서식 설정, 그리고 특수 문자와 수식 입력에 이르기까지, 텍스트 슬라이드를 완성하는 데 필요한 모든 기술을 익힐 수 있다. 이러한 기능들을 마스터함으로써 청중에게 명확하고 강력한 메시지를 전달하는 프레젠테이션을 제작할 수 있다.

1 텍스트 입력

파워포인트에서 텍스트 입력은 프레젠테이션의 중요한 부분으로, 개체 틀, 텍스트 상자, 도형 등을 활용해 메시지를 효과적으로 전달할 수 있다. 각 방법은 슬라이드의 목적과 내용에 따라 선택되며, 이를 통해 텍스트를 자유롭게 배치하고, 시각적 효과를 높일 수 있다.

(1) 개체 틀 활용

개체 틀은 슬라이드의 레이아웃에 따라 자동으로 제공되는 텍스트 입력 영역이다. 제목이나 본문을 입력할 때 개체 틀을 활용하면, 텍스트가 자동으로 적절한 위치와 크기로 조정되며, 일관된 레이아웃을 유지할 수 있다. 이를 통해 사용자는 빠르고 효율적으로 슬라이드를 구성할 수 있다.

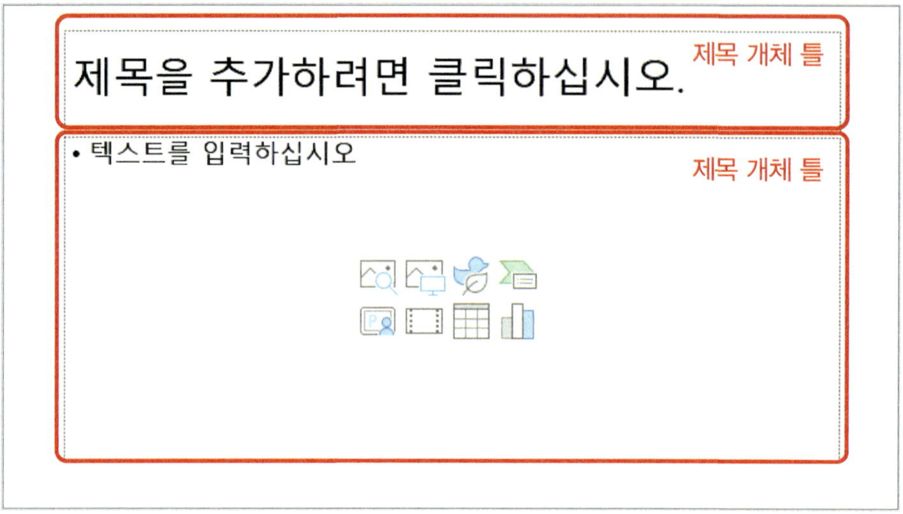

서식 파일이나 디자인 테마 적용 없이 새 프레젠테이션을 만들어, 제목 슬라이드에 내용을 작성한 뒤 글꼴, 글꼴 크기, 글꼴 색 등의 서식을 지정해 본다.

❶ 파워포인트를 실행하면 나타나는 첫 화면에서 왼쪽 [새로 만들기]를 클릭한다. 클릭 후 오른쪽에 나타나는 [새 프레젠테이션]을 클릭한다.

❷ 제목 슬라이드의 제목 개체 틀 안을 클릭하여 커서가 나타나면 "생성형 AI 활용 전략"을 입력하고, 부제목 개체 틀 안에는 "AI전략기획팀"이라고 입력한다.

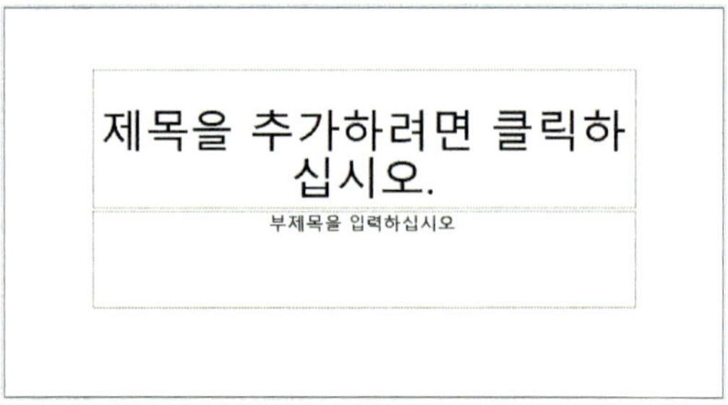

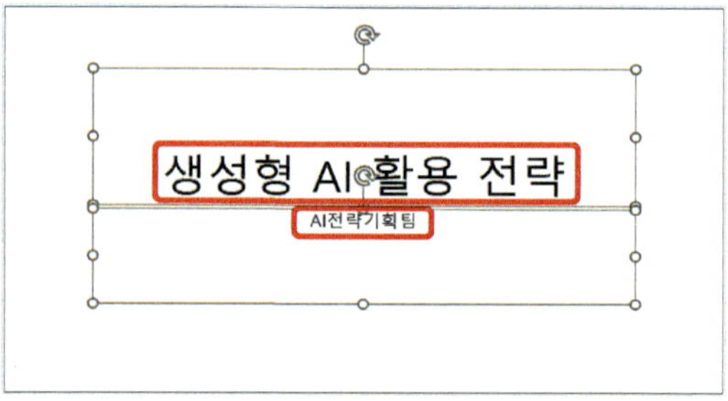

❸ [홈] 탭 → [슬라이드] 그룹 → [새 슬라이드] → [제목 및 내용]을 선택하여 새로운 슬라이드를 추가하여 제목 개체 틀과 본문 개체 틀에 다음의 내용을 작성한다.

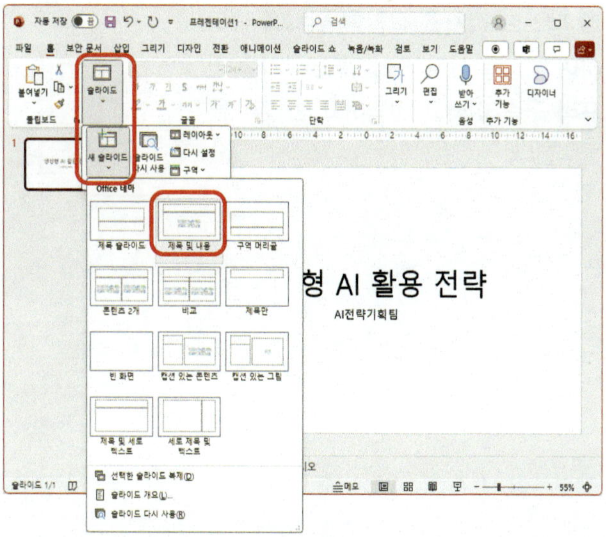

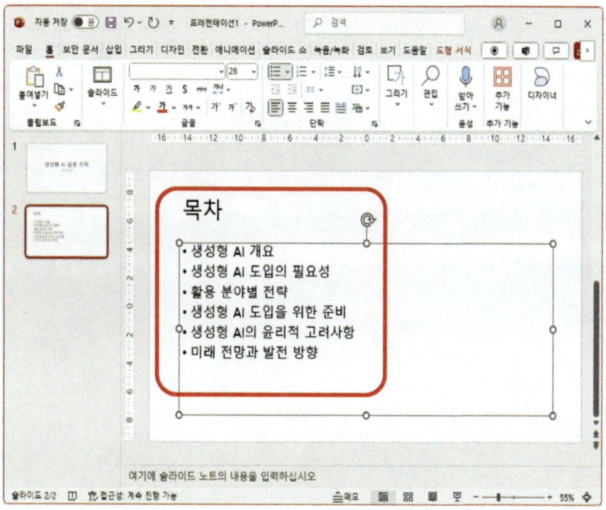

(2) 텍스트 상자 활용

텍스트 상자는 파워포인트에서 자유롭게 텍스트를 배치할 수 있는 도구로, 슬라이드에 지정된 개체 틀 외의 영역에 텍스트를 추가할 때 유용하다.

❶ [홈] 탭 → [슬라이드] 그룹 → [새 슬라이드] → [제목만]을 선택하여 새로운 슬라이드를 추가한다. 새 슬라이드가 추가되면 제목 개체 틀에는 "생성형 AI 도입 준비 사항"을 입력하고 [삽입] 탭 → [텍스트] 그룹 → [텍스트 상자] → [가로 텍스트 상자 그리기]를 선택한다.

❷ 텍스트 상자를 삽입할 위치에 클릭하여 텍스트 상자가 삽입되면 "기술 인프라 구축"이라고 입력하고 빈 영역을 클릭한다.

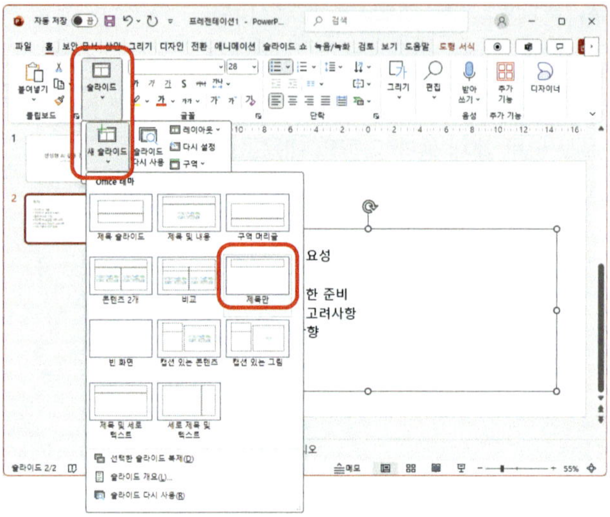

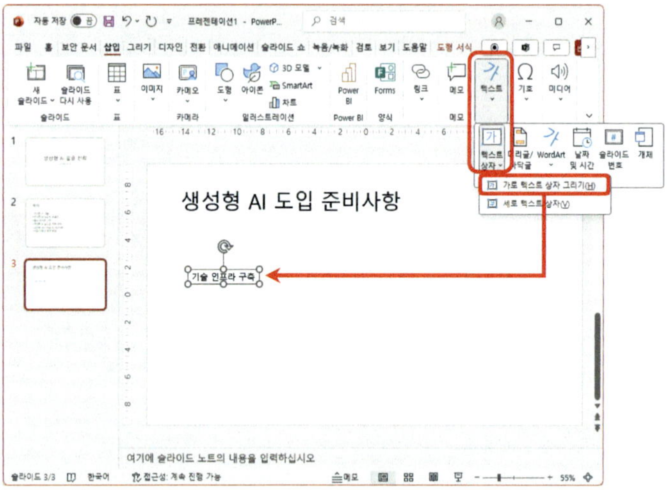

(3) 도형 활용

파워포인트에서 도형을 삽입한 후, 도형 내부에 텍스트를 입력하여 강조하고 싶은 내용을 부각할 수 있고 도형의 크기와 모양에 따라 텍스트가 자동으로 정렬되며, 글꼴과 색상도 자유롭게 조정 가능하다.

❶ [삽입] 탭 → [일러스트레이션] 그룹 → [도형] → [타원]을 선택한다. 타원을 삽입할 때 Shift 키를 누른 상태에서 드래그하면 가로세로 크기가 같은 원이 삽입된다.

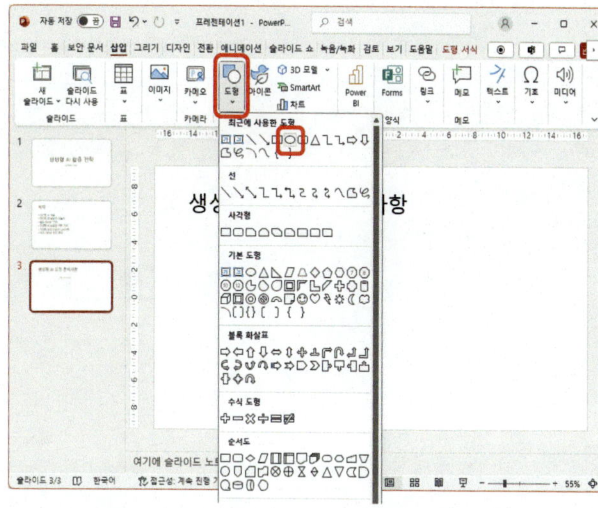

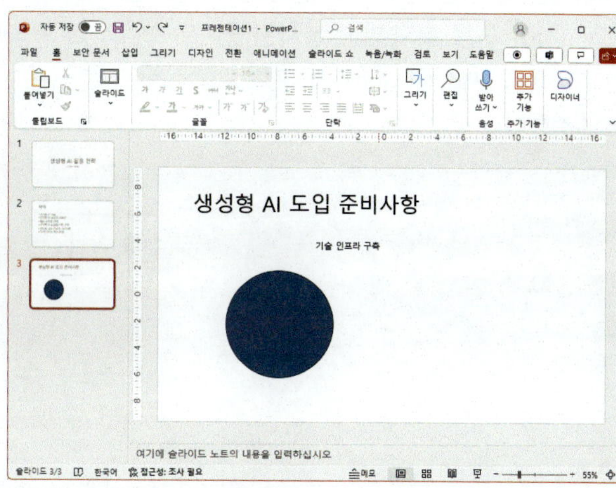

❷ 원이 삽입된 후에 원 위에 마우스 오른쪽 버튼을 클릭하면 단축 메뉴가 나타나는데, 여기서 [텍스트 편집]을 선택하여 원 안에 커서가 나타나면 "클라우드 인프라 설정"이라고 입력한다.

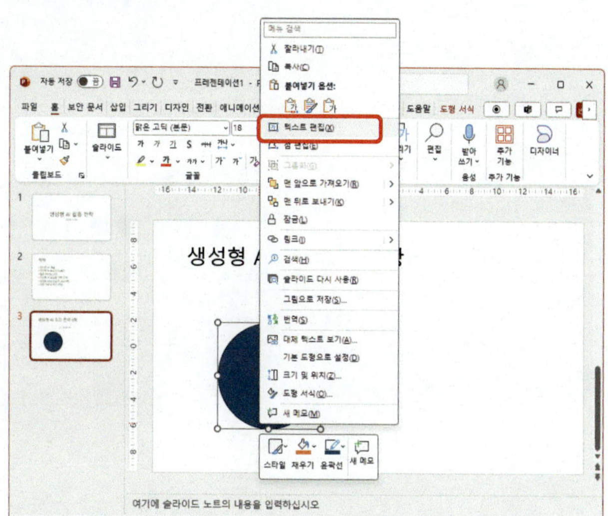

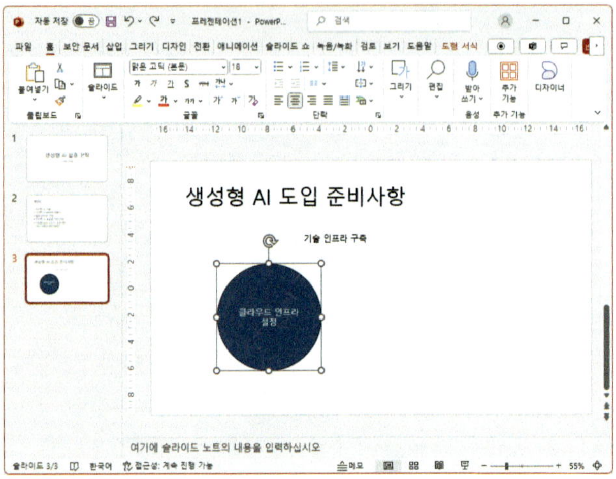

❸ 삽입된 원에 Ctrl 키를 누른 상태에서 드래그하여 원을 복사한다. 복사된 원 안에 내용을 "서버 및 네트워크 구축"으로 수정한다.

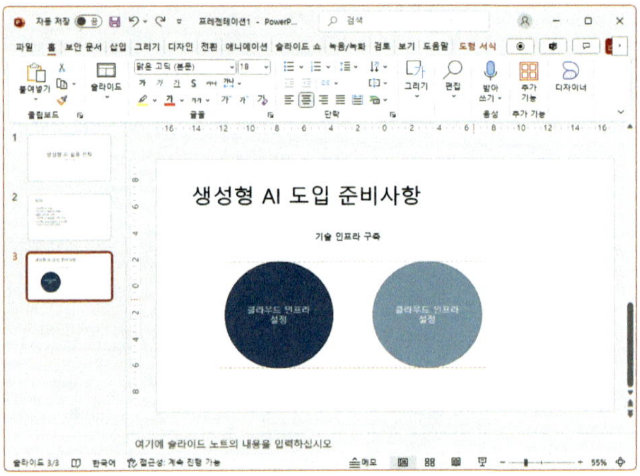

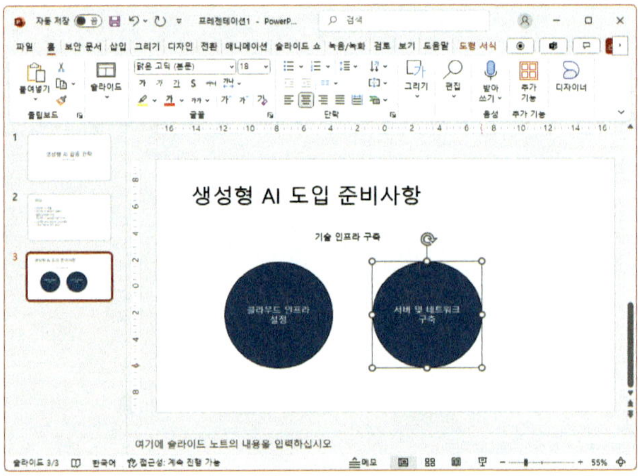

2 텍스트 편집

텍스트 편집은 파워포인트에서 슬라이드의 내용을 더욱 명확하고 시각적으로 매력적으로 만드는 중요한 과정이다. 이 과정에서 텍스트 편집의 주요 요소인 글꼴과 글꼴 색, 글머리 기호, 단락 서식, 문자 간격, 줄 간격 등이 있다.

(1) 글꼴 및 글꼴 색

❶ 첫 번째 슬라이드의 제목 개체 틀을 선택한 뒤, [홈] 탭 → [글꼴] 그룹 → [글꼴] → [HY헤드라인M]을 선택한다. 부제목 개체 틀을 선택한 뒤, [홈] 탭 → [글꼴] 그룹 → [글꼴 크기] → [36], [굵게]를 선택한다.

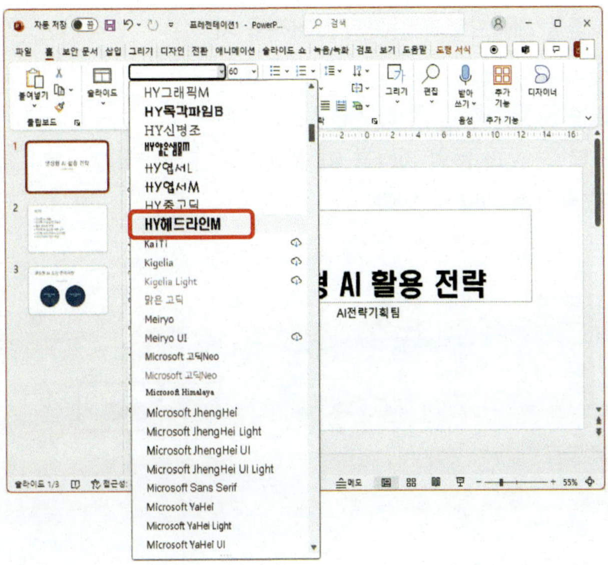

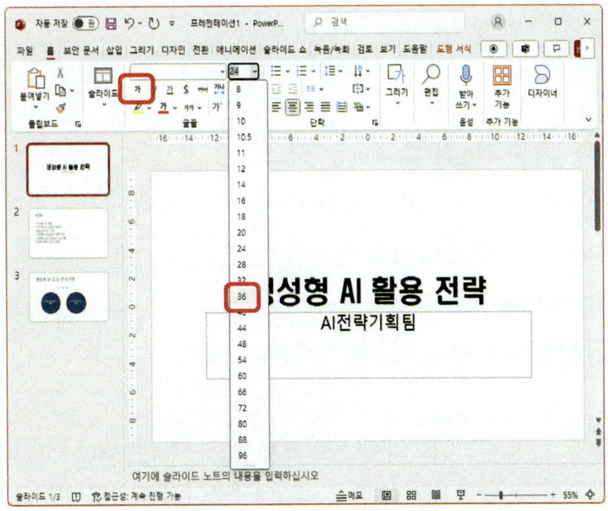

02

❷ 세 번째 슬라이드의 텍스트 상자 틀을 선택한 뒤, [홈] 탭 → [글꼴] 그룹 → [글꼴 색] → [주황, 강조 2]를 선택한다. 왼쪽에 있는 원을 선택한 상태에서 Ctrl + 오른쪽 원을 선택하여 두 개의 원을 동시에 선택한다. 이후 [홈] 탭 → [글꼴] 그룹 → [글꼴 크기] → [24], [굵게]를 선택한다. 이후에 원의 텍스트 내용 적당한 위치에서 Enter↵ 키를 입력하여 줄 바꿈을 해줌으로써 단어의 끊어짐을 자연스럽게 해준다. 이 외에 [글꼴] 그룹에 있는 글꼴 스타일(굵게, 기울임꼴), 밑줄 스타일, 효과 등의 기능을 이용하여 보기 좋게 설정할 수 있다.

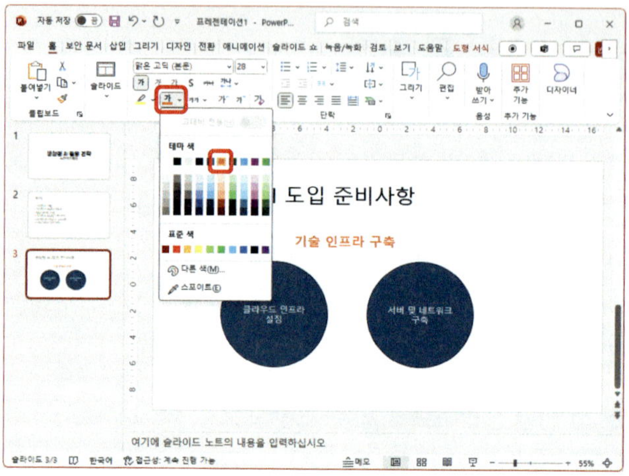

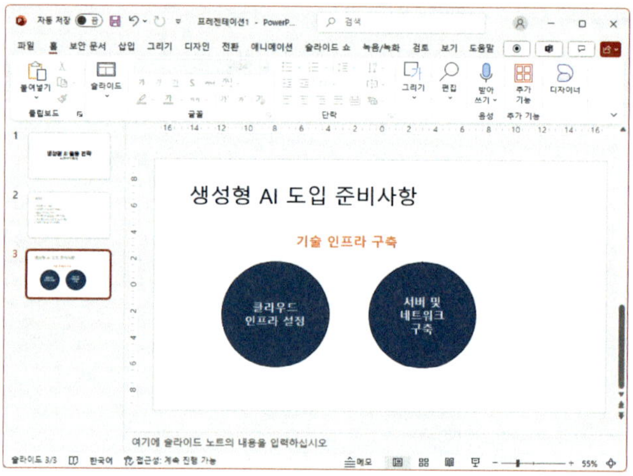

(2) 글머리 기호

글머리 기호는 파워포인트에서 목록을 체계적으로 정리하고, 중요 포인트를 강조하는 데 사용된다. 다양한 스타일을 선택할 수 있으며, 이를 통해 정보를 시각적으로 명확하게 전달할 수 있다. 필요에 따라 수준을 늘려 들여쓰기하고, 목록 수준에 따라 글꼴이나 글머리 기호의 크기 또는 모양을 다르게 표시할 수 있다.

❶ 두 번째 슬라이드의 텍스트 개체 틀을 선택한 뒤에 [홈] 탭 → [단락] 그룹 → [글머리 기호] → [글머리 기호 및 번호 매기기]를 클릭한다. [글머리 기호 및 번호 매기기] 대화상자에서 [속이 찬 정사각형 글머리 기호] 선택, 텍스트 크기는 [120%], 색은 [녹색, 강조 6]을 선택한 후에 확인 버튼을 클릭한다.

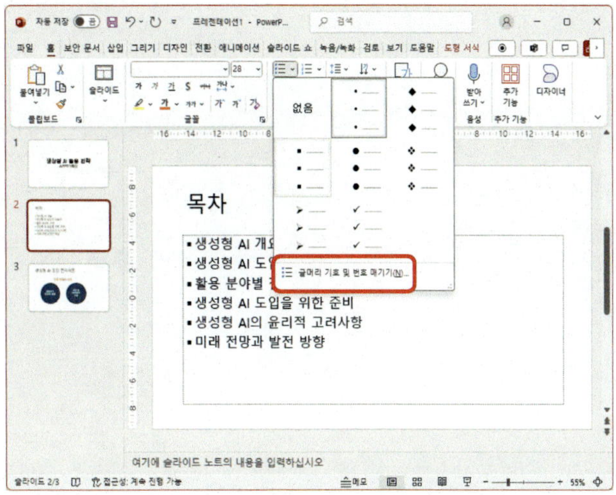

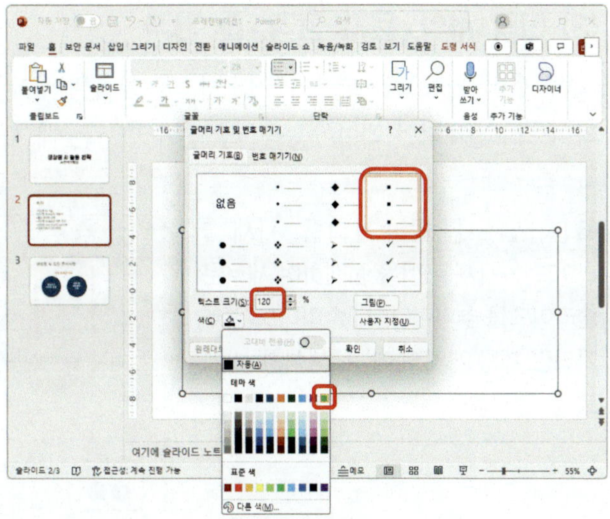

❷ 텍스트 개체 틀 첫 번째 줄에 "기본 개념 및 필요성"을 작성한 뒤 두 번째 줄과 세 번째 줄의 내용을 드래그하여 선택한 뒤에 [홈] 탭 → [단락] 그룹 → [☰목록 수준 늘림]을 클릭하거나 [Tab] 키를 입력한다. 이후 다음과 같이 보이도록 추가 내용 작성 및 수준 변경 과정을 반복한다.

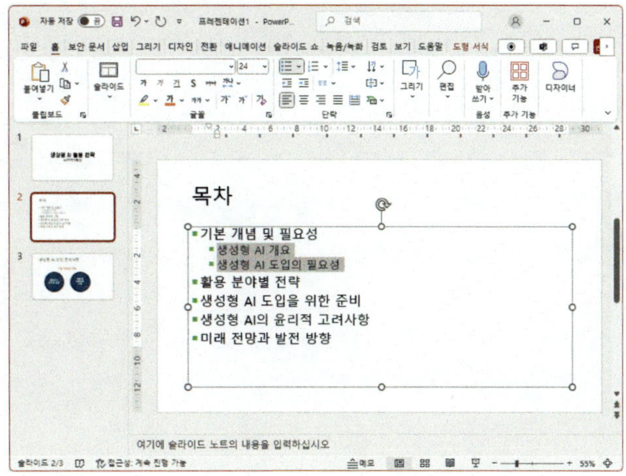

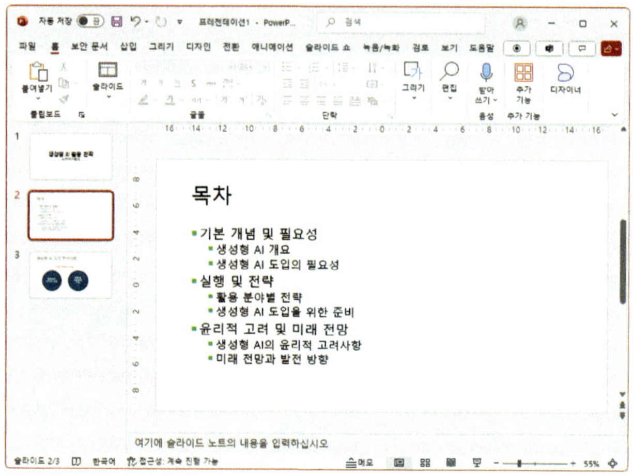

(3) 단락 서식, 문자 간격, 줄 간격

"단락 서식" 기능들은 슬라이드 내 텍스트 블록의 배치와 간격을 조정하여 가독성을 높이고, 슬라이드의 전체적인 레이아웃을 조화롭게 만드는 데 사용된다.

❶ [홈] 탭 → [슬라이드] 그룹 → [새 슬라이드] → [제목만]을 선택하여 새로운 슬라이드를 추가한다. 새 슬라이드가 추가되면 제목 개체 틀에는 "생성형 AI 개요"를 입력한다.

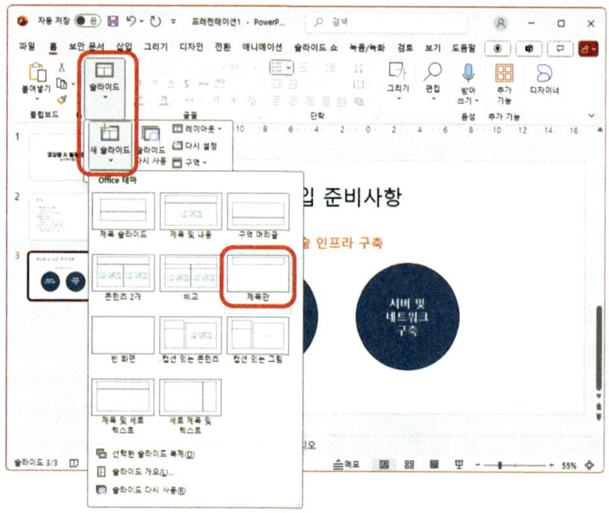

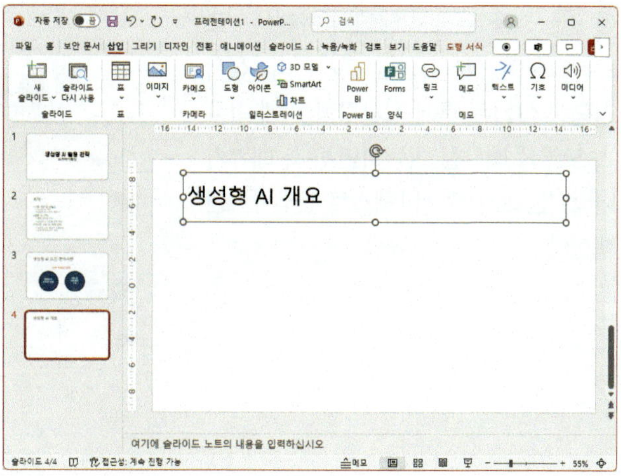

❷ [삽입] 탭 → [일러스트레이션] 그룹 → [도형] → [직사각형]을 선택한다. 적당한 위치에서 드래그하여 직사각형을 삽입한다.

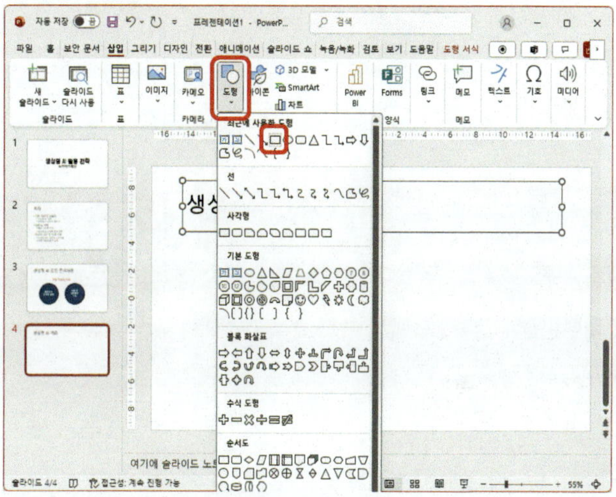

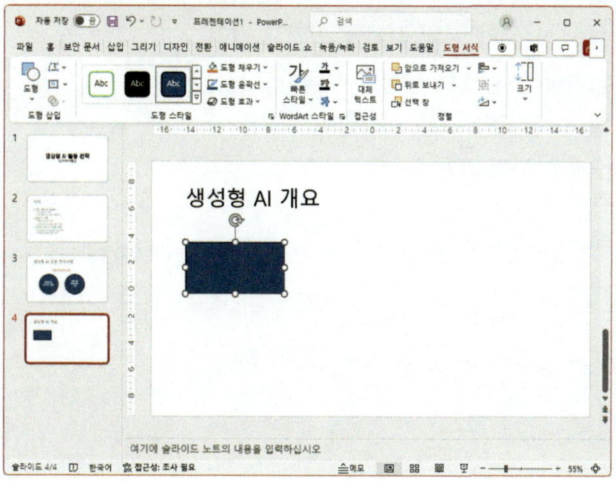

02

❸ Ctrl 키를 누른 상태에서 아래쪽으로 드래그하여 직사각형을 복사한다. 직사각형이 삽입된 후에 직사각형 위에 마우스 오른쪽 버튼을 클릭하면 단축 메뉴가 나타나는데, 여기서 [텍스트 편집]을 선택한다.

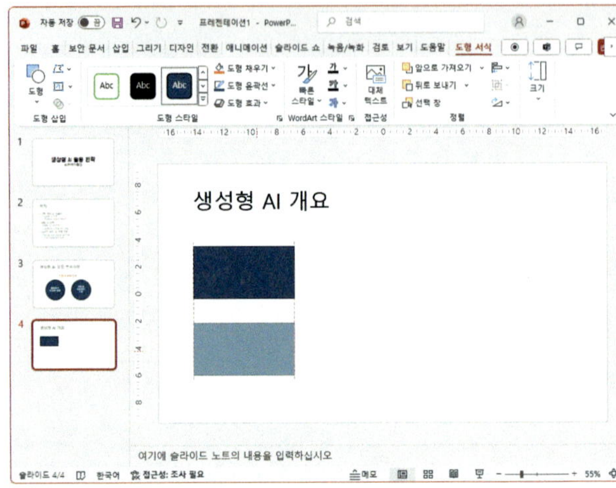

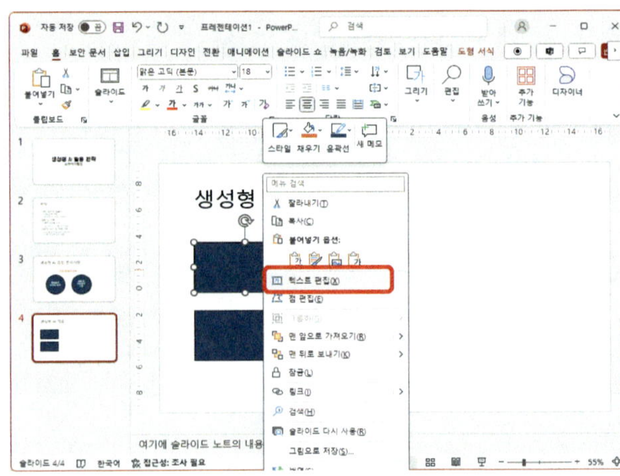

❹ 직사각형 안에 커서가 나타나면 "생성형 AI 정의", "핵심 기술"이라고 각각 입력한다. 텍스트 상자를 선택하고 [홈] 탭 → [글꼴] 그룹 → [글꼴 크기] → [24]로 설정한다.

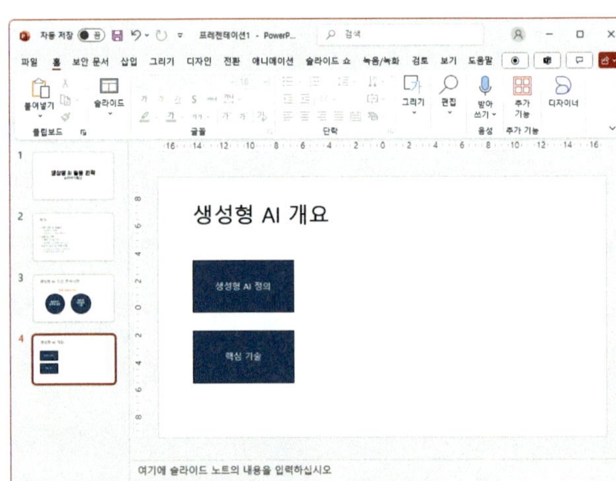

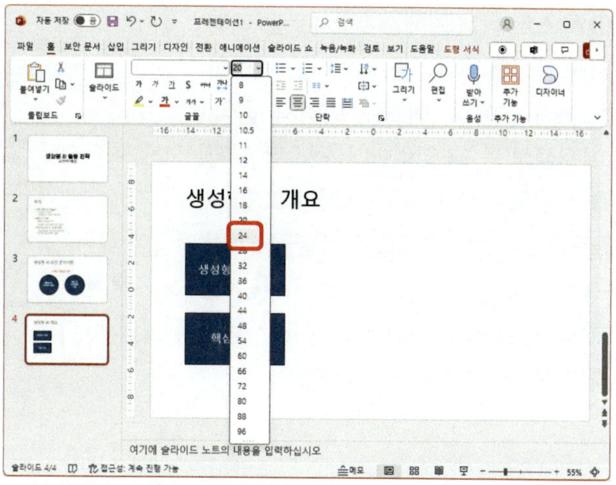

❺ [삽입] 탭 → [텍스트] 그룹 → [텍스트 상자] → [가로 텍스트 상자 그리기]를 선택하여 슬라이드 영역의 적당한 위치에 텍스트 상자를 삽입한다.

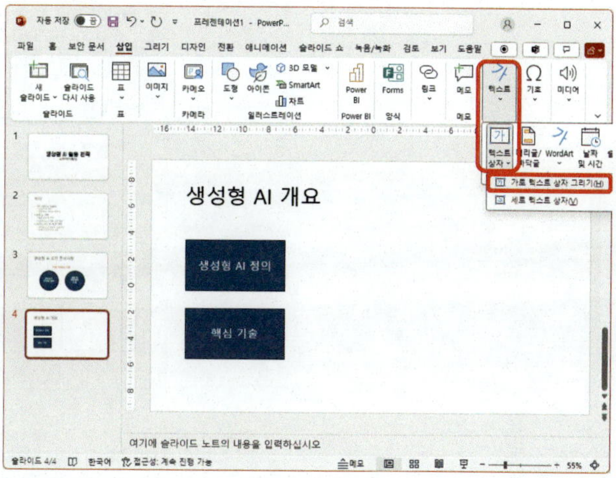

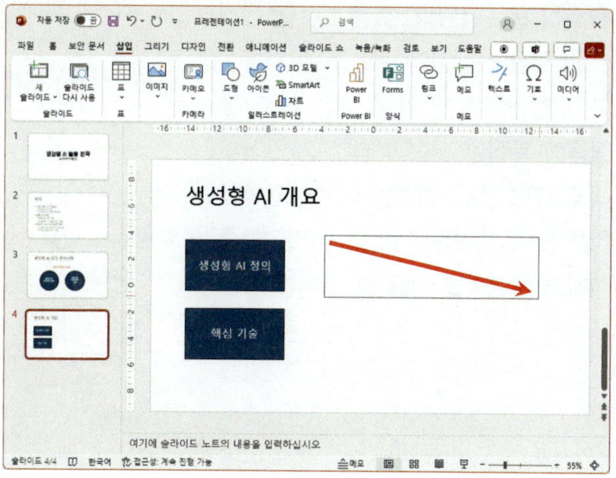

❻ 텍스트 상자 안에 "AI가 새로운 데이터를 생성하거나 기존 데이터를 변형하는 능력", "예시: 텍스트, 이미지, 음악, 코드 생성 등"을 입력한다. 텍스트 상자를 선택하고 [홈] 탭 → [글꼴] 그룹 → [글꼴] → [HY중고딕]으로, [글꼴 크기] → [24]로 설정하고, [홈] 탭 → [단락] 그룹 → [글머리 기호] → [속이 찬 정사각형 글머리 기호]를 선택한다.

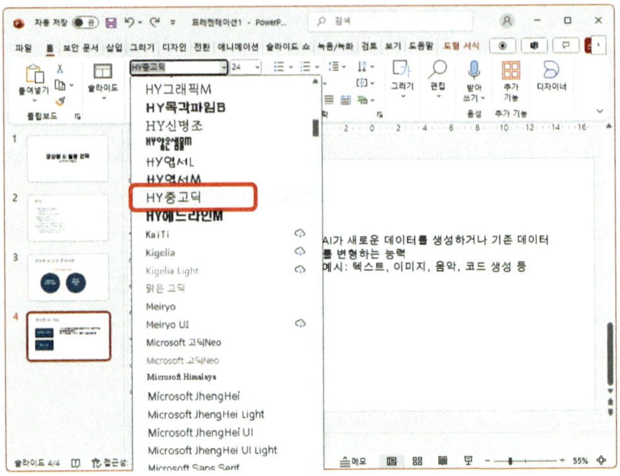

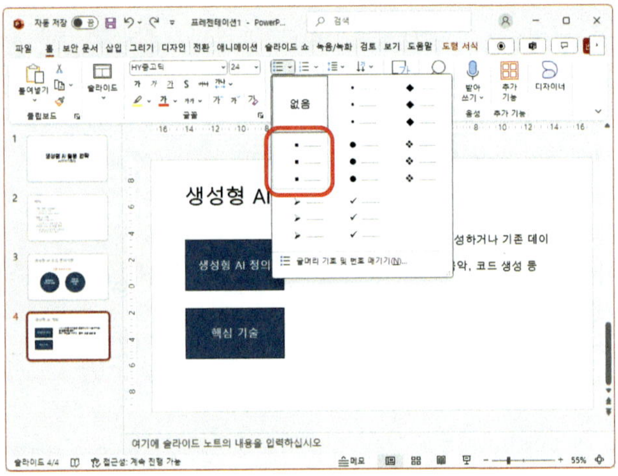

❼ [홈] 탭 → [단락] 그룹 → [줄 간격] → [1.5]를 선택한다. 텍스트 상자를 하나 더 삽입하여 "딥러닝: 심층 신경망을 활용해 복잡한 패턴 학습", "자연어 처리 (NLP): 인간 언어를 이해하고 생성하는 능력", "컴퓨터 비전: 이미지를 분석하고 생성하는 기술"을 입력한다.

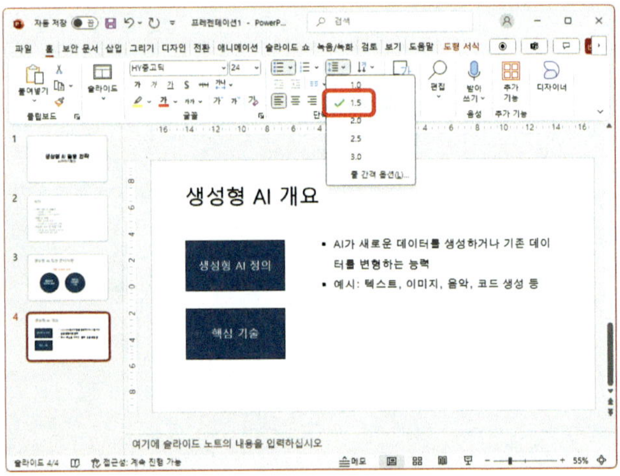

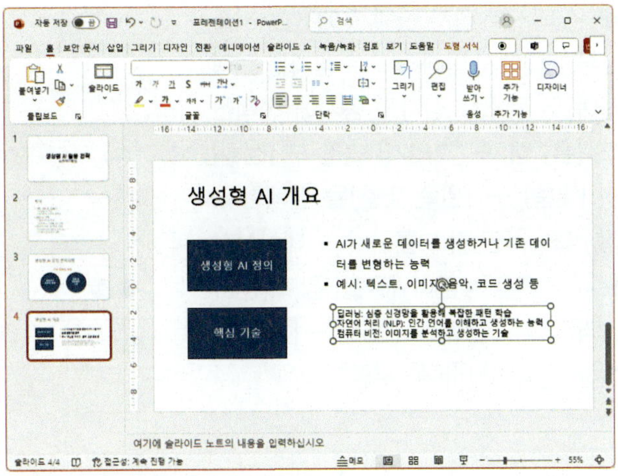

❽ 앞서 입력했던 텍스트 상자를 선택하고 [홈] 탭 → [클립보드] 그룹 → [서식 복사]를 선택한다. 마우스 포인터가 이 모양이 되면 새로 추가한 테스트 상자를 클릭한다.

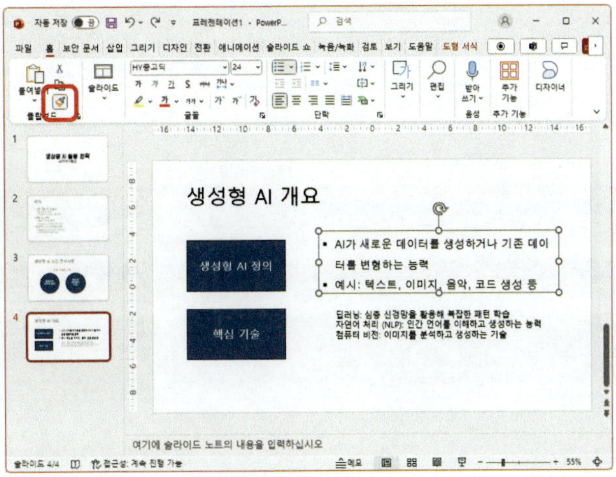

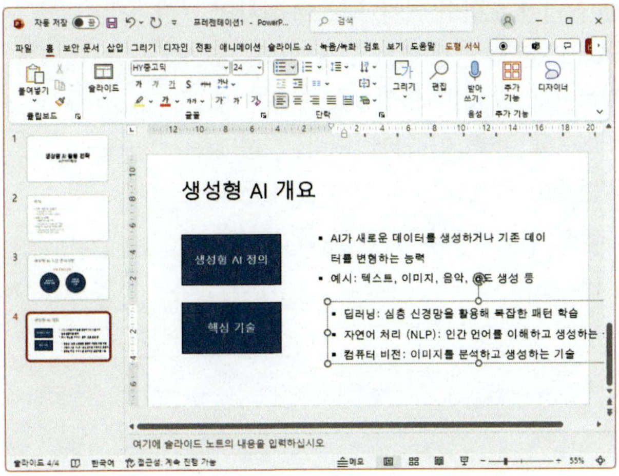

❾ 위 텍스트 상자 선택 후에 Ctrl 키를 누른 상태에서 아래 텍스트 상자를 선택하여 두 텍스트 상자를 동시에 선택한다. [홈] 탭 → [그리기] 그룹 → [정렬] → [맞춤] → [왼쪽 맞춤]을 선택한다. [홈] 탭 → [글꼴] 그룹 → [↘ 대화상자 표시] 버튼을 누른다. [글꼴] 창의 [문자 간격] 탭 → [간격] → [좁게] → [2]로 설정하고 [확인] 버튼을 누른다.

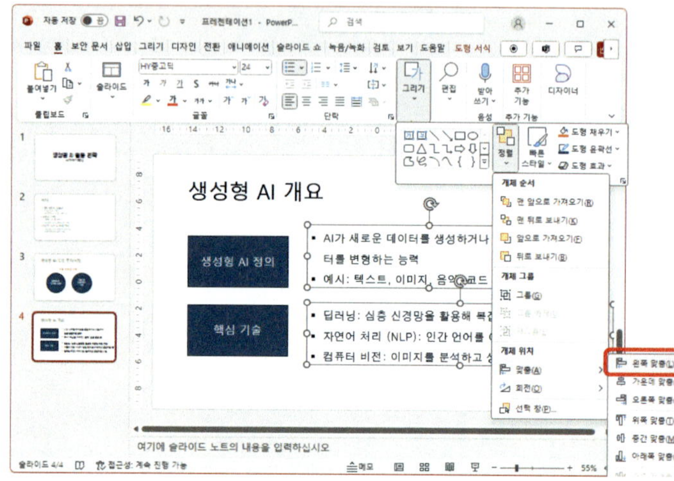

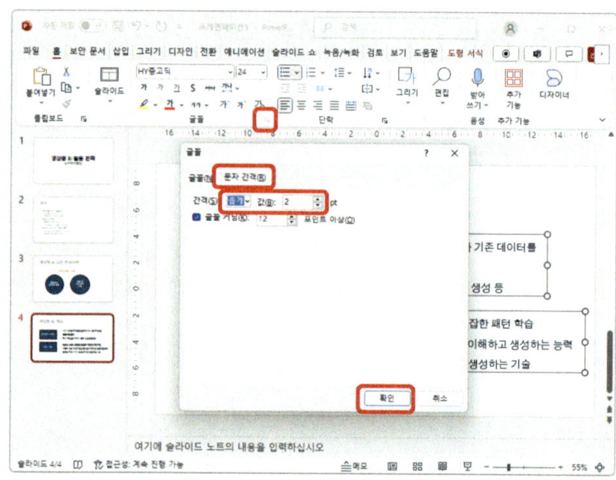

❿ 삽입한 도형의 위치, 텍스트 상자의 위치 및 문자 간격 등을 드래그하여 조정하면서 슬라이드 영역에 보기 좋게 배치되도록 한다. 이 외에 [단락] 그룹에 있는 들여쓰기, 단락 앞뒤의 간격 등의 기능을 이용하여 보기 좋게 설정할 수 있다.

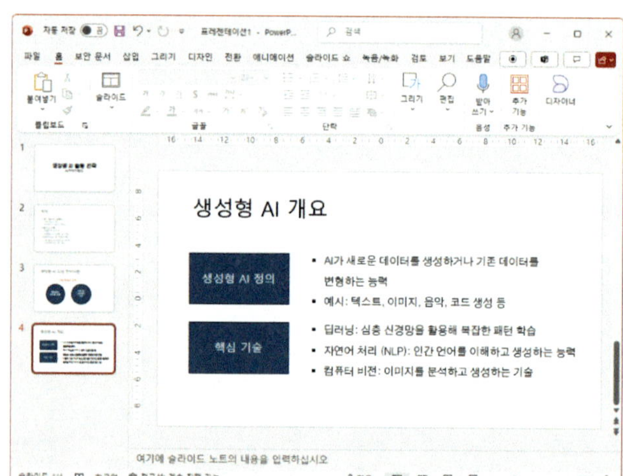

3 다양한 종류의 텍스트 입력

파워포인트에서는 기본적인 텍스트 입력 외에도 다양한 종류의 텍스트를 삽입할 수 있는 기능을 제공한다. 한자, 기호, 수식 입력 등을 통해 프레젠테이션의 내용을 더욱 풍부하고 전문적으로 만들 수 있다.

(1) 한자 입력

두 번째 슬라이드 제목의 "목차"를 선택하고 [검토] 탭 → [언어] 그룹 → [한글/한자 변환] → [한글/한자 변환] 대화상자에서 한자를 선택하고 [변환] 버튼을 클릭한다. 한자 변환을 원하는 글자나 단어 뒤에 커서를 두고, 키보드의 [한자] 키를 눌러 나타나는 한자 목록에서 원하는 한자를 선택해서 변환할 수 있다.

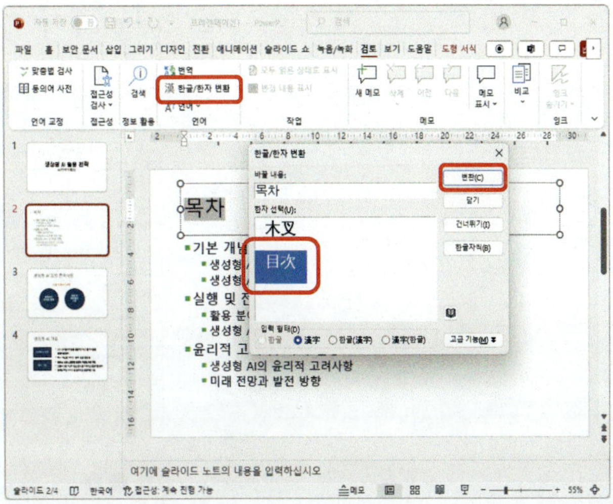

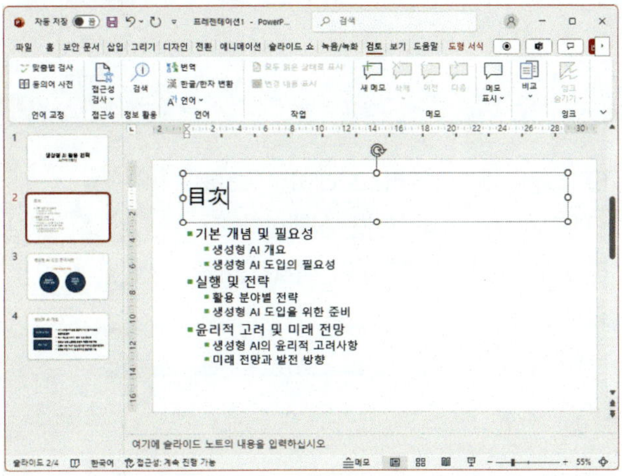

(2) 기호 입력

❶ [홈] 탭 → [슬라이드] 그룹 → [새 슬라이드] → [제목만]을 선택하여 새로운 슬라이드를 추가한다. 새 슬라이드가 추가되면 제목 개체 틀에는 "생성형 AI 도입의 필요성"를 입력한다.

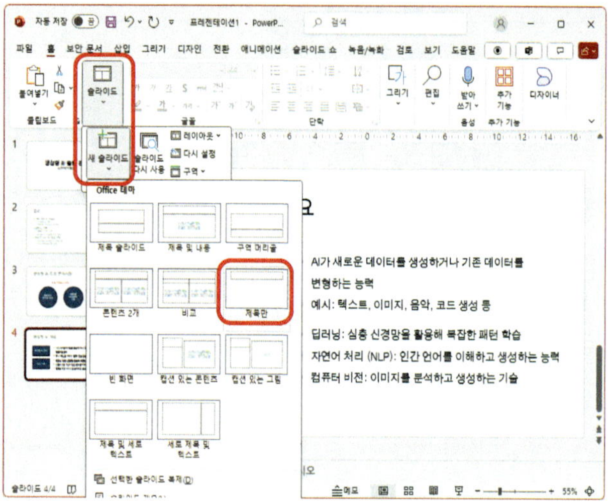

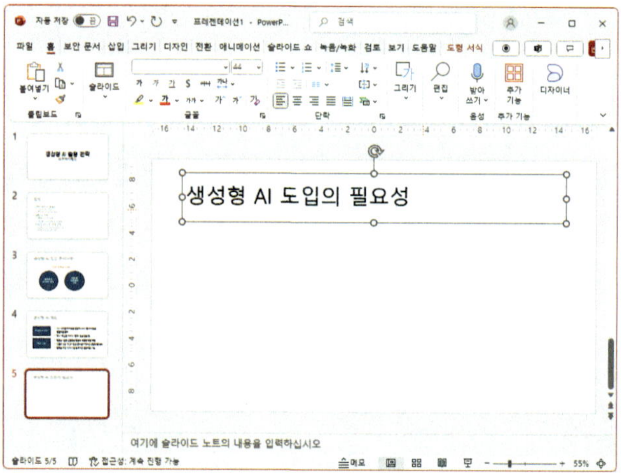

❷ [삽입] 탭 → [일러스트레이션] 그룹 → [도형] → [직사각형]을 선택한다. 적당한 위치에서 드래그하여 직사각형을 삽입한다.

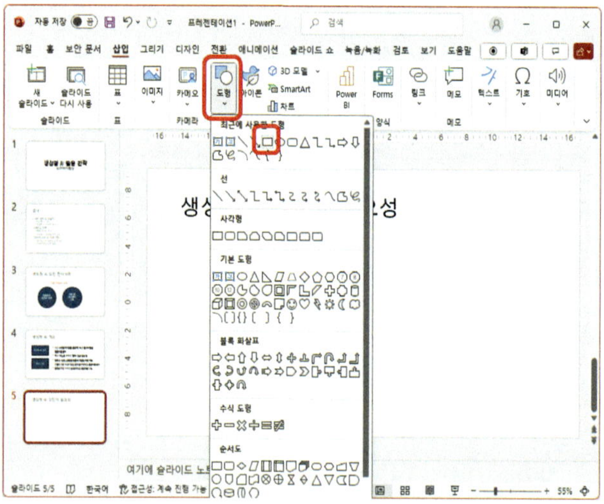

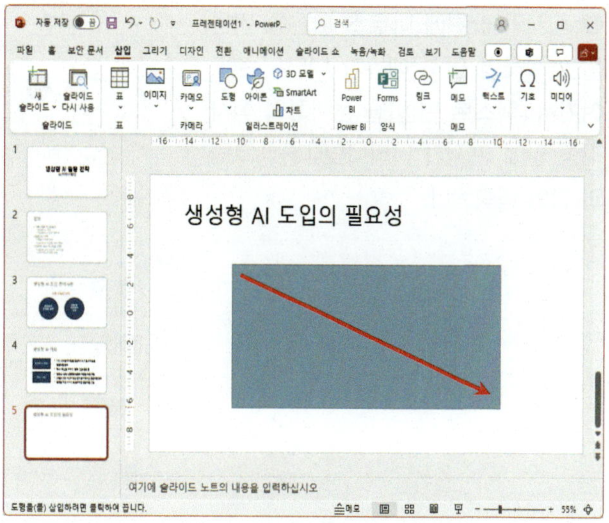

❸ 삽입된 직사각형을 선택하면 [도형 서식] 탭이 나타나는데, [도형 서식] 탭 → [도형 스타일] 그룹 → [자세히] 버튼 → [보통 효과 - 옥색, 강조 4]를 선택한다.

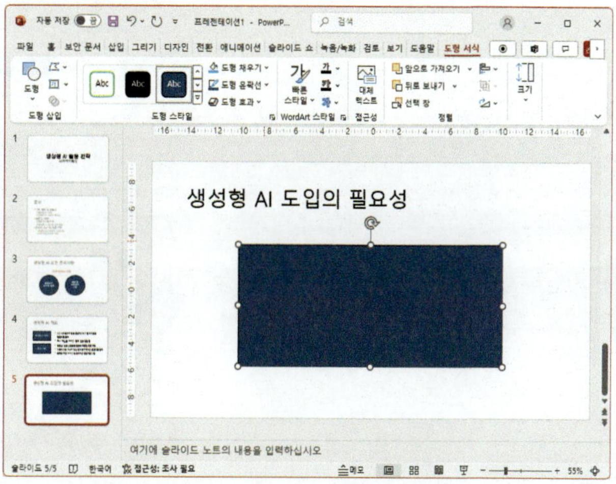

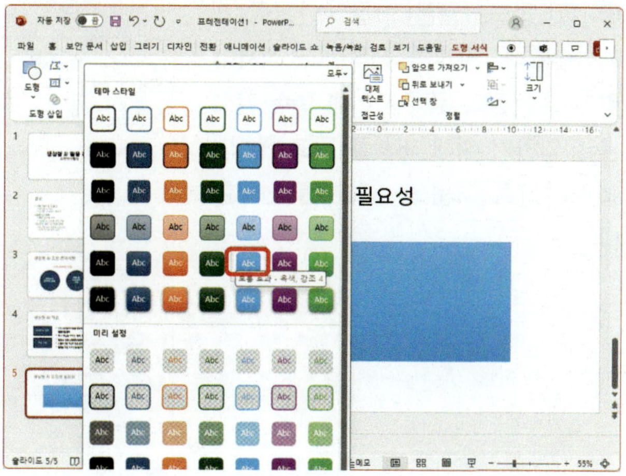

02

❹ 직사각형 위에 마우스 오른쪽 버튼을 클릭하면 단축 메뉴가 나타나는데, 여기서 [텍스트 편집]을 선택하여 직사각형 안에 커서가 나타나면 다음 그림과 같이 입력한다.

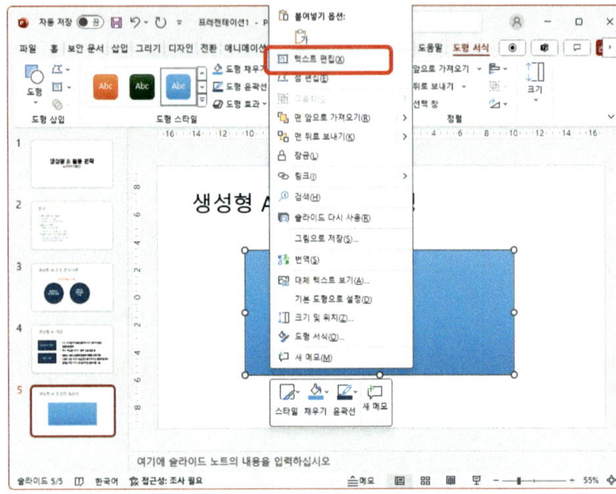

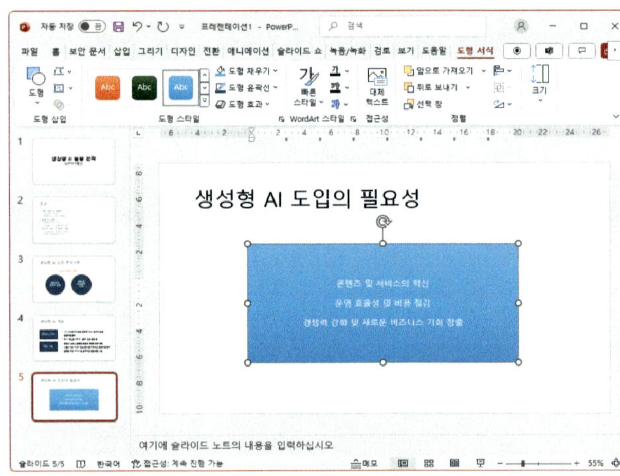

❺ [홈] 탭 → [글꼴] 그룹 → [글꼴 크기] → [24], [굵게]를 선택한다. 직사각형 안의 문장과 문장 사이에 특수 기호를 삽입하기 위해 커서를 두고 [삽입] 탭 → [기호] 그룹 → [기호]를 선택한다.

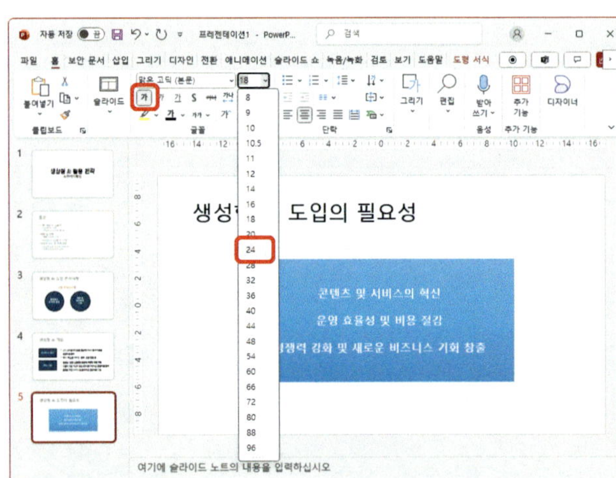

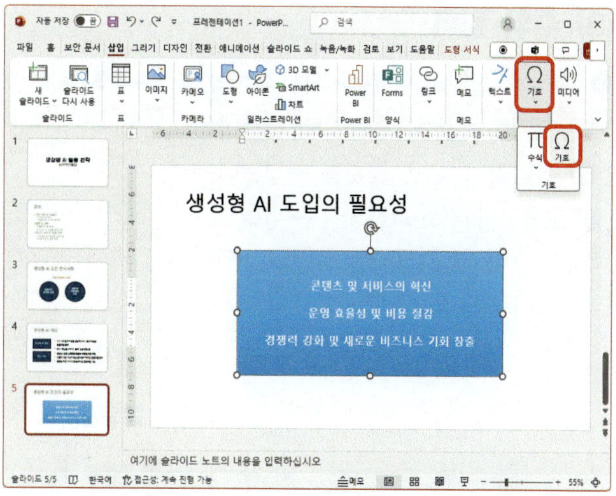

❻ [기호] 대화상자의 [도형 기호] 목록에서 [▼]를 선택하여 [삽입] 버튼을 클릭하면 기호가 삽입된다. 다음 그림과 같이 나타나도록 커서 위치를 이동한 뒤 같은 방식으로 [▼]를 삽입한다.

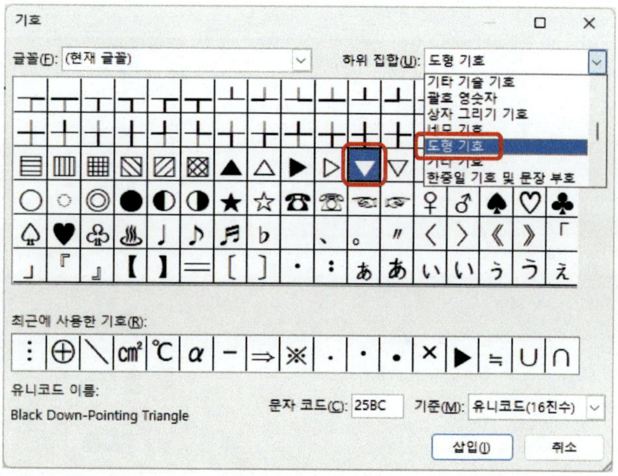

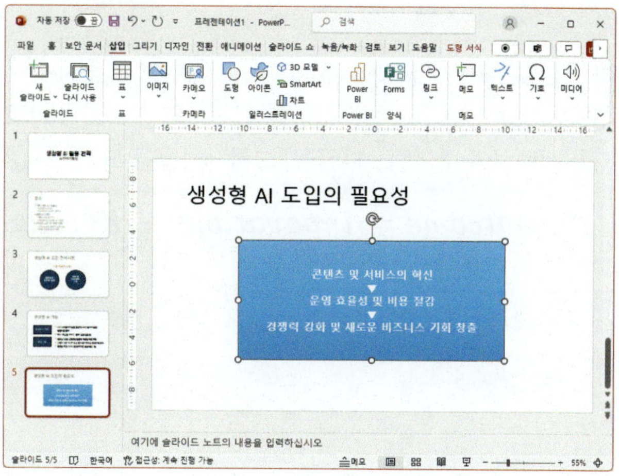

(3) 수식 입력

❶ 수식을 삽입하기 위해 직사각형의 세로 크기를 적당히 줄여 아래쪽에 수식을 삽입할 수 있는 공간을 확보한다. [삽입] 탭 → [기호] 그룹 → [수식]을 선택하여 수식 입력 상자가 삽입되면 적당한 위치로 드래그하여 이동한다.

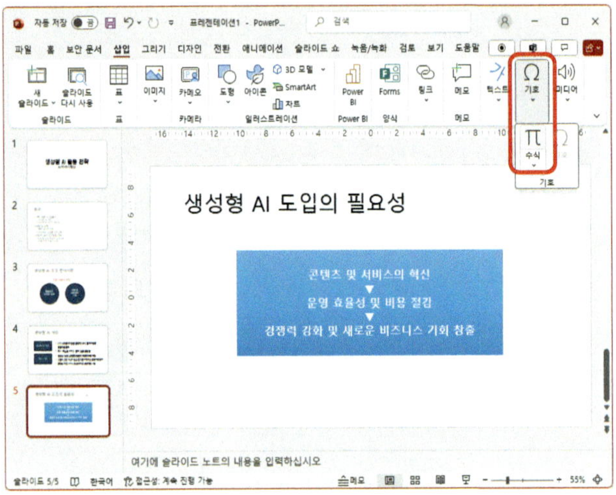

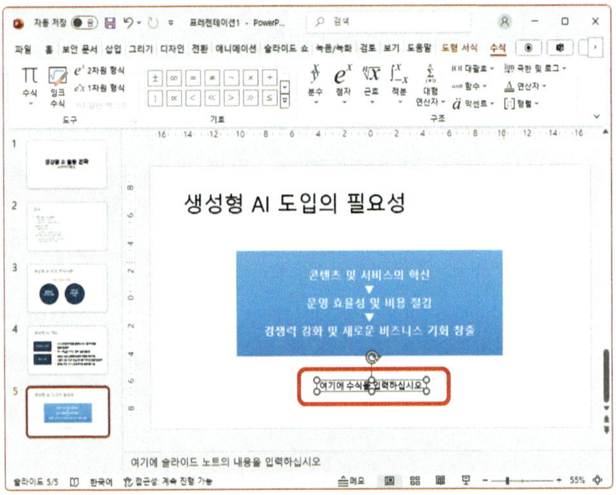

❷ 수입 입력 상자에 "Outcome = " 을 입력한 한 뒤, [수식] 탭 → [구조] 그룹 → [첨자] → [위 첨자]를 선택하여 $Innovation^2$ 수식을 입력한다. 이어 다음의 나머지 수식을 입력하여 완성한다. 수식 입력 상자를 선택하여 [홈] 탭 → [글꼴] 그룹 → [글꼴 크기] → [24]로 설정한다.

$$Outcome = Innovation^2 + Efficiency^2 + Competitiveness^2$$

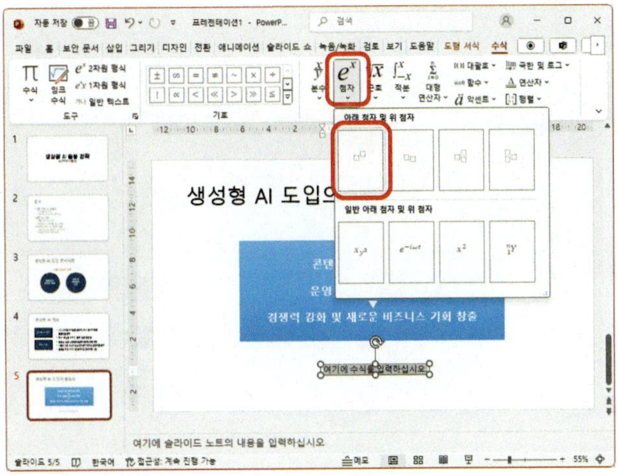

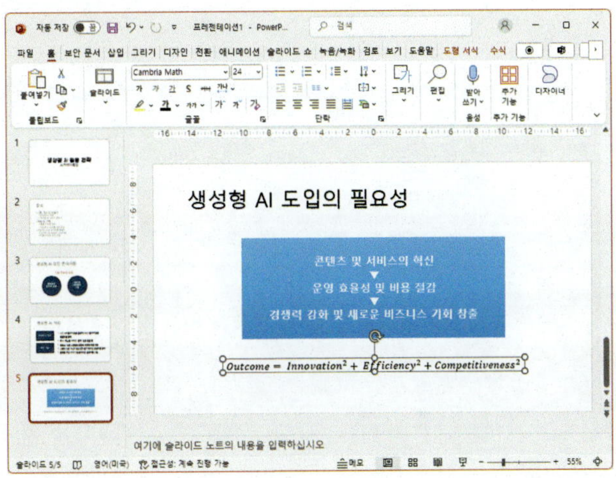

❸ [빠른 실행 도구 모음]의 [저장] 버튼을 클릭하여 파일 이름은 "실습2-1"로 입력하고, 저장 위치는 원하는 위치를 지정한 후, [저장] 버튼을 클릭하여 저장한다.

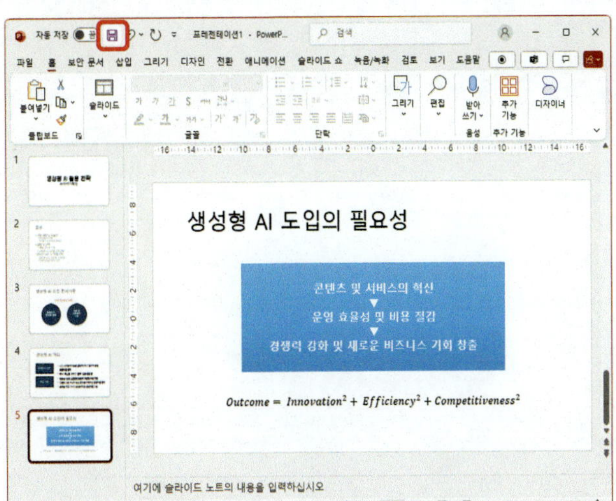

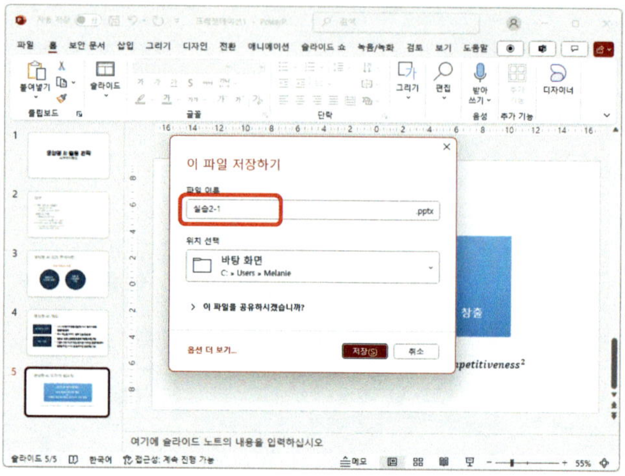
이 파일 저장하기
파일 이름
실습2-1
.pptx
위치 선택
바탕 화면
옵션 더 보기...
저장(S)
취소
여기에 슬라이드 노트의 내용을 입력하십시오

4 텍스트 슬라이드 연습 문제

01 다음 〈조건〉을 참고하여 결과 화면과 같이 나타나도록 새 프레젠테이션을 시작한 후, 첫 번째 슬라이드에 제목 슬라이드를 추가하여 작성하시오.

① 제목에는 “생성형 AI 도입 전략”을, 부제목에는 “효율성과 혁신을 위한 로드맵” 입력

② 부제목의 글꼴은 “HY헤드라인M”, 크기는 “28pt”로 지정

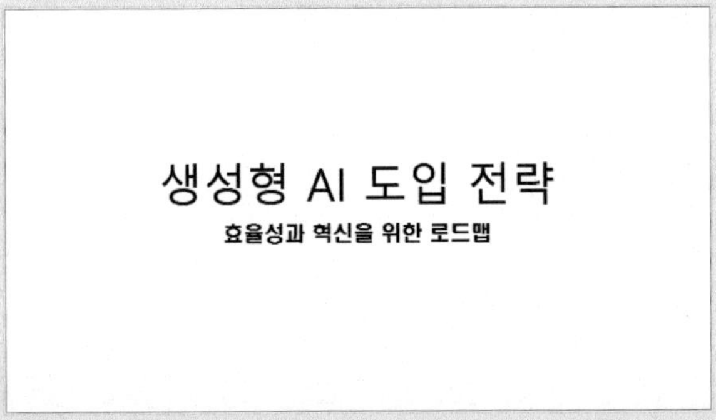

02 다음 〈조건〉을 참고하여 결과 화면과 같이 나타나도록 두 번째 슬라이드에 제목 및 내용 슬라이드를 추가하여 작성하시오.

① 제목에는 "비즈니스 전략"을, 내용에는 "시장 분석, 경쟁사 분석, 고객 분석" 입력, 글자색은 “진한 파랑, 텍스트 2”

② 내용의 글머리 기호는 “대조표 글머리 기호”, 줄 간격은 “1.5”로 지정

③ 텍스트 상자를 이용하여 오른쪽 상단에 “핵심 전략” 입력, 문자 간격은 “좁게, 0.5”로 설정

④ “설명선” 왼쪽/오른쪽/위쪽/아래쪽 도형을 삽입하여 “목표 달성” 입력, 글꼴 크기 “28”, “굵게” 지정

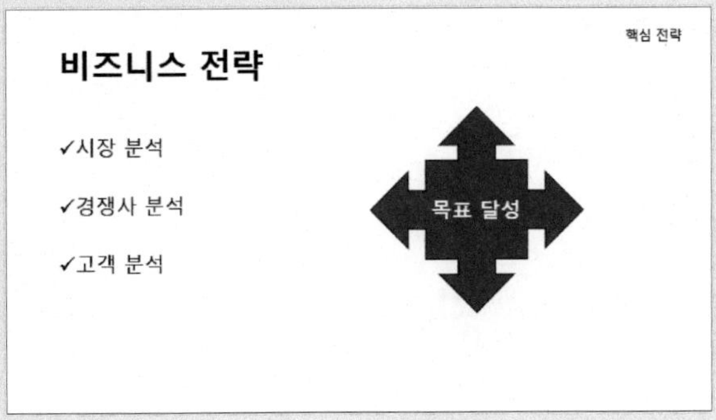

03 다음 〈조건〉을 참고하여 결과 화면과 같이 나타나도록 세 번째 슬라이드에 제목만 슬라이드를 추가하여 작성하시오.

① 제목에는 "▶ 生成型 AI 도입 전략 ◀" 입력

② "다이아몬드" 도형 삽입 후 도형 스타일은 "보통 효과 - 진한 보라, 강조 5", 글꼴 크기는 "24pt", "굵게"로 지정

③ $E=mc^2$ 수식 입력

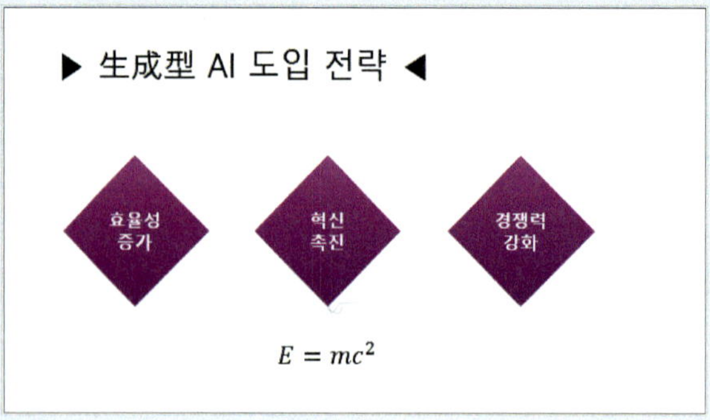

04 다음 〈조건〉을 참고하여 결과 화면과 같이 나타나도록 네 번째 슬라이드에 제목만 슬라이드를 추가하여 작성하시오.

① 제목에는 생성형 AI 활용 사례" 입력

② "화살표: 오각형" 도형 삽입 후 도형 스타일은 "보통 효과 - 주황, 강조 2", 글꼴 크기는 "20pt", "굵게"로 지정

③ 텍스트 상자를 이용하여 각 도형 오른쪽에 다음 그림 내용을 참고하여 입력, 번호 매기기는 "원 숫자", 줄 간격 지정

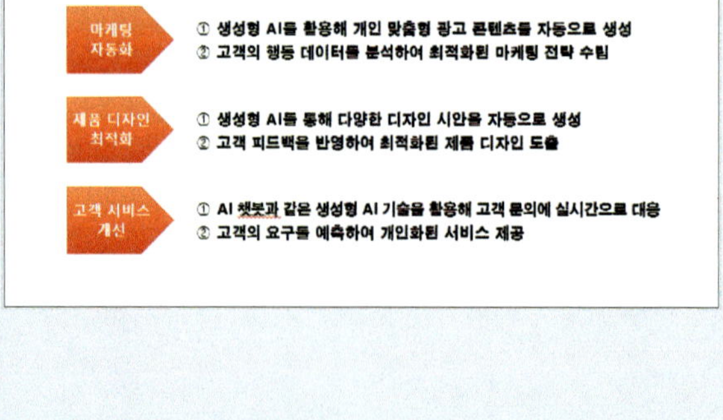

3 멀티미디어 개체 디자인

이번 장에서는 다음과 같은 내용을 학습합니다.

- 도형, 그림, 오디오, 비디오 등 다양한 멀티미디어 개체를 슬라이드에 삽입하고 효과적으로 활용하는 방법을 익힙니다.
- 멀티미디어 개체의 크기, 위치, 색상, 스타일 등을 조정하여 프레젠테이션의 시각적 완성도를 높이는 기술을 배웁니다.
- 슬라이드에 멀티미디어 개체를 활용하여 정보를 시각적으로 전달하고, 청중의 관심을 끄는 방법을 학습합니다.

3장에서는 파워포인트에서 도형, 그림, 오디오, 비디오와 같은 멀티미디어 개체를 삽입하고 활용하는 방법을 다룬다. 멀티미디어 개체의 크기, 위치, 색상, 스타일을 조정하여 슬라이드의 시각적 완성도를 높이는 기술을 학습하고, 이를 통해 프레젠테이션의 시각적 효과를 극대화하는 방법을 익히게 된다.

1 도형 활용

파워포인트에서 도형을 삽입하고 크기, 위치, 색상, 테두리 등을 조정하여 시각적 요소를 구성할 수 있다. 또한, 도형에 텍스트를 추가하거나 여러 도형을 결합하여 복잡한 그래픽 요소를 만들어 프레젠테이션의 시각적 표현을 강화해 보자.

(1) 도형 삽입 및 기본 조작

슬라이드에 도형을 추가한 후, 크기 조절, 복사, 도형 모양 변경, 회전 및 조절점을 활용하여 도형의 형태를 원하는 대로 조정해 보자.

❶ 파워포인트를 실행한 후, 첫 화면에서 [새 프레젠테이션]을 선택하여 새로운 프레젠테이션 파일을 생성한다. 그런 다음 [홈] 탭 → [슬라이드] 그룹 → [레이아웃] → [빈 화면]을 선택한다.

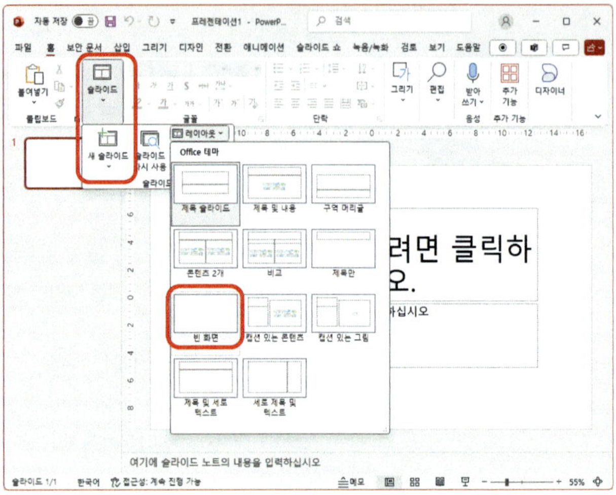

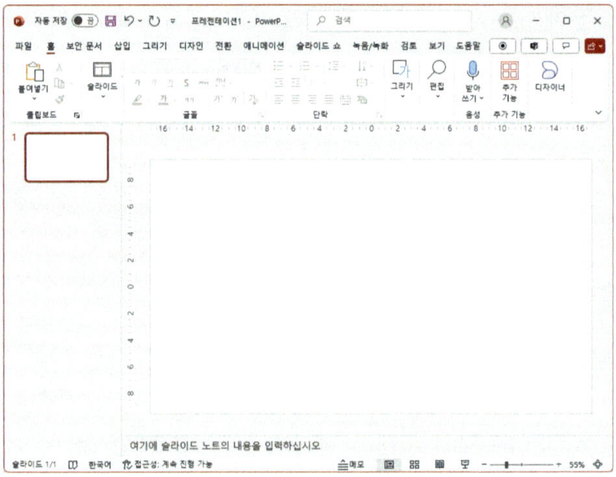

❷ [삽입] 탭 → [일러스트레이션] 그룹 → [도형] → [사각형: 둥근 모서리]를 선택한다. 사각형을 그려 넣을 위치를 클릭하고 드래그하여 원하는 크기로 삽입한다.

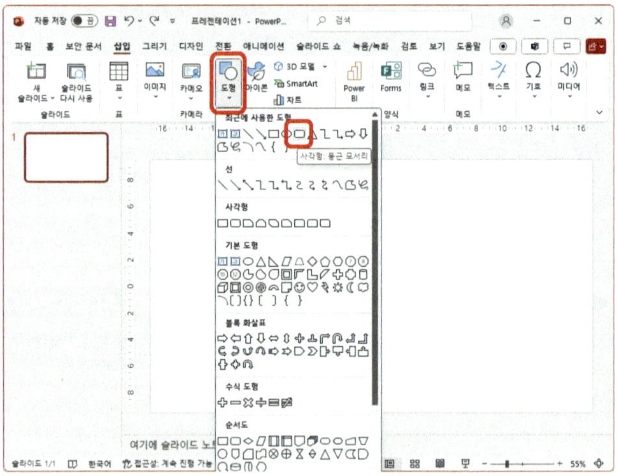

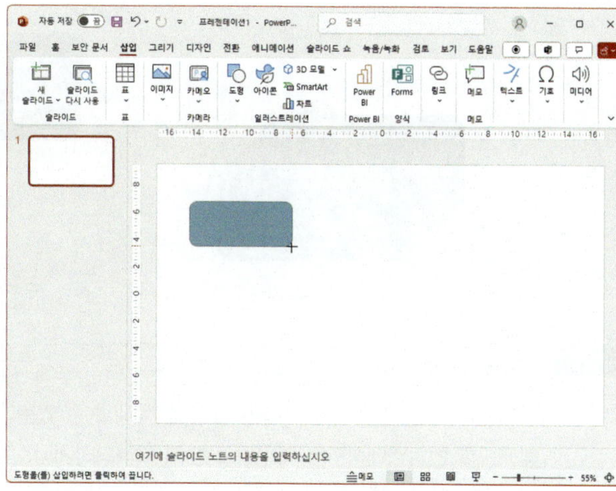

Tip Shift 키를 누른 상태에서 드래그하면 가로세로 크기가 같은 정방향의 도형이 삽입된다. Ctrl 키를 누른 상태에서 도형을 그리면 마우스를 클릭한 시작 위치가 도형의 중심이 되어 삽입된다.

❸ 삽입한 도형을 선택하여 마우스 포인터를 도형 안쪽에 위치하면 이런 마우스 포인터가 나타나는데 이때 드래그하면 원하는 위치로 도형을 이동할 수 있다. 도형의 모서리에 마우스 포인터를 위치하면 크기 조절점( )이 나타나는데, 이때 크기 조절점 방향으로 드래그하면 가로, 세로, 대각선 방향으로 크기를 변경할 수 있다. 모양 조절점( )은 도형의 모양을 다양하게 변경할 수 있다. [사각형: 둥근 모서리]의 경우 모양 조절점을 드래그하면 모서리를 더 둥글게 또는 덜 둥글게 만들 수 있다. 도형에 따라 모양 조절점의 개수와 위치는 다르게 나타난다.

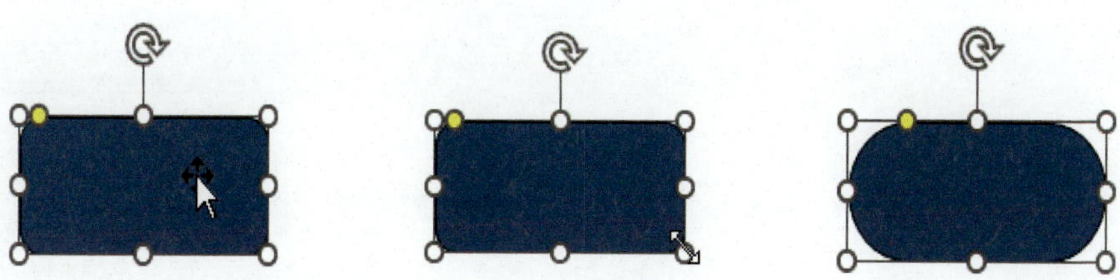

❹ 도형을 복사할 때는 도형을 선택하고 Ctrl+D 키를 누르면 도형이 복사된다. Ctrl+D 키를 누를 때마다 인접한 위치에 도형이 계속 복사된다. 만약 일정 거리가 떨어진 상태로 도형 복사를 원할 때는 복사된 도형을 원하는 거리 위치로 이동시킨 후에 Ctrl+D 키를 누르면 이동한 거리만큼 떨어져서 도형이 복사된다. 다른 방법은 Ctrl 키를 누른 상태에서 드래그하면 도형이 복사되는데, 이때 복사와 함께 복사 위치를 지정하면서 복사할 수 있게 된다.

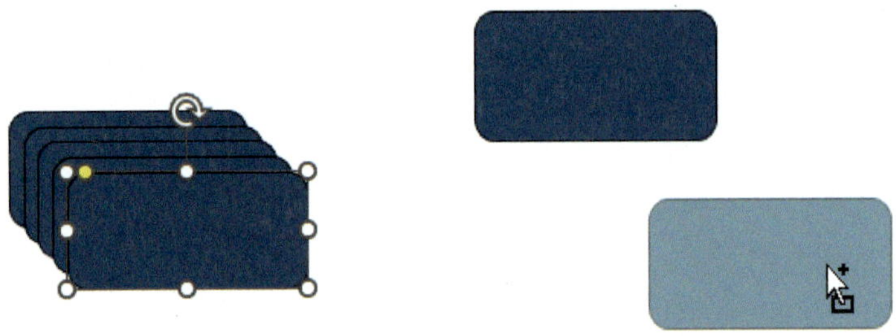

Tip 도형을 삭제할 때는 삭제를 원하는 도형을 선택한 후에 BackSpace 또는 Del 키를 누르면 삭제된다. 이때 여러 도형을 모두 선택하면 한 번에 삭제할 수 있는데, 여러 도형을 선택하는 방법은 도형이 모두 포함되도록 빈영역에서부터 마우스로 넓게 드래그하거나 Shift 키를 누른 상태로 도형을 하나씩 클릭하여 여러 도형을 선택할 수 있다.

❺ 삽입된 도형을 바꾸고 싶을 때 원하는 도형을 새로 삽입할 수도 있지만, 도형 모양 변경 기능을 이용하여 변경할 수 있다. 모양 변경을 원하는 도형을 선택한 후에 [도형 서식] 탭 → [도형 삽입] 그룹 → [도형 편집] → [도형 모양 변경] → [눈물 방울]을 선택하여 변경한다.

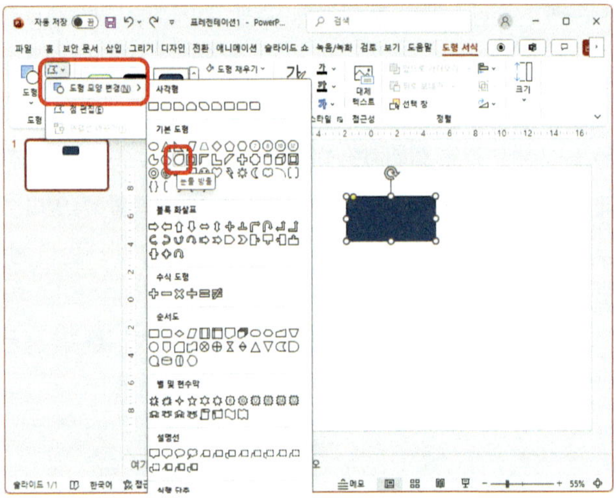

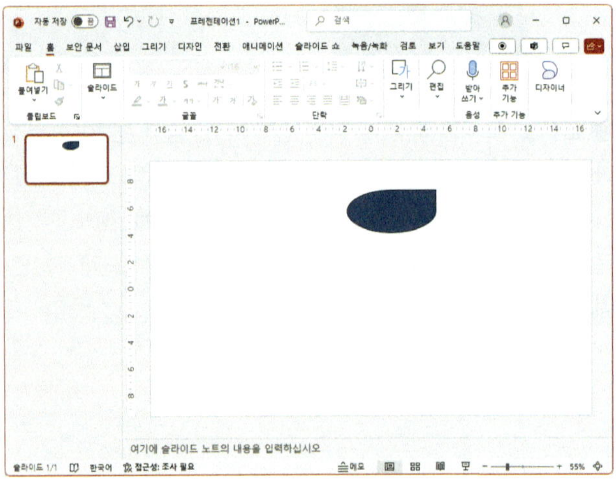

❻ 크기 조절점을 드래그하여 적당한 크기로 변경한다. 이후 회전 핸들(⟳)을 왼쪽으로 드래그하여 도형을 회전한다. [도형 서식] 탭 → [정렬] 그룹 → [개체 회전]을 이용하여 [상하 대칭], [좌우 대칭] 등을 선택하여 쉽게 도형을 회전할 수 있다.

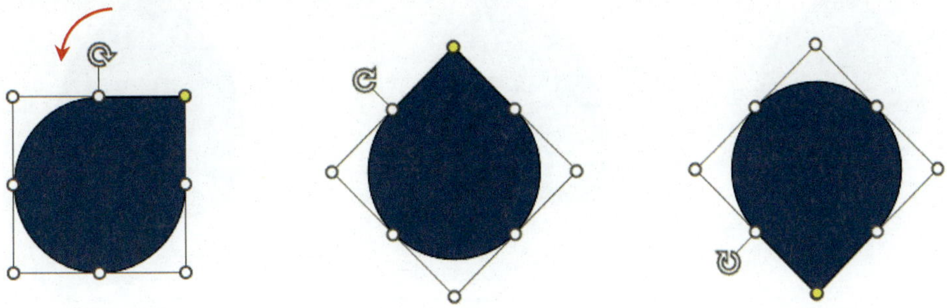

Tip [Alt] 키와 [→] 방향키를 함께 누르면 15도씩 오른쪽으로 도형이 회전되고 [Alt] 키와 [←] 방향키를 함께 누르면 15도씩 왼쪽으로 도형이 회전된다.

❼ 도형 조절점을 이용하면 원하는 형태의 도형으로 모양을 편집할 수 있다. 도형 위에 마우스 오른쪽 버튼을 클릭하면 단축 메뉴가 나타나는데, 여기서 [점 편집]을 선택한다.

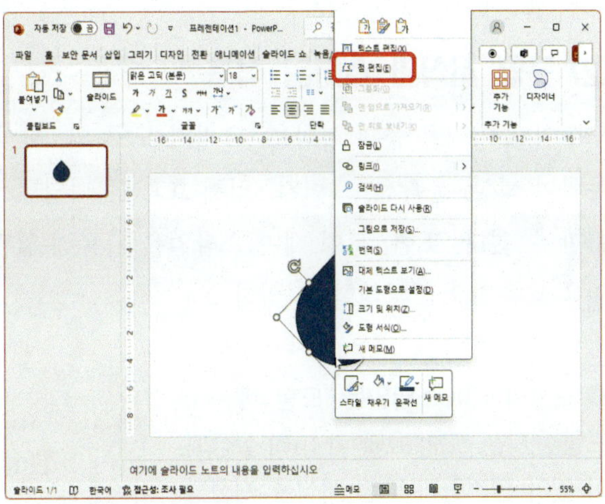

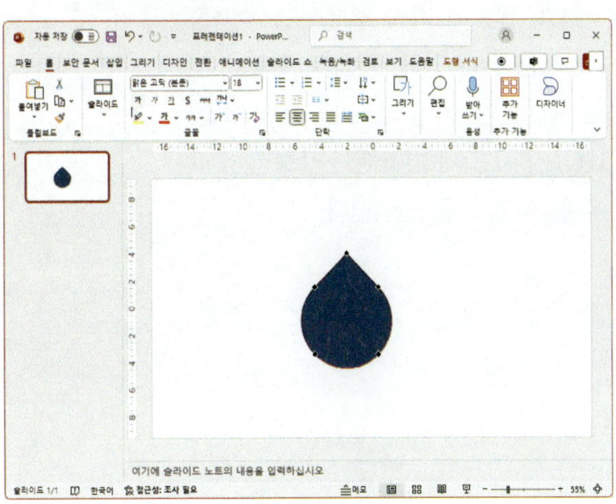

❽ 원하는 형태가 되도록 도형 조절점(-▪-)을 드래그하여 모양을 변경한 후에 Esc 키를 눌러 편집을 종료한다.

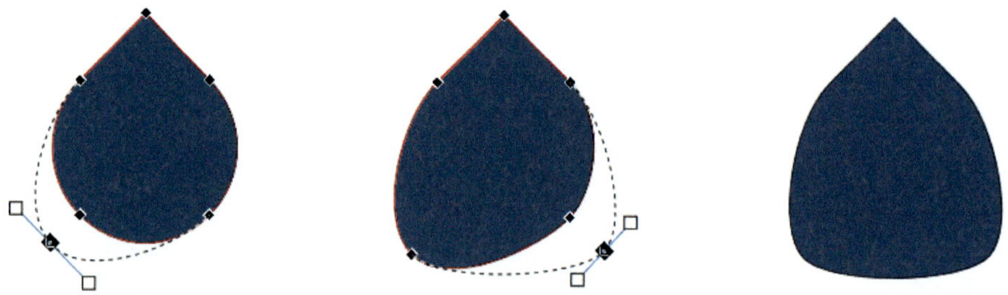

> **Tip**
>
> 도형 조절점을 드래그하거나 클릭하면 세그먼트(연결선)가 나타나는데, 세그먼트를 드래그하여 도형의 곡선 또는 직선 모양을 세밀하게 변경할 수 있다. 또한 도형 조절점에 마우스 오른쪽 버튼을 클릭하여 나타나는 세그먼트 단축 메뉴를 이용하여 점 추가, 삭제 등으로 더욱 세밀하게 조정할 수 있다.

(2) 도형 서식과 스타일 적용

도형이나 아이콘 등의 서식은 [그리기 도구]의 [서식] 탭이나 [도형 서식]의 다양한 메뉴를 이용하여 색상, 윤곽선, 그림자, 입체 효과 등 다양한 서식을 설정하여 도형의 시각적 표현을 강화할 수 있다. 또한, 도형 테마 스타일을 활용해 일관된 디자인을 유지하며, 복잡한 디자인 작업을 효율적으로 관리할 수 있다.

❶ 도형의 테마 스타일은 "도형 채우기, 도형 윤곽선, 도형 효과"가 미리 설정되어 있어 편리하게 도형 서식을 지정할 수 있고, 필요에 따라 부분적으로 편집하여 사용할 수 있다. 편집할 도형을 선택한 뒤 [도형 서식] 탭 → [도형 스타일] 그룹 → [자세히] 버튼 → [보통 효과 - 주황, 강조 2]를 선택한다.

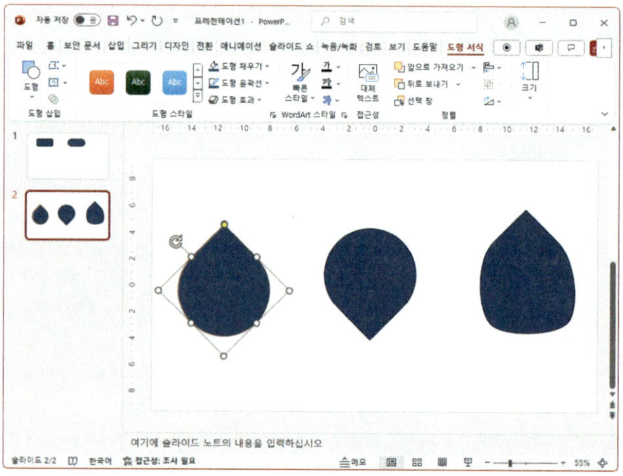

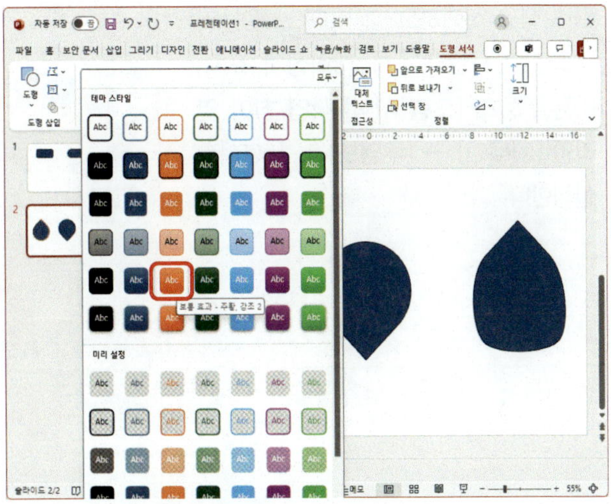

❷ Shift 키를 이용하여 여러 도형을 선택한 후에 [도형 서식] 탭 → [도형 스타일] 그룹 → [도형 채우기] → [진한 보라, 강조 5]를 선택한다. 이후 [도형 서식] 탭 → [도형 스타일] 그룹 → [도형 윤곽선] → [윤곽선 없음]을 선택한다.

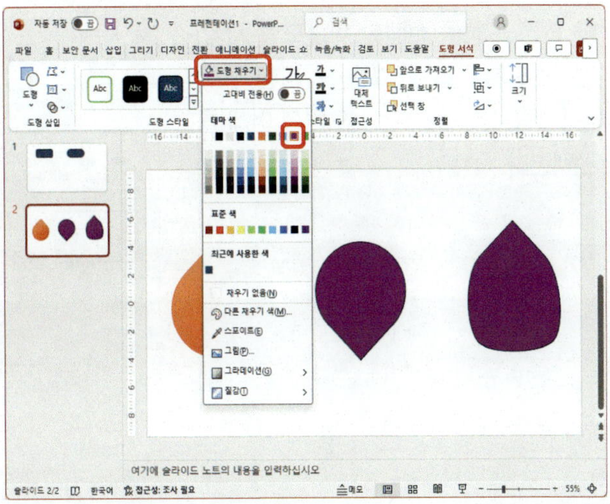

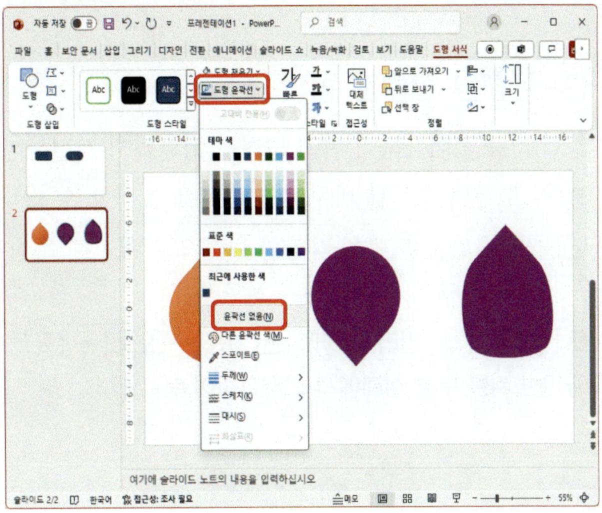

❸ 도형을 선택하고 Ctrl+D 키를 눌러 도형을 복사한다. [⬊ 대화상자 표시] 버튼을 눌러 [도형 서식] 작업 창이 열리면 [채우기] → [투명도] → [50%]로 설정한다.

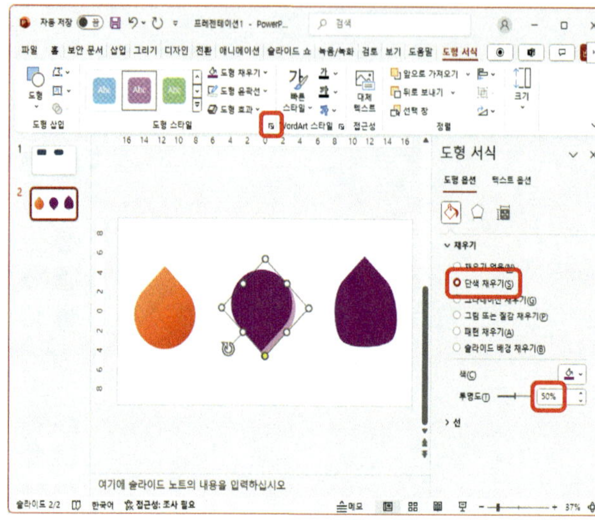

❹ 다른 도형을 선택한 뒤, [도형 서식] 탭 → [도형 스타일] 그룹 → [도형 효과] → [그림자] → [오프셋: 오른쪽 아래]를 선택한다.

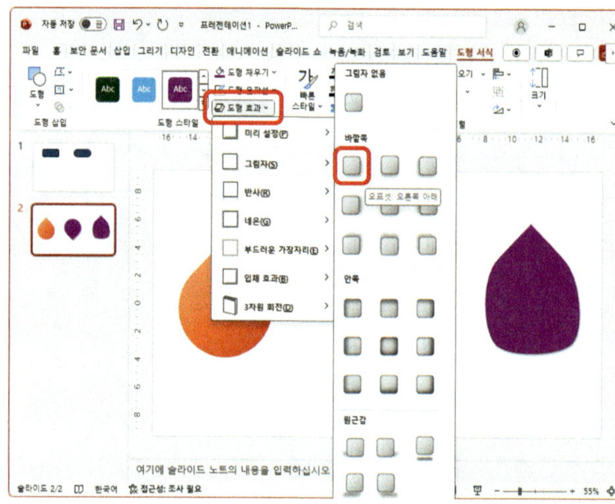

(3) 도형의 정렬과 병합

정렬 기능을 이용하여 여러 도형을 정확하게 정렬하여 깔끔하고 정돈된 레이아웃을 만들 수 있으며, 도형의 순서를 바꾸어 레이어를 조정할 수 있다. 또한, 도형을 병합하여 새로운 도형을 만들거나, 기존 도형을 다양한 방식으로 결합해 독창적인 디자인을 생성할 수 있다.

❶ [삽입] 탭 → [일러스트레이션] 그룹 → [도형] → [화살표: 갈매기형 수장]을 선택한다. 삽입된 도형에 Ctrl 키를 누른 상태에서 드래그하여 복사한다.

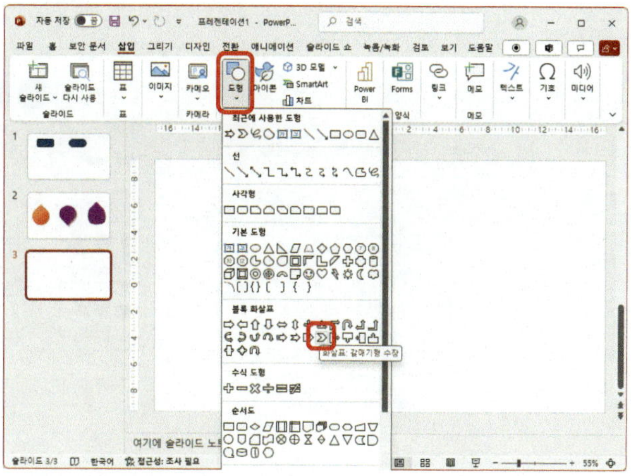

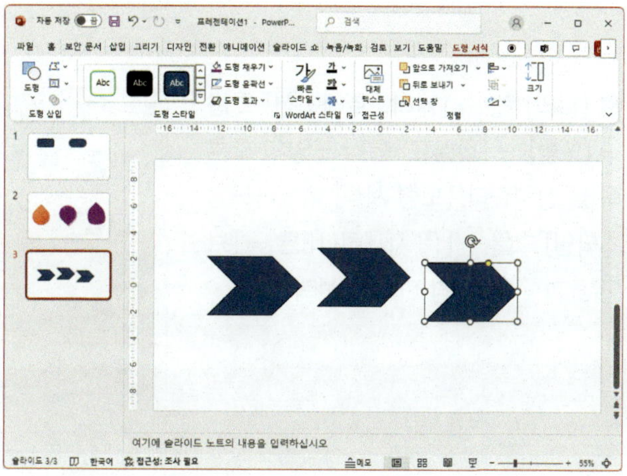

❷ Shift 키를 이용하여 여러 도형을 모두 선택한 후, [도형 서식] 탭 → [정렬] 그룹 → [개체 맞춤] → [중간 맞춤]을 선택한 후, [가로 간격을 동일하게]를 선택한다.

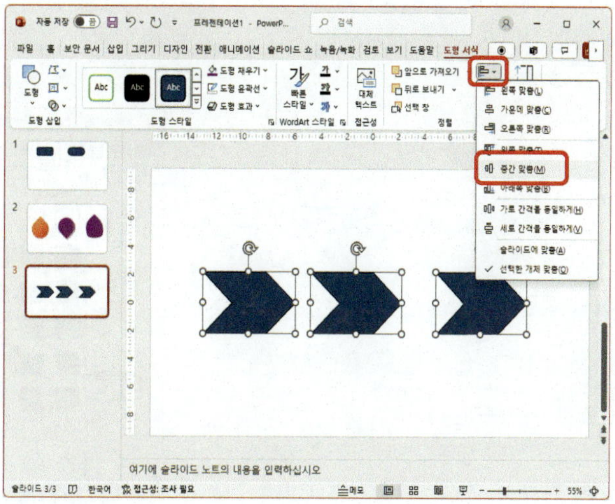

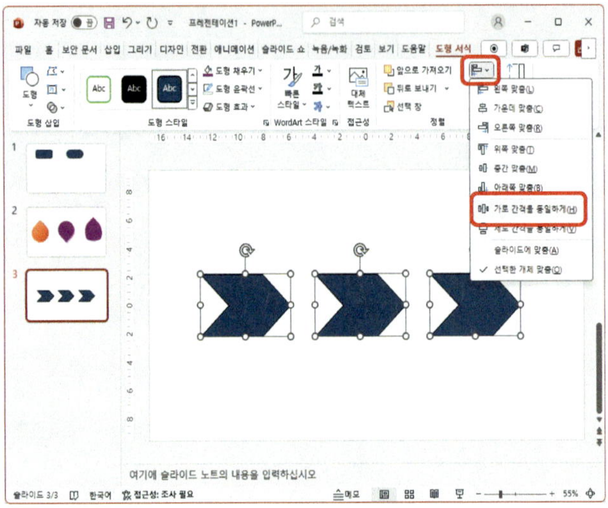

③ [삽입] 탭 → [일러스트레이션] 그룹 → [도형] → [화살표: 톱니 모양의 오른쪽]을 선택한다. [도형 서식] 탭 → [도형 스타일] 그룹 → [자세히] 버튼 → [보통 효과 - 주황, 강조 2]를 선택한다.

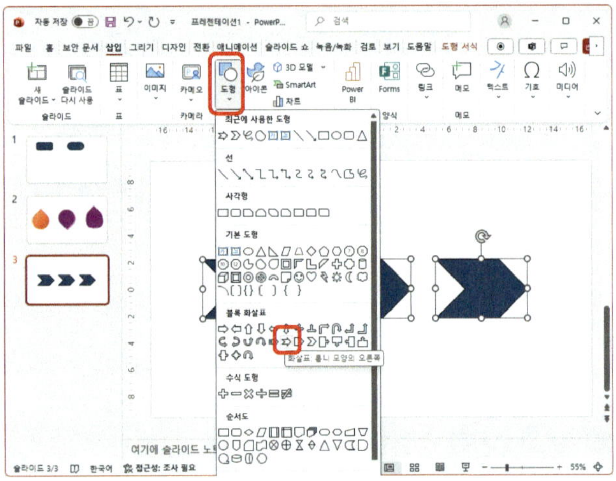

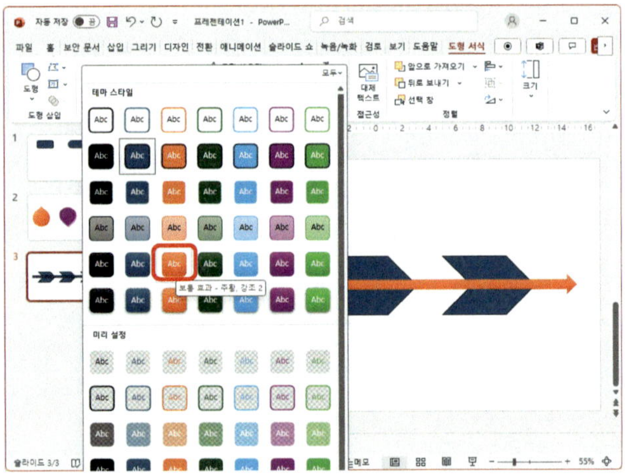

❹ [도형 서식] 탭 → [정렬] 그룹 → [뒤로 보내기] → [맨 뒤로 보내기]를 선택한다.

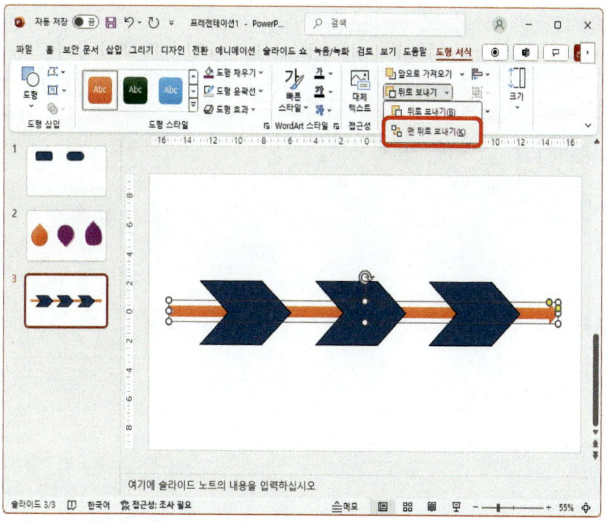

❺ [삽입] 탭 → [일러스트레이션] 그룹 → [도형] → [이등변 삼각형]을 선택하여 도형을 삽입하고, 삽입한 도형에 [도형 서식] 탭 → [도형 스타일] 그룹 → [도형 채우기] → [보통 효과 - 옥색, 강조 4]를 선택한다. 이후 [삽입] 탭 → [일러스트레이션] 그룹 → [도형] → [직사각형]을 선택하여 도형을 추가 삽입하고 복사한다. 이후 [이등변 삼각형]과 같은 색상을 지정하여 다음과 같이 배치한다.

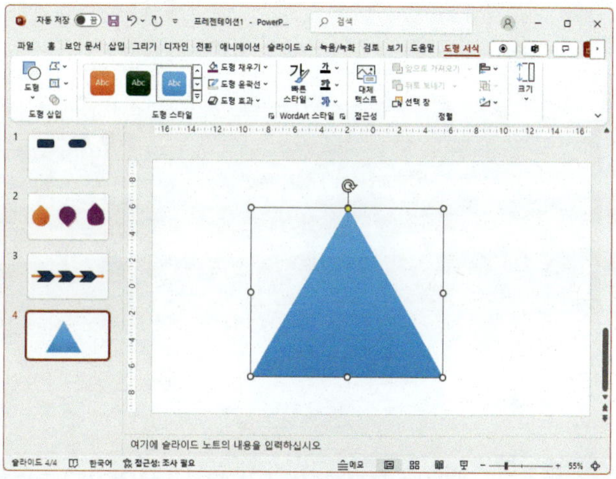

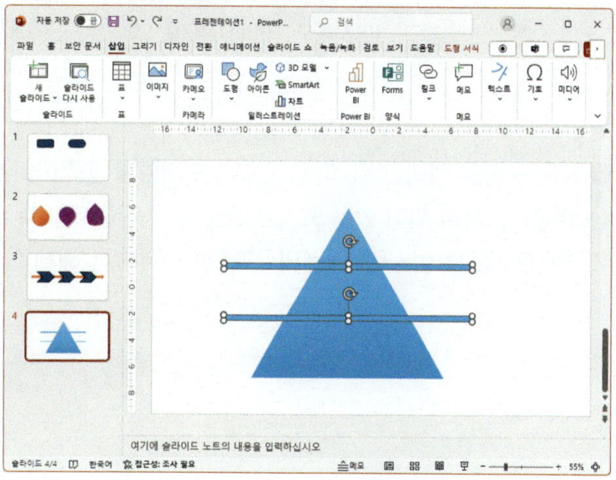

03

❻ [도형 서식] 탭 → [도형 삽입] 그룹 → [도형 병합] → [조각]을 선택한다. 이후 조각난 도형에서 다음 모양의 도형을 제외하고 Del 키를 눌러 삭제한다.

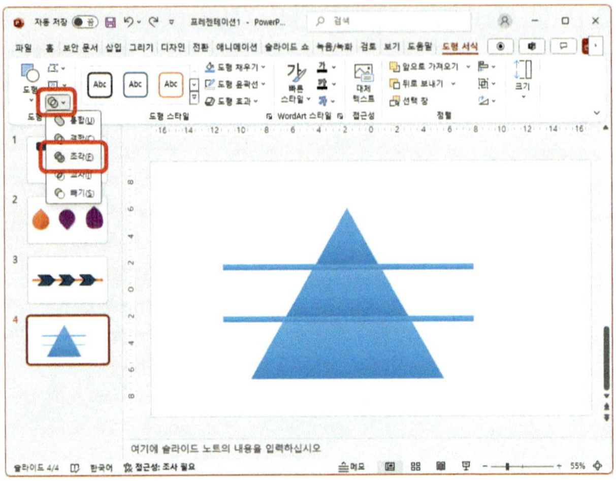

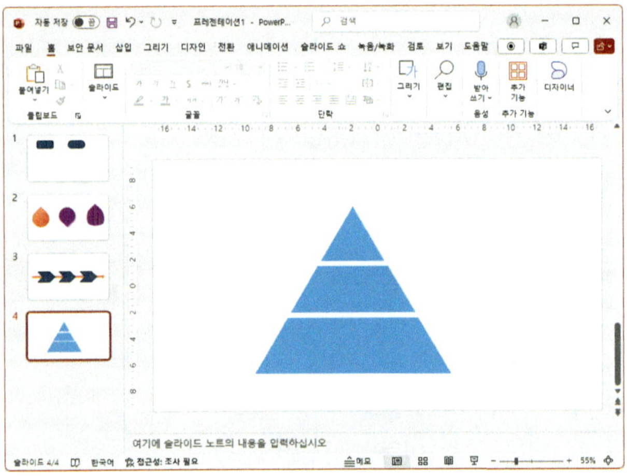

Tip 도형 병합에는 통합, 결합, 조각, 교차, 빼기가 있다. 통합은 도형들을 하나의 도형으로 합쳐주고, 결합은 겹치는 부분을 제거하고 나머지 부분만 남긴다. 조각은 도형을 교차점을 기준으로 나누고, 교차는 겹치는 부분만 남기고 나머지를 제거한다. 빼기는 첫 번째 도형에서 다른 도형의 모양을 빼내 준다.

❼ 모든 도형을 선택한 뒤, 마우스 오른쪽 버튼을 클릭하여 단축 메뉴가 나타나면 [그룹화] → [그룹]을 선택한다. 그룹화 되어 있는 도형은 그룹을 다시 해제할 수 있는데, 그룹 해제를 원할 때는 마우스 오른쪽 버튼을 클릭하여 단축 메뉴의 [그룹화] → [그룹 해제]를 선택하여 그룹을 해제한다.

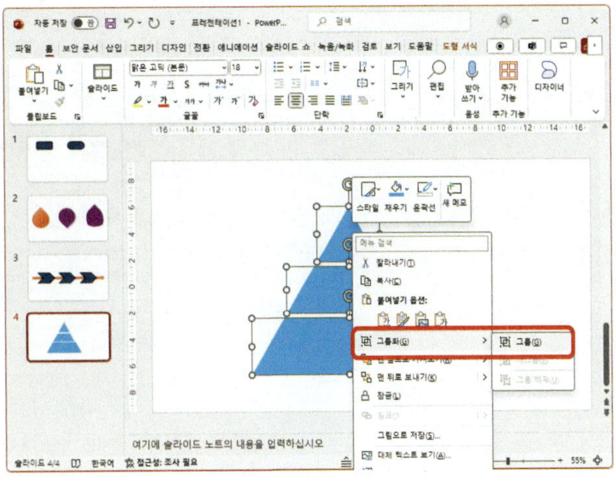

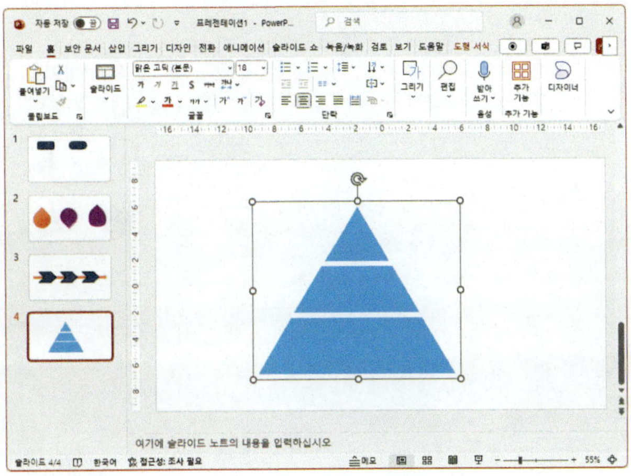

(4) 도형을 활용한 인포그래픽 제작

인포그래픽은 인포메이션 그래픽(Information Graphics)의 줄임말로, 정보와 그래픽의 합성어이다. 도형에 텍스트와 아이콘을 결합하여 중요한 데이터를 명확하게 표현하고, 3D 모델을 추가하여 입체적인 시각적 효과를 극대화할 수 있다. 이러한 과정을 통해 복잡한 정보를 단순하고 직관적으로 시각화하여, 청중에게 쉽게 전달할 수 있는 인포그래픽을 완성할 수 있다.

❶ 텍스트 상자 또는 텍스트 편집 기능을 이용하여 조각난 도형 안에 "리더십", "시장 진입 및 확장", "기초 구축"의 텍스트를 입력한다. 각 도형 옆에 "왕관", "그래프", "지도"의 아이콘을 삽입해 보자. 아이콘 삽입은 [삽입] 탭 → [일러스트레이션] 그룹 → [아이콘] → [스톡 이미지] 대화상자에서 아이콘 검색란에 "왕관"을 입력하여 검색된 아이콘 중에 하나를 선택하여 삽입한다.

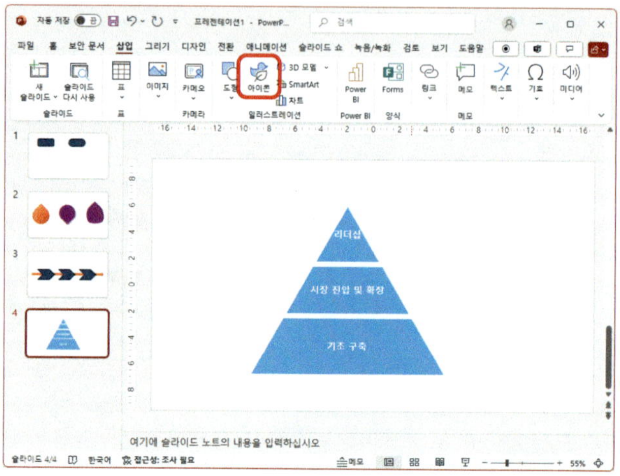

❷ 두 번째 아이콘은 "그래프"를 입력하여 삽입하고, 세 번째 아이콘은 "지도"를 입력하여 삽입한다.

❸ 삽입된 아이콘은 적당한 위치에 놓이도록 이동하여 배치하고, 색상을 변경한다. “왕관” 아이콘을 선택한 뒤, [그래픽 형식] 탭 → [그래픽 스타일] 그룹 → [그래픽 채우기] → [녹색, 강조 6]을 선택한다. “그래프” 아이콘은 [진한 파랑, 텍스트 2]를, “지도” 아이콘은 [빨강]을 선택한다.

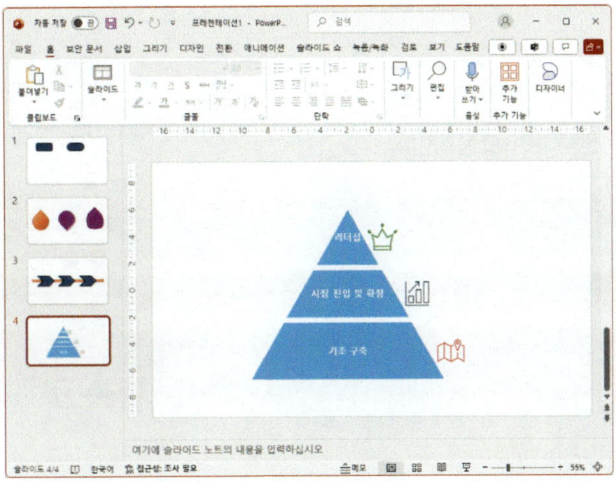

❹ [삽입] 탭 → [일러스트레이션] 그룹 → [3D 모델] → [스톡 3D 모델]을 선택한다. [온라인 3D 모델] 대화상자가 나타나면 3D 모델 검색란에 “Building”을 입력하여 검색된 3D 모델 중에 하나를 선택하여 삽입한다.

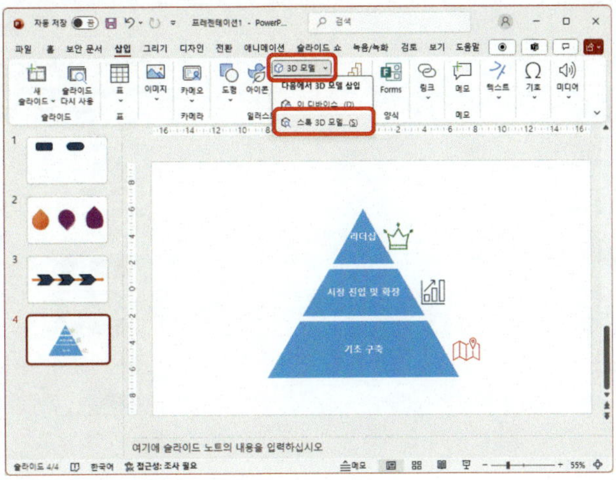

03

❺ 삽입된 3D 모델의 크기를 조절하여 적당한 위치에 배치한다. 모든 개체를 선택하여 그룹화한다.

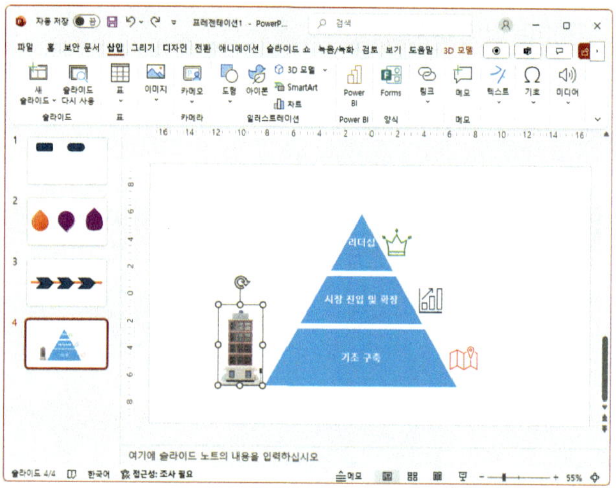

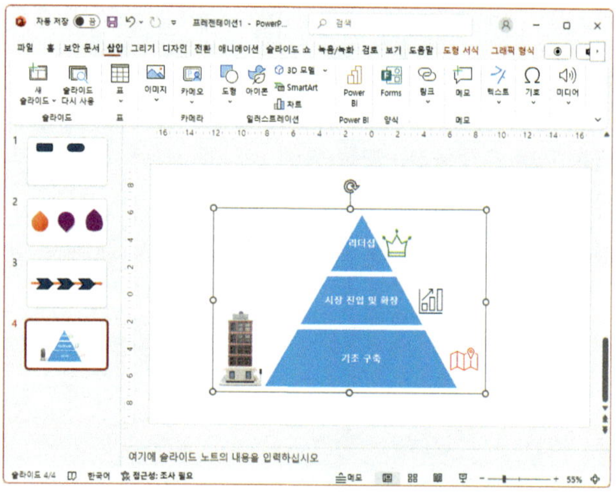

2 이미지 활용

이미지를 슬라이드에 삽입하고, 크기 조정, 자르기, 회전 등의 기본 편집을 통해 슬라이드 디자인에 맞게 조정할 수 있다. 또한, 다양한 이미지 효과와 스타일을 적용하여 시각적 임팩트를 강화하고, 이미지의 배치 및 레이어 조정을 통해 슬라이드의 구성을 정돈할 수 있다.

(1) 그림 삽입 및 조정

그림을 삽입하는 방법은 컴퓨터에 저장해 놓은 그림 파일을 삽입하거나, 온라인 그림에서 원하는 그림을 검색하여 삽입할 수 있다. 파워포인트에서 사용할 수 있는 그림 파일 형식에는 JPEG와 PNG가 가장 일반적이며, 필요에 따라 GIF, BMP, TIFF, SVG 등 다른 형식을 사용할 수 있다. 각 형식은 이미지의 용도와 필요에 따라 적절히 선택한다.

❶ [홈] 탭 → [슬라이드] 그룹 → [새 슬라이드] → [빈 화면]을 선택하여 새로운 슬라이드를 추가한다. [삽입] 탭 → [이미지] 그룹 → [그림] → [이 디바이스]를 선택한다. [그림 삽입] 대화상자가 나타나면 삽입을 원하는 그림을 선택하여 삽입한다.

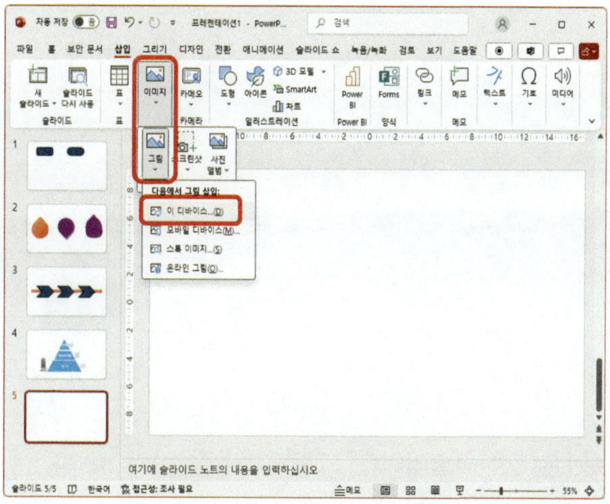

❷ 삽입된 그림을 선택하여 크기 조절점을 드래그하여 슬라이드 크기에 맞게 늘려준다. 슬라이드 밖으로 벗어난 영역을 잘라내기 위해 [그림 서식] 탭 → [크기] 그룹 → [자르기]를 선택한다. 자르기 핸들( )이 나타나면 잘라내기 원하는 위치의 자르기 핸들에서 드래그하여 잘라낸다.

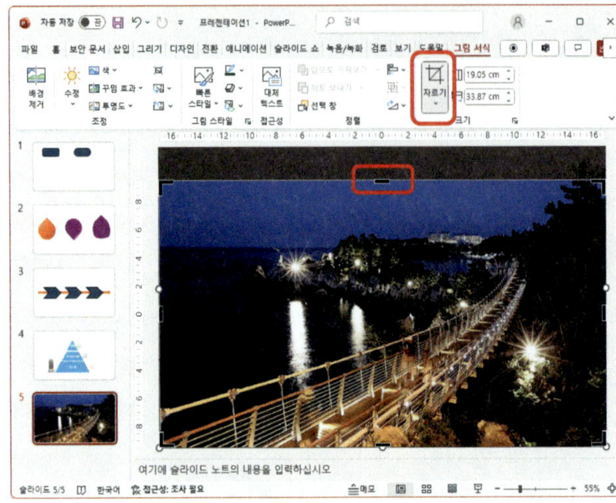

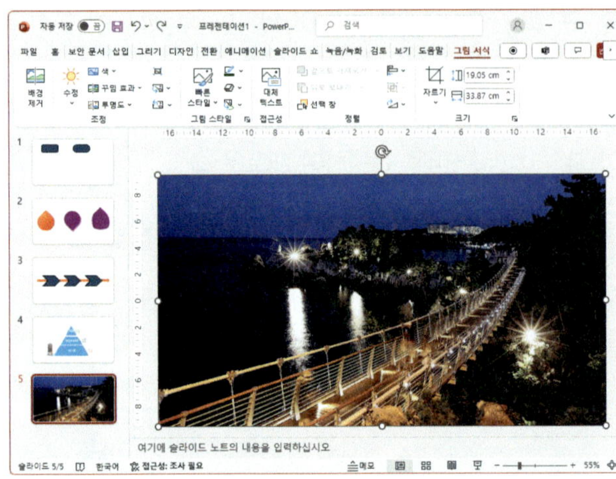

❸ [홈] 탭 → [슬라이드] 그룹 → [새 슬라이드] → [빈 화면]을 선택하여 새로운 슬라이드를 추가한다. [삽입] 탭 → [이미지] 그룹 → [그림] → [온라인 그림]을 선택한다. [그림 삽입] 대화상자가 나타나면 삽입을 원하는 그림을 선택하여 삽입한다. 삽입된 그림은 슬라이드 크기에 맞게 늘려주고, 잘라준다.

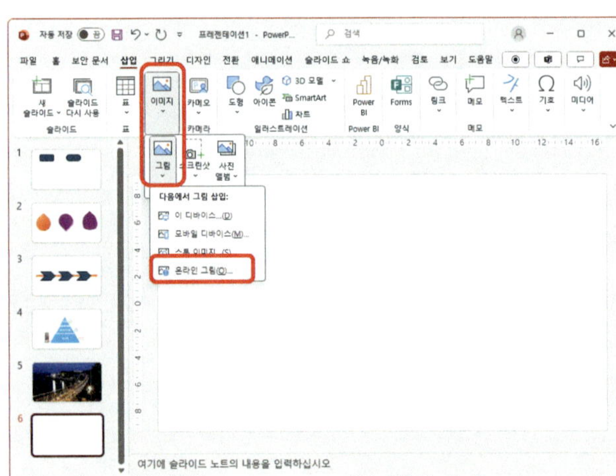

❹ 스크린샷은 화면의 일부를 캡처하는 기능으로 작업 창 또는 다른 화면을 캡처할 수 있다. 인터넷에서 그림을 검색하여 검색된 그림을 스크린샷으로 캡처해 보자. 인터넷에서 "고래"를 검색하여 캡처를 원하는 그림을 뒤에 배치한 상태에서 [삽입] 탭 → [이미지] 그룹 → [스크린샷] → [화면 캡처]를 선택한다.

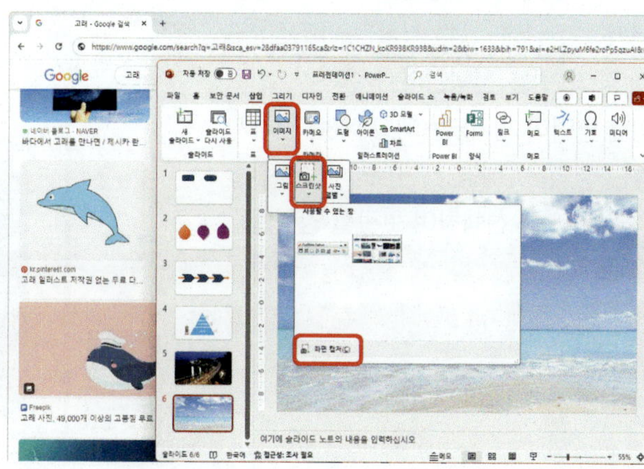

❺ 인터넷 검색 창 화면이 흐려지는데, 이 상태에서 캡처를 원하는 역을 드래그한다. 드래그한 영역의 그림은 슬라이드에 붙여넣기 된다.

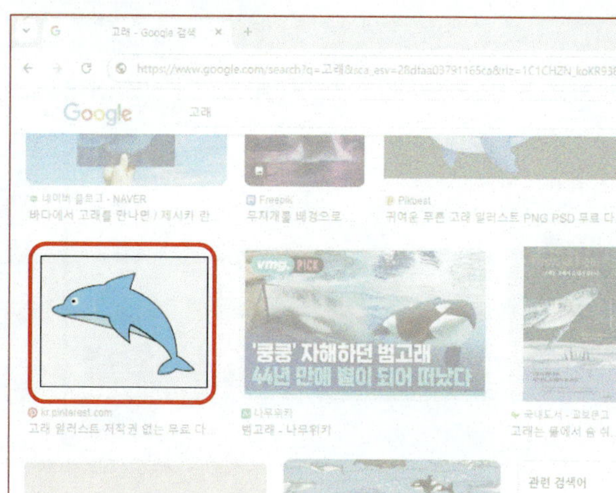

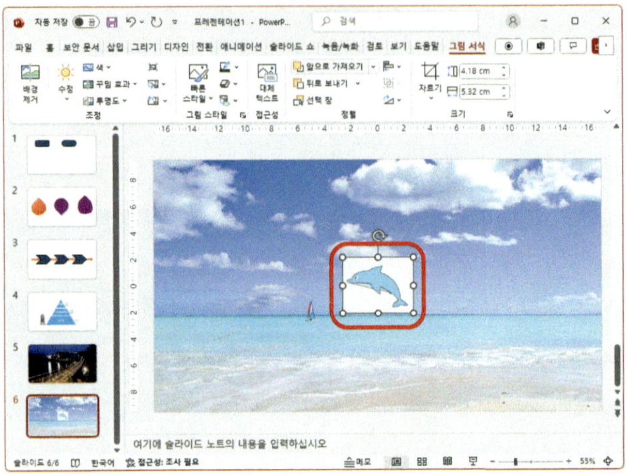

❻ 스크린샷으로 삽입한 그림의 배경을 제거하기 위해 [그림 서식] → [조정] → [배경 제거]를 선택한다. 분홍색으로 보이는 영역이 제거되는데, 제거를 원하지 않는 영역은 [배경 제거] 탭 → [보관할 영역 표시]를 선택하여 보관할 영역들을 클릭한다.

❼ 보관 영역과 제거 영역이 잘 지정되면 [변경 내용 유지]를 선택한다.

❽ 회전 핸들( )을 왼쪽으로 드래그하여 그림을 회전한다.

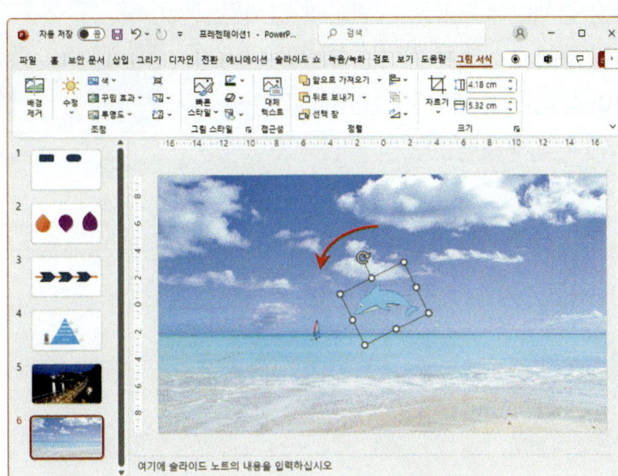

(2) 그림 효과 및 스타일 적용

그림에 그림자, 반사, 윤곽선, 그리고 3D 회전 등 다양한 효과를 추가하여 그림을 더욱 돋보이게 만들 수 있다. 또한, 파워포인트에서 제공하는 그림 스타일 옵션을 활용하여 테두리, 모서리, 색상 등을 쉽게 변경하고, 그림의 전반적인 느낌을 일관되게 조정할 수 있다.

❶ [홈] 탭 → [슬라이드] 그룹 → [새 슬라이드] → [빈 화면]을 선택하여 새로운 슬라이드를 추가한다. [삽입] 탭 → [이미지] 그룹 → [그림] → [온라인 그림]을 선택한다. [그림 삽입] 대화상자가 나타나면 검색란에 “산”을 입력하여 검색된 그림 중에서 삽입을 원하는 그림을 선택하여 삽입한다. 삽입된 그림은 슬라이드 크기에 맞게 조정한다.

❷ [그림 서식] → [그림 스타일] → [빠른 스타일] → [⊡ 자세히] 버튼 → [둥근 대각선 모서리, 흰색]을 선택한다.

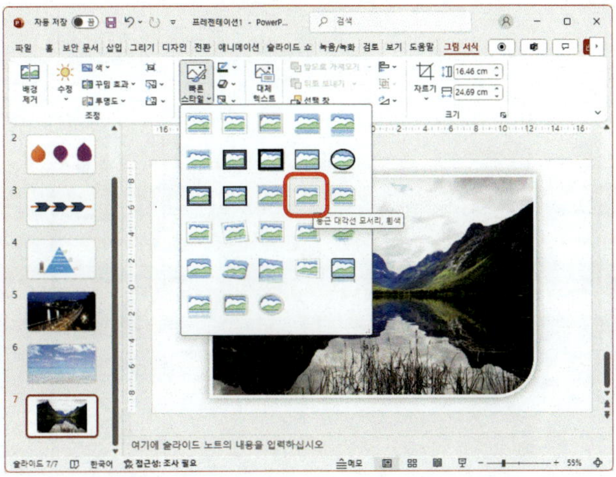

03

❸ [그림 서식] → [조정] → [색] → [채도 0%]를 선택하여 흑백 사진으로 만들어 준다.

Tip

[조정] 그룹의 [수정]에서 선명도와 밝기/대비를 정밀하게 조정할 수 있고, [색]에서 채도, 색조, 다시 칠하기 등을 조정할 수 있다. [꾸밈 효과]에서는 표식, 연필 회색조, 연필 스케치 등 다양한 꾸밈 효과를 줄 수 있다.

3 오디오 및 비디오 활용

오디오 파일을 슬라이드에 삽입하여 배경 음악이나 해설을 추가하고, 비디오를 삽입하여 시각적 자료를 강화할 수 있다. 또한, 오디오와 비디오의 재생 시간, 반복, 시작 지점 등을 설정하여 슬라이드 쇼에 맞게 조정할 수 있다. 이러한 기능을 통해 프레젠테이션의 내용을 더욱 효과적으로 전달하고, 청중의 관심을 끌 수 있는 다채로운 슬라이드를 구성할 수 있다.

(1) 오디오 삽입 및 설정

오디오를 삽입하는 방법은 컴퓨터에 저장된 오디오 파일을 삽입하거나, 직접 녹음한 소리를 삽입할 수 있다. 파워포인트에서 사용할 수 있는 오디오 파일 형식에는 MP3(손실 압축, 호환성 높음)와 WAV(무손실, 고품질)가 가장 일반적이며, 필요에 따라 WMA(효율적 압축, 높은 음질), AAC(고음질, 작은 파일 크기), AIFF(무손실, 주로 Mac에서 사용) 등의 형식도 사용할 수 있다. 삽입한 오디오 파일은 트리밍 기능의 재생 방식(자동 재생, 클릭 시 재생 등)을 설정하여 오디오의 시작 및 종료 지점을 조정할 수 있다.

❶ [삽입] 탭 → [미디어] 그룹 → [오디오] → [내 PC의 오디오]를 선택한다. [오디오 삽입] 대화상자가 나타나면 "배경음악.mp3" 오디오 파일을 선택하고 [삽입] 버튼을 클릭한다.

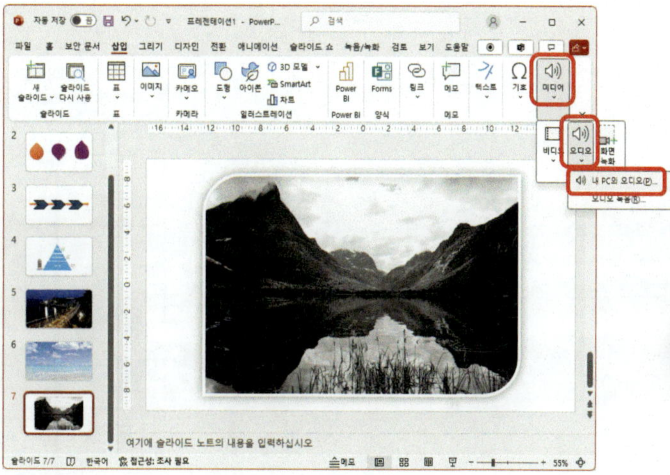

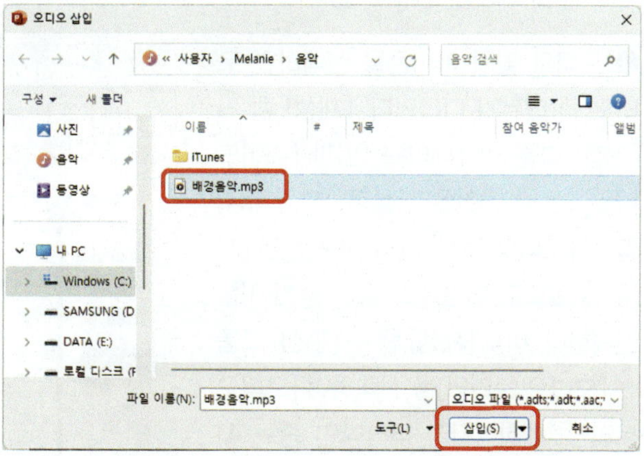

03

❷ 오디오 파일을 삽입하면 오디오 클립 아이콘이 삽입되는데, 오른쪽 상단으로 드래그하여 위치를 이동한다. 오디오 클립 아이콘을 선택하면 오디오 컨트롤 막대가 나타난다. 막대의 재생 버튼을 클릭하면 오디오가 재생된다.

❸ 오디오 클립 아이콘을 선택하면 오디오 탭 메뉴가 나타난다. [재생] 탭 → [편집] 그룹 → [페이드 인]과 [페이드 아웃] → [02.00]초로 설정하고, [재생] 탭 → [오디오 옵션] 그룹 → 시작은 [자동 실행]으로 변경, [쇼 동안 숨기기]를 선택한다. 이후 [재생] 탭 → [편집] 그룹 → [오디오 트리밍]을 선택하여 [오디오 트리밍] 대화상자가 나타나면 종료 시간을 [00:30]초로 설정하고 [확인] 버튼을 클릭한다.

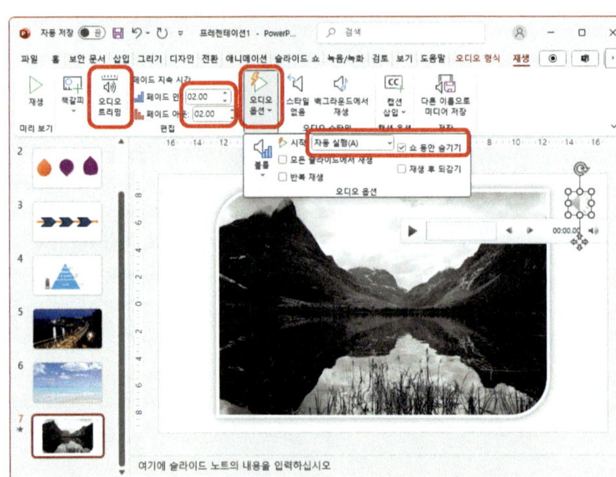

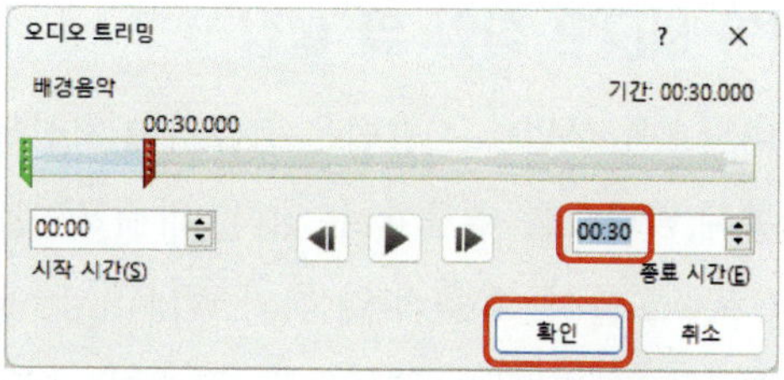

❹ 오디오 클립 아이콘을 선택한 뒤, [재생] 탭 → [저장] 그룹 → [다른 이름으로 미디어 저장]을 선택하면 [다른 이름으로 미디어 저장] 대화상자가 나타난다. 이때 파일 이름을 입력하고 [저장] 버튼을 클릭하면 오디오 파일을 저장할 수 있다.

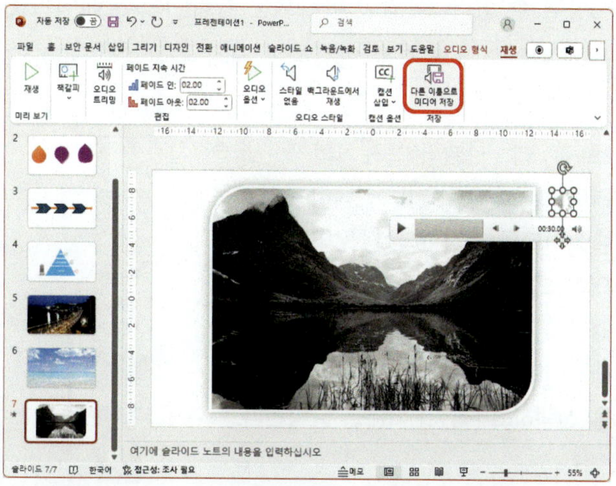

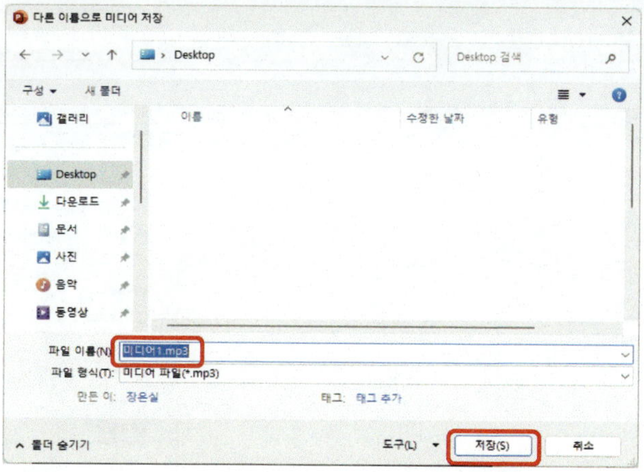

Tip [오디오 트리밍]은 원하는 부분만 재생되도록 조정하는 기능이고, [페이드 인/페이드 아웃]은 페이드 지속 시간을 설정하여 소리가 점차 커지거나 점차 작아지도록 설정하는 기능이다. [오디오 옵션]에서는 슬라이드 쇼 실행 시 오디오를 자동 재생하거나 클릭하여 재생하도록 설정할 수 있다. [오디오 스타일]의 [백그라운드에서 재생]은 모든 슬라이드에서 오디오가 배경 음악으로 계속 재생되도록 설정하는 기능이다.

(2) 비디오 삽입 및 설정

비디오를 삽입하는 방법은 컴퓨터에 저장된 비디오 파일을 삽입하거나, 스톡 비디오, 온라인을 통해 비디오를 추가할 수 있다. 파워포인트에서 사용할 수 있는 비디오 파일 형식으로는 MP4(높은 호환성, 효율적 압축)와 WMV(MS에서 개발, 윈도우 환경에서 최적화)가 가장 일반적이며, 필요에 따라 AVI(무손실, 고품질), MOV(애플에서 개발, Mac에서 주로 사용) 등의 형식도 사용할 수 있다. 삽입한 비디오는 슬라이드의 레이아웃에 맞게 크기를 조정할 수 있으며, 비율을 유지하면서 크기를 변경하여 시각적 균형을 유지할 수 있다.

❶ [홈] 탭 → [슬라이드] 그룹 → [새 슬라이드] → [빈 화면]을 선택하여 새로운 슬라이드를 추가한다. [삽입] 탭 → [미디어] 그룹 → [비디오] → [이 디바이스]를 선택한다. [비디오 삽입] 대화상자가 나타나면 "풍경영상.mp4" 비디오 파일을 선택하고 [삽입] 버튼을 클릭한다.

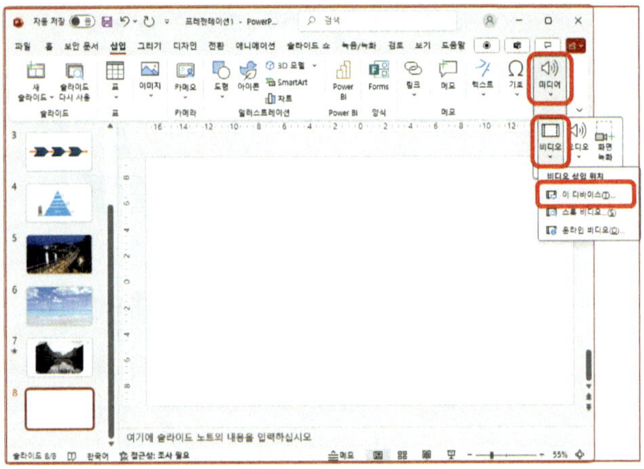

❷ 비디오 클립을 선택하면 비디오 탭 메뉴가 나타난다. [재생] 탭 → [편집] 그룹 → [페이드 인]과 [페이드 아웃] → [02.00]초로 설정하고, [재생] 탭 → [비디오 옵션] 그룹 → [전체 화면 재생]을 선택한다. 이후 [재생] 탭 → [편집] 그룹 → [비디오 트리밍]을 선택하여 [비디오 트리밍] 대화상자가 나타나면 시작 시간은 [00:02]초, 종료 시간은 [00:30]초로 설정하고 [확인] 버튼을 클릭한다.

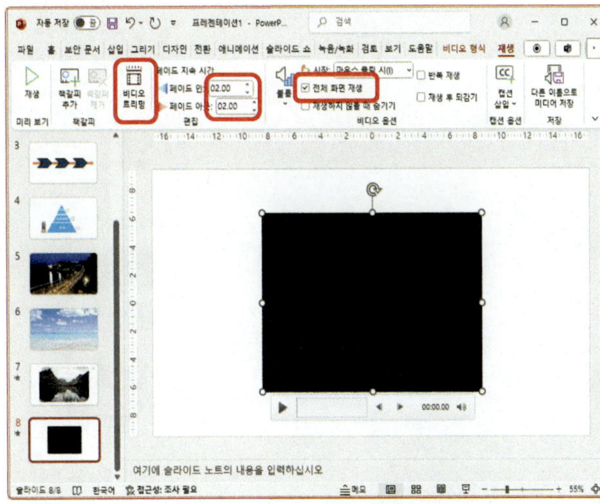

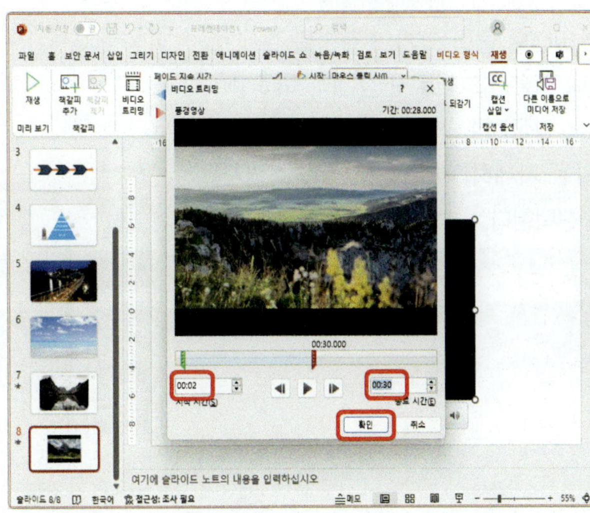

03

❸ 재생 막대를 적당한 위치로 이동한 뒤에, [비디오 형식] 탭 → [조정] 그룹 → [포스터 프레임] → [현재 프레임]을 선택한다. 이후 비디오 클립 첫 화면이 지정한 프레임 화면으로 변경되었다.

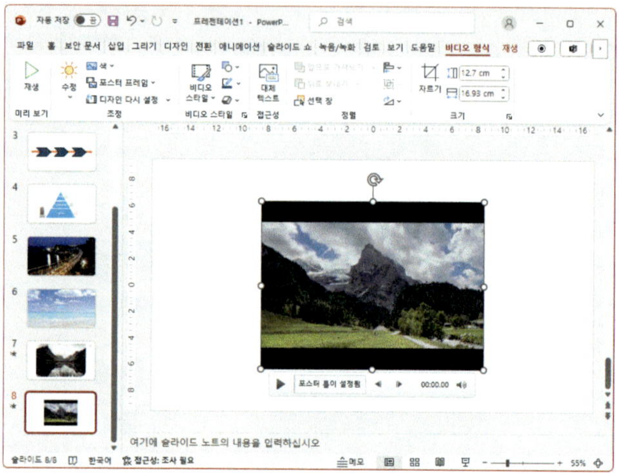

❹ 비디오 클립 크기 조절점을 드래그하여 적당한 크기로 변경한다. 이후 [비디오 형식] 탭 → [비디오 스타일] 그룹 → [자세히] 버튼 → [사각형 그림자]를 선택한다.

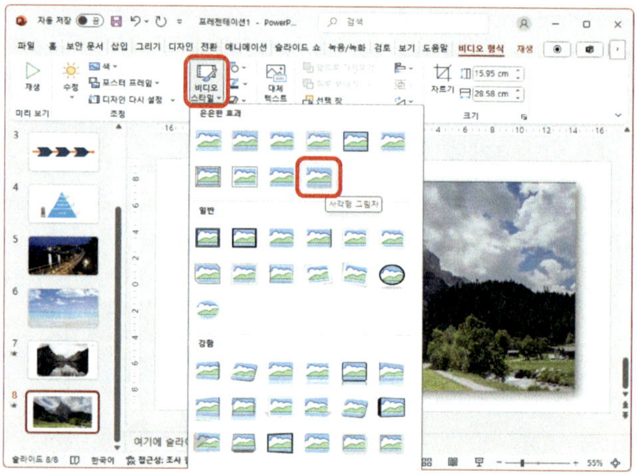

❺ 상태 표시줄의 [읽기용 보기] 📖 버튼을 선택하여 비디오 재생 버튼을 클릭하면 전체 화면으로 재생되는 것을 확인할 수 있다.

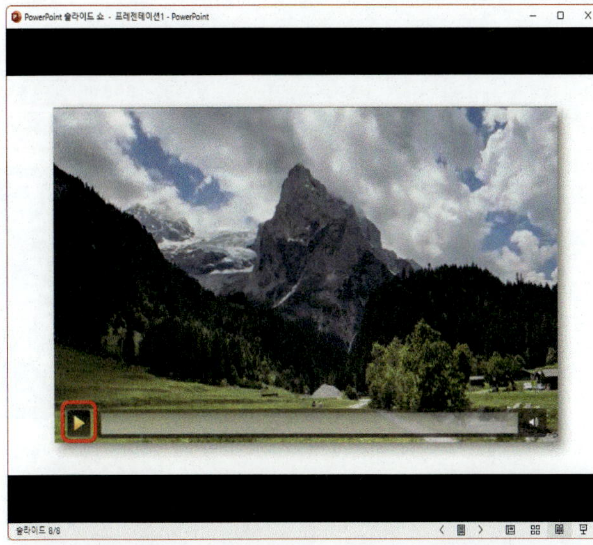

❻ [홈] 탭 → [슬라이드] 그룹 → [새 슬라이드] → [빈 화면]을 선택하여 새로운 슬라이드를 추가한다. [삽입] 탭 → [미디어] 그룹 → [비디오] → [온라인 비디오]를 선택한다. [비디오 검색] 대화상자가 나타나면 유튜브 주소(https://youtu.be/AXe7mCHI6F4?si=EbMRjrsHDWO85ui1)를 입력하고 [삽입] 버튼을 클릭한다.

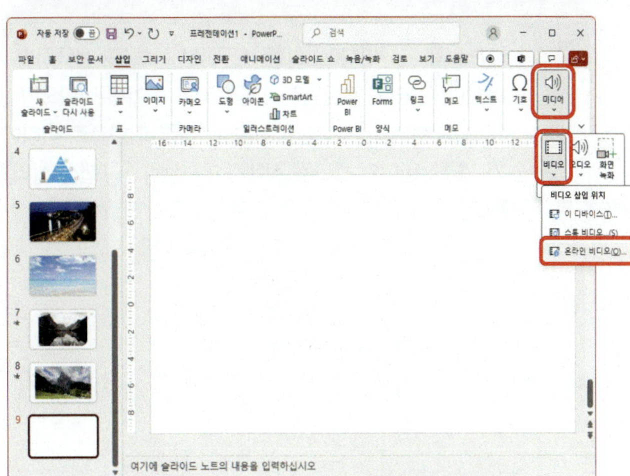

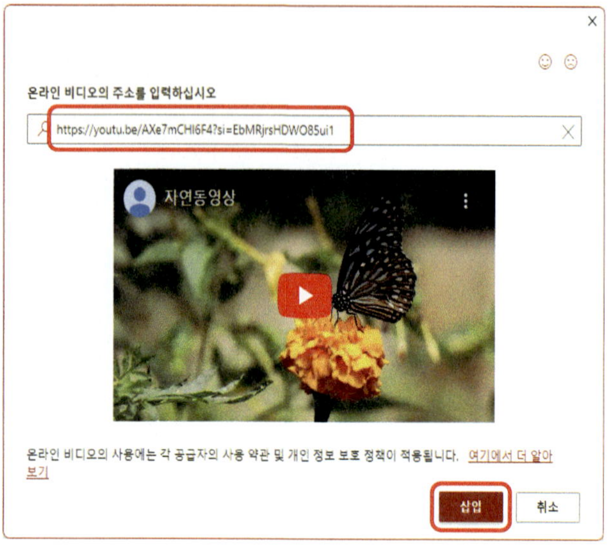

❼ 유튜브 동영상이 삽입된 것을 확인할 수 있다. "실습3-1"로 파일명을 지정하여 저장한다.

Tip

[삽입] 탭 → [미디어] 그룹 → [화면 녹화]를 선택하면 지정한 영역 안의 화면을 녹화할 수 있다. ⊞+Shift+Q를 누르면 녹화가 종료되고 녹화된 비디오가 슬라이드에 삽입된다. 삽입된 비디오 클립을 선택하고 [재생] 탭 → [저장] 그룹 → [다른 이름으로 미디어 저장]을 클릭하면 동영상 파일(*.mp4)로 저장된다. 또한, 비디오 클립을 선택하고 [재생] → [캡션 삽입]을 통해 자막 파일을 만들어 비디오에 추가할 수 있다.

4 멀티미디어 개체 디자인 연습 문제

01 다음 〈조건〉을 참고하여 결과 화면과 같이 나타나도록 새 프레젠테이션을 시작한 후, 첫 번째 슬라이드에 빈 화면 슬라이드를 추가하여 작성하시오.

① "사각형: 둥근 모서리" 도형을 삽입하여 가로 5개 × 세로 5개 배치

② "스마트 시티"로 온라인 그림을 검색하여 삽입

③ ①의 도형과 ②의 그림을 겹쳐서 배치하고 도형 병합의 "조각"을 적용

02 다음 〈조건〉을 참고하여 결과 화면과 같이 나타나도록 두 번째 슬라이드에 빈 화면 슬라이드를 추가하여 작성하시오.

① "사각형: 둥근 모서리" 도형을 삽입하고, 도형 스타일은 "미세효과 – 주황, 강조 2", 도형 효과는 "둥글게" 입체 효과를 적용

② 삽입한 도형 안에 아이콘 3개(교통, 에너지, 통신)를 삽입하고, 각각 "녹색", "파랑", "주황"으로 색 채우기, 그림자 효과(오프셋: 오른쪽 아래) 적용

03 다음 〈조건〉을 참고하여 결과 화면과 같이 나타나도록 세 번째 슬라이드에 빈 화면 슬라이드를 추가하여 작성하시오.

① "스마트 시티 비전"으로 온라인 그림을 검색하여 삽입하고, 도형 스타일은 "반사형 모서리가 둥근 직사각형", 투명도는 "50%"를 적용

② 삽입한 그림 안에 아이콘 3개(공원, 병원, 학교)를 삽입하고, 각각 "녹색", "빨강", "파랑"으로 색 채우기, 그림자 효과(오프셋: 오른쪽 아래) 적용

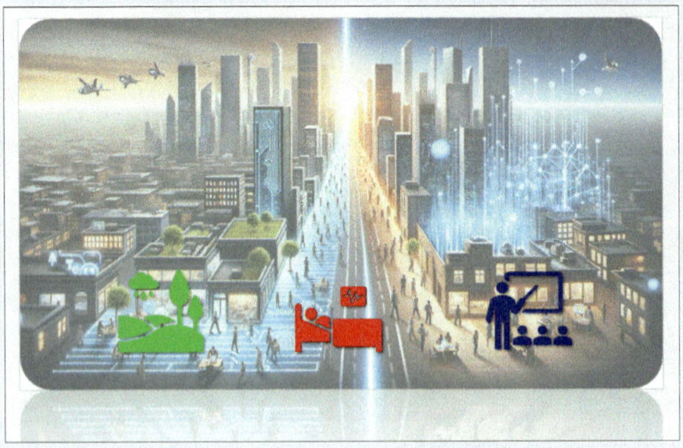

04 다음 〈조건〉을 참고하여 결과 화면과 같이 나타나도록 네 번째 슬라이드에 빈 화면 슬라이드를 추가하여 작성하시오.

① "도시"로 온라인 비디오를 검색하여 삽입하고, 비디오 스타일은 "급경사 입체 사각형"으로 적용

② 페이드 인과 페이드 아웃은 "02.00"초로 설정, 시작은 "자동 실행", 반복 재생되지 않도록 설정

POWER POINT

4 데이터 시각화

이번 장에서는 다음과 같은 내용을 학습합니다.

- 파워포인트에서 표와 차트를 생성하고 편집하여 데이터를 시각적으로 효과적으로 전달하는 방법을 익힙니다.
- 워드아트와 스마트아트를 통해 텍스트와 데이터를 시각적으로 강조하고 구조화된 방식으로 표현하는 기술을 배운다.
- 시각적 요소들의 스타일과 서식을 조정하여 프레젠테이션의 시각적 효과를 극대화하는 방법을 학습한다.

4장에서는 파워포인트에서 데이터를 시각적으로 표현하는 표, 차트, 워드아트, 스마트아트를 활용하여 복잡한 정보를 명확하고 이해하기 쉽게 시각화하는 방법을 학습한다. 이를 통해 데이터를 효과적으로 전달하고, 청중의 이해도를 높이는 프레젠테이션을 만들 수 있다. 또한, 각 시각화 도구의 사용 방법과 스타일링 옵션을 익혀, 데이터의 중요성을 강조하고 프레젠테이션의 시각적 완성도를 높이는 기술을 습득할 수 있다.

1 표 생성 및 편집

04

표는 데이터를 체계적으로 정리하고 비교하는 데 유용한 도구로, 다양한 정보를 한눈에 쉽게 이해할 수 있도록 도와준다. 표를 생성하고, 셀의 크기 조정, 병합, 분할 등을 통해 원하는 레이아웃을 구성하는 방법을 학습한다. 또한, 표의 색상, 테두리, 글꼴 스타일 등을 조정하여 시각적으로 돋보이게 만드는 편집 기술을 익힐 수 있다.

표를 생성하려면 슬라이드에서 표 삽입 기능을 사용하여, 원하는 행과 열의 수를 지정하면 된다. 이때 행과 열이 만나는 사각형 모양의 공간을 셀(cell)이라고 한다.

(1) 표 생성 및 편집

제목 및 내용 슬라이드에서는 글이나 그림 등의 콘텐츠를 입력하는 개체 틀의 [표 삽입] 버튼 또는 [삽입] 탭의 [표] 메뉴를 이용하여 슬라이드에 표를 삽입할 수 있다.

❶ [홈] 탭 → [슬라이드] 그룹 → [레이아웃] → [제목 및 내용]을 선택하여 슬라이드의 레이아웃을 변경한다. 내용 개체 틀 안의 개체 선택 버튼 중에서 [표 삽입] 버튼을 클릭한다. [표 삽입] 대화 상자가 열리면 [열 개수]는 5, [행 개수]는 7을 입력하고 [확인]을 누른다.

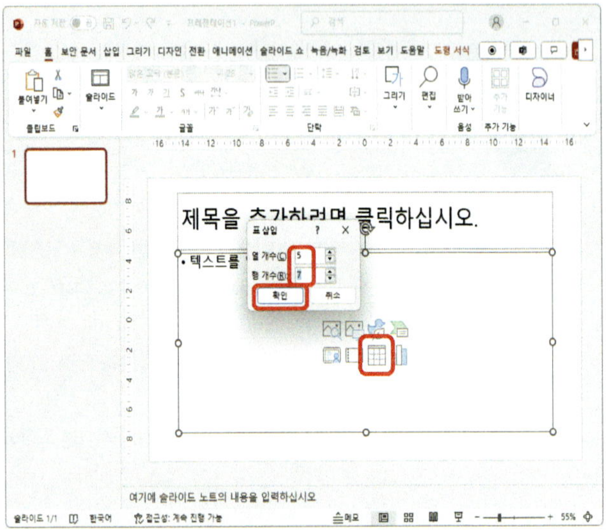

❷ 입력한 열과 행의 개수로 이루어진 표가 생성된다. 표 안의 내용은 다음과 같이 작성한다. 셀을 이동할 때는 화살표를 이용하여 이동한다.

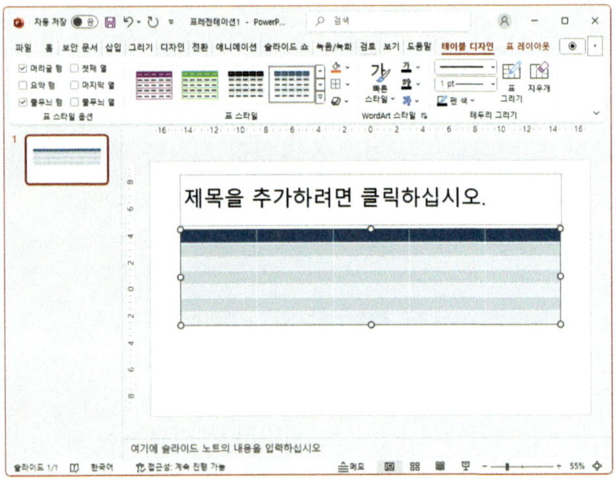

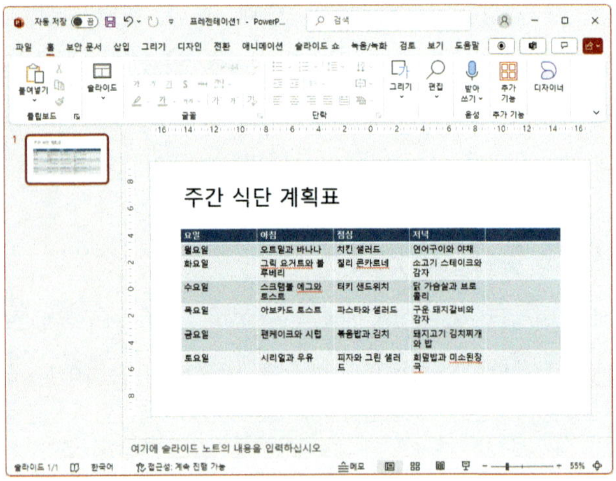

❸ 행을 추가하기 위해 “토요일”이 입력된 셀에 커서를 위치하고, [표 레이아웃] 탭 → [행 및 열] 그룹 → [아래에 삽입]을 선택한다.

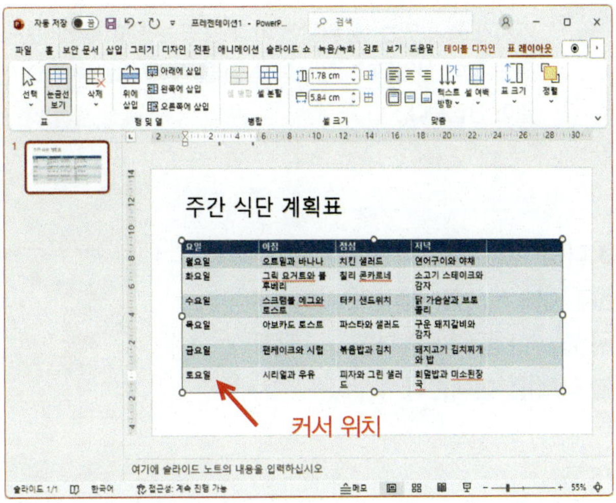

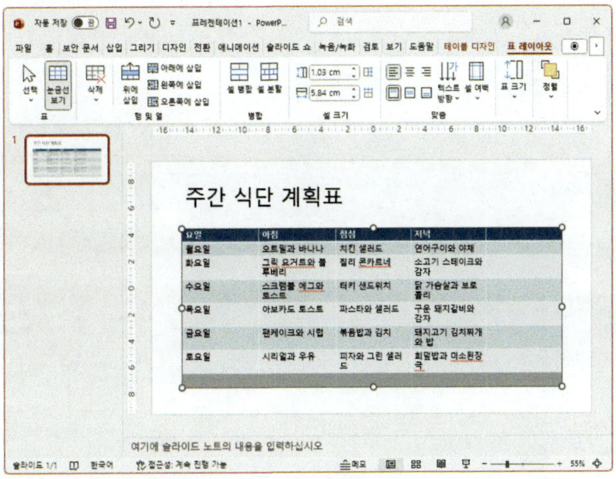

❹ 새로 추가된 행에 다음과 같이 작성하고, “실습4-1”로 파일명을 지정하여 저장한다.

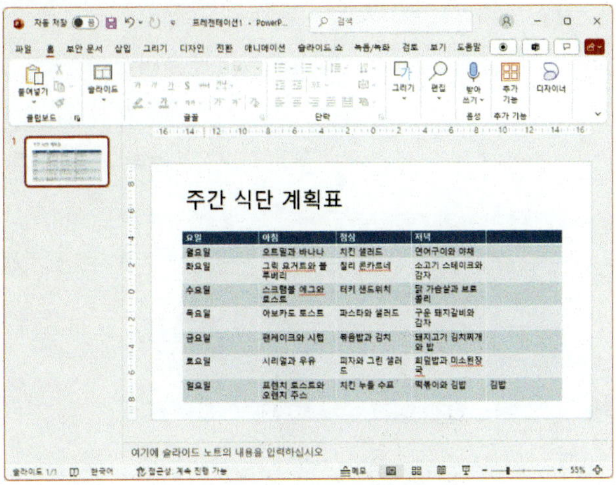

Tip 커서가 놓여 있는 셀 위치에 따라 행 또는 열이 삽입되는데, [위에 삽입]을 누르면 현재 커서가 있는 위치 위에 행이 삽입된다. [왼쪽에 삽입]을 누르면 왼쪽에 열이 삽입되고, [오른쪽에 삽입]을 누르면 오른쪽에 열이 삽입된다.

❺ 다섯 번째 열을 삭제하기 위해 다섯 번째 열에 커서를 위치하고, [표 레이아웃] 탭 → [행 및 열] 그룹 → [삭제] → [열 삭제]를 선택한다.

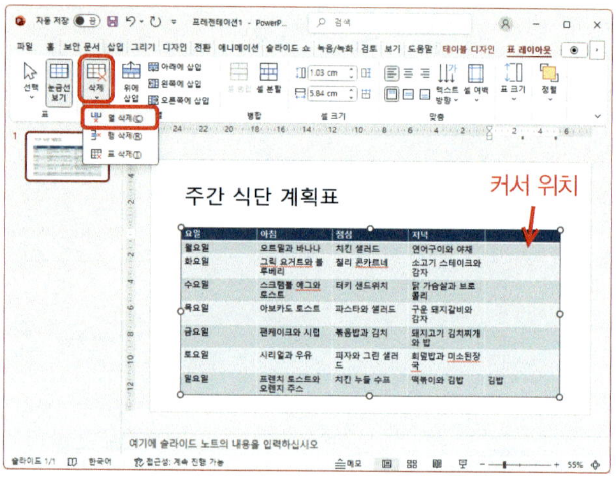

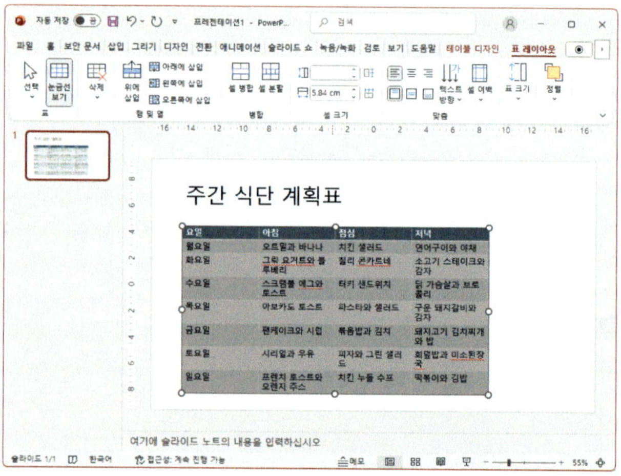

❻ 슬라이드 안에 표가 보기 좋게 배치되도록 표를 선택하여 나타나는 크기 조절점을 드래그하여 표 전체의 크기를 조절한다.

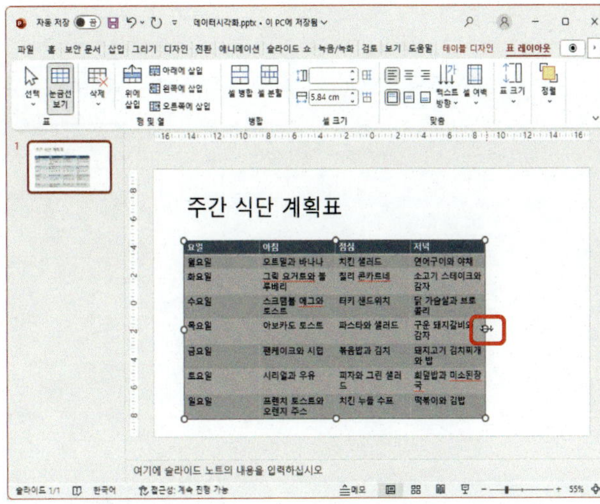

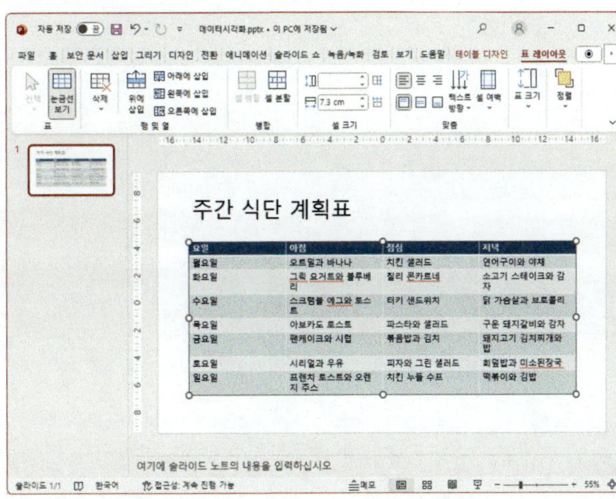

❼ 셀 사이의 테두리에 마우스를 위치하면 셀의 너비와 높이를 조절할 수 있는 마우스 포인터가 난다. 크기를 조절하기 위한 방향으로 드래그하여 보기 좋게 조절한다.

> **Tip**
> 표 셀의 높이를 동일하게 조절하고 싶을 때는 [표 레이아웃] 탭 → [셀 크기] 그룹 → [행 높이를 같게] 선택, 너비를 동일하게 조절하고 싶을 때는 [열 너비를 같게]를 선택한다. 높이와 너비를 세밀하게 조절하고 싶을 때는 [표 레이아웃] → [표 크기] → [높이]와 [너비] 값을 직접 입력하여 조절한다.

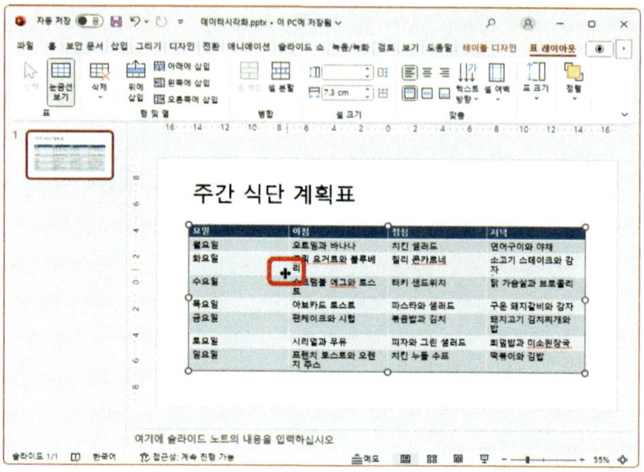

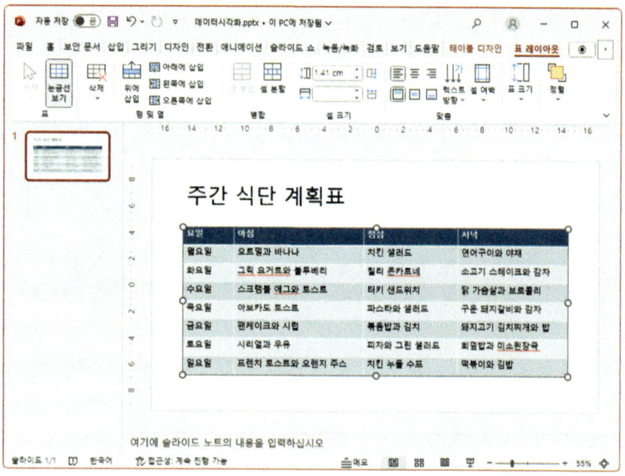

❽ 표 안의 내용이 정렬될 수 있도록 표를 선택한 후, [홈] 탭 → [단락] 그룹 → [가운데 맞춤], [중간 맞춤]을 선택한다.

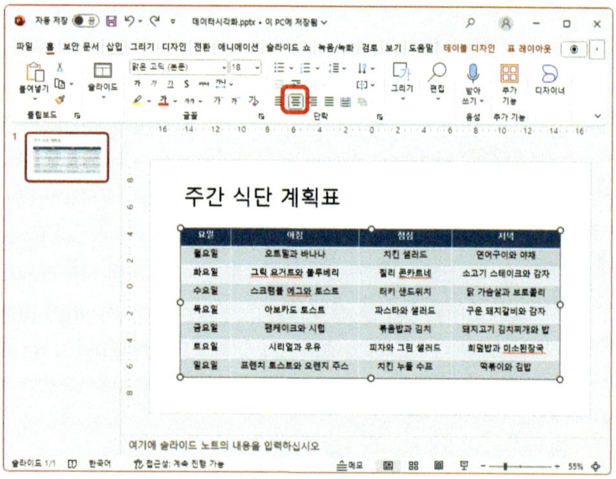

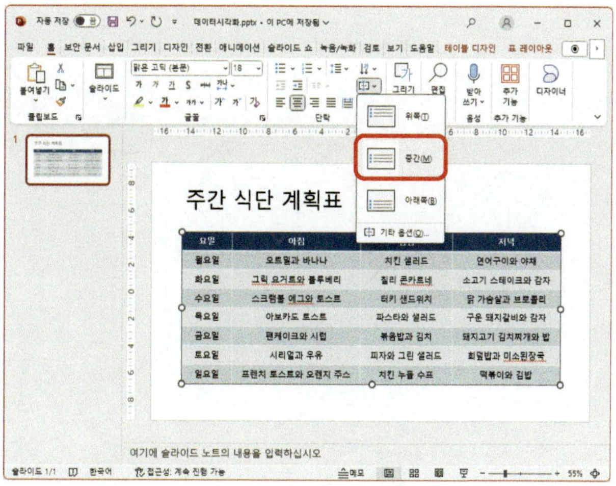

> **Tip** 표 안의 내용이 많을 때는 [표 레이아웃] 탭 → [맞춤] 그룹 → [셀 여백] → [좁게]로 설정한다.

(2) 셀 병합 및 분할

표에서 두 개 이상의 셀을 하나의 셀로 합치는 병합, 하나의 셀을 두 개 이상의 셀로 나누는 셀 분할 기능을 이용하여 편집할 수 있다. 셀 병합은 여러 개의 셀을 하나로 합쳐서 더 넓은 셀을 만드는 기능으로, 표의 제목이나 범주를 표시할 때 유용하다. 반대로, 셀 분할은 하나의 셀을 여러 개로 나누어 세부적인 내용을 추가하거나 데이터를 더 정밀하게 정리할 때 사용된다.

04

❶ 마지막 행의 아침, 점심, 저녁 메뉴를 드래그하여 선택하고 Del 키를 눌러 삭제한다.

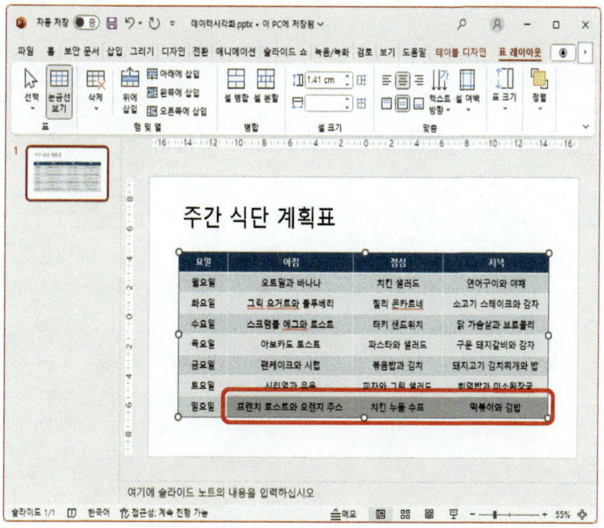

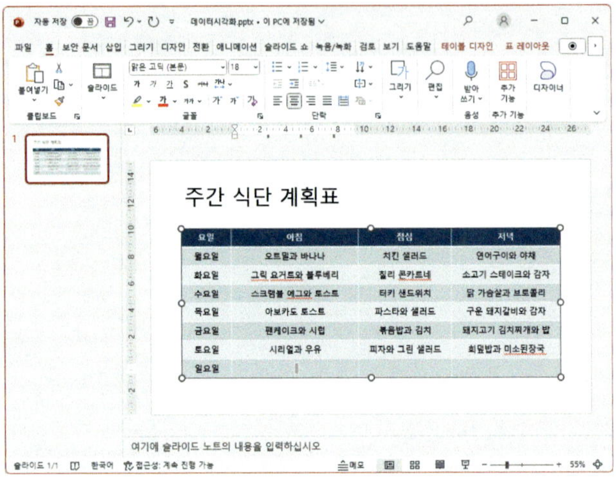

❷ 내용을 삭제한 영역을 드래그하여 다시 선택하고, [표 레이아웃] 탭 → [병합] 그룹 → [셀 병합]을 선택한다. 병합된 셀에 "치팅 데이 (자유식)"이라고 작성한다.

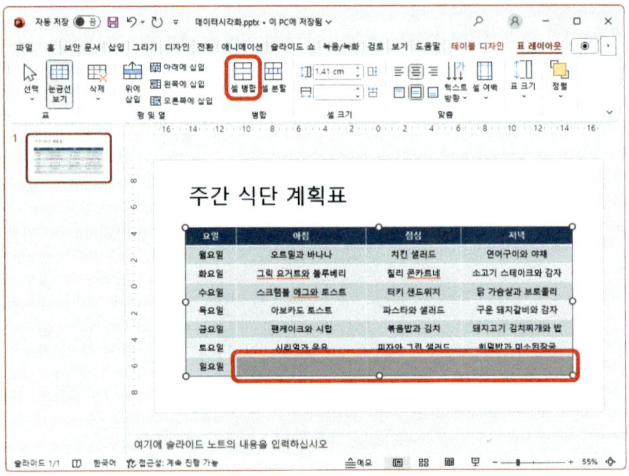

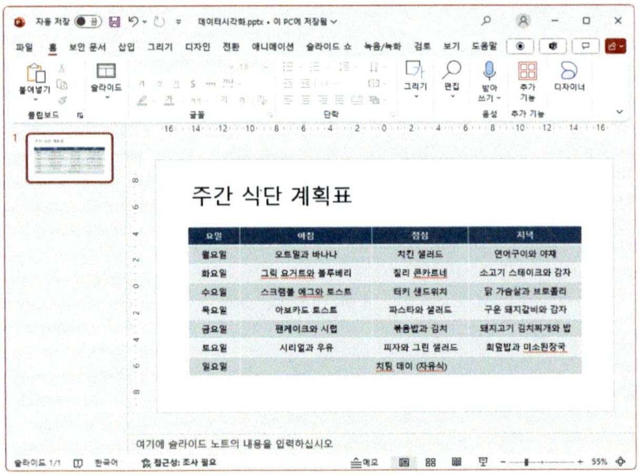

❸ 병합된 셀에 커서를 위치하고 [표 레이아웃] 탭 → [병합] 그룹 → [셀 분할]을 선택하고 열 개수를 “2”로 한다. 분할된 셀의 내용은 다음과 같이 작성한다.

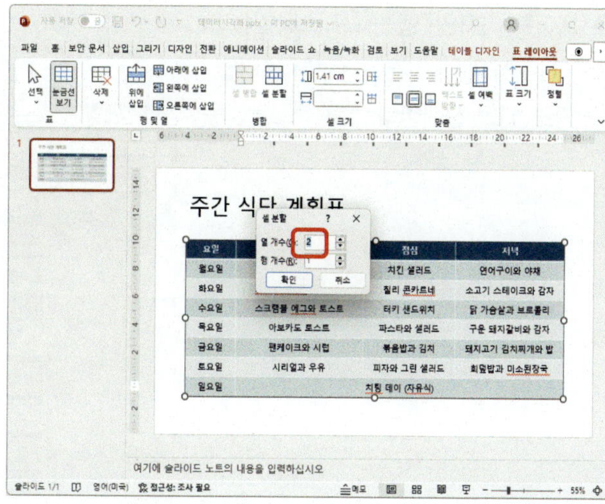

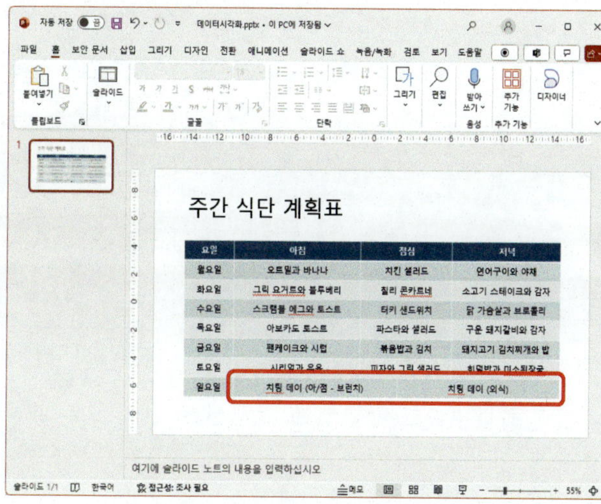

(3) 표의 서식 설정

표의 각 셀 색상을 변경하여 중요한 데이터를 강조할 수 있다. 또한, 표의 테두리, 음영 등 여러 가지 효과를 설정하여 셀 간 구분을 명확히 하고, 표의 가독성을 높일 수 있다. 표 스타일과 표 스타일 옵션을 이용하여 손쉽게 스타일을 적용해 보자.

04

❶ [테이블 디자인] 탭 → [표 스타일] 그룹 → [자세히] 버튼 → [보통 스타일 4 - 강조 1]을 선택한다.

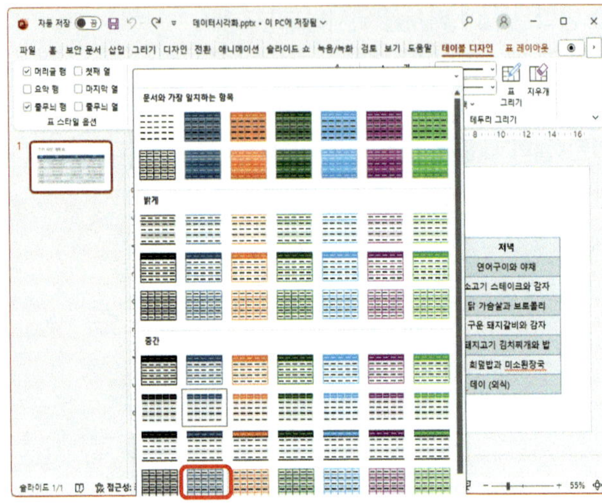

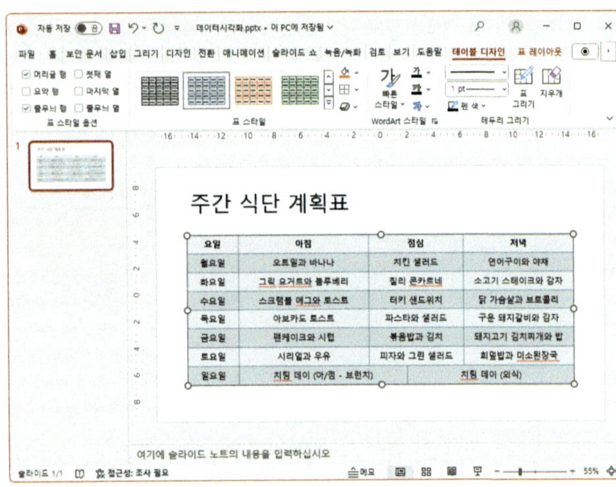

❷ [테이블 디자인] 탭 → [표 스타일 옵션] 그룹 → [머리글 행]과 [첫째 열]만 선택한다. 첫 번째 행을 선택하고 [테이블 디자인] 탭 → [표 스타일] 그룹 → [음영] → [녹색, 강조 6, 80% 더 밝게]를 선택한다.

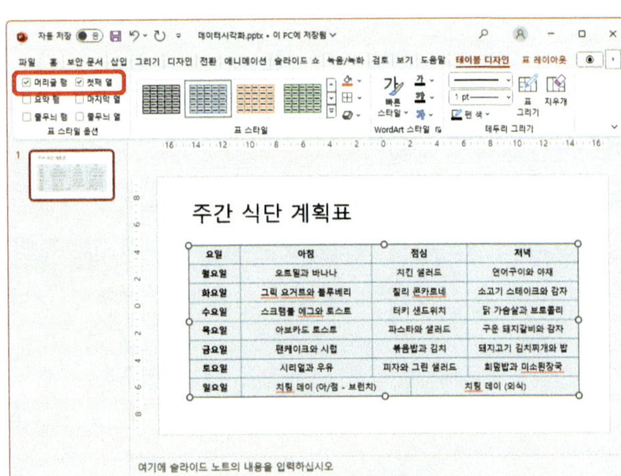

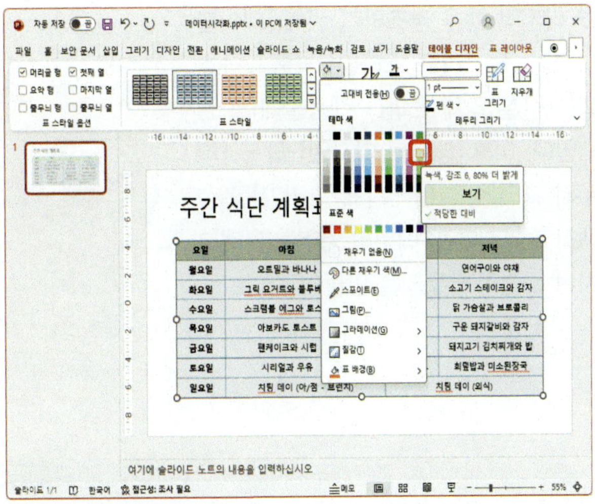

❸ [테이블 디자인] 탭 → [테두리 그리기] 그룹 → [펜 두께] → [3 pt]를 선택하고, [펜 색]은 [진한 청록, 강조 1]을 선택한다. 이후 [표 스타일] → [테두리] → [바깥쪽 테두리]를 선택한다.

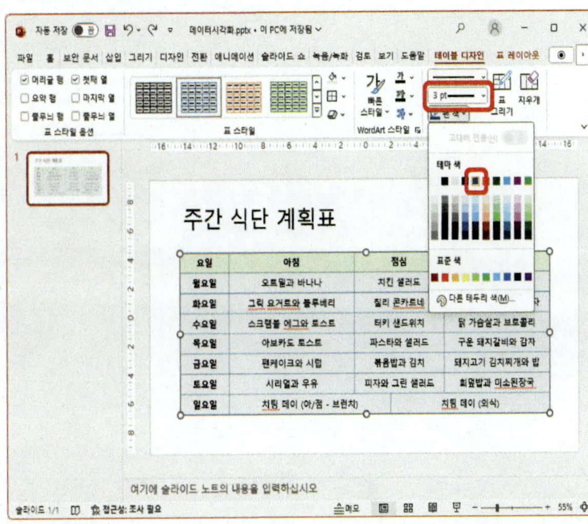

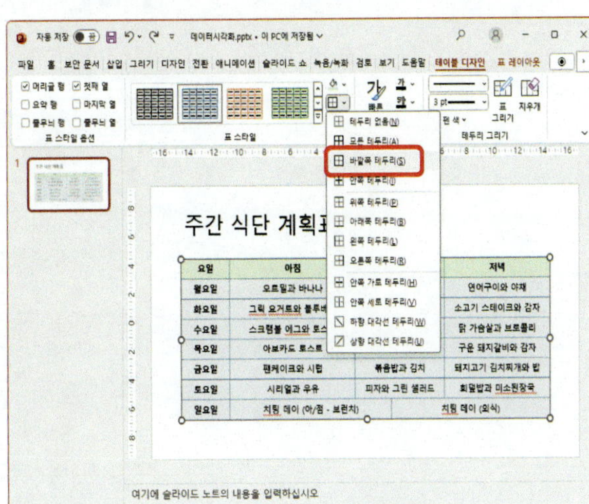

❹ 마지막 행을 강조하기 위해 [테이블 디자인] 탭 → [표 스타일] 그룹 → [효과] → [셀 입체 효과] → [둥글게]를 선택한다. 이후 [테이블 디자인] 탭 → [테두리 그리기] 그룹 → [표 그리기]를 선택하고 마지막 행 테두리 영역을 드래그하여 바깥쪽 테두리를 만들어 준다.

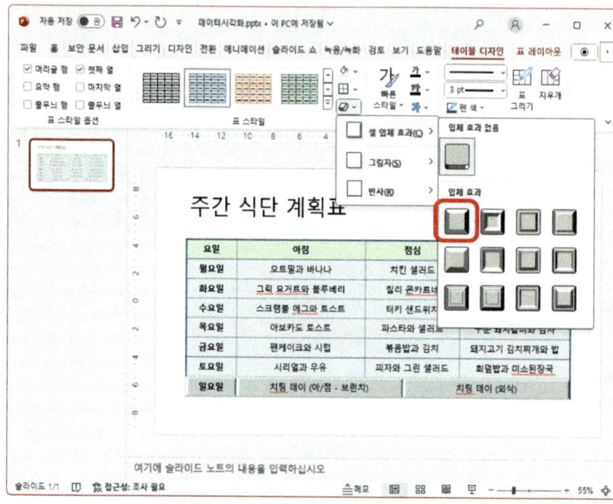

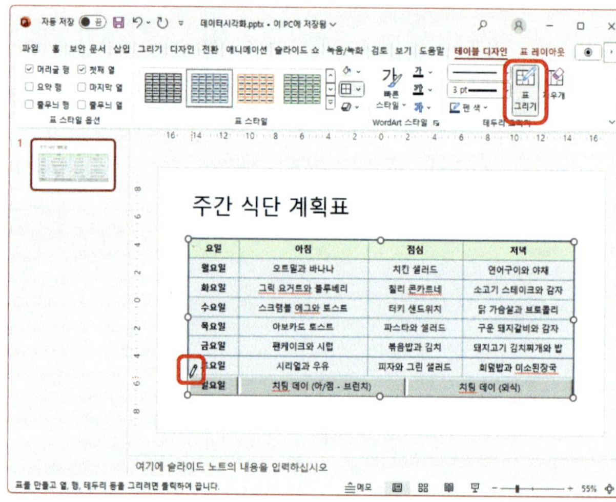

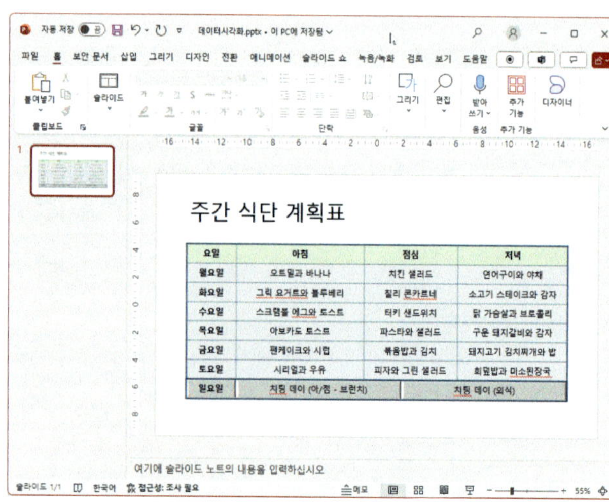

2 차트 생성 및 편집

차트는 숫자 데이터를 그래프로 표현하여 쉽게 이해할 수 있도록 도와주는 시각화 도구이다. 파워포인트에서는 엑셀과 마찬가지로 다양한 종류의 차트를 제공하며, 막대 차트, 원형 차트, 꺾은선 차트, 영역 차트 등 데이터 유형에 적합한 차트를 선택하여 효과적으로 시각화할 수 있다. 차트 작성 방법은 엑셀과 동일하며, 데이터 입력과 편집도 엑셀 프로그램을 통해 이루어진다. 엑셀에서 다룬 기본적인 차트 작성 방법과 함께 각 차트의 특징과 다양한 서식 설정 방법을 학습한다.

(1) 차트 유형 특징 및 요소

차트는 총 17가지 유형으로 분류되며, 각 유형은 특정 데이터 표현 방식에 적합한 차트를 선택하는 것이 중요하다. 각 차트의 특징과 주요 활용 분야는 다음과 같다.

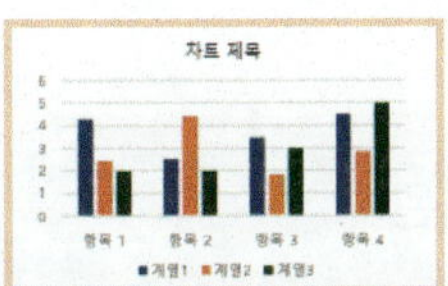

세로 막대형: 범주별 데이터의 비교와 시간에 따른 변화를 나타낼 때 사용된다.

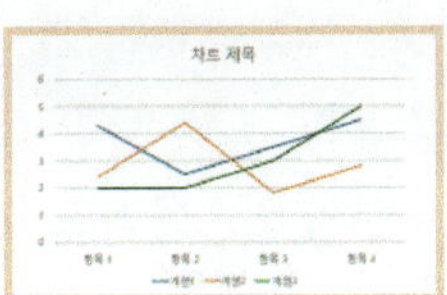

꺾은선형: 시간 경과에 따른 데이터 추세를 시각화하는 데 적합하다.

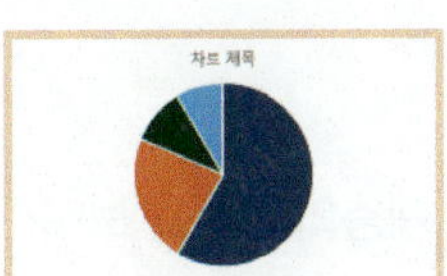

원형: 전체에서 각 요소가 차지하는 비율을 시각적으로 표현할 때 사용된다.

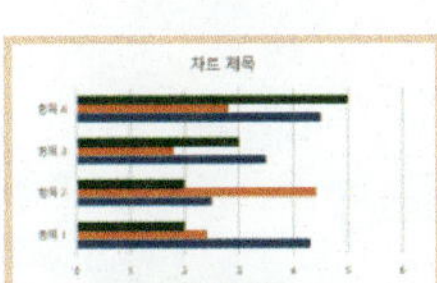

가로 막대형: 긴 범주 이름을 포함한 데이터를 비교할 때 유용하다.

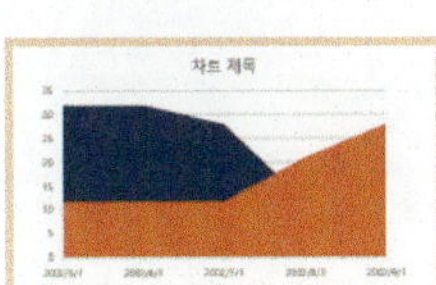

영역형: 시간에 따른 누적 데이터를 강조하거나 비교할 때 사용된다.

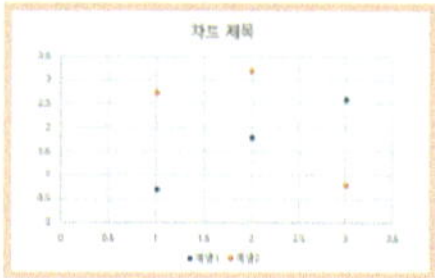

분산형: 두 변수 간의 관계와 상관관계를 분석할 때 활용된다.

지도: 지리적 데이터를 시각화하여 위치별 정보를 전달할 때 사용된다.

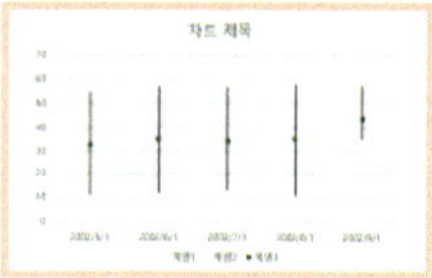

주식형: 주식 시장의 가격 변동을 시각적으로 표현하는 데 적합하다.

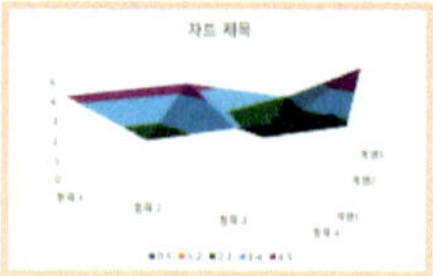

표면형: 3차원 데이터를 시각화하여 복잡한 데이터 관계를 분석할 때 유용하다.

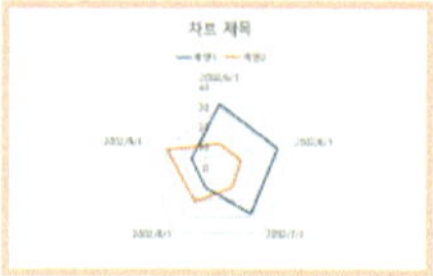

방사형: 여러 항목 간의 성과나 특성을 비교할 때 사용된다.

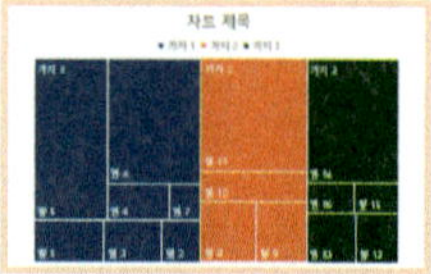

트리맵: 계층 구조 데이터를 시각적으로 분석하고 각 부분의 비중을 비교할 때 유용하다.

선버스트: 계층 구조 데이터를 원형으로 시각화하여 각 계층의 관계를 보여준다.

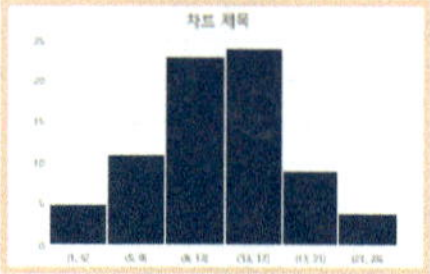

히스토그램: 데이터의 분포와 빈도를 분석하는 데 사용된다.

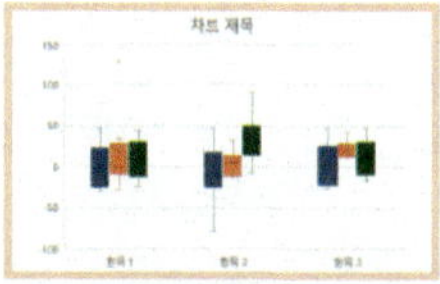

상자 수염: 데이터의 분포와 이상치를 시각적으로 분석할 때 적합하다.

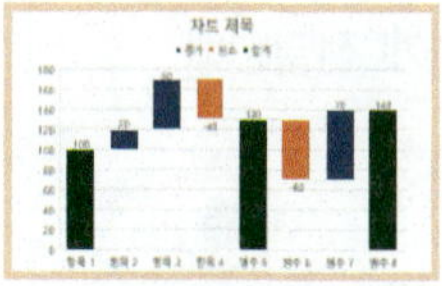

폭포형: 누적 효과를 시각화하여 변화 과정을 보여줄 때 사용된다.

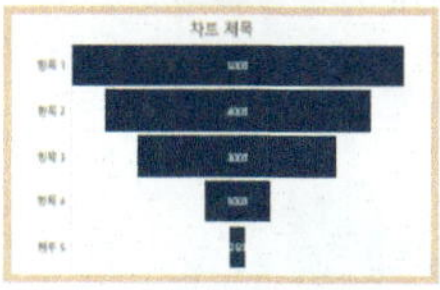

깔때기형: 프로세스의 각 단계에서 데이터의 감소를 시각적으로 표현할 때 유용하다.

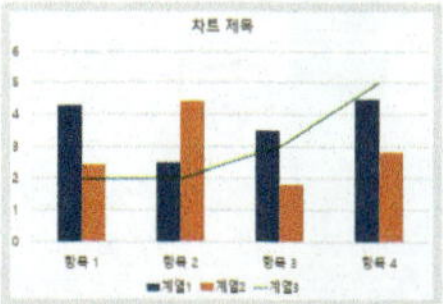

혼합형: 여러 데이터 유형을 결합해 동시에 비교하고 시각화할 때 사용된다.

차트 요소는 데이터를 시각적으로 표현하는 데 중요한 구성 요소로, 각 요소를 적절히 설명하면 차트를 더욱 효과적으로 만들 수 있다. 차트 영역에는 차트 제목, 그림 영역, 축, 범례 등 다양한 여러 요소가 포함된다. 차트를 세밀하게 제작하려면 각 구성 요소를 잘 이해하고, 그 속성을 설정하는 방법을 알아야 한다. 차트 종류에 따라 포함되는 요소가 달라질 수 있지만, 일반적인 차트 요소는 다음과 같다.

❶ **차트 영역** : 차트의 전체 공간을 포함하며, 차트 제목, 축, 범례 등 모든 차트 요소가 이 영역 안에 배치된다.

❷ **그림 영역** : 데이터 계열이 실제로 그려지는 영역으로, 축과 데이터 계열이 표시되며, 차트에서 데이터를 시각적으로 표현하는 중심 영역이다.

❸ **데이터 계열** : 차트에서 시각적으로 표현되는 데이터 그룹으로, 막대, 선, 점 등 다양한 형태로 나타나며, 비교 분석을 쉽게 할 수 있다.

❹ **세로 축** : 차트의 수직축으로, 데이터 값의 범위를 나타낸다. 주로 수치를 표시하며, 데이터의 높낮이를 시각적으로 비교할 수 있게 한다.

❺ **데이터 레이블** : 각 데이터 포인트에 실제 값을 표시하여, 차트 내에서 데이터를 구체적으로 확인할 수 있도록 한다.

❻ **데이터 테이블** : 차트 아래에 원본 데이터를 표 형식으로 표시하여, 차트와 함께 데이터를 직접 확인

할 수 있도록 한다.

❼ 범례 : 차트에 사용된 데이터 계열을 식별할 수 있도록 색상이나 기호를 설명하는 표식으로, 어떤 데이터가 무엇을 의미하는지 쉽게 이해할 수 있게 한다.

❽ 축 제목 : X축과 Y축의 내용을 설명하는 텍스트로, 각 축이 나타내는 데이터의 의미를 명확하게 한다.

❾ 차트 제목 : 차트의 주제를 나타내는 제목으로, 차트의 목적과 내용을 간결하게 전달한다.

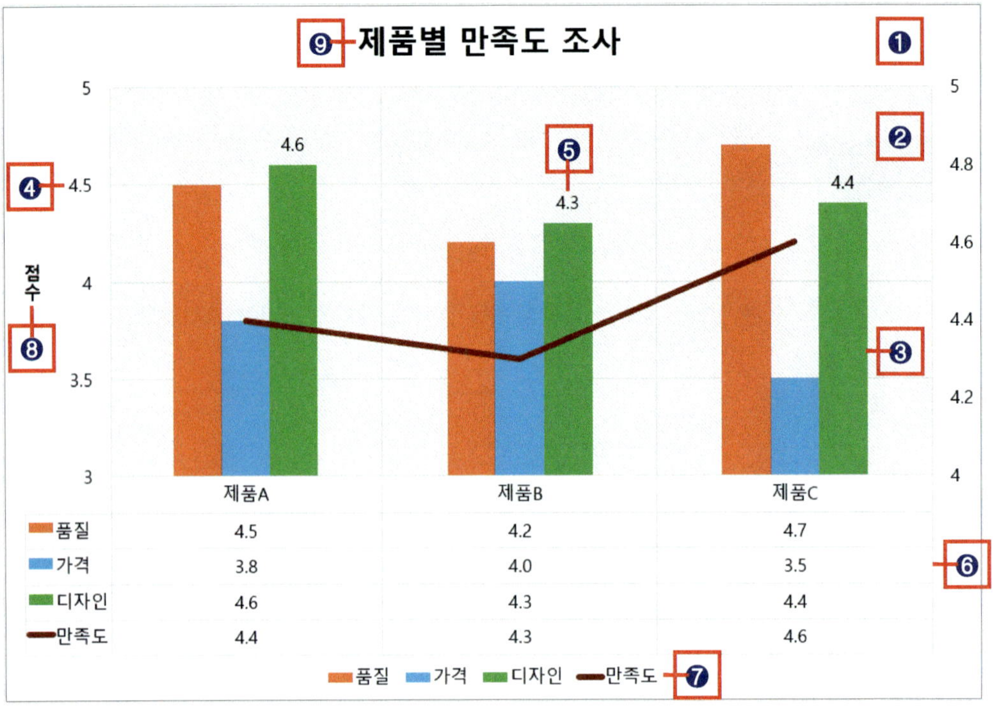

(2) 차트 삽입 및 편집

차트를 삽입하기 위해 슬라이드에 적합한 차트 유형을 선택하고, 데이터를 입력하여 시각화한다. 삽입된 차트는 파워포인트 내에서 직접 수정할 수 있으며, 차트 요소(제목, 축, 범례 등)를 추가하거나 제거하여 차트를 사용자 맞춤형으로 조정할 수 있다. 또한, 색상, 글꼴, 차트 스타일을 변경하여 프레젠테이션의 디자인과 일치하도록 차트를 꾸밀 수 있다.

❶ 차트는 [삽입] 탭 메뉴를 이용하거나 슬라이드 내용 개체 틀의 [차트 삽입] 버튼을 클릭하여 삽입할 수 있다. 새로운 [제목 및 내용] 슬라이드를 추가한다. 제목에 "제품별 만족도 조사"라고 입력하고, 내용 개체 틀의 [차트 삽입] 버튼을 클릭한다. [차트 삽입] 대화상자가 나타나면 [세로 막대형] → [묶은 세로 막대형]을 선택하고 [확인] 버튼을 클릭한다.

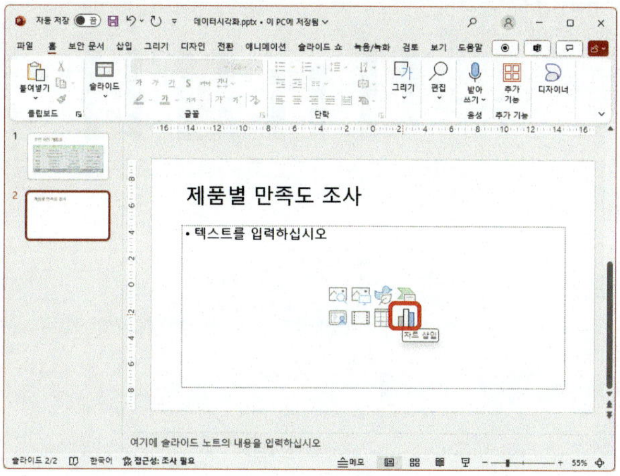

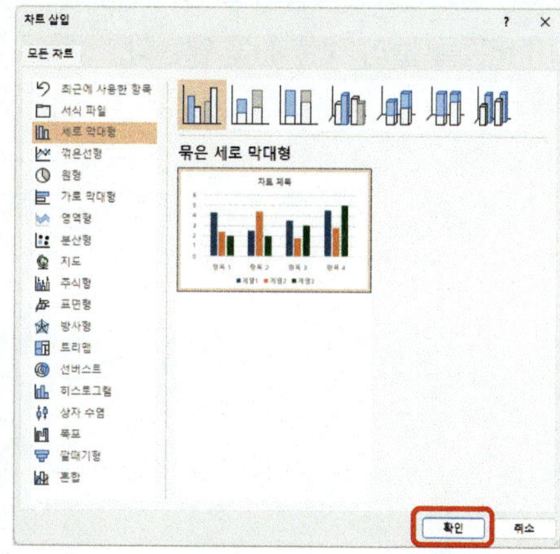

❷ 차트가 삽입되고 엑셀 창이 나타난다. 엑셀의 셀 안에 다음 그림과 같이 데이터를 입력하고 [창 닫기] 버튼을 눌러 엑셀 창을 닫는다.

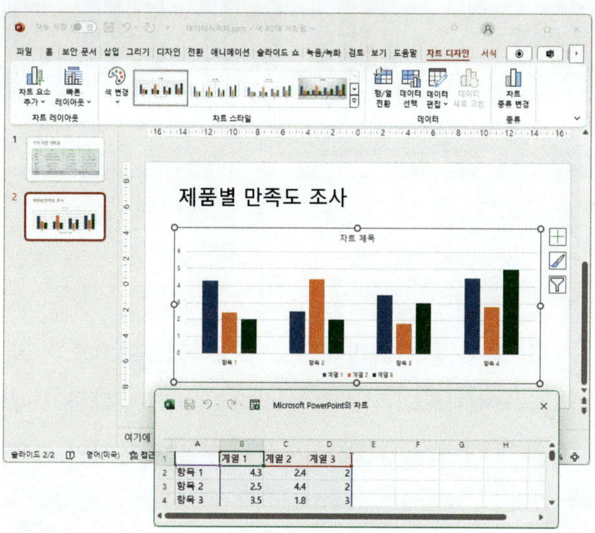

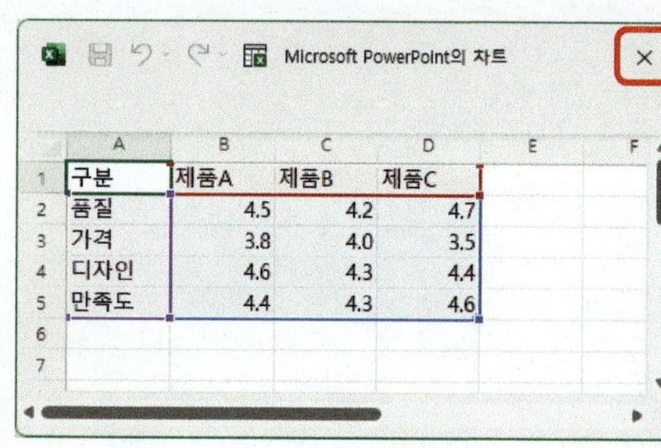

Tip
[차트 디자인]의 [데이터 편집]을 선택하여 엑셀 창이 나타나면 원하는 형태로 데이터를 편집할 수 있고, 엑셀 창에서 데이터 영역을 표시하는 파란색 조절점( )을 드래그하여 차트에 표시될 데이터의 범위를 지정할 수 있다. 또는 차트를 선택하면 오른쪽에 나타나는 차트 필터( ) 버튼을 클릭하여 원하는 항목만 나타나도록 지정할 수 있다.

❸ 데이터의 행과 열 방향을 바꾸기 위해 데이터 편집을 선택하여 엑셀 창이 나타나 있는 상태에서 [차트 디자인] 탭 → [데이터] 그룹 → [행/열 전환]을 선택한다. 행과 열의 방향이 바뀌면 [창 닫기] 버튼을 눌러 엑셀 창을 닫는다.

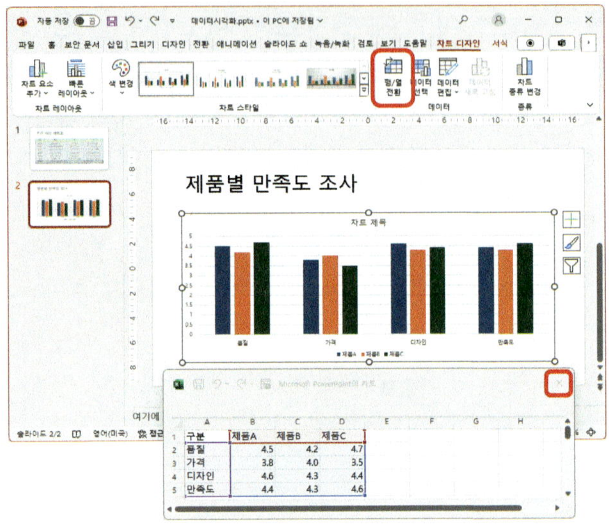

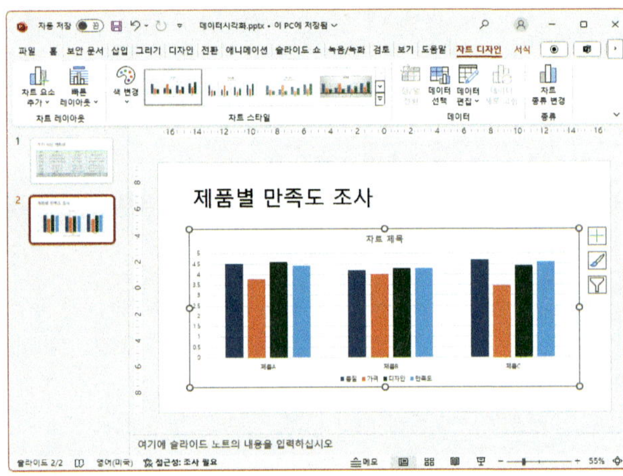

(3) 차트 서식 및 요소 설정

차트의 주요 요소인 차트 제목, 축, 데이터 계열, 범례 등을 효과적으로 구성하고, 각 요소의 글꼴, 색상, 크기, 테두리, 채우기 색상 등을 조정하여 차트의 전반적인 스타일을 더 명확하고 매력적으로 꾸밀 수 있다. 또한, 그림자, 3D 효과, 투명도 등 다양한 서식 옵션을 활용하여 차트에 입체감을 추가하고, 데이터를 강조할 수 있다.

❶ 차트에서 “만족도” 계열을 한번 클릭하여 선택한 뒤, [차트 디자인] 탭 → [종류] 그룹 → [차트 종류 변경]을 선택한다. [차트 종류 변경] 대화상자가 나타나면 ‘만족도“ 계열의 차트 종류를 [꺾은선형]으로 변경하고, [보조축]을 선택한 뒤, [확인] 버튼을 클릭한다.

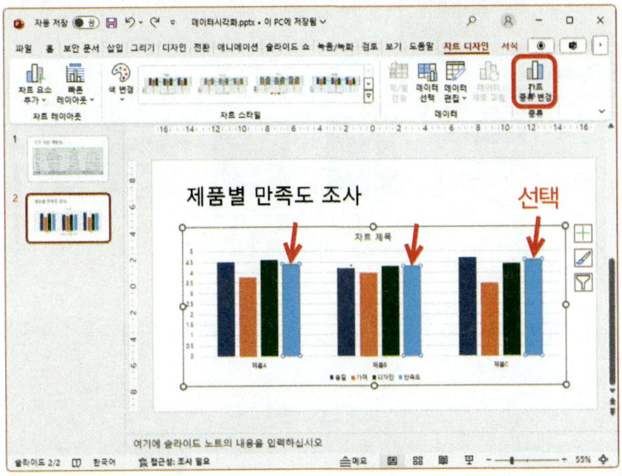

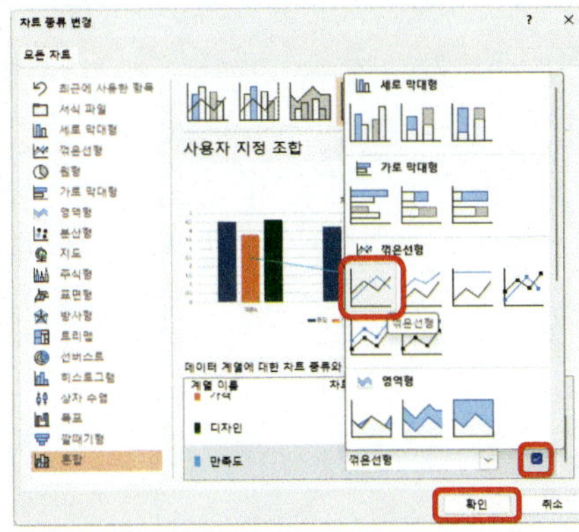

❷ [차트 디자인] 탭 → [차트 레이아웃] 그룹 → [빠른 레이아웃] → [레이아웃 5]를 선택한다.

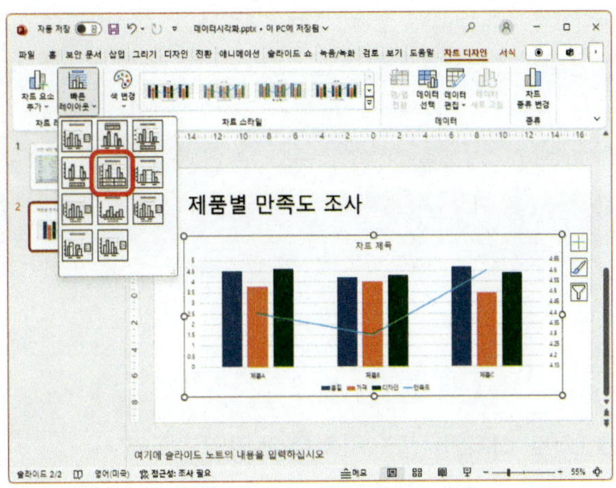

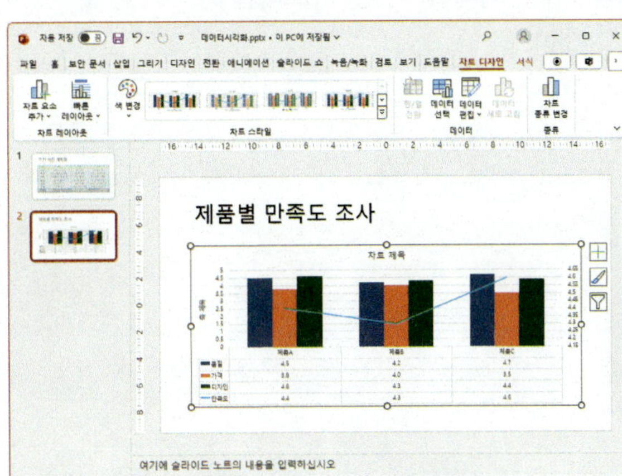

❸ [차트 디자인] 탭 → [차트 스타일] 그룹 → [색 변경] → [다양한 색상표 3]을 선택한다.

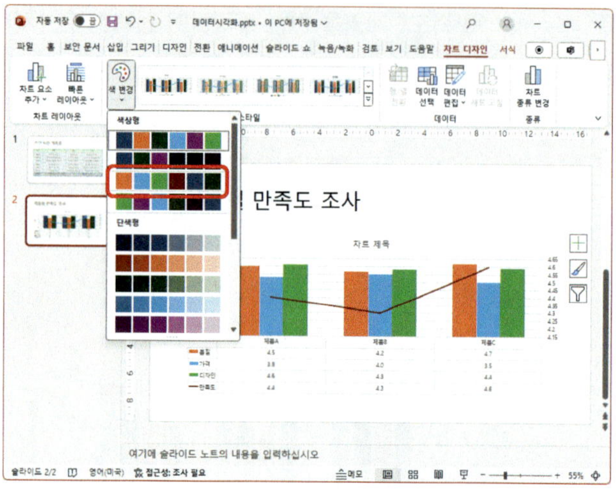

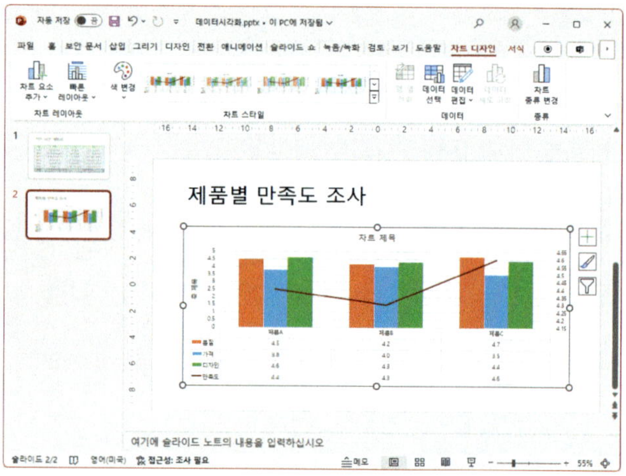

❹ [차트 디자인] 탭 → [차트 스타일] 그룹 → [⊡ 자세히] 버튼 → [스타일 5]를 선택한다.

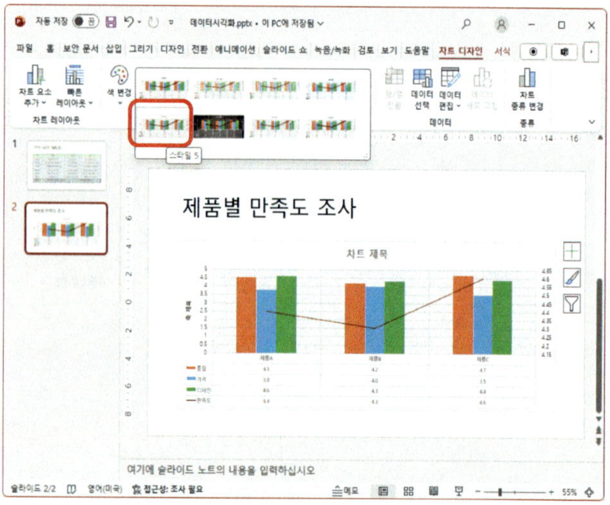

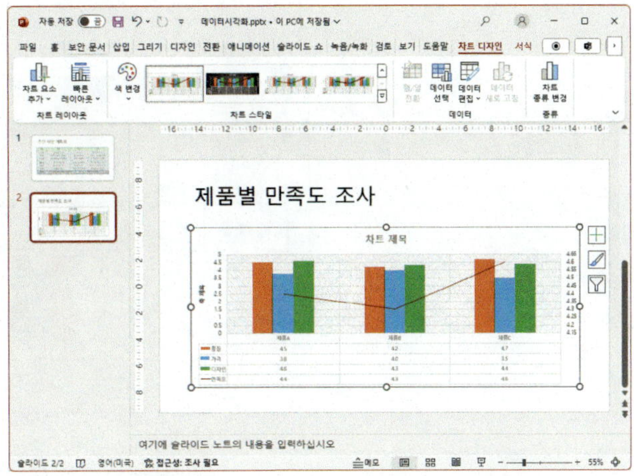

Tip 데이터 계열을 선택하여 [서식] 탭의 [도형 효과]를 적용하면 입체감 있는 차트 계열 만들 수 있다.

❺ 차트 구성 요소를 변경하기 위해 차트 오른쪽 [⊞ 차트 요소] 버튼을 클릭 후, [차트 제목]을 클릭하여 차트 제목이 나타나지 않도록 하고, [범례] → [아래쪽]을 클릭하여 범례가 차트 아래에 나타나도록 한다. "만족도" 계열을 한번 클릭하여 선택한 뒤, [데이터 레이블]을 클릭하여 "만족도" 계열 위에 데이터값이 나타나도록 한다.

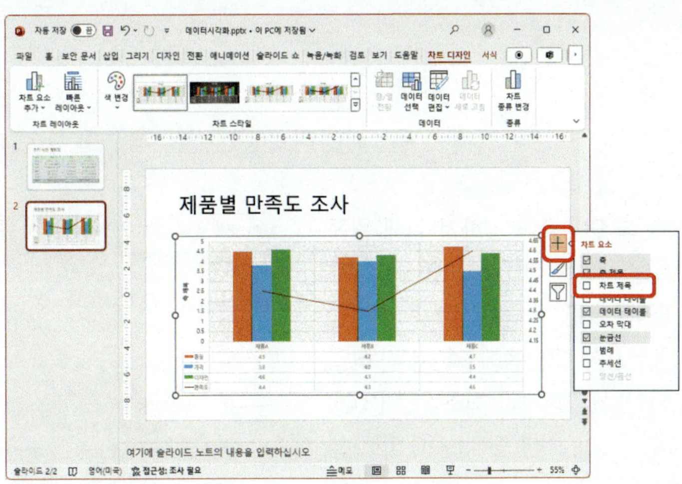

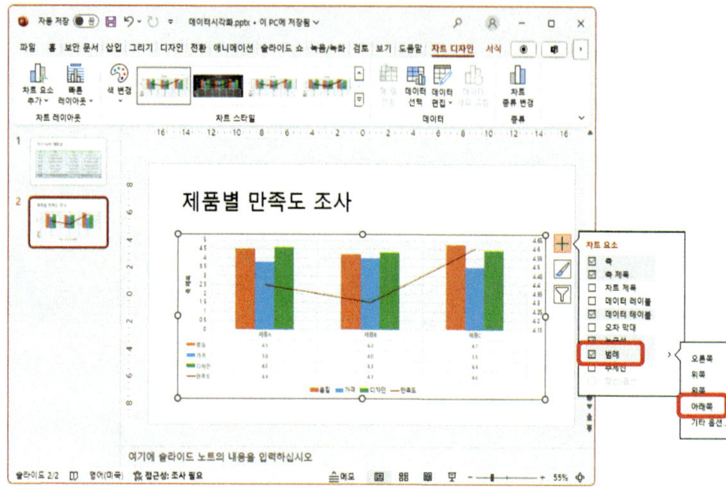

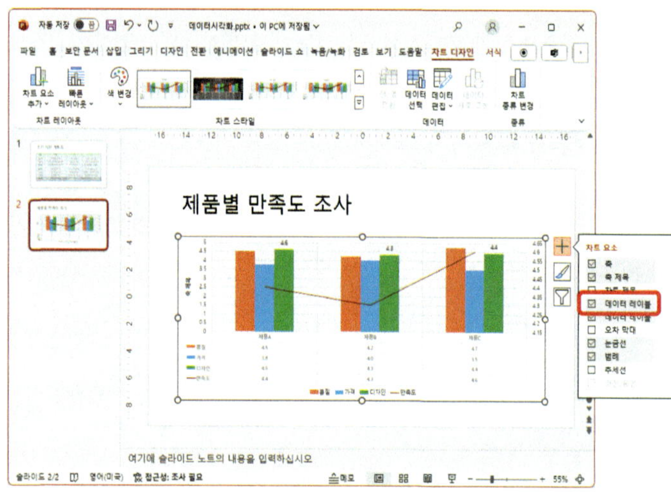

❻ 세로 축 단위를 조정하기 위해 왼쪽 세로 축을 선택한 뒤, [서식] 탭 → [현재 선택 영역] 그룹 → [선택 영역 서식]을 클릭한다. 이후 오른쪽에 [축 서식] 작업 창이 나타나면 경계의 최소값은 [3.0], 최대값은 [5.0], 기본 단위는 [0.5]로 설정한다. 오른쪽 세로 축 단위를 조정하기 위해 오른쪽 세로 축을 선택하여 경계의 최소값은 [4.0], 최대값은 [5.0], 기본 단위는 [0.2]로 설정한다.

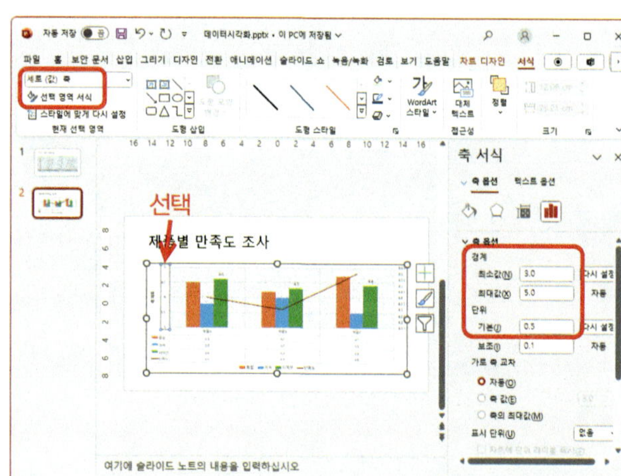

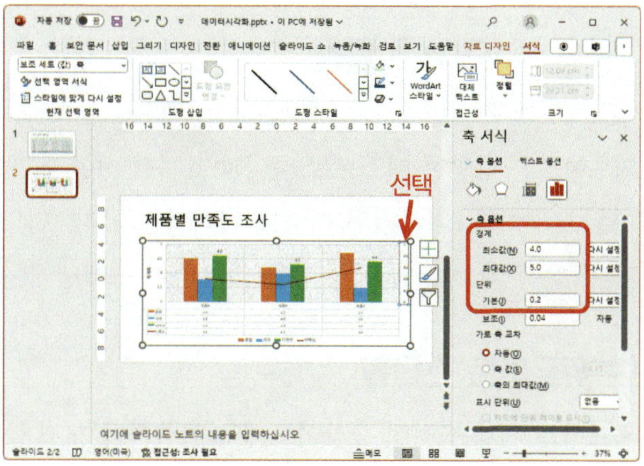

❼ [축 제목]을 선택하여 오른쪽에 [축 제목] 작업 창이 나타나면 크기 및 속성의 텍스트 방향을 [세로]로 설정한다. 이후 [축 제목]에 "점수"라고 입력하고, 차트 영역을 선택하여 [홈] 탭 → [글꼴] 그룹 → [글꼴 크기] → [14]로 지정한 뒤, 크기 조절점을 드래그하여 차트 크기를 조절한다.

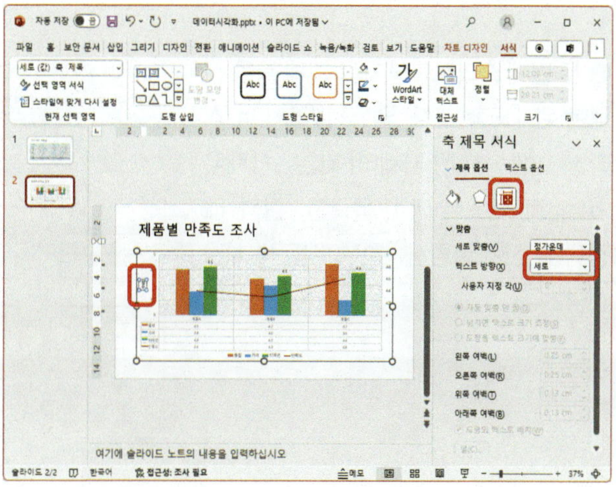

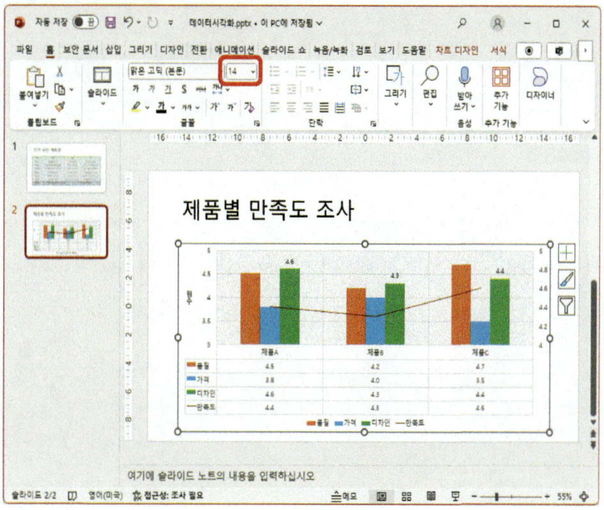

04

3 워드아트 활용

워드아트는 다양한 텍스트 스타일과 효과를 사용해 제목이나 중요한 메시지를 더 눈에 띄게 만드는 도구이다. 기본적인 텍스트 서식과는 달리, 워드아트를 사용하면 텍스트에 3D 효과, 그림자, 윤곽선, 채우기 색상 등을 적용하여 프레젠테이션의 시각적 매력을 높일 수 있다.

(1) 워드아트 스타일

워드아트 개체를 직접 슬라이드에 삽입하거나 개체 틀, 텍스트 상자, 도형 등에 입력된 텍스트에 워드아트 스타일을 적용할 수 있다.

❶ 두 번째 슬라이드의 제목 개체 틀을 선택한 뒤, [도형 서식] 탭 → [WordArt 스타일] 그룹 → [자세히] 버튼 → [채우기: 검정, 텍스트 색 1, 윤곽선: 흰색, 배경색 1, 진한 그림자: 흰색, 배경색 1]을 선택한다.

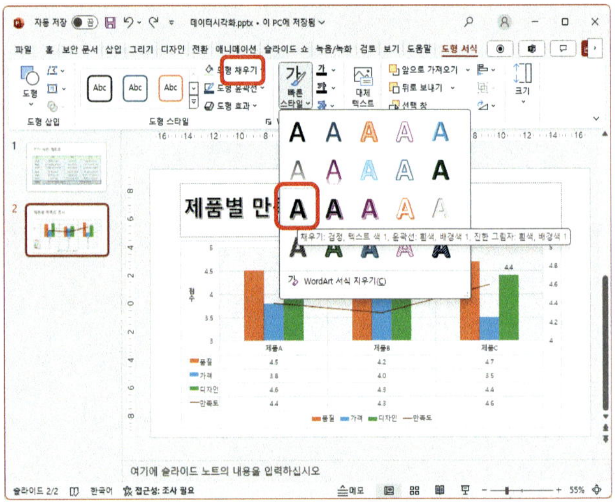

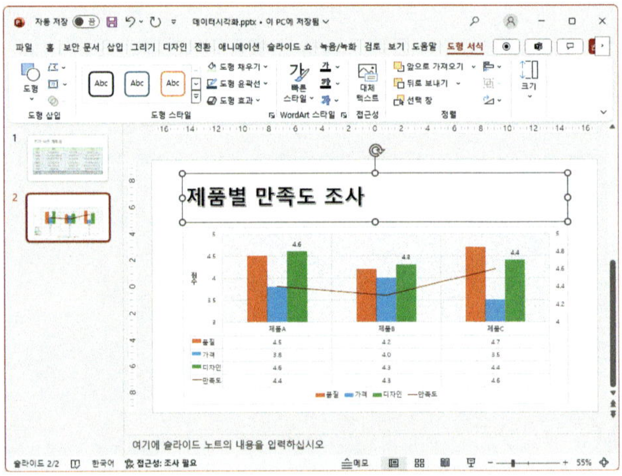

❷ [도형 서식] 탭 → [WordArt 스타일] 그룹 → [텍스트 채우기] → [진한 청록, 강조 1]을 선택하고, [텍스트 효과]는 [반사] → [근접 반사: 터치]를 선택한다.

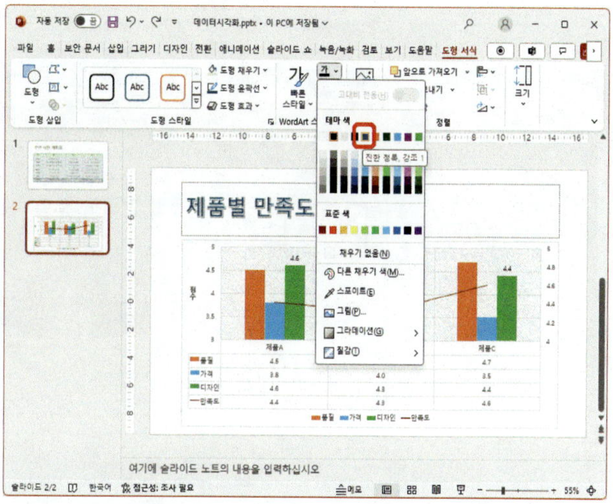

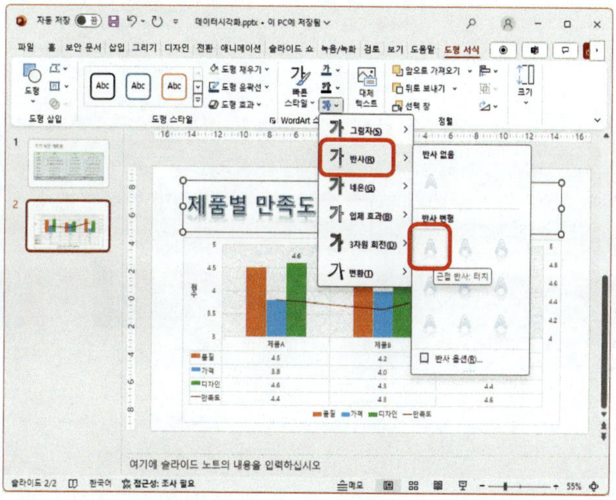

(2) 워드아트 삽입 및 설정

워드아트를 삽입하려면 [삽입] 탭에서 [워드아트] 버튼을 선택하여 원하는 스타일을 적용한 후 텍스트를 입력한다. 삽입된 워드아트에 글꼴, 크기, 효과 등을 조정할 수 있다.

❶ [삽입] 탭 → [텍스트] 그룹 → [WordArt] → [텍스트 채우기] → [채우기: 밝은 회색, 배경색 2, 안쪽 그림자]를 선택하고, 삽입된 워트아트에 "고객 만족이 성공의 열쇠!!"라고 입력한다. 워드아트 개체 틀을 선택하고 [홈] 탭 → [글꼴] 그룹 → [글꼴 크기] → [28]로 설정한 뒤, 오른쪽 상단으로 위치한다.

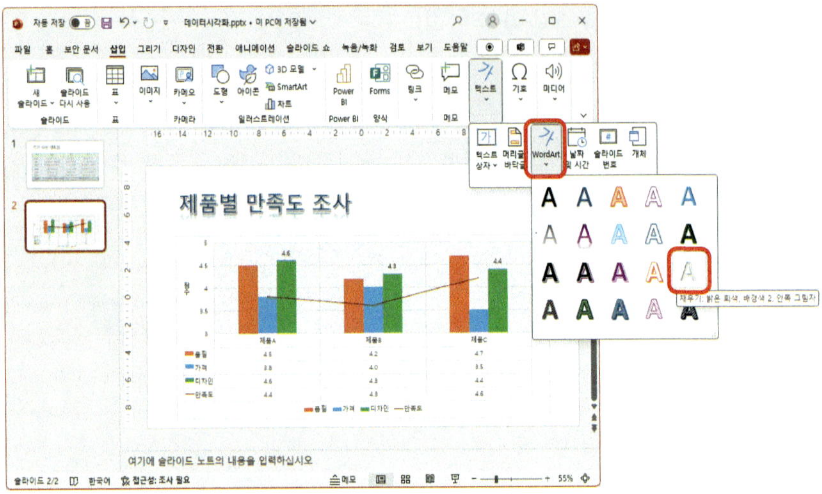

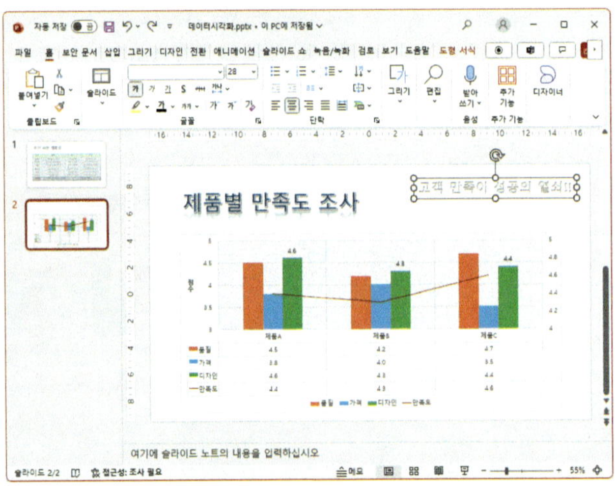

❷ [도형 서식] 탭 → [WordArt 스타일] 그룹 → [텍스트 효과] → [변환] → [삼각형: 위로]를 선택하고, 워드아트를 선택하여 나타나는 크기 조절점을 드래그하여 가로세로 크기를 조절한다.

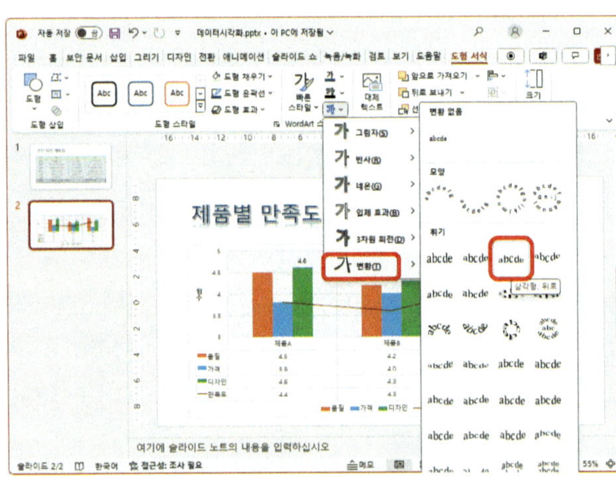

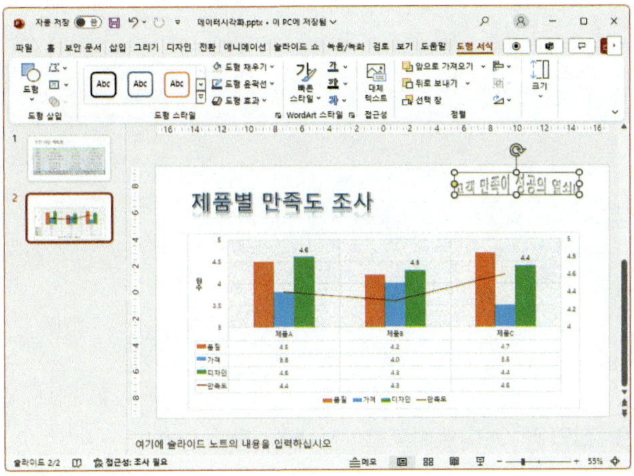

4 스마트아트 활용

스마트아트는 복잡한 정보를 구조화하고, 다이어그램, 프로세스, 조직도 등을 시각적으로 쉽게 이해할 수 있도록 만드는 도구이다. 다양한 스마트아트 디자인을 통해 계층 구조, 순서도, 관계도, 목록 등을 손쉽게 만들 수 있다.

(1) 스마트아트 생성 및 입력

스마트아트를 생성하는 방법은 텍스트를 스마트아트로 변환하거나, 스마트아트를 삽입한 후 텍스트를 입력하는 것이다. 생성된 스마트아트는 요소 추가, 삭제, 순서 변경 등 다양한 편집 기능을 적용할 수 있다.

❶ 새로운 [제목 및 내용] 슬라이드를 추가한다. 제목에 “제품 출시 과정”이라고 입력하고, 내용 개체 틀의 [SmartArt 그래픽 삽입] 버튼을 클릭한다. [SmartArt 그래픽 선택] 대화상자가 나타나면 [프로세스형] → [기본 프로세스형]을 선택하고 [확인] 버튼을 클릭한다.

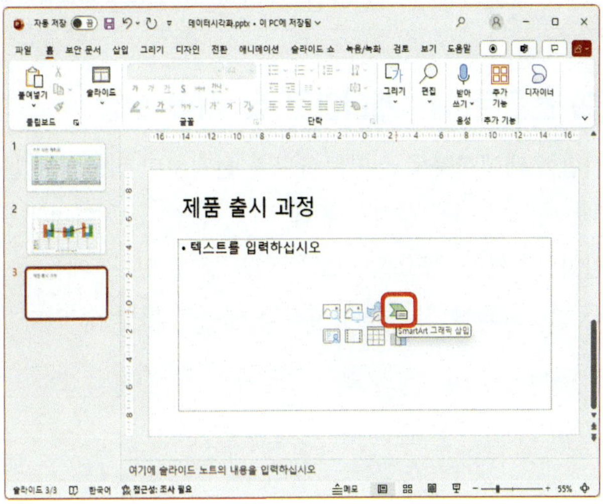

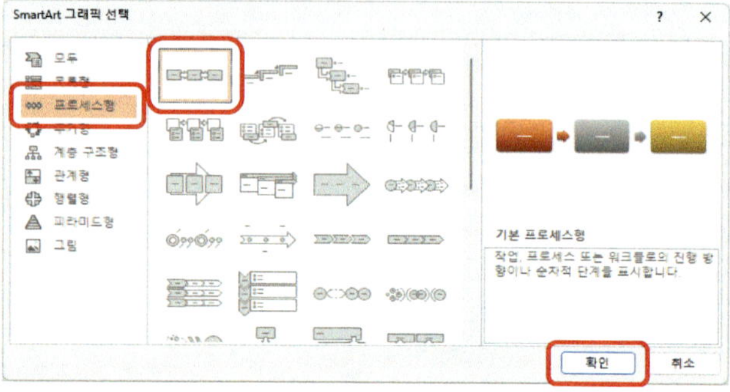

❷ 삽입된 스마트아트를 선택한 후, [SmartArt 디자인] 탭 → [그래픽 만들기] 그룹 → [텍스트 창] 버튼을 클릭하여 나타나는 텍스트 입력 창에 “기획”, “설계 및 개발”, “테스트”, “출시” 순으로 입력한다. 각 항목을 입력한 후, 다음 항목을 입력할 때는 아래 방향키(↓)를 눌러 이동한다.

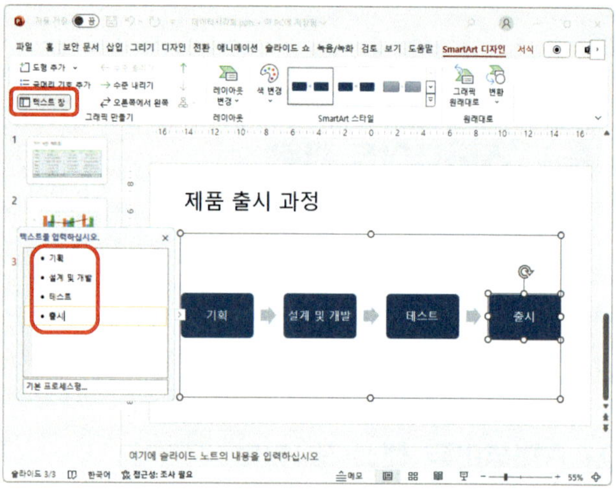

Tip 텍스트 입력 창에서 항목을 입력하면 스마트아트의 도형이 자동으로 추가되는데, [SmartArt 디자인] 탭의 [그래픽 만들기] 그룹에서 도형 추가를 통해 새로운 항목을 입력할 수 있다. 항목의 수준을 올리거나 내려 구조를 조정할 수 있고, 항목은 위로 또는 아래로 이동하여 순서를 변경할 수 있다. 텍스트 입력 창에서 항목을 삭제하면 도형이 함께 삭제되는데, 도형을 삭제해서 항목을 삭제할 수도 있다.

(2) 스마트아트 레이아웃 및 서식 설정

적합한 레이아웃의 스마트아트를 선택하면 정보의 흐름이나 관계를 명확히 표현할 수 있다. 스마트아트의 서식 설정을 통해 색상, 글꼴, 크기, 효과 등을 조정하여 프레젠테이션의 스타일과 일치시키거나, 중요한 정보를 강조할 수 있다. 예를 들어, 색상 테마를 변경하거나 그림자, 반사, 3D 효과를 적용하여 시각적 매력을 더할 수 있다.

❶ 삽입된 스마트아트를 선택한 후, [SmartArt 디자인] 탭 → [레이아웃] 그룹 → [레이아웃 변경] → [단계 상승 프로세스형]을 선택하여 스마트아트 레이아웃을 변경한다.

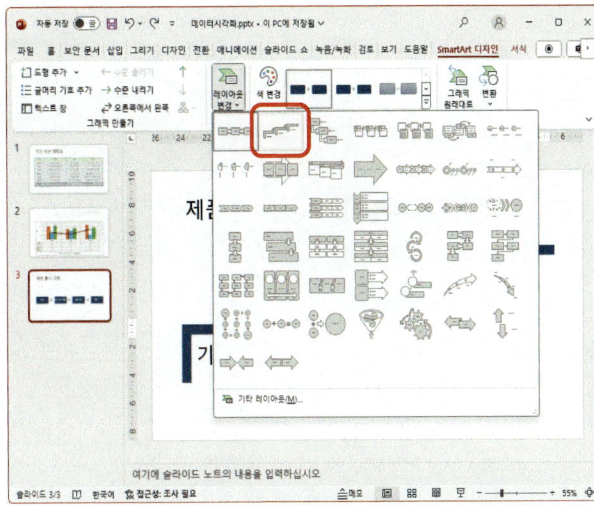

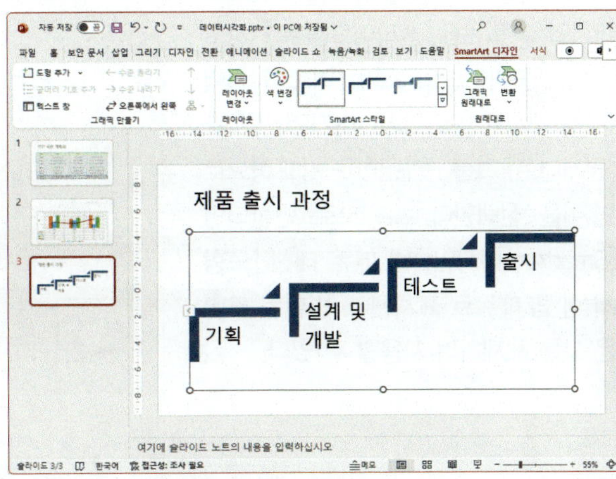

❷ [SmartArt 디자인] 탭 → [SmartArt 스타일] 그룹 → [색 변경] → [색상형 – 강조색]을 선택한다. [빠른 스타일]은 [경사]를 선택한다.

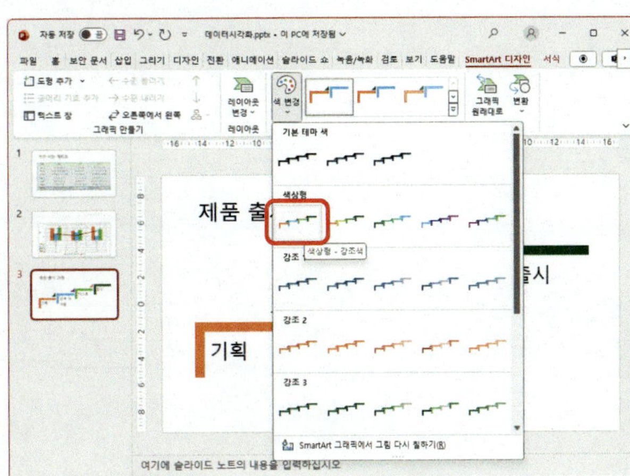

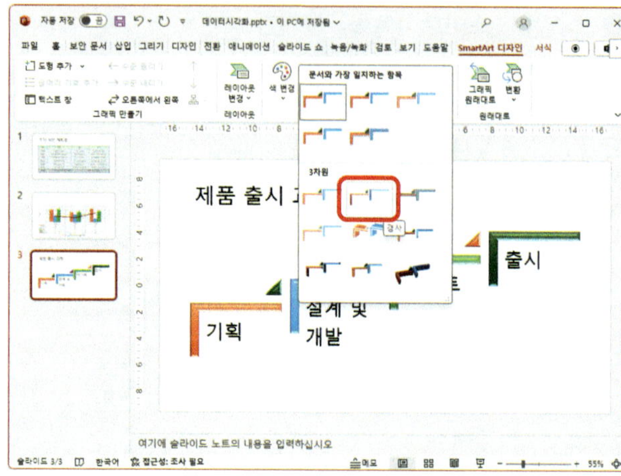

❸ 스마트아트 개체를 하나의 도형으로 변환할 수 있는데, 슬라이드를 복제하고 복제된 슬라이드의 스마트아트를 선택한 상태에서 [SmartArt 디자인] 탭 → [원래대로] 그룹 → [변환] → [도형으로 변환]을 선택한다. 도형으로 변환되면 [SmartArt 디자인] 탭 메뉴 대신 [도형 서식] 탭 메뉴로 표시된다. 변환된 도형은 그룹 해제하여 사용할 수 있다.

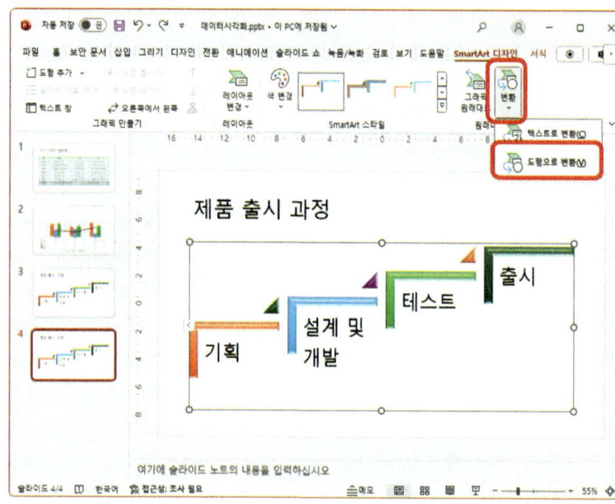

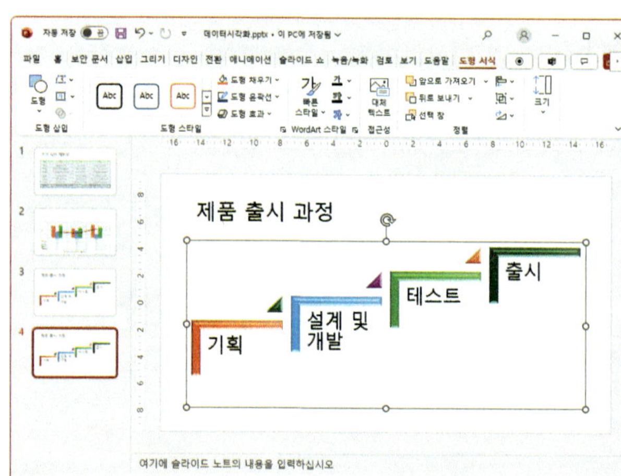

❹ 스마트아트 개체를 텍스트로도 변환할 수 있는데, 스마트아트를 삽입한 슬라이드를 복제하고 복제된 슬라이드의 스마트아트를 선택한 상태에서 [SmartArt 디자인] 탭 → [원래대로] 그룹 → [변환] → [텍스트로 변환]을 선택한다.

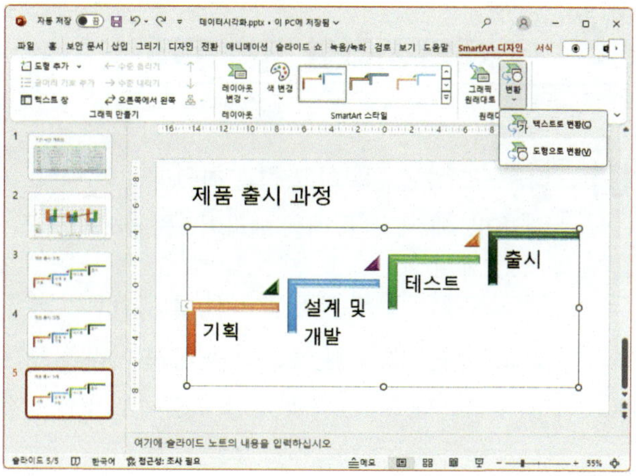

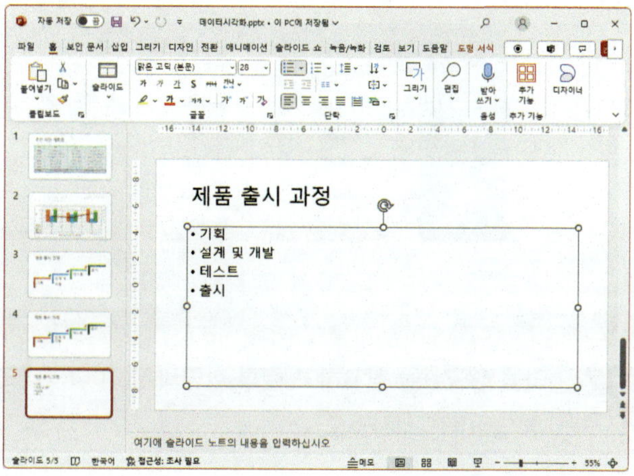

Tip 스마트아트에는 목록형, 프로세스형, 주기형, 계층 구조형, 관계형, 행렬형, 피라드미드형, 그림이 있는데, 계층 구조형 스마트아트를 이용하면 회사의 조직 구성을 한 눈에 볼 수 있는 조직도를 만들 수 있다.

5 데이터 시각화 연습 문제

01 다음 〈조건〉을 참고하고 결과 화면과 같이 나타나도록 새 프레젠테이션을 시작한 후, 첫 번째 슬라이드에 제목 및 내용 슬라이드를 추가하여 작성하시오.

① 제목에는 "월별 매출 보고서"를 입력

② 표 삽입(4열 7행), 표스타일 옵션(머리글 행, 첫째 열, 줄무늬 열), 표 스타일(보통 스타일 3 - 강조 4), 효과(둥글게 입체), 글꼴 크기(28)

월별 매출 보고서

월	제품 A	제품 B	제품 C
1월	15,000	20,000	25,000
2월	16,000	22,000	24,000
3월	14,500	21,000	26,000
4월	17,000	23,500	28,000
5월	18,000	24,000	27,500
6월	19,500	25,000	29,000

02 다음 〈조건〉을 참고하고 결과 화면과 같이 나타나도록 두 번째 슬라이드에 빈 화면 슬라이드를 추가하여 작성하시오.

① 문제 1) 데이터를 이용하여 차트 삽입(묶은 세로 막대형)

② 차트 스타일(스타일 4) 적용, 차트 필터를 이용하여 2, 4, 6월만 표시

③ “제품 A” 계열만 꺽은선형으로 차트 종류 변경, 각 계열은 각지게 입체 효과 적용

④ 차트 제목 입력, 눈금선 표시 안함, 세로 축 단위(최소값, 최대값, 기본 단위) 설정

⑤ 데이터 레이블은 “제품 A”의 2월“과 제품 C”의 6월만 표시

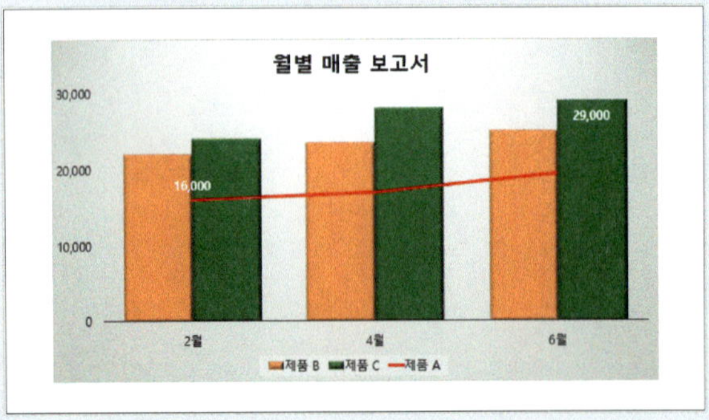

03 다음 〈조건〉을 참고하고 결과 화면과 같이 나타나도록 첫 번째 슬라이드에 워드아트를 작성하시오.

① 워드아트의 빠른 스타일은 “무늬 채우기: 진한 청록, 강조색 1, 50%, 진한 그림자: 진한 청록, 강조색 1” 적용

② 텍스트 효과는 변환의 “위로 구부리기”, 그림자의 “안쪽: 가운데” 적용

월	제품 A	제품 B	제품 C
1월	15,000	20,000	25,000
2월	16,000	22,000	24,000
3월	14,500	21,000	26,000
4월	17,000	23,500	28,000
5월	18,000	24,000	27,500
6월	19,500	25,000	29,000

04 다음 〈조건〉을 참고하고 결과 화면과 같이 나타나도록 세 번째 슬라이드에 빈 화면 슬라이드를 추가하여 작성하시오.

① 워드아트의 빠른 스타일은 “채우기: 흰색, 윤곽선: 진한 청록, 강조색 1, 네온: 진한 청록, 강조색 1” 적용, 텍스트 효과는 변환의 “버튼” 적용

② 스마트아트 삽입(연속 주기형), 색 변경(색상형 - 강조색), SmartArt 스타일(파우더) 적용

5 애니메이션과 슬라이드 쇼

이번 장에서는 다음과 같은 내용을 학습합니다.

- 텍스트, 이미지, 도형 등에 애니메이션 효과를 적용하고, 슬라이드 간의 전환 효과를 설정하여 시각적 역동성을 높이고, 내용의 흐름을 매끄럽게 연결할 수 있습니다.
- 슬라이드 쇼 상태에서 프레젠테이션을 실행하고, 다양한 슬라이드 쇼 설정 옵션을 활용할 수 있습니다.
- 슬라이드 내 텍스트나 개체에 하이퍼링크를 설정하여 다른 슬라이드, 외부 파일, 웹페이지 등으로 쉽게 이동할 수 있고, 프레젠테이션의 상호작용성을 높일 수 있습니다.

5장에서는 파워포인트에서의 애니메이션과 슬라이드 쇼 기능을 활용하여 프레젠테이션을 더 역동적이고 효과적으로 만드는 방법을 다룬다. 애니메이션을 통해 슬라이드 내의 텍스트, 이미지, 도형 등의 요소에 다양한 동작을 적용함으로써 청중의 관심을 끌고, 중요한 내용을 강조할 수 있다. 또한, 화면 전환 효과를 사용하여 슬라이드 간의 이동을 매끄럽게 하고, 프레젠테이션의 흐름을 자연스럽게 연결할 수 있다.

슬라이드 쇼 기능은 프레젠테이션의 실행 및 제어에 중요한 역할을 하며, 발표자가 슬라이드를 효과적으로 제어할 수 있도록 다양한 설정을 제공한다. 이 장에서는 애니메이션 효과의 종류와 설정 방법, 화면 전환 효과의 선택과 적용, 슬라이드 쇼 설정과 하이퍼링크 활용 방법 등을 학습한다.

1 애니메이션 설정

애니메이션은 텍스트, 이미지, 도형 등 슬라이드 내의 개체에 동적인 효과를 추가하여, 중요한 정보를 강조하고 청중의 주의를 집중시키는 데 유용하다. 애니메이션 효과는 크게 입장, 강조, 퇴장, 경로 애니메이션으로 나눌 수 있으며, 애니메이션의 순서, 타이밍, 지속 시간 등을 세밀하게 조정하여 슬라이드의 전환과 개체의 등장 타이밍을 조율할 수 있다.

(1) 애니메이션 적용 및 기본 옵션 설정

애니메이션 종류는 나타내기, 강조, 끝내기, 이동 경로로 구분되며, 나타내기는 슬라이드에 개체가 처음 등장할 때 흐름에 따라 개체를 차례로 나타나게 한다. 강조는 슬라이드에 있는 개체를 강조하거나 주목시키는 효과를 적용하여 특정 정보나 메시지를 눈에 띄게 한다. 끝내기는 슬라이드에서 개체가 사라질 때 효과를 적용하여 흐름을 자연스럽게 이어지게 한다. 이동 경로는 슬라이드 내에서 개체가 지정한 경로를 따라 이동하게 하는데, 복잡한 이동이나 강조가 필요할 때 효과적이다.

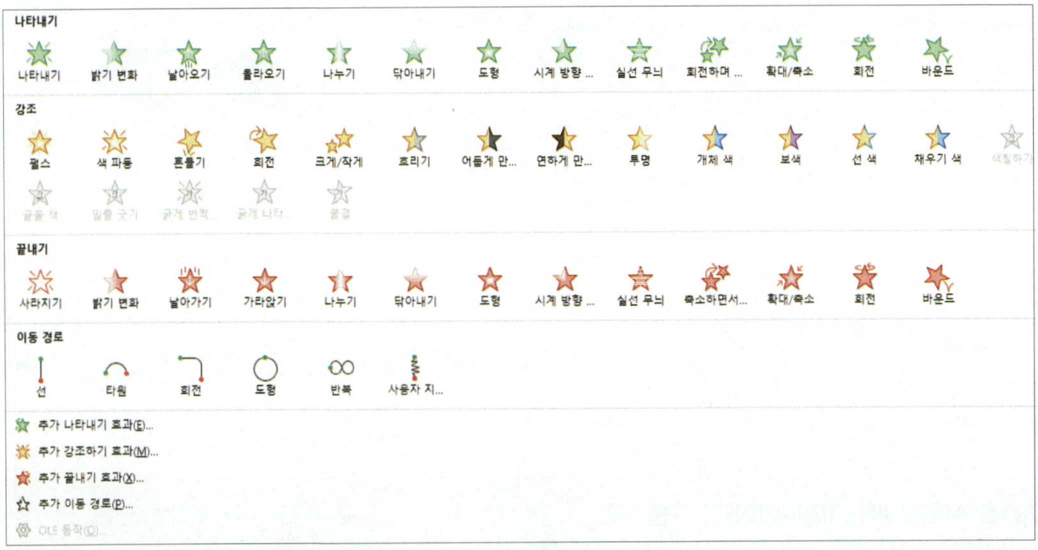

❶ 3장과 4장에서 실습했던 텍스트 상자, 도형, 그림, 표, 차트, 스마트아트 등 다양한 개체들에 애니메이션을 적용해 보자. "실습5-1" 파일을 열고 첫 번째 슬라이드의 "계획" 도형을 선택한다. [애니메이션] 탭 → [애니메이션] 그룹 → [자세히] 버튼 → [나타내기]를 선택하고, [미리 보기] 그룹 → [미리 보기]를 선택하여 애니메이션이 적용된 것을 확인한다.

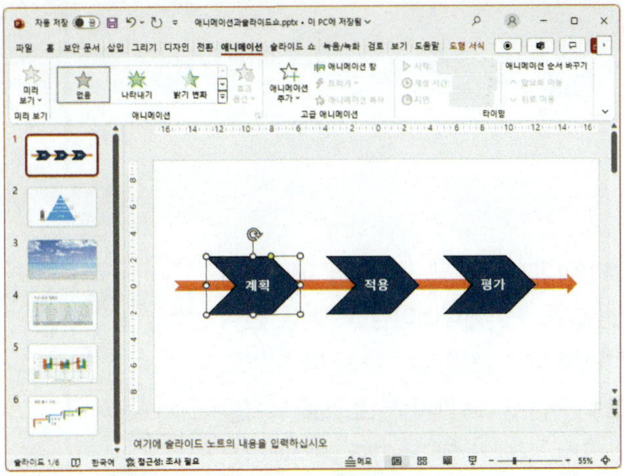

05

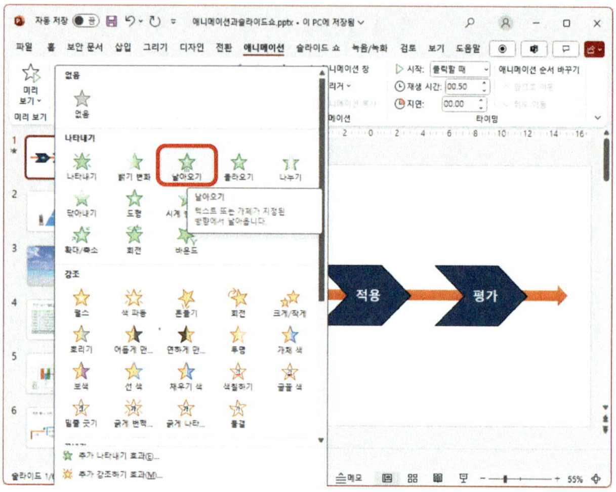

❷ [애니메이션] 탭 → [애니메이션] 그룹 → [효과 옵션] → [왼쪽에서]를 선택하고, [타이밍] 그룹 → [재생 시간] → [01.00]으로 설정한다. 설정한 애니메이션을 삭제할 때는 [애니메이션] 그룹의 [없음]을 선택한다.

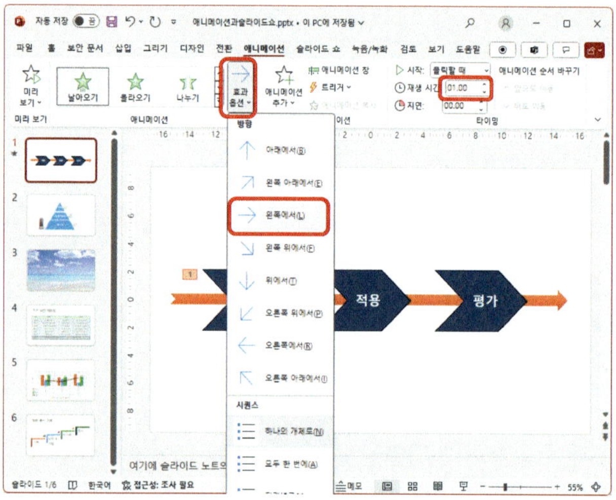

❸ [애니메이션] 탭 → [고급 애니메이션] 그룹 → [애니메이션 복사]를 선택하면 마우스 포인터가 이 모양으로 바뀌면서 애니메이션 효과를 복사할 수 있는 상태가 된다. 이때 애니메이션 효과를 복사하려는 도형을 클릭하면 애니메이션 효과가 적용된다. 나머지 도형에 애니메이션 효과를 복사한다.

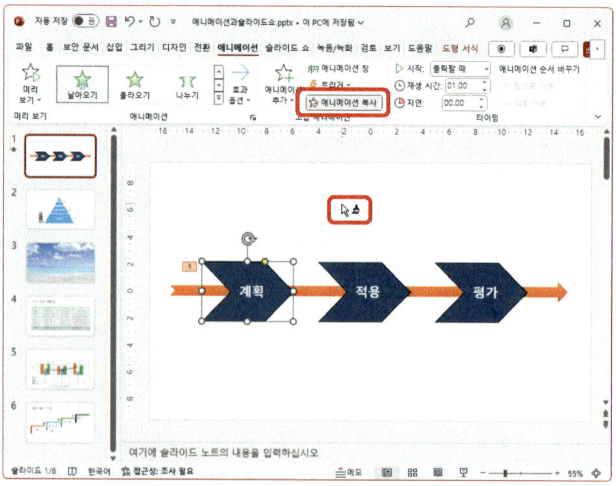

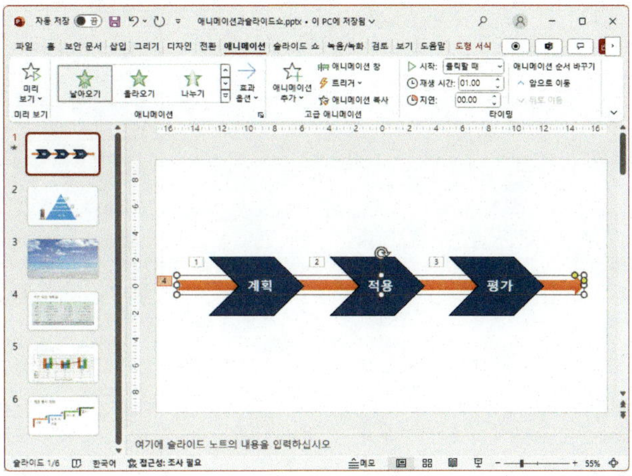

> **Tip** [애니메이션] 목록에서 [추가 효과]들을 선택하면 더 다양한 효과들을 볼 수 있다. 또한, 애니메이션을 중복으로 적용할 때는 [애니메이션] 탭 → [고급 애니메이션] 그룹 → [애니메이션 추가]에서 원하는 애니메이션을 선택하면 추가로 애니메이션이 적용된다.

(2) 다양한 효과 옵션 설정

여러 애니메이션이 적용된 경우, [애니메이션 창]을 이용하면 한눈에 슬라이드의 애니메이션을 모두 볼 수 있어 순서 변경, 추가, 삭제와 세부적인 효과 옵션과 타이밍 메뉴 등을 설정할 수 있다. 또한, 기본 도형 외에 3D 모델 개체에 애니메이션을 적용하면, 3D 회전, 깊이 강조, 조명 및 반사 효과 등으로 입체감을 더할 수 있다.

05

❶ "화살표: 톱니 모양의 오른쪽" 도형을 선택하고, [애니메이션] 탭 → [고급 애니메이션] 그룹 → [애니메이션 추가] → [흔들기]를 선택한다. [애니메이션] 탭 → [고급 애니메이션] 그룹 → [애니메이션 창]을 열어 5번 흔들기 애니메이션을 선택한 후 ▲ 버튼을 눌러 순서를 첫 번째 위치로 변경한다.

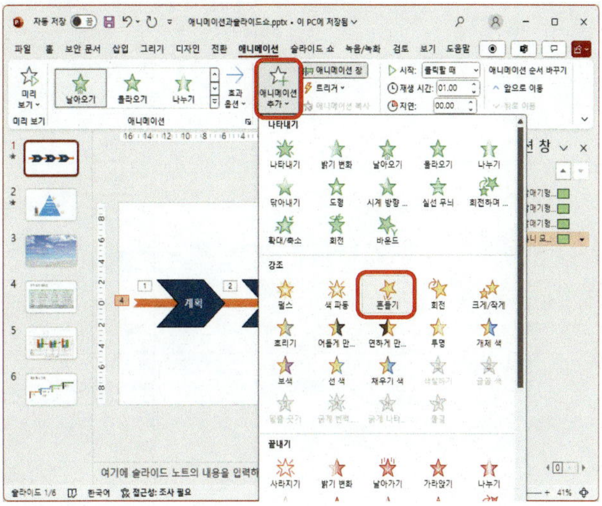

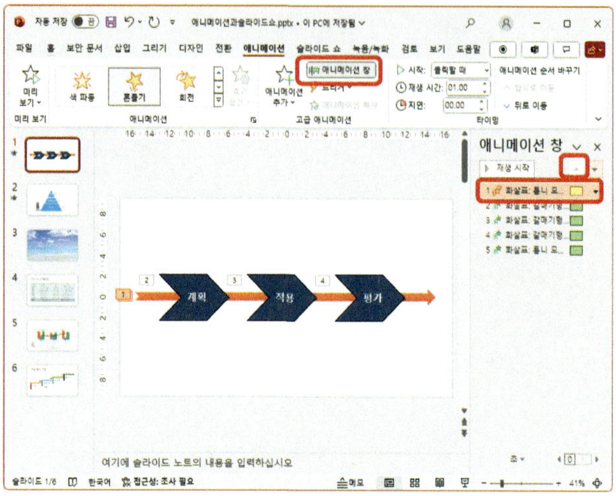

❷ 첫 번째로 이동시킨 1번 애니메이션의 [재생 시간]을 [01.50]로 변경하고, 2번 애니메이션을 선택하여 Shift 키를 누른 상태에서 5번의 애니메이션을 클릭하여 모든 애니메이션을 선택하고 [▾ 목록] 버튼을 눌러 [이전 효과와 함께 시작]을 선택한다. [애니메이션] 창의 [재생 시작] 버튼을 눌러 재생 시간 설정과 효과 옵션 결과를 확인한다.

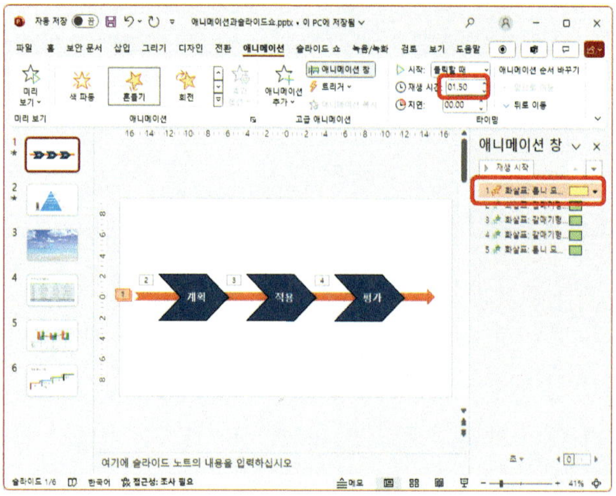

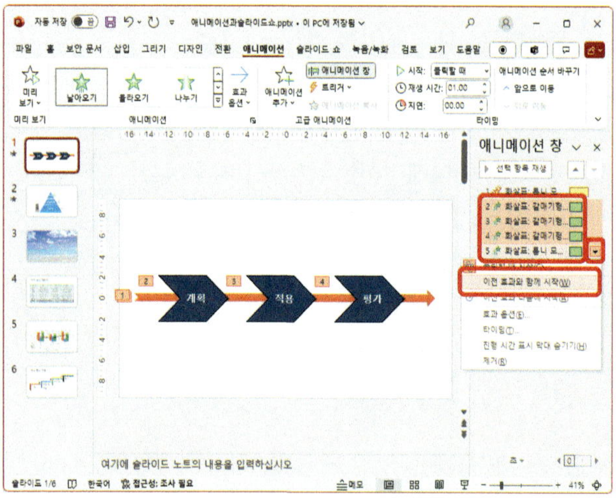

❸ [애니메이션 창]에서 1번 애니메이션의 [▾ 목록] 버튼을 눌러 단축 메뉴가 나타나면 [효과 옵션]을 선택한다. [흔들기] 대화상자가 나타나면 [타이밍] 탭에서 [반복] → [2]를 선택하고 [확인]을 누른다. [애니메이션] 창의 [재생 시작] 버튼을 눌러 효과 옵션과 타이밍 설정 결과를 확인한다.

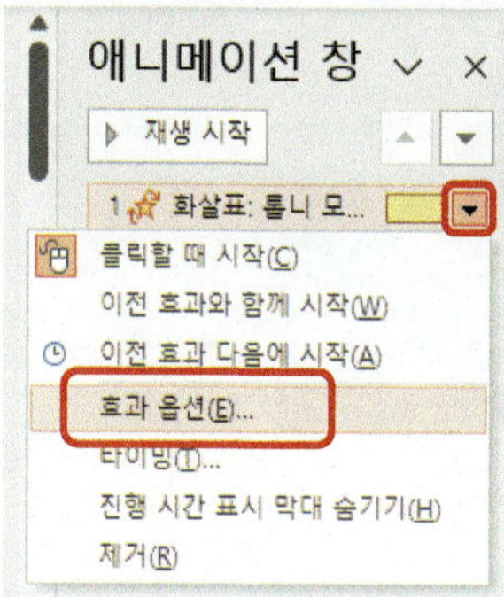

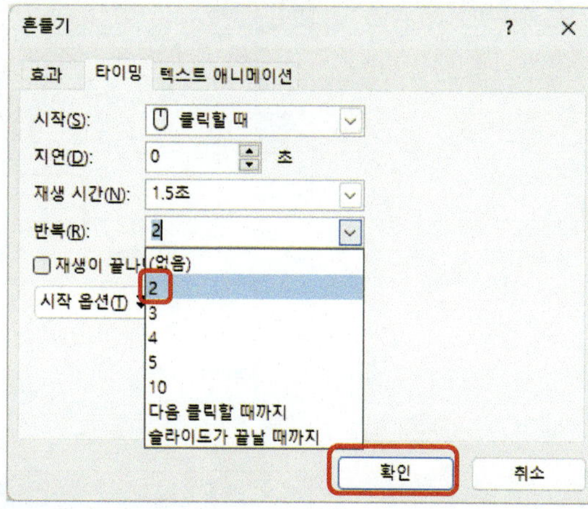

❹ 두 번째 슬라이드에서 3D 모델 개체를 선택한다. [애니메이션] 탭 → [애니메이션] 그룹 → [자세히] 버튼 → [점프 및 회전]을 선택하고, [효과 옵션] → [왼쪽], [강하게]를 선택한다. [애니메이션] 창의 [재생 시작] 버튼을 눌러 애니메이션 효과 옵션 결과를 확인한다.

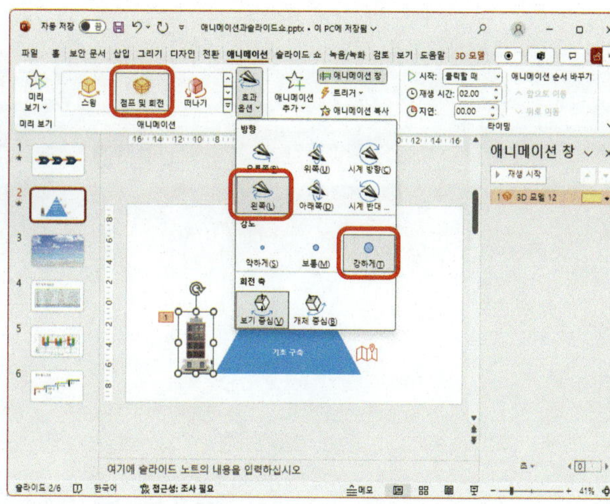

❺ 세 번째 슬라이드에서 돌고래 그림을 선택한다. [애니메이션] 탭 → [애니메이션] 그룹 → [자세히] 버튼 → [회전]을 선택하고, [효과 옵션] → [시계 반대 방향]을 선택한다. [애니메이션] 창의 [재생 시작] 버튼을 눌러 애니메이션 효과 옵션 결과를 확인한다.

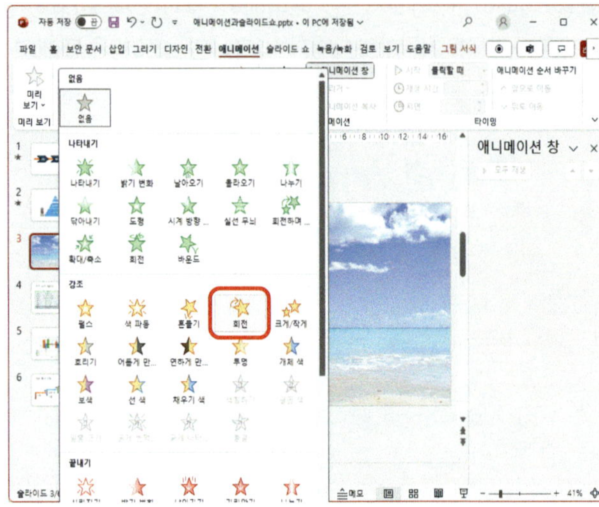

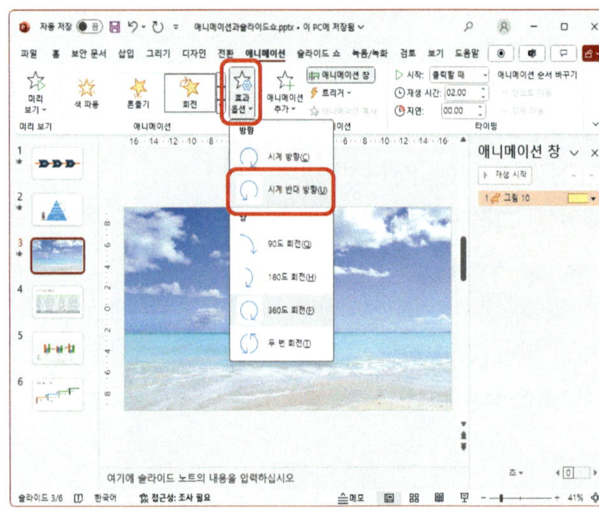

❻ 네 번째 슬라이드에서 1행 1열의 표를 선택한다. [애니메이션] 탭 → [애니메이션] 그룹 → [⊡ 자세히] 버튼 → [추가 강조하기 효과]를 선택하고, [강조하기 효과 변경] 대화상자가 나타나면 [깜박이기]를 선택하고 [확인] 버튼을 클릭한다. 1행 1열의 표가 선택된 상태에서 [애니메이션] 탭 → [고급 애니메이션] 그룹 → [애니메이션 추가] → [흔들기]를 선택한다.

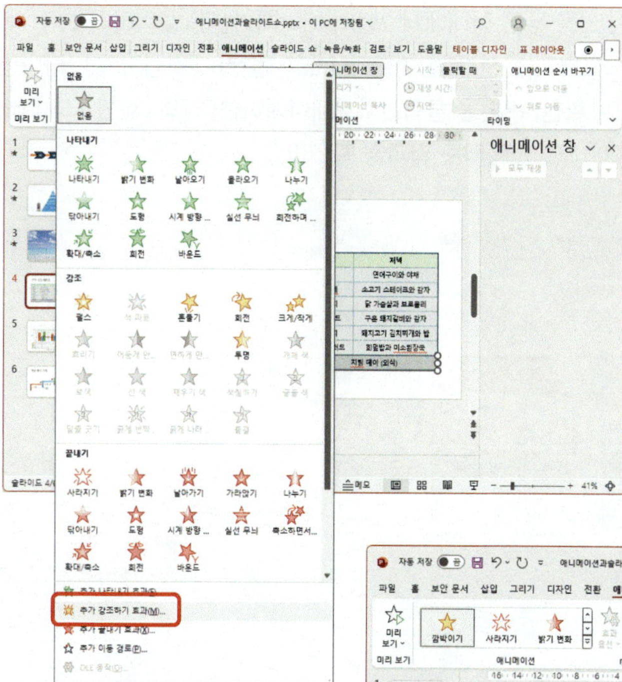

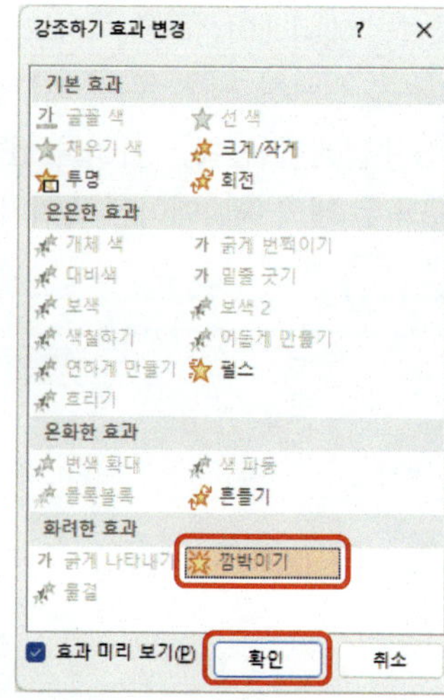

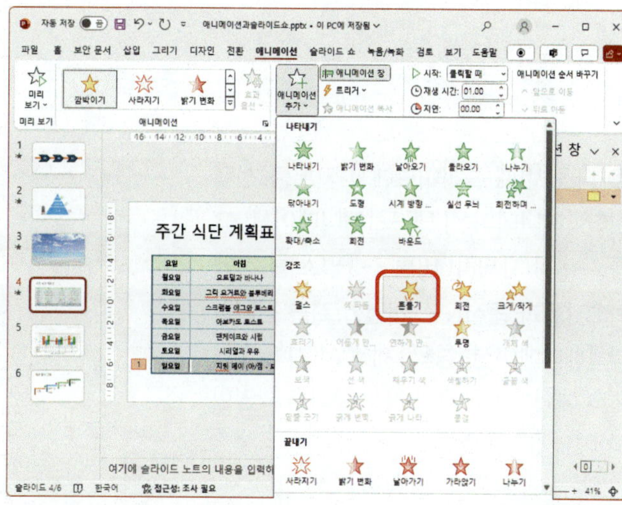

❼ 2번 애니메이션을 선택하고 [이전 효과와 함께 시작]을 선택한다.

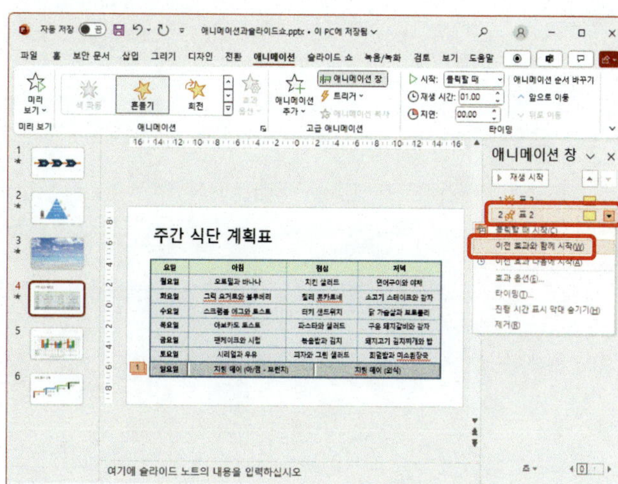

05

❽ 1번 애니메이션을 선택하고 Shift 키를 누른 상태에서 2번의 애니메이션을 클릭하여 모든 애니메이션을 선택하고 [▾ 목록] 버튼을 눌러 [효과 옵션]을 선택한다. [효과 옵션] 대화상자가 나타나면 [타이밍] 탭에서 [반복] → [3]을 선택하고 [확인] 버튼을 클릭한다. [애니메이션] 창의 [재생 시작] 버튼을 눌러 두 개의 애니메이션 효과가 동시에 3번 반복되는 결과를 확인한다.

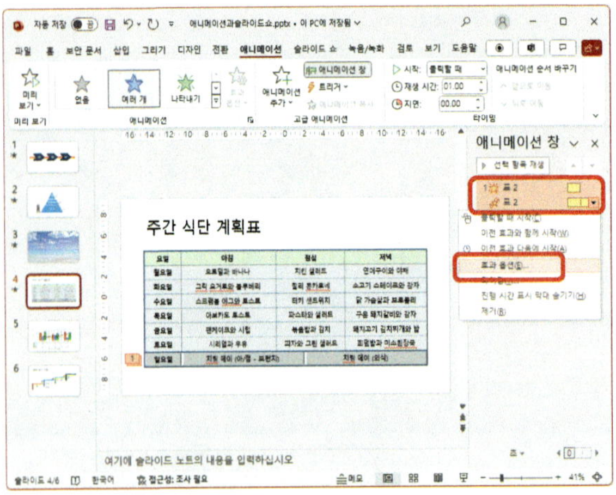

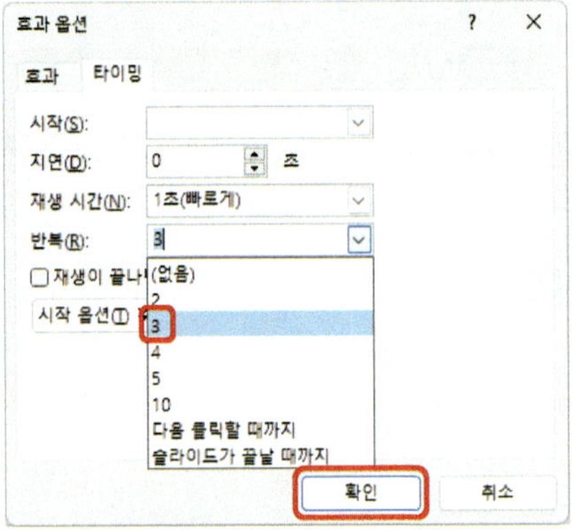

❾ 다섯 번째 슬라이드에서 차트를 선택한다. [애니메이션] 탭 → [애니메이션] 그룹 → [자세히] 버튼 → [펄스]를 선택하고, [효과 옵션] → [계열별로]를 선택한다. [애니메이션] 창의 [재생 시작] 버튼을 눌러 애니메이션 효과 옵션 결과를 확인한다.

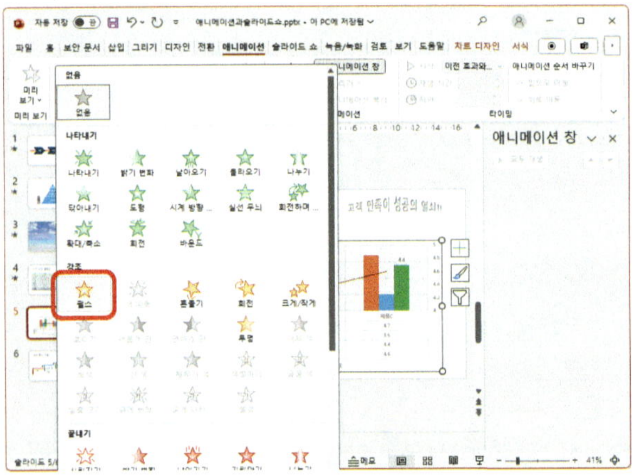

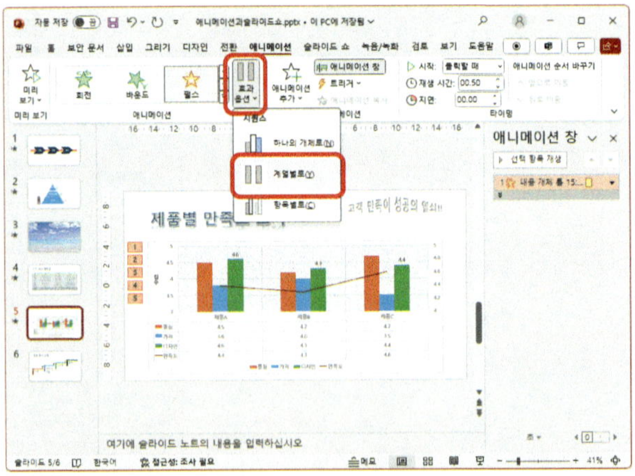

⑩ 여섯 번째 슬라이드에서 스마트아트를 선택한다. [애니메이션] 탭 → [애니메이션] 그룹 → [자세히] 버튼 → [바운스]를 선택하고, [효과 옵션] → [계열별로]를 선택한다. [애니메이션] 창의 [재생 시작] 버튼을 눌러 애니메이션 효과 옵션 결과를 확인한다.

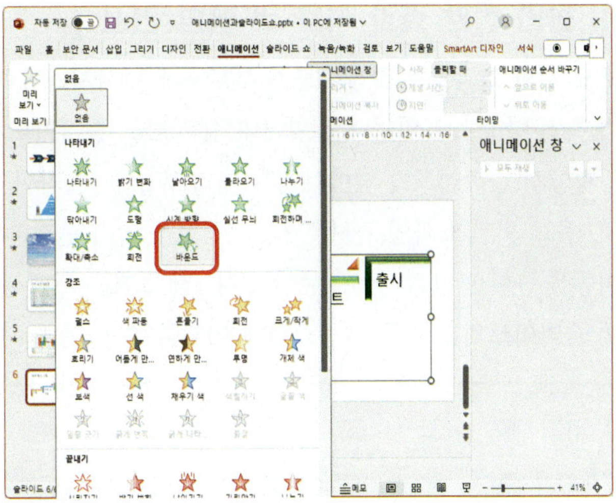

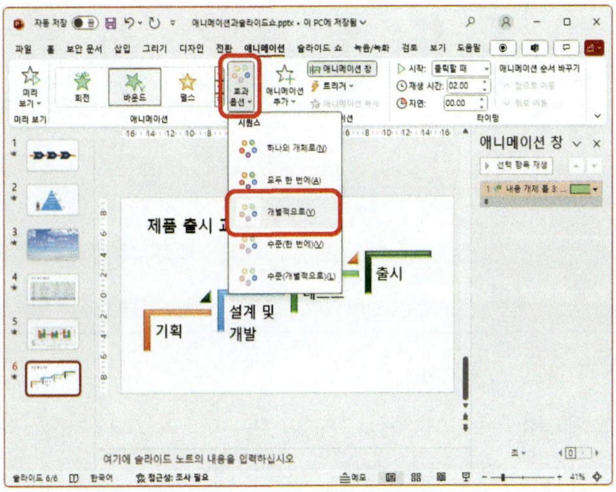

2 화면 전환 효과

화면 전환 효과는 슬라이드가 바뀔 때 적용되는 시각적 변화를 통해 프레젠테이션의 흐름을 매끄럽게 하고, 시각적 흥미를 더하는 중요한 요소이다. 화면 전환 효과는 단순한 밝기 변화나 밀어내기와 같은 기본적인 효과부터 큐브, 모핑 등 더 복잡하고 역동적인 3D 전환 효과까지 다양하게 제공된다. 특히, 중요한 내용을 강조하거나 섹션 간의 전환을 명확히 할 때 효과적으로 사용할 수 있다. 다양한 화면 전환 효과의 종류와 그 적용 방법을 학습한다.

(1) 화면 전환 효과 적용 및 속성 변경

주요 전환 효과로는 슬라이드가 부드럽게 밝아지거나 어두워지는 밝기 변화(Fade), 슬라이드가 특정 방향으로 밀려나는 밀어내기(Push), 슬라이드가 즉시 전환되는 실선 무늬(Cut), 특정 방향에서 슬라이드가 덮이는 닦아내기(Wipe), 슬라이드가 미끄러지듯 전환되는 밀기(Slide), 3D 큐브 회전 효과인 큐브(Cube), 책장을 넘기듯 전환되는 회전(Flip), 그리고 부드러운 개체 이동을 통한 모핑(Morph) 등이 있다. 각 효과는 프레젠테이션의 분위기와 목적에 따라 선택하여 슬라이드의 흐름을 자연스럽게 이어줄 수 있다.

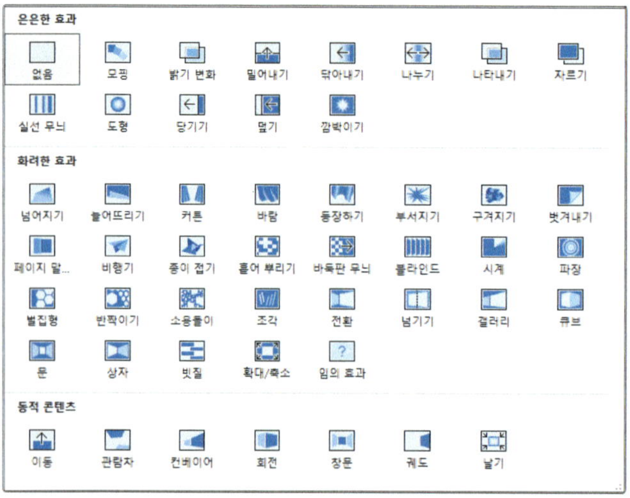

❶ 첫 번째 슬라이드에서 [전환] 탭 → [슬라이드 화면 전환] 그룹 → [밀어내기]를 선택한다. [효과 옵션] → [왼쪽에서]를 선택한다.

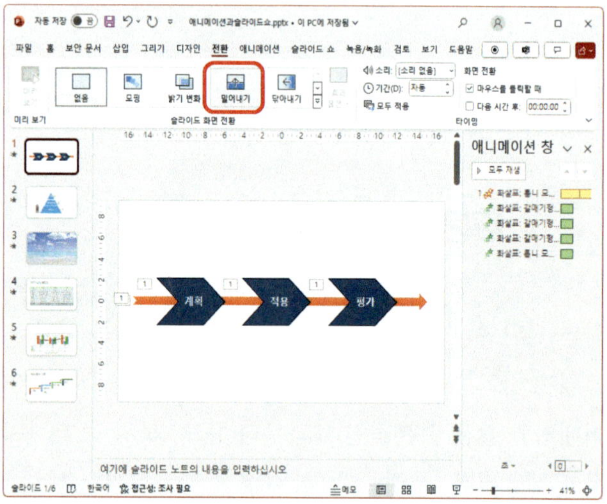

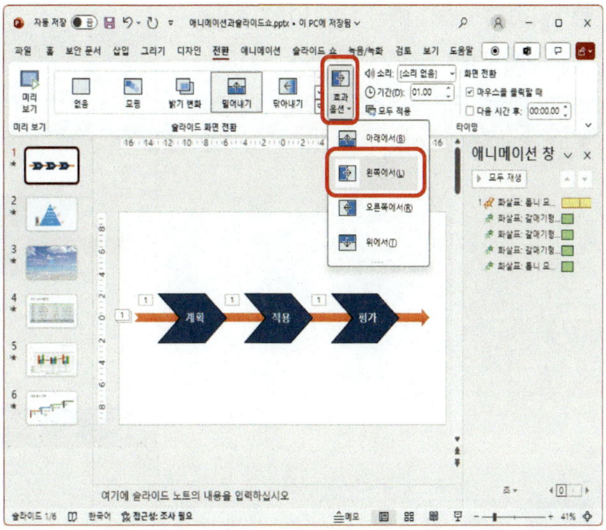

❷ [전환] 탭 → [타이밍] 그룹 → [기간] → [02.00]로 설정하고, [타이밍] → [다음 시간 후]를 선택한 뒤, [00:03:00]으로 설정한다. [다음 시간 후]는 설정한 시간이 지나면 자동으로 다음 슬라이드로 전환된다는 것이고, [00:03:00]은 3초를 의미한다. [마우스를 클릭할 때]가 선택되어 있으면 설정한 시간이 지나지 않아도 마우스를 클릭하면 다음 슬라이드로 전환할 수 있다.

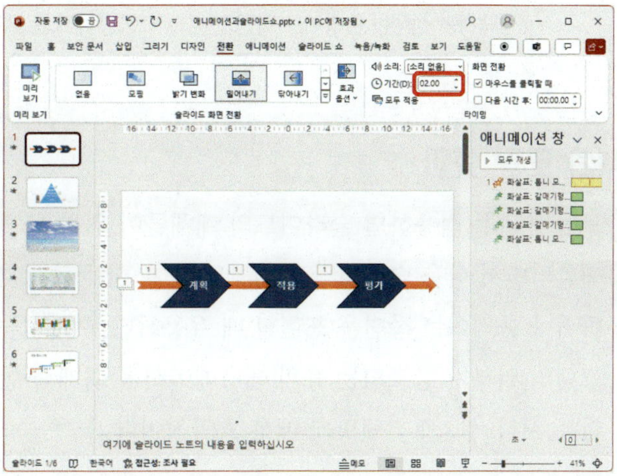

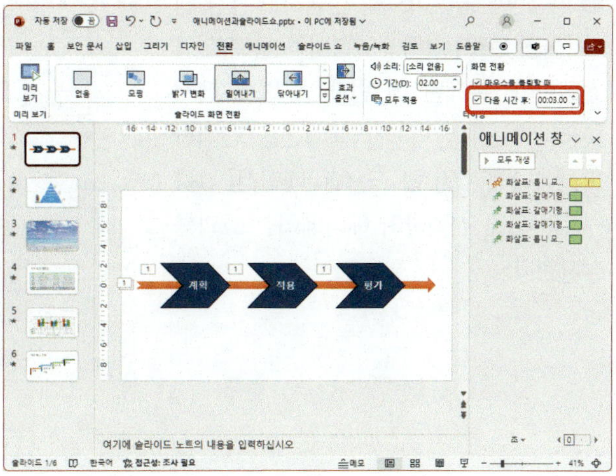

❸ [읽기용 보기] 또는 [슬라이드 쇼]를 실행해서 전환 효과가 재생되는 시간(3초)과 다음 슬라이드로 바뀌는 시간(3초)을 확인할 수 있다.

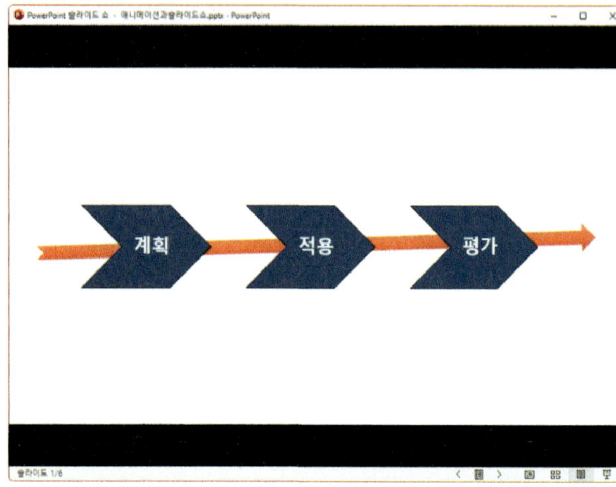

Tip 화면 전환 효과가 지정되면 미리 보기 창의 슬라이드 번호 밑에 ★ 표시가 나타난다. [슬라이드 화면 전환] 그룹에서 [없음]을 선택하면 화면 전환이 제거되고, ★ 표시도 사라진다. [타이밍] 그룹에서 [모두 적용]을 선택하면 선택한 슬라이드 화면 전환과 타이밍이 모든 슬라이드에 적용된다.

(2) 모핑 효과

모핑 효과를 적용하면 슬라이드의 개체들이 위치, 크기, 색상, 모양 등을 변형하며 이동하거나 변환되면서 다음 슬라이드로 전환된다. 특히 동일한 개체나 텍스트가 여러 슬라이드에서 변화하거나 움직이는 장면을 표현할 때 유용하다. 예를 들어, 지도에서 위치가 확대되거나, 다이어그램의 일부가 강조되는 등의 애니메이션을 쉽게 구현할 수 있다. 이러한 특성 덕분에 모핑 효과는 시각적 스토리텔링에 매우 효과적이다.

❶ 세 번째 슬라이드를 선택하고 [홈] 탭 → [클립 보드] 그룹 → [복사] → [복제]를 선택한다. 복제된 네 번째 슬라이드에서 [애니메이션] 창의 애니메이션을 선택하고, [애니메이션] 탭 → [애니메이션] 그룹 → [없음]을 선택하여 애니메이션 효과를 삭제한다.

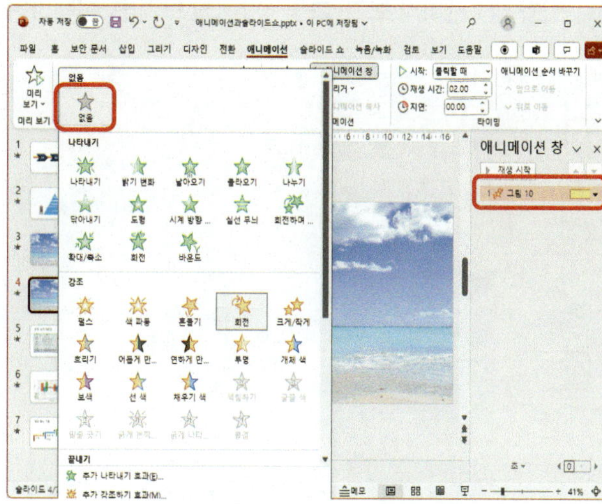

❷ 돌고래 그림을 선택하고 회전 핸들(⟳)을 왼쪽으로 드래그하여 그림을 회전한 뒤 살짝 아래로 드래그한다. 이후 [전환] 탭 → [슬라이드 화면 전환] 그룹 → [모핑]을 선택한다.

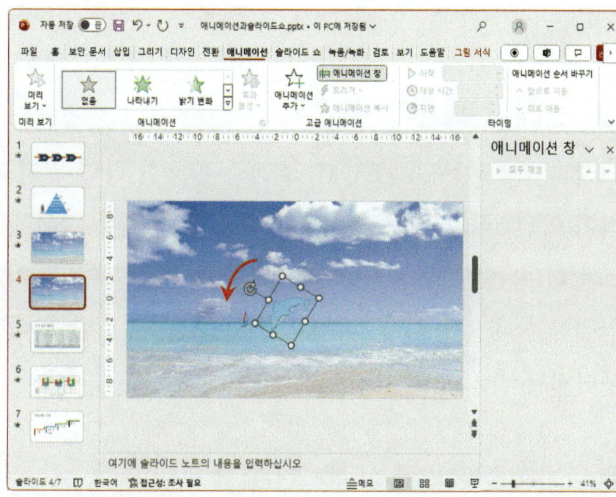

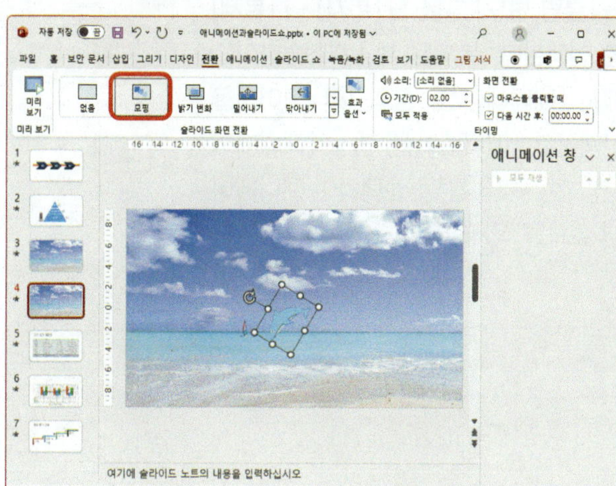

05

❸ [전환] 탭 → [미리 보기] 그룹 → [미리 보기]를 선택하여 모핑 전환 효과가 재생되는 것을 확인한다.

(3) 프레지 효과

프레지(Frezi)는 줌(ZOOM) 효과를 활용한 화면 전환 기법을 사용한다. 전통적인 슬라이드 방식이 아닌, 하나의 큰 캔버스를 중심으로 특정 지점에 줌 인(Zoom In)하거나 줌 아웃(Zoom Out)하며 콘텐츠를 강조하거나 전환하는 방식이다. 이 효과는 콘텐츠 간의 흐름을 자연스럽게 연결하는 데 유용하다. 파워포인트에서는 이러한 프레지 효과를 모방하여 개체나 텍스트를 확대하거나 축소하고, [화면 전환]의 [모핑 효과] 기능을 이용하여 프레지 효과를 표현한다.

❶ 두 번째 슬라이드를 선택하고 [홈] 탭 → [클립 보드] 그룹 → [복사] → [복제]를 선택한다. 복제된 세 번째 슬라이드에서 [애니메이션] 창의 애니메이션을 선택하고, [애니메이션] 탭 → [애니메이션] 그룹 → [없음]을 선택하여 애니메이션 효과를 삭제한다.

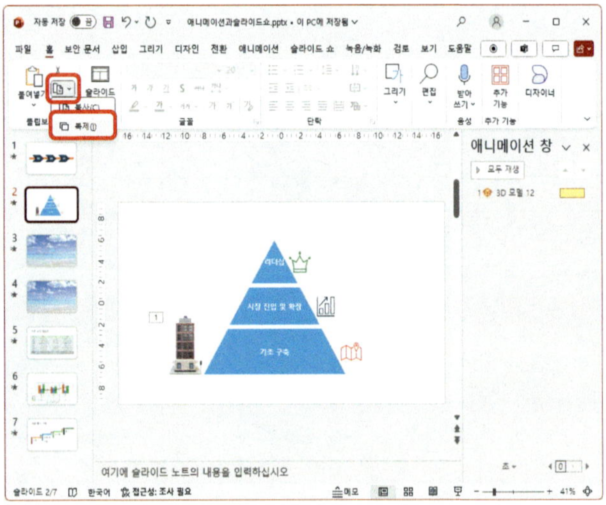

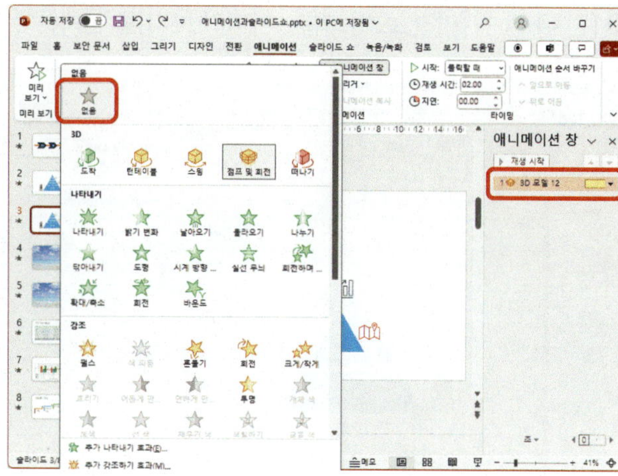

❷ 조각난 세 개의 삼각형 도형을 모두 선택하고 [도형 서식] → [도형 스타일] → [도형 효과] → [3차원 회전] → [원근감: 위]를 선택한다. 이후 [전환] 탭 → [슬라이드 화면 전환] 그룹 → [모핑]을 선택한다.

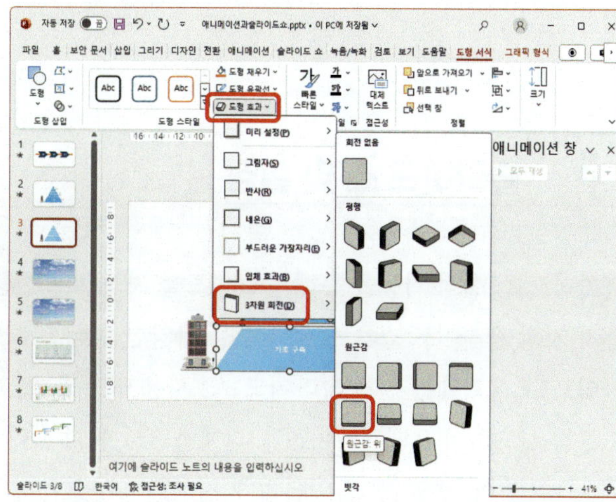

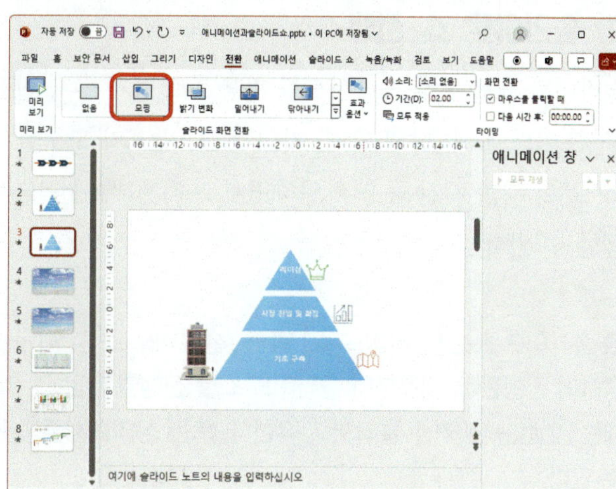

❸ [전환] 탭 → [미리 보기] 그룹 → [미리 보기]를 선택하여 모핑 전환 효과가 재생되는 것을 확인한다.

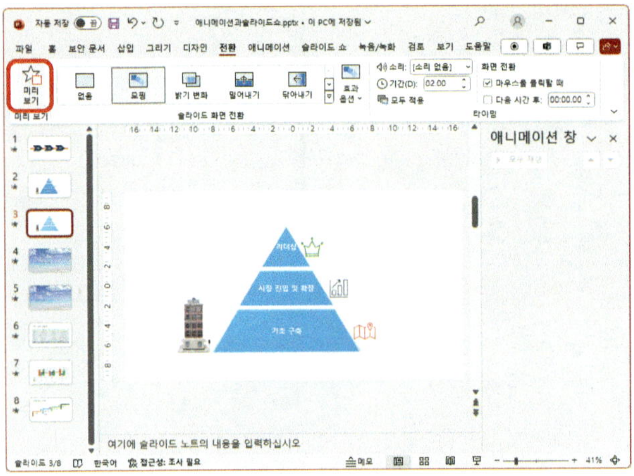

3 슬라이드 쇼 및 설정

슬라이드 쇼 설정 기능을 통해 슬라이드를 자동으로 전환하거나, 특정 슬라이드만 선택하여 사용자 지정 슬라이드 쇼를 생성하는 등 다양한 방식으로 슬라이드 쇼를 관리할 수 있다. 주요 슬라이드 쇼 설정에는 전체 슬라이드 쇼, 사용자 지정 쇼, 반복 실행 등이 포함된다. 또한, 발표자 도구를 사용하여 프레젠테이션을 진행하면서 현재 슬라이드, 다음 슬라이드, 발표 노트를 동시에 볼 수 있어, 발표를 더 원활하게 진행할 수 있다.

(1) 슬라이드 쇼 진행

슬라이드 쇼를 통해 슬라이드를 자동으로 넘기거나, 발표자가 수동으로 제어하며 진행할 수 있다. 포인터 옵션, 화면 확대, 자막 설정, 발표자 도구를 통해 현재 슬라이드, 다음 슬라이드, 발표 노트, 경과 시간 등을 확인하면서 프레젠테이션을 제어할 수 있고, 쇼 재구성, 쇼 마침을 이용할 수 있다.

❶ 슬라이드 쇼는 [슬라이드 쇼] 탭 → [슬라이드 쇼 시작] → [처음부터] 또는 [현재 슬라이드부터]를 선택하여 진행한다. 처음부터 슬라이드 쇼를 진행할 때는 F5 키를 누르고 현재 슬라이드부터 쇼를 진행할 때는 Shift+F5 키를 눌러서 시작한다. 또는 상태표시줄의 버튼을 클릭해서 슬라이드 쇼를 진행할 수 있다.

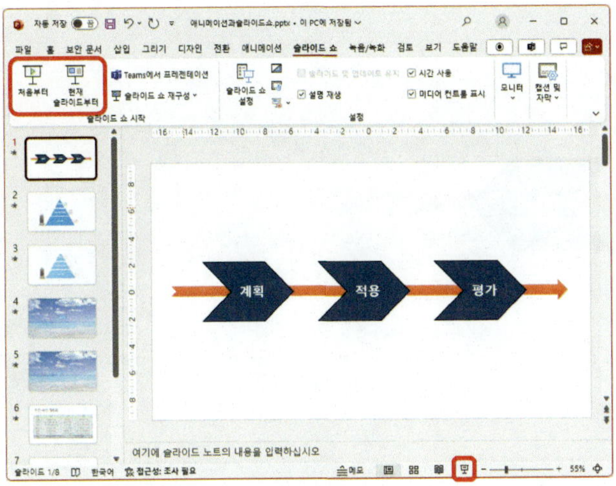

❷ 슬라이드 쇼 진행에서 쇼를 마치려면 Esc 키를 누르거나 화면 하단 왼쪽에 있는 더보기(⋯) 버튼을 클릭하여 [쇼 마침]을 선택한다.

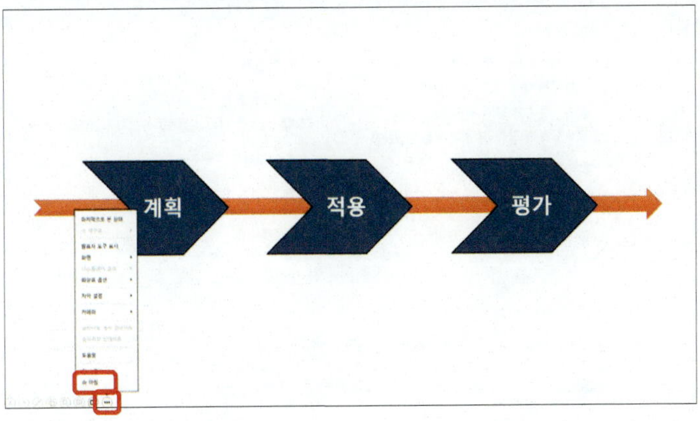

❸ 슬라이드 쇼 상태에서 마우스를 화면에 올려놓으면 화면 왼쪽 하단에 컨트롤 도구가 나타난다. 버튼을 클릭하여 [펜]을 선택한다. 또는 Ctrl+P를 눌러서 사용해도 된다. 마우스 포인터가 빨간색 펜으로 바뀌면 화면에 드래그하여 직접 필기할 수 있다. 필기 내용을 삭제할 때는 Ctrl+E를 눌러 마우스 포인터가 지우개( ) 모양으로 바뀌면 드래그하여 지우거나 E를 한 번 더 눌러 모두 지운다.

05

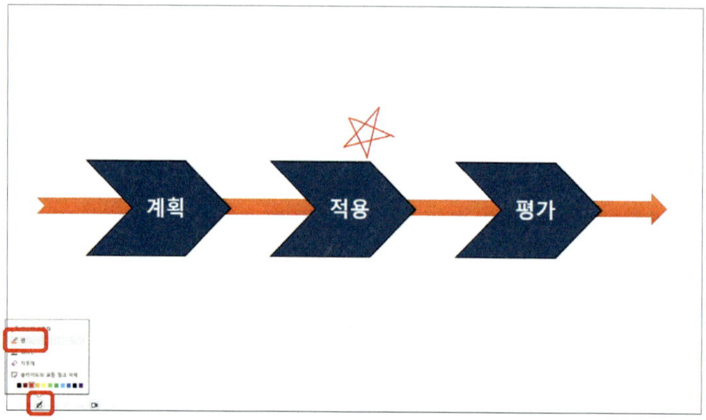

❹ 슬라이드 쇼를 진행하면서 작성했던 필기 내용은 쇼를 마칠 때 프레젠테이션 파일에 포함해 저장할지 묻는 대화상자가 나타난다. [예]를 눌러 저장하거나, [아니오]를 눌러 필기 내용을 삭제한다.

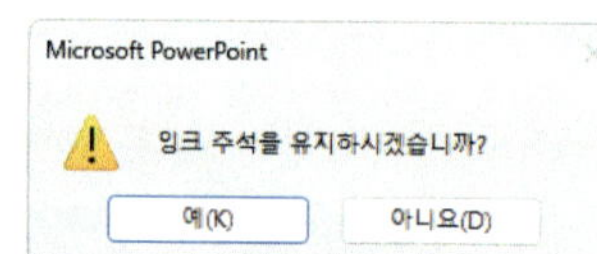

(2) 쇼 설정

슬라이드 쇼 설정은 슬라이드 쇼 진행 화면의 환경을 설정하는 것으로, "보기 형식", "보기 옵션", "슬라이드 표시", "화면 전환", "복수 모니터" 등의 세부 옵션을 설정할 수 있다. 쇼 설정을 위해 [슬라이드 쇼] 탭 → [설정] 그룹에서 [슬라이드 쇼 설정]을 선택한다.

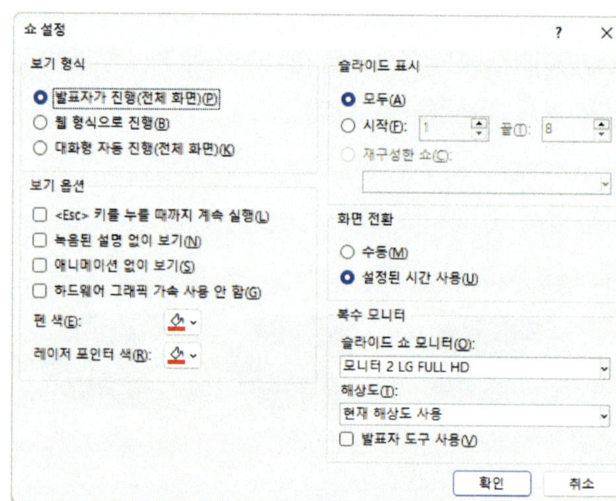

❶ 보기 형식

- **발표자가 진행 (전체 화면)** : 발표자가 슬라이드를 직접 제어하며 전체 화면에서 프레젠테이션을 진행, 발표자 도구로 현재 슬라이드, 다음 슬라이드, 발표 노트를 확인하며 발표 가능
- **웹 형식으로 진행** : 웹 브라우저에서 프레젠테이션을 실행하여 청중이 인터넷을 통해 슬라이드를 볼 수 있는 형식, 주로 웹 공유나 HTML 형식으로 사용

- **대화형 자동 진행 (전체 화면)** : 슬라이드가 자동으로 전환되며 전체 화면에서 재생되는 형식, 전시회 부스나 자동 재생이 필요한 상황에서 유용하며, 설정된 하이퍼링크나 액션 버튼으로 청중의 상호작용 가능, 쇼를 보는 사람이 Esc 키를 누를 때까지 실행

❷ 슬라이드 쇼 보기 옵션

- **〈ESC〉 키를 누를 때까지 계속 실행** : 슬라이드 쇼를 무한 반복 재생
- **녹음된 설명 없이 보기** : 음성 설명 없이 슬라이드 재생
- **애니메이션 없이 보기** : 애니메이션 효과 없이 슬라이드 전환
- **하드웨어 그래픽 가속 사용 안함** : 그래픽 가속 기능을 비활성화하여 슬라이드 재생

❸ 슬라이드 표시

- **모두** : 프레젠테이션의 모든 슬라이드를 순서대로 쇼 실행
- **시작/끝** : 시작과 끝의 쇼 범위를 설정하여 쇼 실행
- **재구성한 쇼** : 선택한 슬라이드를 포함한 사용자 지정 슬라이드 쇼를 실행

❹ 화면 전환

- **수동** : 발표자가 직접 클릭하거나 키보드를 사용하여 화면 전환을 제어
- **설정된 시간 사용** : 미리 설정된 시간에 따라 슬라이드가 자동으로 전환

❺ 복수 모니터

- **슬라이드 쇼 모니터** : 슬라이드 쇼를 표시할 모니터 선택
- **해상도** : 슬라이드 쇼가 표시될 모니터의 해상도 설정
- **발표자 도구 사용** : 발표자가 사용할 모니터에 발표자 도구(현재 슬라이드, 다음 슬라이드, 발표 노트 등)를 표시하여, 프레젠테이션을 효과적으로 제어

> **Tip**
> 복수 모니터가 아니어도 슬라이드 쇼를 진행할 때 더보기(⋯) 버튼을 클릭하여 [발표자 보기 표시/숨기기]를 선택할 수 있다. 발표자 보기 화면에서는 발표를 돕기 위한 다음 슬라이드나 슬라이드 노트, 도구 등이 표시된다.

(3) 예행 연습 및 쇼 녹화

예행 연습은 슬라이드 쇼를 진행하면서 각 슬라이드 쇼에 걸리는 시간을 기록하며 연습하고 발표 흐름을 점검할 수 있는 기능이다. 쇼 녹화는 프레젠테이션의 전환, 애니메이션, 음성 설명

등을 녹화하여 저장하며, 자동 재생이 필요한 프레젠테이션에 유용합니다.

❶ [슬라이드 쇼] 탭 → [설정] 그룹 → [예행 연습]을 선택한다. 예행 연습이 시작되면 [녹화] 대화상자가 나타나면서 시간이 카운트된다.

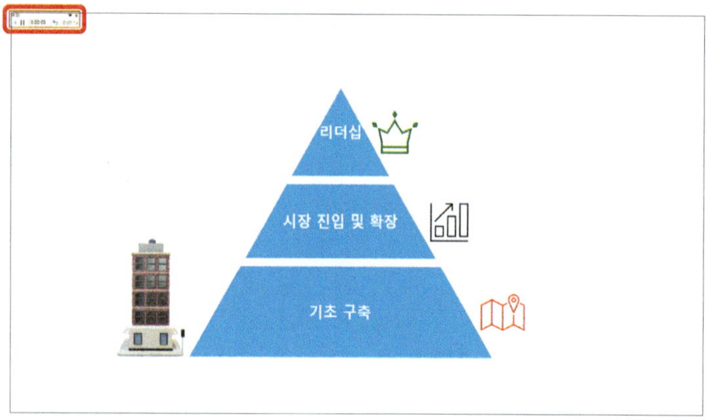

❷ 예행 연습의 닫기(×) 버튼을 클릭하거나 Esc 키를 누르면 슬라이드 쇼에 걸리는 시간을 저장할지를 묻는 대화상자가 나타난다. [예]를 누르면 예행 연습에서 설정한 각 슬라이드의 전환 시간이 저장된다. 이 시간은 이후 슬라이드 쇼를 자동으로 실행할 때 사용되며, 설정된 시간에 따라 슬라이드가 자동으로 전환된다.

❸ [슬라이드 쇼] 탭 → [설정] 그룹 → [이 슬라이드에서 녹음/녹화] → [처음부터]를 선택한다. [녹화] 창이 화면에 나타나면 비디오와 오디오 버튼을 클릭하고, [비디오 재촬영] → [현재 슬라이드에서]를 선택하여 녹화를 시작한다. 녹화가 완료되면 [중지] 버튼을 클릭한 뒤, [내보내기] 버튼을 클릭하여 동영상 파일(*.mp4)로 저장한다.

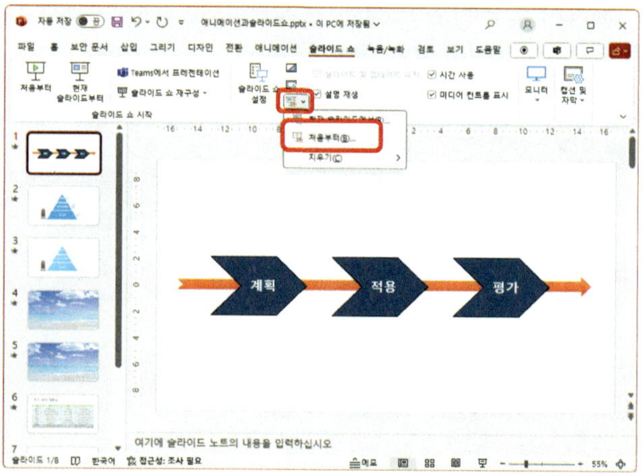

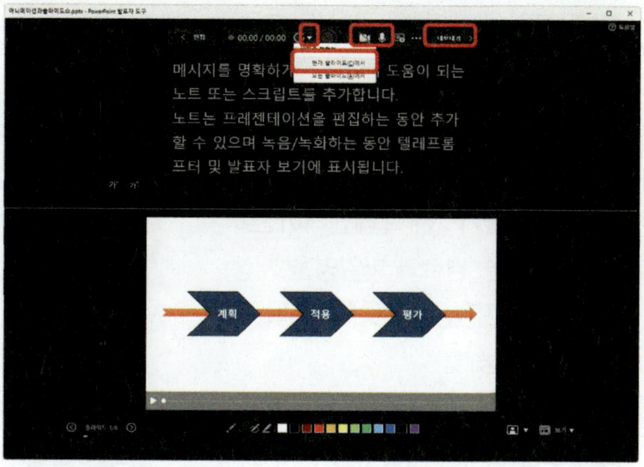

> **Tip**
>
> [슬라이드 쇼] → [설정] → [슬라이드 숨기기]를 누르면 슬라이드를 삭제하지 않고 슬라이드 쇼와 녹화 등을 진행할 때 해당 슬라이드를 제외할 수 있다. [슬라이드 숨기기]를 다시 누르면 숨기기 기능이 해제된다.
>
> [슬라이드 쇼] → [슬라이드 쇼 시작] → [슬라이드 쇼 재구성] → [쇼 재구성]을 누르면 [쇼 재구성] 대화상자가 나타나는데, [새로 만들기]를 선택하여 쇼에 보여줄 슬라이드를 선택하여 쇼 재구성을 설정할 수 있다. [쇼 재구성] 대화상자에서 재구성한 쇼를 [쇼 보기], [편집], [제거] 등을 수행할 수 있다.

4 하이퍼링크 활용

하이퍼링크를 사용하면 슬라이드 내의 텍스트, 이미지, 도형 등을 클릭하여 다른 슬라이드로 이동하거나, 외부 파일, 웹페이지, 이메일 등을 열 수 있다. 하이퍼링크는 목차 슬라이드에서 특정 주제로 바로 이동하거나, 부가 자료로 연결할 때 유용하게 사용된다.

(1) 하이퍼링크 연결 설정 및 편집

하이퍼링크 연결 설정은 텍스트, 이미지, 도형 등에 링크를 추가하여 특정 슬라이드, 외부 파일, 웹페이지, 또는 이메일로 이동할 수 있게 하는 기능이다. 하이퍼링크 편집 기능을 통해 이미 설정된 링크를 수정하거나 삭제할 수 있다.

❶ 하이퍼링크로 연결할 개체(텍스트, 도형, 그림 등)를 선택한 후에 [삽입] 탭 → [링크] 그룹 → [링크]를 선택한다. [하이퍼링크 삽입] 대화상자가 나타나면 연결 대상을 선택하고 [확인]을 클릭한다.

- **기존 파일/웹페이지** : 저장된 기존 파일이나 웹페이지와 연결
- **현재 문서** : 현재 문서 내의 다른 슬라이드를 선택하여 연결
- **새 문서 만들기** : 새 프레젠테이션을 만들어 연결, 경로와 파일명을 지정하고 문서 편집은 나중에 하거나 지금 편집 가능
- **전자 메일 주소** : 표시된 전자 메일 주소로 연결하여 사용자의 전자 메일 프로그램을 실행
- **화면 설명** : 슬라이드 쇼를 진행할 때 입력한 텍스트 설명을 표시, [화면 설명]이 설정된 하이퍼링크에 마우스 포인터를 올려놓으면 입력한 텍스트 설명이 나타남

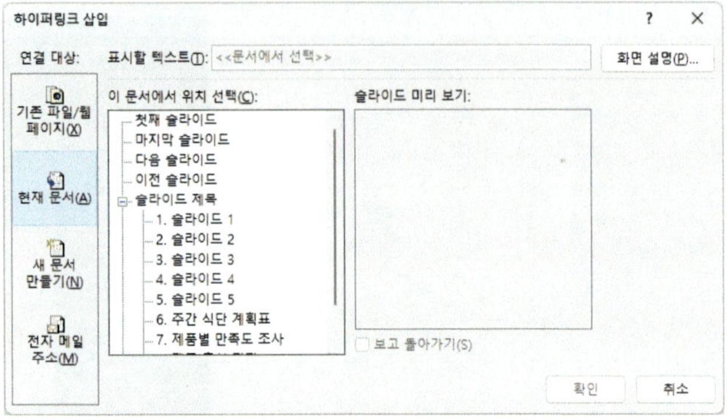

❷ 하이퍼링크를 수정할 때는 수정할 개체를 선택한 후 마우스 오른쪽 버튼을 클릭하여 단축 메뉴의 [링크 편집]을 선택한다. 이후 [하이퍼링크 편집] 대화상자가 나타나면 처음에 연결 설정했던 방법과 동일한 방식으로 편집한다.

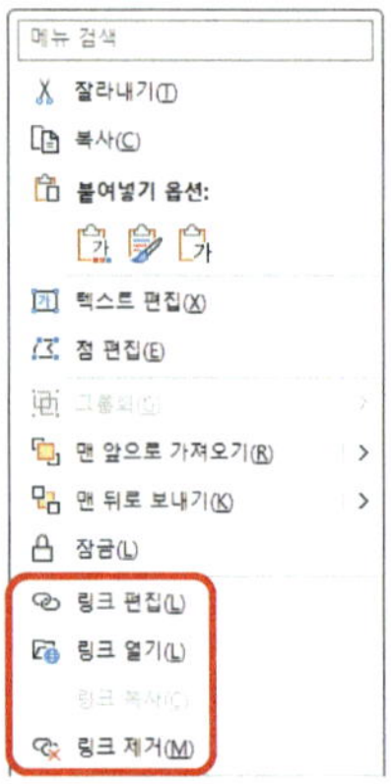

❸ 실행 설정은 [삽입] 탭 → [링크] 그룹 → [실행]을 선택한다. [실행 설정] 대화상자가 나타나면 [마우스를 클릭할 때] 탭 또는 [마우스를 위에 놓았을 때] 탭을 선택하여 지정한다. 각 탭의 [하이퍼링크]를 선택하여 원하는 슬라이드와 연결할 수 있고, 다른 프로그램을 실행하거나 소리를 재생할 수 있다.

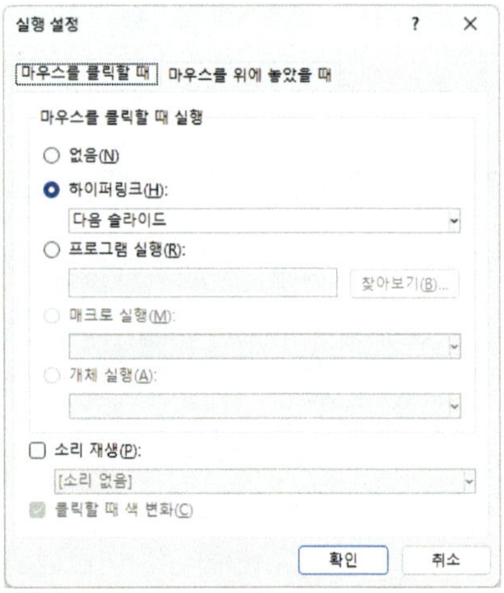

❹ 실행 단추는 [삽입] 탭 → [일러스트레이션] 그룹 → [도형] → [실행 단추]를 선택하여 하이퍼링크를 설정할 수 있다. 또는 [홈] 탭 → [그리기] 그룹 → [그리기 개체] → [도형] → [실행 단추]를 삽입하여 설정할 수 있다. [실행 단추] 중에서 원하는 도형을 선택하여 [실행 설정] 대화상자가 나타나면 3)의 설명과 동일한 방법으로 하이퍼링크를 연결한다. 기존의 하이퍼링크를 변경할 때는 [실행 설정] 대화상자 → [하이퍼링크]에서 하이퍼링크를 변경할 수 있다.

(2) 확대/축소

확대/축소 기능은 파워포인트에서 특정 슬라이드나 섹션으로 빠르게 이동하거나, 프레젠테이션 중 강조하고 싶은 부분을 시각적으로 돋보이게 한다. 원하는 슬라이드를 확대하여 보여준 후, 설명이 끝나면 원래 슬라이드로 자연스럽게 돌아올 수 있다. [요약 확대/축소]는 요약 슬라이드에서 주요 섹션으로 확대 이동 후, 다시 요약 슬라이드로 돌아오고, [구역 확대/축소]는 구역별로 슬라이드를 확대하여 이동하고, 설명 후 원래 위치로 돌아온다. [슬라이드 확대/축소]는 특정 슬라이드나 영역을 확대하여 강조한 후, 원래 위치로 돌아온다.

❶ 첫 번째 슬라이드에서 [삽입] 탭 → [링크] 그룹 → [확대/축소] → [요약 확대/축소]를 선택한다. [요약 확대/축소 삽입] 대화상자가 나타나면 1번, 2번, 4번, 6번, 7번, 8번 슬라이드를 선택하고 [삽입] 버튼을 클릭한다.

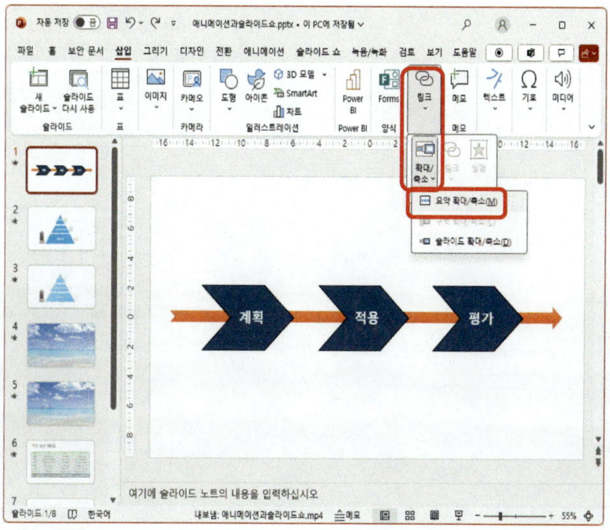

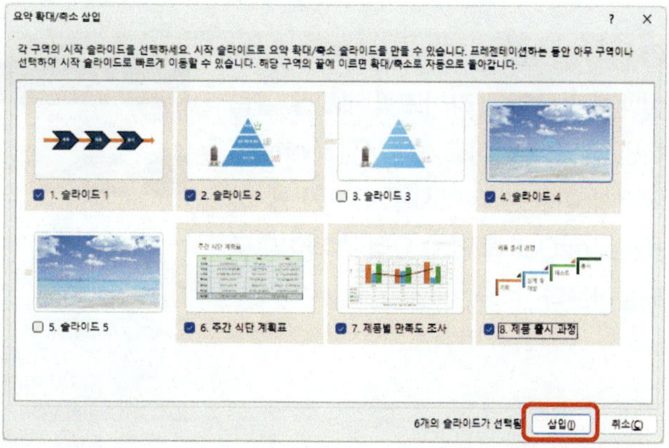

❷ 선택한 슬라이드들이 작은 그림으로 구성된 요약 슬라이드가 첫 번째 슬라이드에 삽입된다. 삽입된 요약 슬라이드 제목에 "주요 내용"이라고 입력한다.

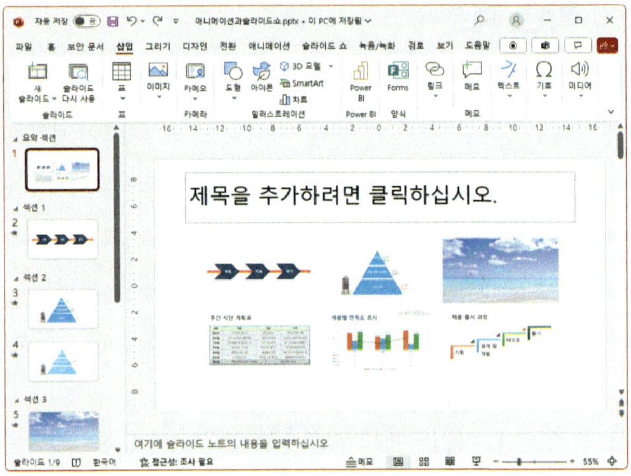

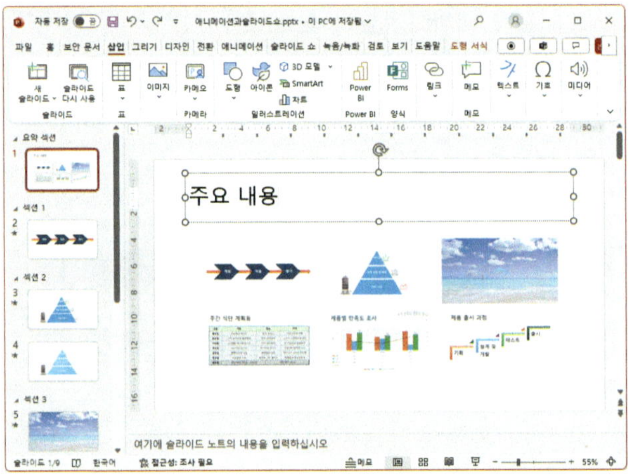

❸ [읽기용 보기] 또는 [슬라이드 쇼]를 실행해서 요약 슬라이드의 개체를 클릭하면 해당 슬라이드가 줌 인(Zoom In) 되면서 이동된다. 다시 클릭하면 줌 아웃(Zoom Out) 되면서 요약 슬라이드로 되돌아온다.

5 애니메이션과 슬라이드 쇼 연습 문제

01 다음 〈조건〉을 참고하고 결과 화면과 같이 나타나도록 "연습5" 파일을 열어와 완성하시오.

① 애니메이션 [확대/축소] 효과 적용

② [효과 옵션]은 [개체 센터], [이전 효과와 함께] 나타나도록 설정

02 다음 〈조건〉을 참고하고 결과 화면과 같이 나타나도록 "연습5" 파일을 열어와 완성하시오.

① 슬라이드 전체에 [임의 효과] 전환 효과 적용, 전환 재생 시간은 [01.50]초로 설정

② 클릭하지 않아도 [00:05:00]초가 지나면 다음 슬라이드로 자동 전환되도록 모든 슬라이드에 설정

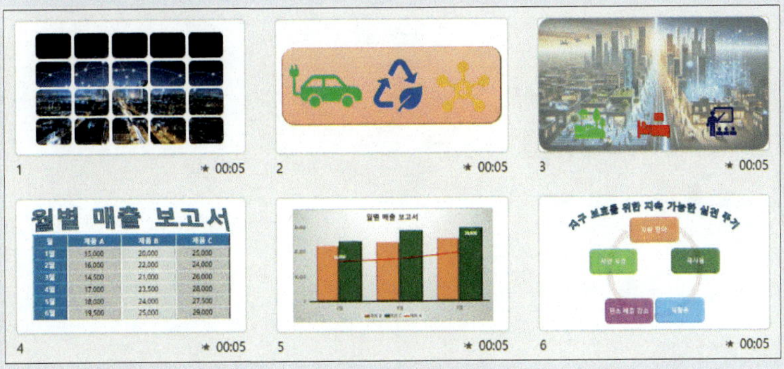

03 다음 〈조건〉을 참고하고 결과 화면과 같이 나타나도록 "연습5" 파일을 열어와 완성하시오.

① 첫 번째 슬라이드 복제

② 복제된 두 번째 슬라이드의 그림들을 "평행 사변형" 도형에 맞게 자르기, "오프셋: 오른쪽 아래" 그림자 효과 적용

③ 모핑 슬라이드 화면 전환 효과 설정

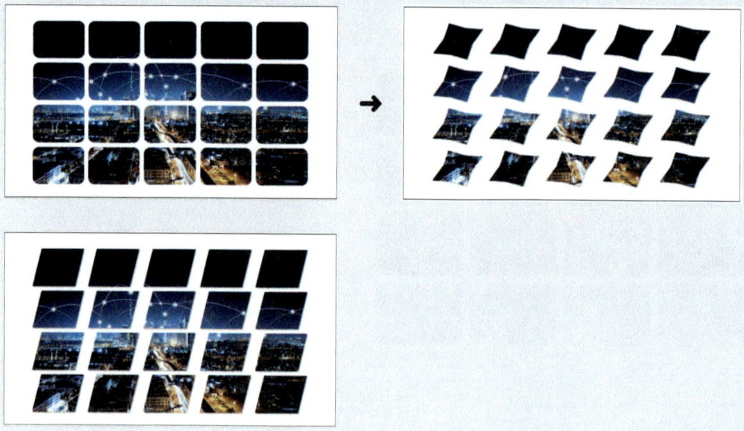

04 다음 〈조건〉을 참고하고 결과 화면과 같이 나타나도록 "연습5" 파일을 열어와 완성하시오.

① 첫 번째 슬라이드에 1번, 3번, 4번, 5번, 6번, 7 슬라이드의 [요약 확대/축소] 슬라이드 삽입

6 디자인 관리와 인쇄 기능

이번 장에서는 다음과 같은 내용을 학습합니다.

- 다양한 디자인 테마를 선택하고 슬라이드에 적용하여 프레젠테이션의 일관성과 시각적 매력을 높일 있습니다.
- 슬라이드 마스터를 사용하여 전체 프레젠테이션의 레이아웃과 디자인 요소를 효과적으로 관리하고, 통일된 스타일을 유지할 수 있습니다.
- 슬라이드, 노트 페이지, 유인물 등의 다양한 인쇄 옵션을 설정하여 프레젠테이션 자료를 효율적으로 출력할 수 있습니다.

6장에서는 파워포인트에서 프레젠테이션의 전반적인 디자인을 관리하고, 인쇄 설정을 통해 자료를 효과적으로 출력하는 방법을 다룬다. 디자인 관리에서는 슬라이드의 시각적 일관성을 유지하기 위한 디자인 테마 적용과 슬라이드 마스터의 활용을 학습한다. 이를 통해 프레젠테이션의 전체적인 스타일을 손쉽게 설정하고 관리할 수 있다. 인쇄 기능에서는 슬라이드, 노트 페이지, 유인물 등 다양한 인쇄 옵션을 이해하고 활용하는 방법을 익힌다. 이를 통해 프레젠테이션 자료를 다양한 형식으로 출력하여 청중에게 효과적으로 배포할 수 있다.

1 디자인 테마

디자인 테마는 슬라이드의 색상, 글꼴, 배경, 효과 등을 통합적으로 설정할 수 있는 도구로, 프레젠테이션의 전체적인 스타일을 쉽게 관리할 수 있게 해준다. 디자인 테마를 활용하면 모든 슬라이드에 자동으로 적용되어 일관된 시각적 표현을 유지할 수 있으며, 프레젠테이션의 주제와 목적에 맞는 적절한 분위기를 연출할 수 있다. 또한, 사용자가 직접 테마를 정의하여 회사의 브랜드 기준에 맞추거나, 프레젠테이션의 특정 요구에 맞게 조정할 수 있다.

(1) 디자인 테마 적용

디자인 테마는 슬라이드 디자인, 글꼴 색, 배경 서식 등이 미리 지정된 서식으로 다양한 옵션을 제공한다. 저장된 테마를 불러와 적용할 수 있으며, 사용자가 수정한 테마를 저장해 나중에 다시 사용할 수도 있다. 디자인 테마 적용은 전체적인 시각적 스타일을 통일하고, 색상, 글꼴, 배경 등을 조정하여 일관된 사용자 경험을 제공하는 중요한 과정이다.

❶ 파워포인트를 실행한 후, 첫 화면에서 [새 프레젠테이션]을 선택하여 새로운 프레젠테이션 파일을 생성한다. 그런 다음 [디자인] 탭 → [테마] 그룹 → [자세히] 버튼 → [비누]를 선택한다.

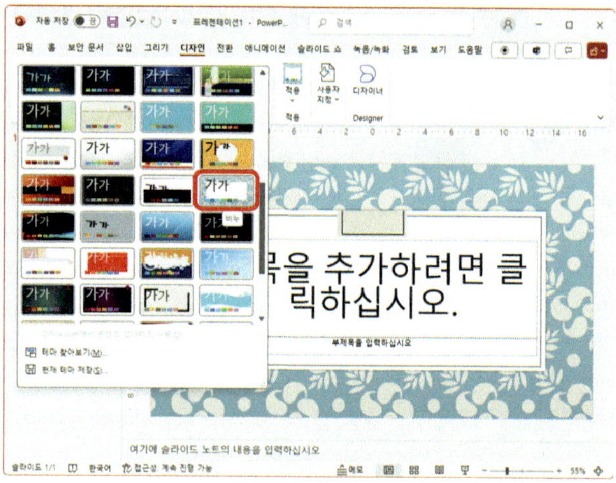

❷ [디자인] 탭 → [적용] 그룹 → [세 번째 색상 테마]를 선택하고, [색] → [파랑]을 선택한다. [적용] 그룹에는 해당 테마의 [색] 외에도 [글꼴], [효과], [배경 스타일]을 수정하여 슬라이드에 적용할 수 있다.

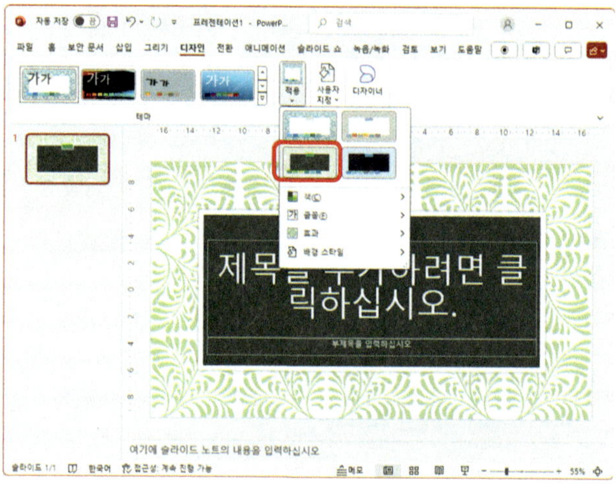

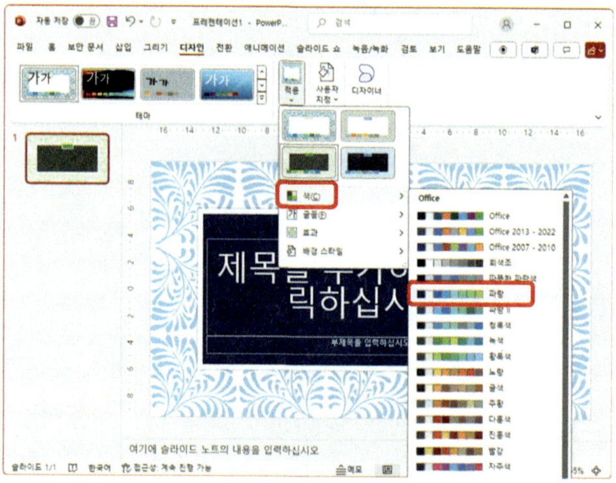

❸ [디자인] 탭 → [사용자 지정] 그룹 → [슬라이드 크기]를 누르면 [표준(4:3)]과 [와이드스크린(16:9)], [사용자 지정 슬라이드 크기] 중에서 원하는 슬라이드 크기를 지정할 수 있다. [배경 서식]을 선택하면 [배경 서식] 창이 나타나는데, 다양한 형태의 채우기, 색, 투명도 등을 지정할 수 있다. "실습6-1"로 파일명을 지정하여 저장한다.

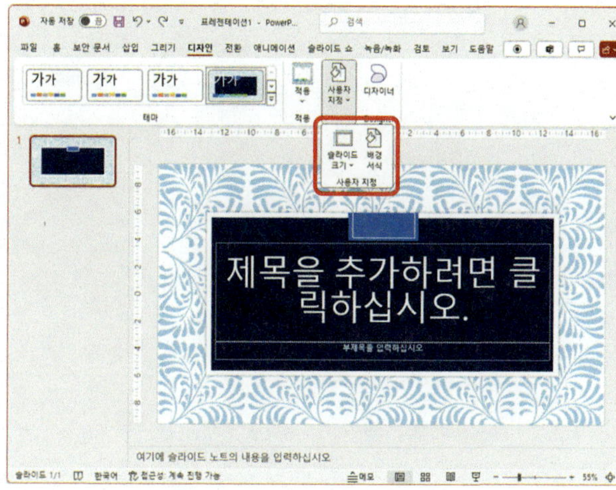

Tip [슬라이드 크기]에서 [사용 자정 슬라이드 크기]를 선택하면 슬라이드 크기, 너비, 높이, 슬라이드 시작 번호, 슬라이드 방향을 세밀하게 설정할 수 있다.

(2) 사용자 정의 테마

사용자가 원하는 테마를 만들기 위해 "색, 글꼴, 효과, 배경 스타일"을 지정하여 *.thmx 파일 형식으로 저장할 수 있다. 기존 테마를 편집하거나 새로운 테마를 만들 수 있으며, 슬라이드 마스터를 사용해 슬라이드 유형별로 디자인하면 더욱 완성도 높은 테마를 만들 수 있다.

❶ 파워포인트를 실행한 후, 첫 화면에서 [새 프레젠테이션]을 선택하여 새로운 프레젠테이션 파일을 생성한다. 그런 다음 [디자인] 탭 → [적용] 그룹 → [적용] → [색] → [청록색]을 선택한다. 이후 [글꼴] → [글꼴 사용자 지정] → [새 테마 글꼴 만들기] 대화상자에서 한글 글꼴을 "HY견고딕"으로 지정한다.

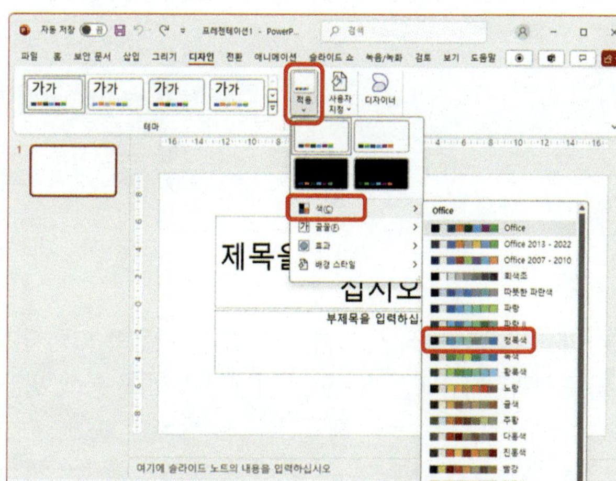

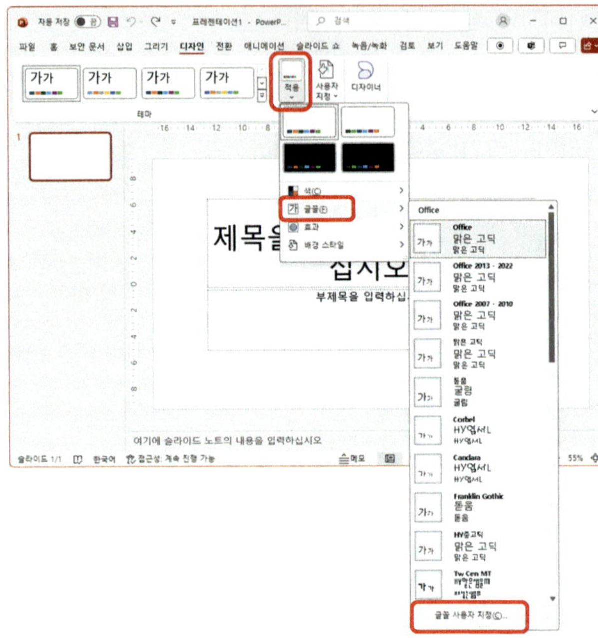

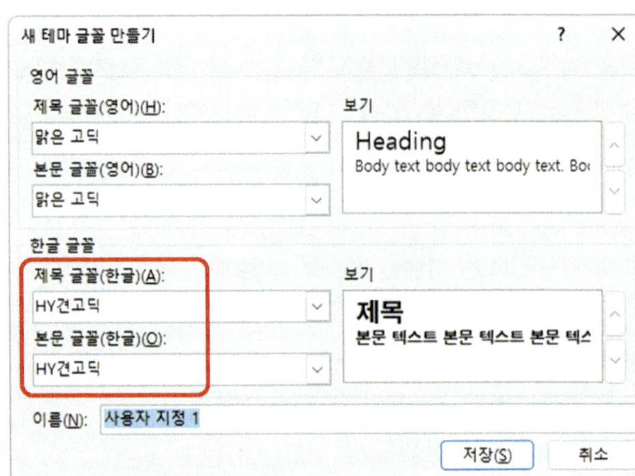

❷ [디자인] 탭 → [적용] 그룹 → [효과] → [위쪽 그림자]를 선택한다. 이후 [배경 스타일] → [스타일 10]을 선택한다. [배경 스타일] → [배경 서식]을 통해 세밀하게 설정할 수 있다.

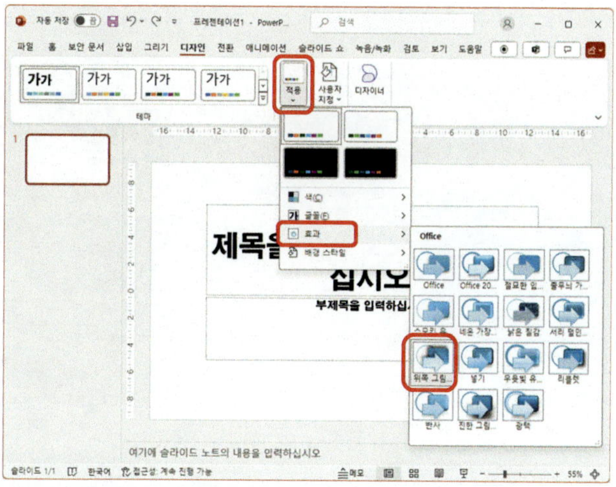

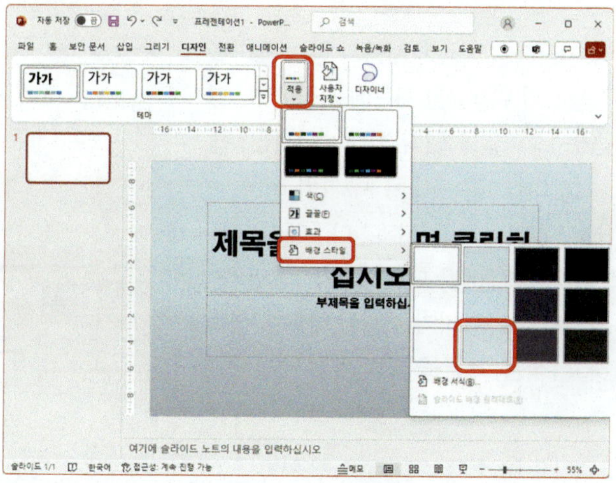

❸ 지금까지 설정한 디자인 테마를 저장하기 위해 [디자인] 탭 → [테마] 그룹 → [⊡ 자세히] 버튼 → [현재 테마 저장]을 선택한다. [현재 테마 저장] 대화상자가 나타나면 폴더 위치 지정과 파일명을 입력한 뒤 [저장] 버튼을 클릭한다.

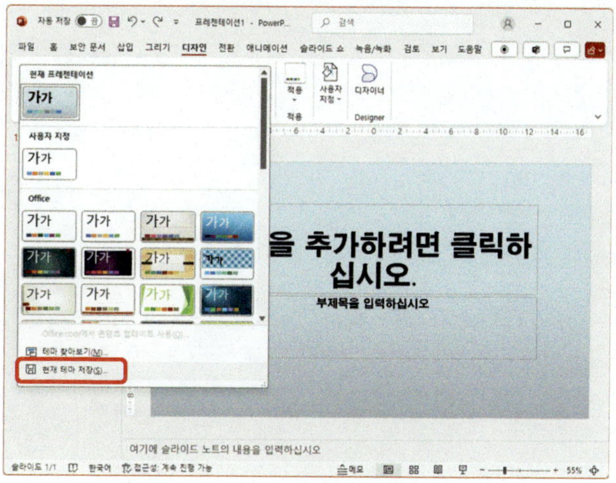

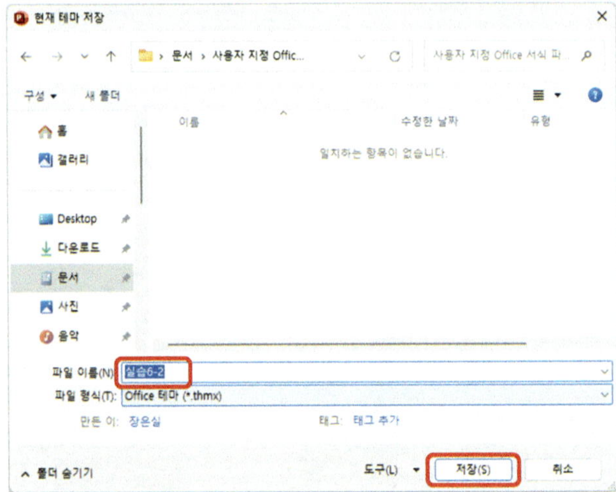

❹ 지금까지 적용한 사용자 정의 테마를 적용하기 위해 6장 처음에 저장했던 "실습6-1" 파일을 연다. 이후 [디자인] 탭 → [테마] 그룹 → [자세히] 버튼 → [테마 찾아보기]를 선택한다. [테마 또는 테마 문서 선택] 대화상자가 나타나면 사용자 정의 테마가 저장된 파일을 선택하고 [적용] 버튼을 클릭한다.

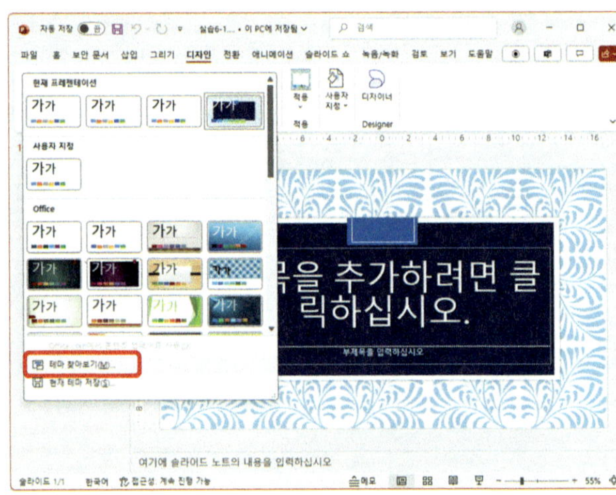

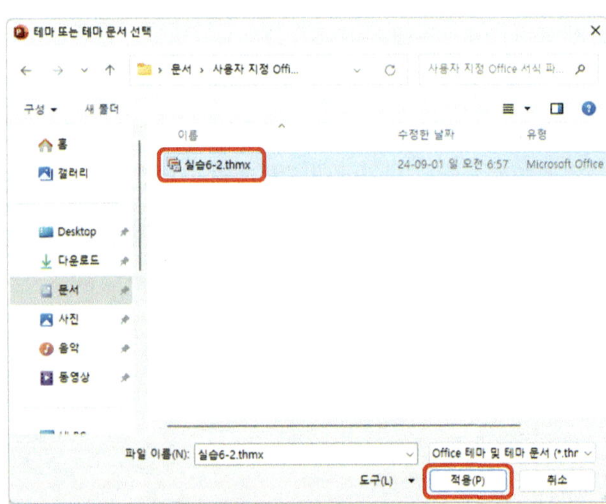

❺ 다른 프레젠테이션 파일에 사용자 정의 테마가 적용된 것을 확인할 수 있다.

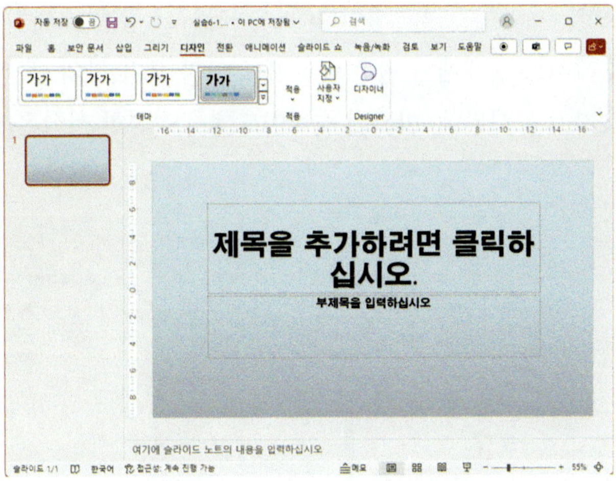

2 슬라이드 마스터

슬라이드 마스터는 제목 슬라이드, 본문 슬라이드 등 다양한 슬라이드 유형에 맞춰 배경, 글꼴, 색상, 레이아웃 등을 일괄적으로 설정하여 전체적인 디자인을 통합 관리할 수 있다. 인쇄 모양 마스터는 슬라이드와 함께 출력될 강의 노트나 설명 문구의 레이아웃을 설정해 인쇄 시에도 일관성을 유지하도록 돕는다. 유인물 마스터는 청중에게 배포할 유인물의 레이아웃을 설정하는 기능으로, 슬라이드 축소판과 여백 등을 조정하여 청중이 프레젠테이션을 더 쉽게 따라갈 수 있는 자료를 만들 수 있다. 이를 통해 프레젠테이션의 제작, 인쇄, 배포 과정에서 일관된 디자인과 높은 완성도를 유지할 수 있다.

(1) 슬라이드 마스터 구성과 레이아웃

슬라이드 마스터는 모든 슬라이드에 공통으로 적용되는 디자인을 설정하는 마스터 슬라이드와 제목 슬라이드나 본문 슬라이드 등 특정 유형에 맞춘 레이아웃 슬라이드로 구성된다. 마스터 슬라이드에서 설정한 배경, 글꼴, 색상 등은 전체 슬라이드에 적용되며, 각 레이아웃 슬라이드는 특정 슬라이드 유형에 맞게 세부 디자인을 조정할 수 있다. 이를 통해 일관된 스타일을 유지하면서도 슬라이드 유형별로 적절한 디자인을 적용할 수 있다.

슬라이드 마스터는 [보기] 탭 → [마스터 보기] 그룹 →[슬라이드 마스터]를 선택하여 접근할 수 있으며, 1개의 마스터 슬라이드와 11개의 관련 레이아웃으로 구성되어 있다. 필요에 따라 마스터 슬라이드와 레이아웃 마스터를 추가하거나 삭제할 수 있다. 각 레이아웃 마스터에는 텍스트, 그림, 표, 차트, 미디어 스마트아트 등을 추가하거나 삭제하여 편집할 수 있다. 마스터 슬라이드 상태에서 왼쪽 슬라이드 미리 보기 창의 맨 위에 있는 슬라이드로, 슬라이드 왼쪽에 숫자가 표시된다. 마스터 슬라이드에서 지정한 서식은 관련 레이아웃 마스터에 일괄 적용된다.

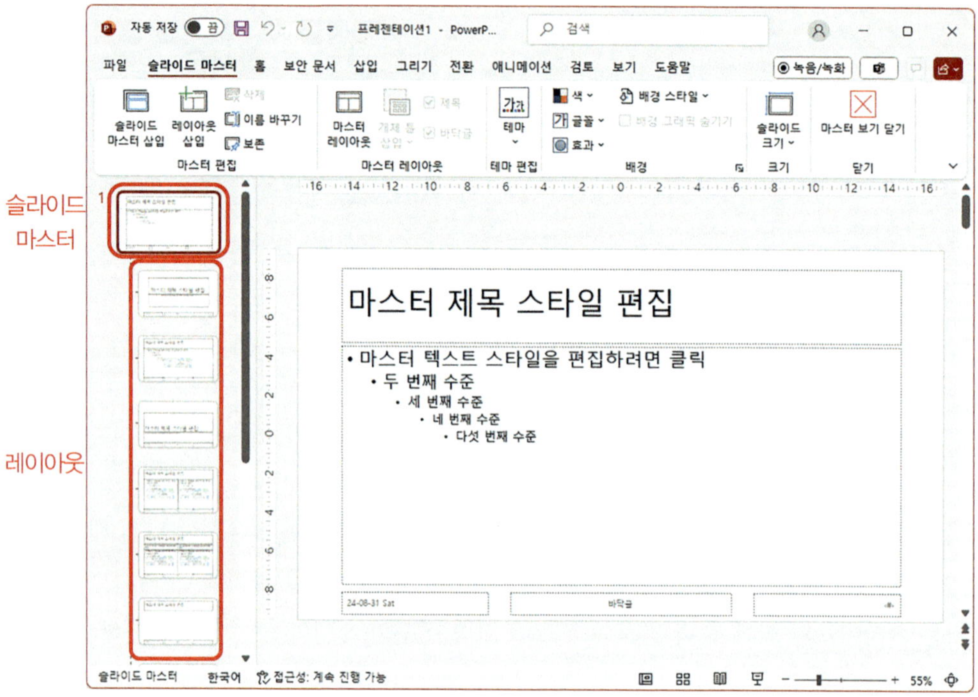

(2) 슬라이드 마스터 작업

슬라이드 마스터에서 텍스트, 이미지, 글꼴 및 색상, 그리고 서식 요소(서식, 글머리 기호, 줄 간격 등)를 수정할 수 있다. 이러한 요소들을 사용자가 직접 설정하여 프레젠테이션의 전체적인 디자인과 레이아웃을 일관되게 유지하면서도 필요에 맞게 맞춤 설정할 수 있다. 슬라이드 마스터를 통해 설정된 스타일은 프레젠테이션의 모든 슬라이드에 적용되며, 개별 슬라이드에서도 동일한 스타일이 유지된다.

❶ [보기] 탭 → [마스터 보기] 그룹 → [슬라이드 마스터]를 선택한다. [슬라이드 마스터] 탭 → [배경] 그룹 → [배경 스타일] → [스타일 10]을 선택하고, [색] → [파랑]을 선택한다.

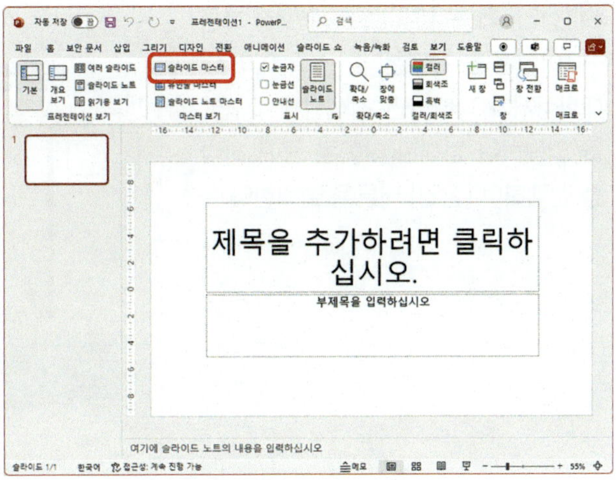

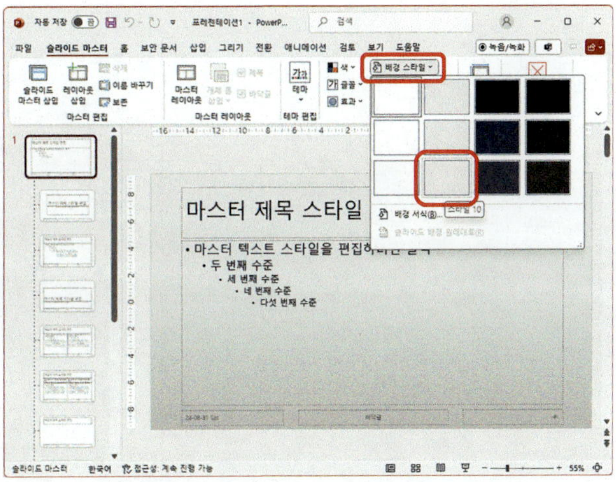

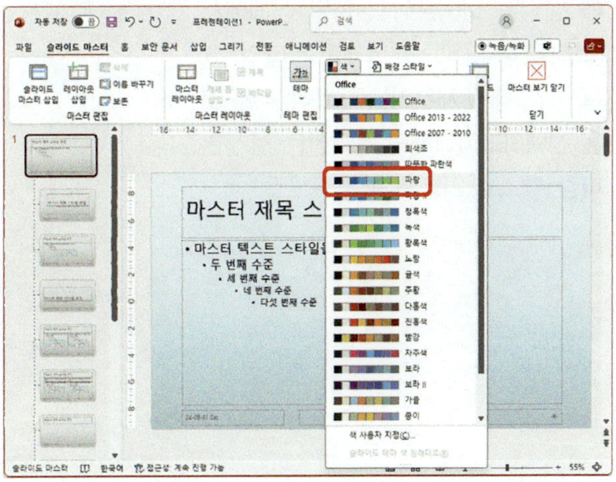

06

❷ [삽입] 탭 → [일러스트레이션] 그룹 → [아이콘]을 선택한다. [스톡 이미지] 대화상자가 나타나면 검색란에 “자연”을 입력하여 검색된 아이콘 중에 하나를 선택하여 [삽입] 버튼을 클릭한다.

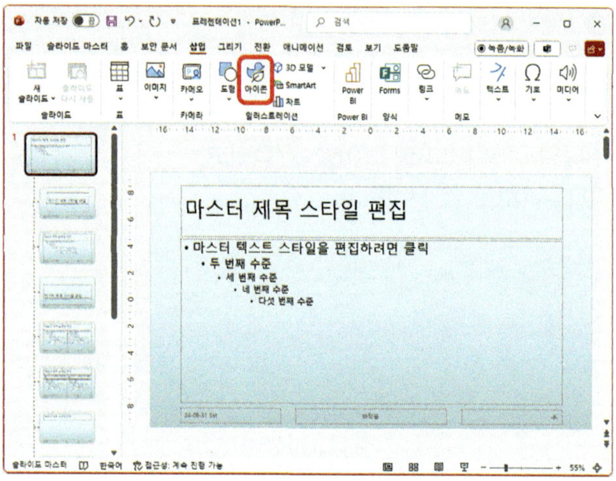

❹ 삽입된 아이콘이 선택된 상태에서 [그래픽 형식] 탭 → [그래픽 스타일] 그룹 → [그래픽 채우기] → [옥색, 강조 3]을 선택하고, [그래픽 윤곽선] → [진한 파랑, 텍스트 2]를 선택한다.

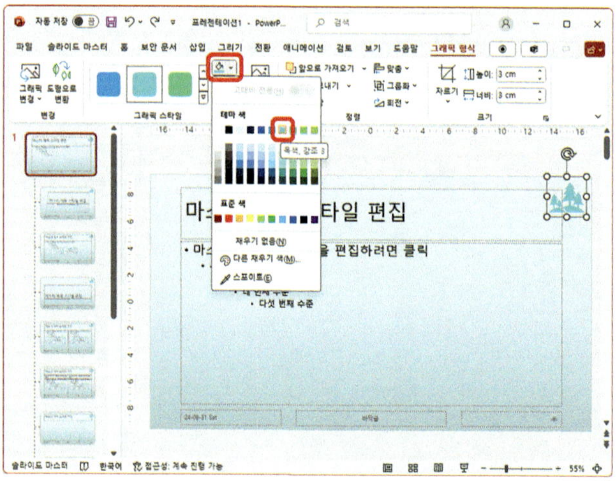

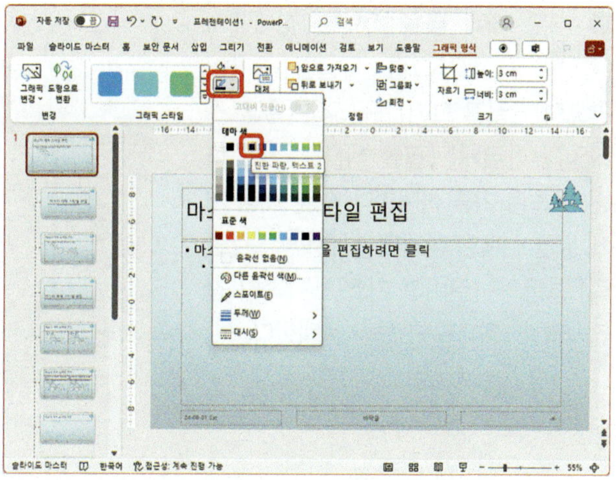

❺ [그래픽 형식] 탭 → [그래픽 스타일] 그룹 → [그래픽 효과] → [그림자] → [오프셋: 오른쪽 위]를 선택하고, [정렬] → [뒤로 보내기] → [맨 뒤로 보내기]를 선택한다.

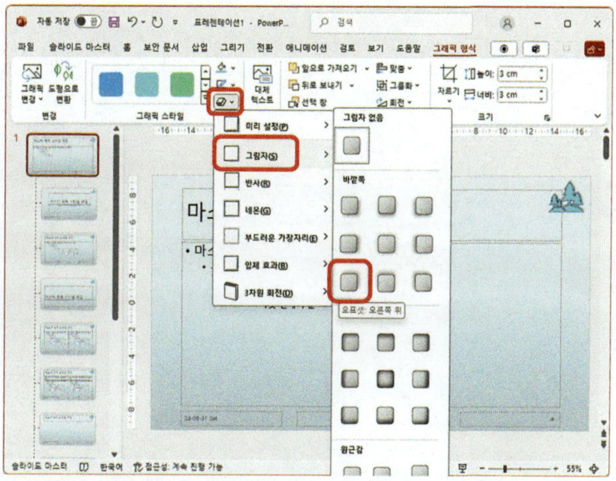

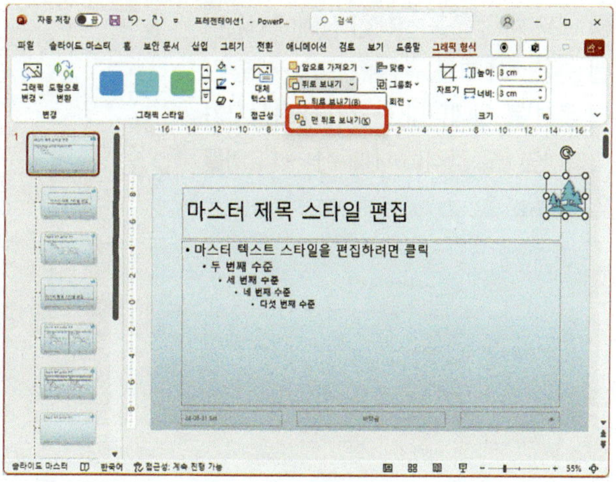

❻ 제목 개체 틀을 선택한 상태에서 [홈] 탭 → [글꼴] 그룹 → [글꼴] → [HY견고딕], [글꼴 크기] → [54], [글꼴 스타일] → [굵게], [글꼴 색] → [진한 파랑, 텍스트 2]를 선택한다. 이후 내용 개체 틀을 선택한 상태에서 [홈] 탭 → [단락] 그룹 → [글머리 기호] → [속이 찬 정사각형 글머리 기호]를 선택한다.

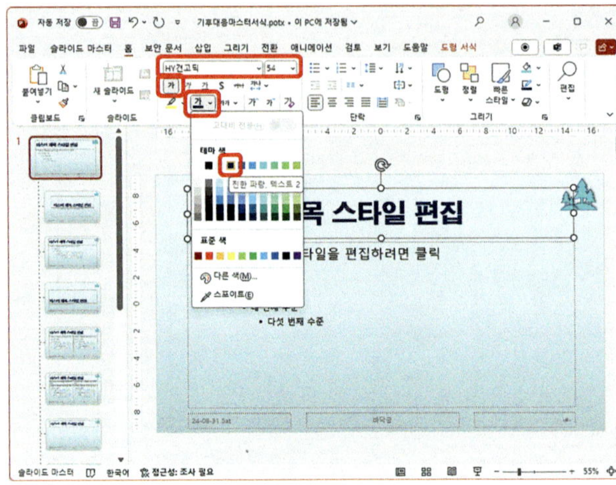

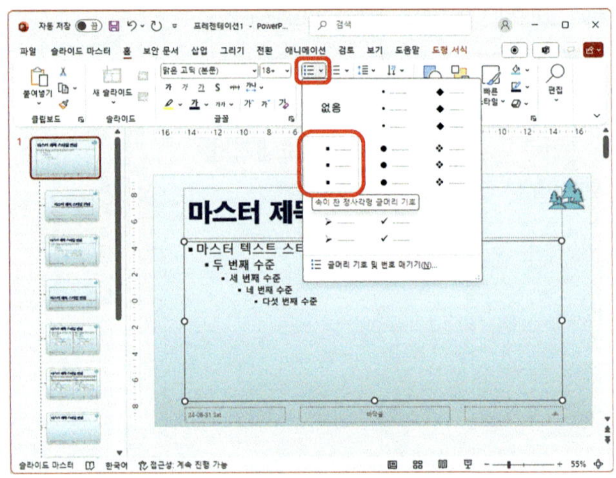

❼ 내용 개체 틀을 선택한 상태에서 [홈] 탭 → [단락] 그룹 → [줄 간격] → [줄 간격 옵션]을 선택한다. [단락] 대화상자가 나타나면 [줄 간격] → [배수] → [1.2]를 입력한다.

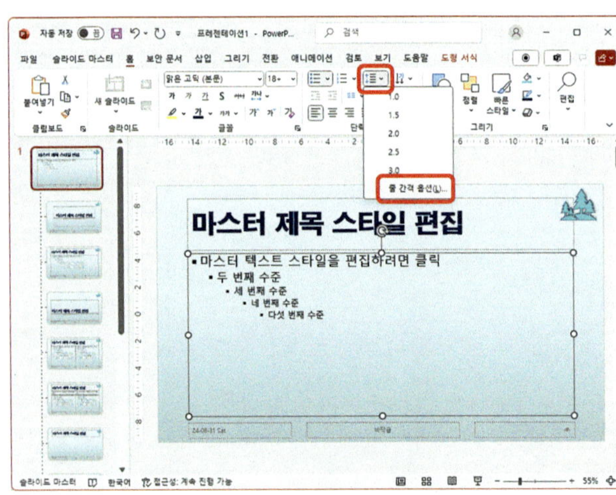

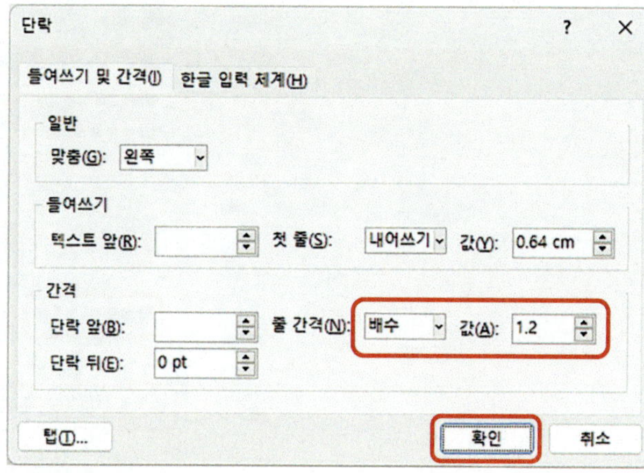

❽ 슬라이드 하단에 있는 날짜 및 시간, 바닥글, 슬라이드 번호 개체를 모두 선택하고, [홈] 탭 → [글꼴] 그룹 → [글꼴] → [글꼴 크기] → [14]를 선택한다.

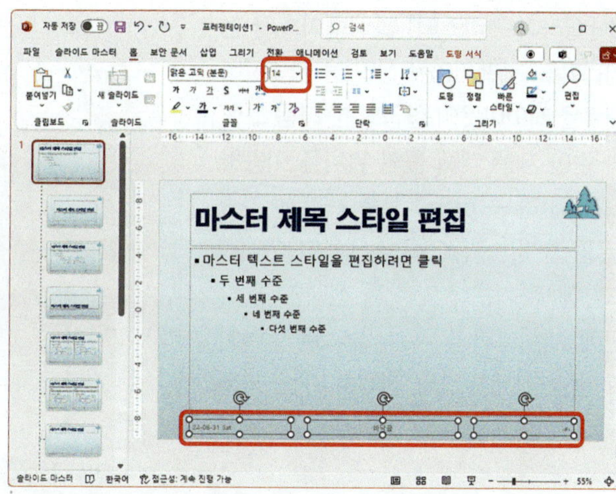

06

❾ [삽입] 탭 → [텍스트] 그룹 → [머리글/바닥글]을 선택한다. [머리글/바닥글] 대화상자가 나타나면 [슬라이드 번호]와 [제목 슬라이드에는 표시 안함]을 체크하고, [모두 적용] 버튼을 클릭한다.

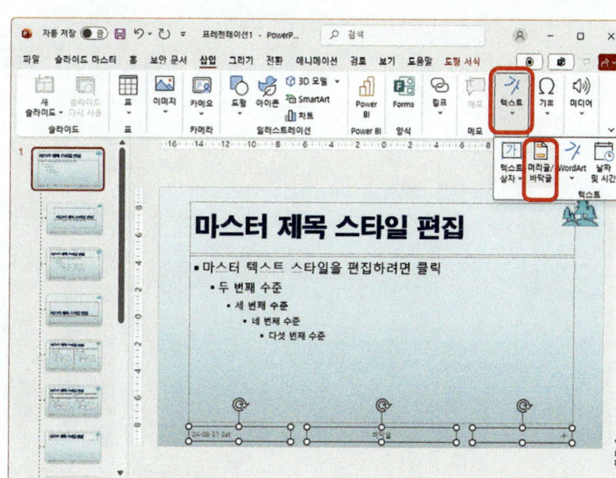

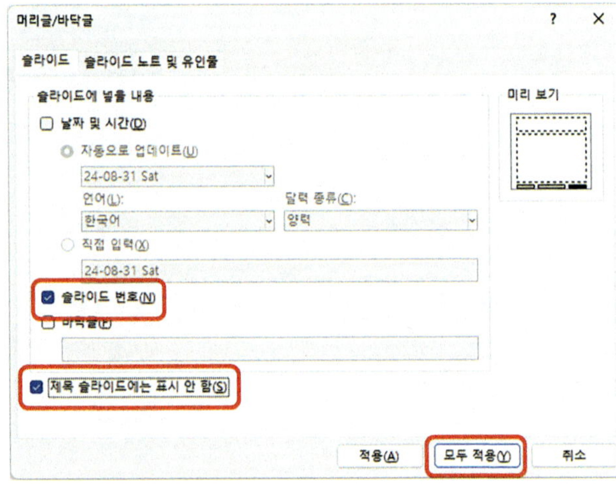

⑩ [슬라이드 마스터] 탭 → [마스터 편집] 그룹 → [레이아웃 삽입]을 선택하여 새로운 레이아웃이 삽입되면, 다음 그림과 같이 제목 개체 틀의 위치를 이동하고, [홈] 탭 → [글꼴] 그룹 → [글꼴] → [글꼴 크기] → [48]을 선택하고, [단락] 그룹에서 [가운데 맞춤]을 선택한다. 하단에 있는 날짜 및 시간, 바닥글, 슬라이드 번호 개체를 모두 선택하고 Del 키를 눌러 삭제한다.

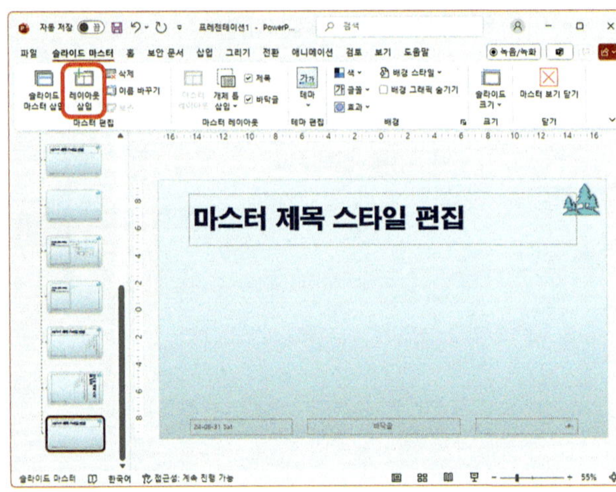

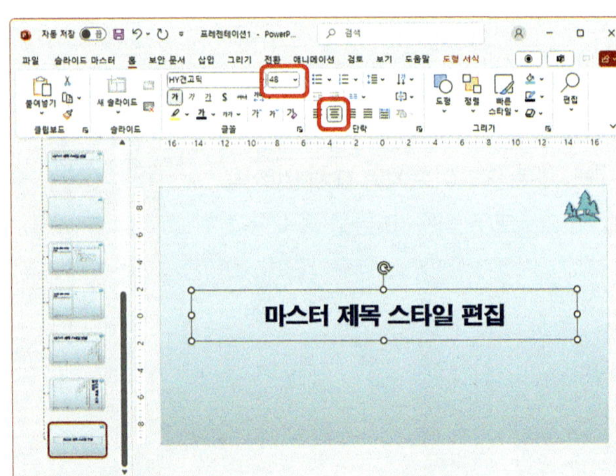

Tip 슬라이드 마스터에서는 텍스트 개체 틀에 직접 텍스트를 입력하지 않도록 주의해야 한다. 슬라이드 마스터의 텍스트 개체 틀에 입력된 텍스트는 개별 슬라이드에 표시되지 않으므로, 발표 자료로 사용할 수 없게 된다.

⑪ 왼쪽 슬라이드 미리 보기 창에서 삽입된 레이아웃을 선택하고 [슬라이드 마스터] 탭 → [마스터 편집] 그룹 → [이름 바꾸기]를 선택한다. [레이아웃 이름 바꾸기] 대화상자가 나타나면 "간지"라고 입력하고 [이름 바꾸기] 버튼을 클릭한다. 왼쪽 슬라이드 미리 보기 창의 맨 위에 있는 슬라이드 마스터를 선택하고 [슬라이드 마스터] 탭 → [마스터 편집] 그룹 → [이름 바꾸기]를 선택한다. [레이아웃 이름 바꾸기] 대화상자가 나타나면 "기후대응 마스터"라고 입력하고 [이름 바꾸기] 버튼을 클릭한다.

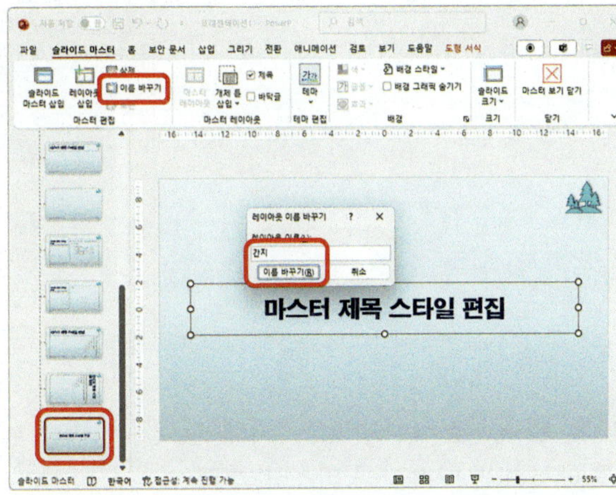

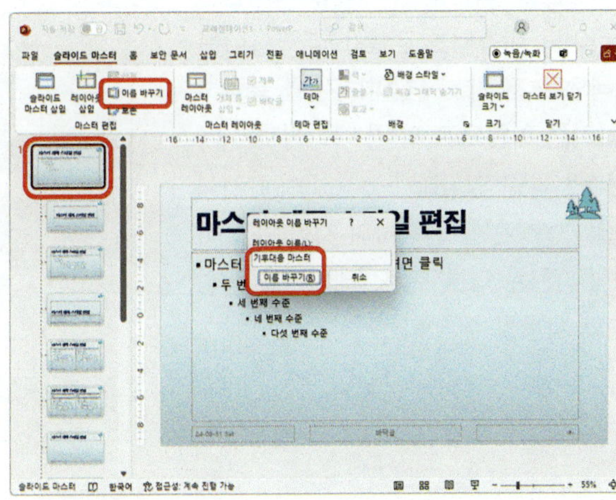

⑫ [슬라이드 마스터] 탭 → [닫기] 그룹 → [마스터 보기 닫기]를 선택한다. 기본 보기 화면에서 [홈] 탭 → [슬라이드] 그룹 → [새 슬라이드] → [제목 및 내용] 슬라이드 선택하여 새로운 슬라이드를 추가한다.

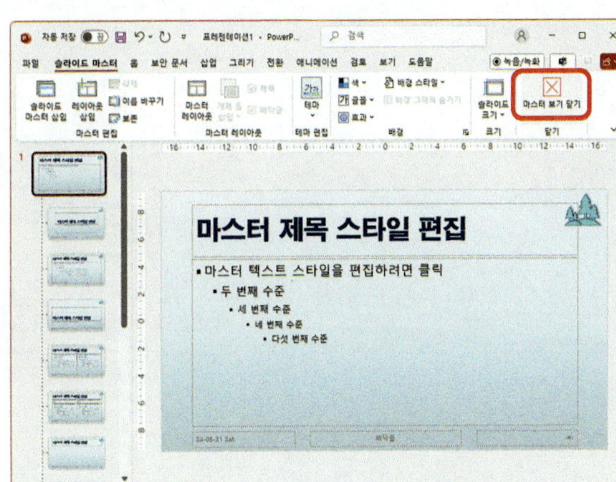

06

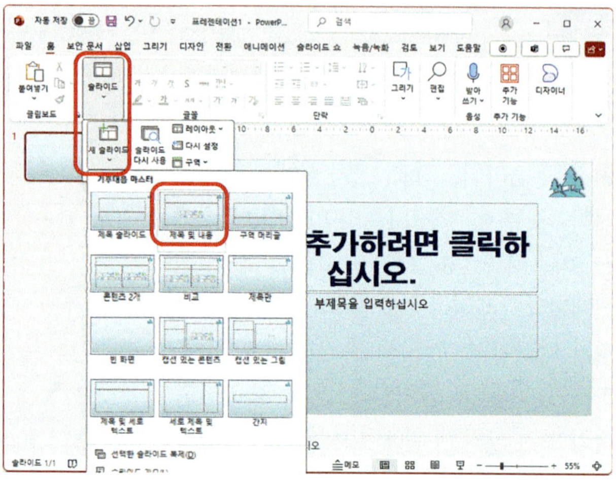

⑬ [홈] 탭 → [슬라이드] 그룹 → [레이아웃]에서 보면 [기후대응 마스터]의 레이아웃들을 확인할 수 있다. 디자인한 슬라이드 마스터는 [파일] 탭 → [다른 이름으로 저장] → [찾아보기]를 클릭하여 [다른 이름으로 저장] 대화상자가 나타나면 파일 형식을 "PowerPoint 서식 파일 (*.potx)"을 선택하여 저장한다. 이 서식 파일은 다른 프레젠테이션을 작성할 때 사용할 수 있다.

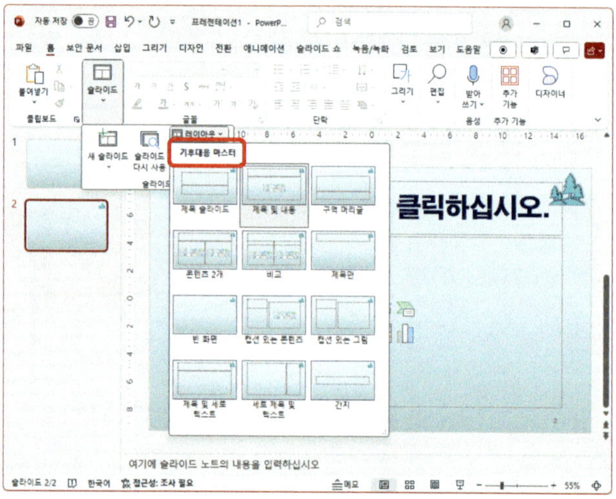

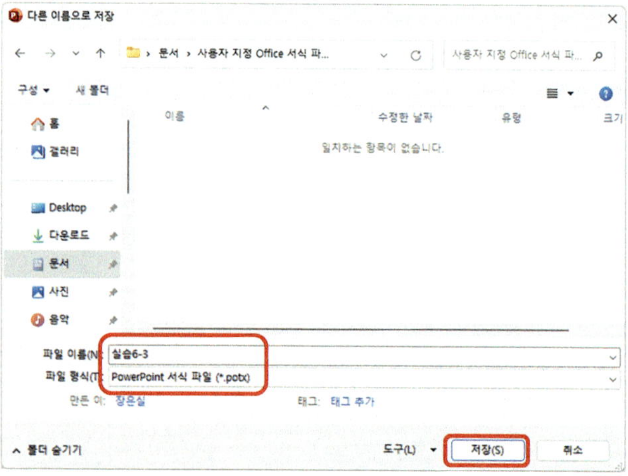

(3) 슬라이드 마스터 적용과 관리

슬라이드 마스터를 사용하면 프레젠테이션 내의 모든 슬라이드에 일관된 디자인을 적용할 수 있으며, 슬라이드 마스터를 수정하면 해당 마스터가 적용된 모든 슬라이드가 자동으로 업데이트되므로, 전체적인 디자인 변경이 필요할 때도 쉽게 관리할 수 있다. 또한, 슬라이드 마스터는 다양한 테마와 스타일을 적용하거나 필요에 따라 새로운 마스터를 생성하여 특정 슬라이드 그룹에만 적용할 수도 있다.

❶ "실습6-4" 파일을 연다. [디자인] 탭 → [테마] 그룹 → [자세히] 버튼 → [테마 찾아보기]를 선택하고, [테마 또는 테마 문서 선택] 대화상자가 나타나면, 조금 전에 만들었던 "실습6-3" 서식 파일을 선택하고 적용 버튼을 클릭한다.

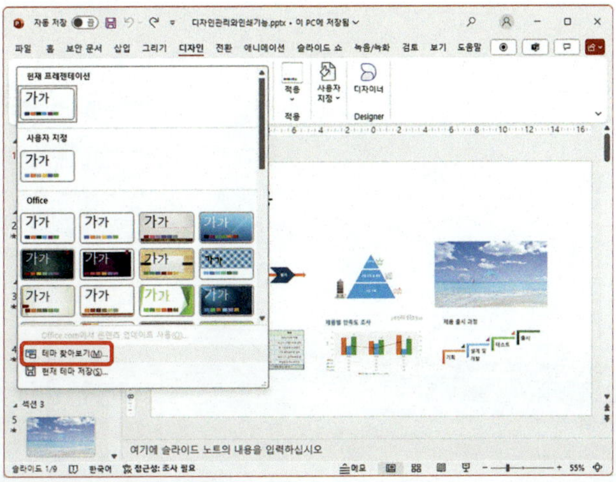

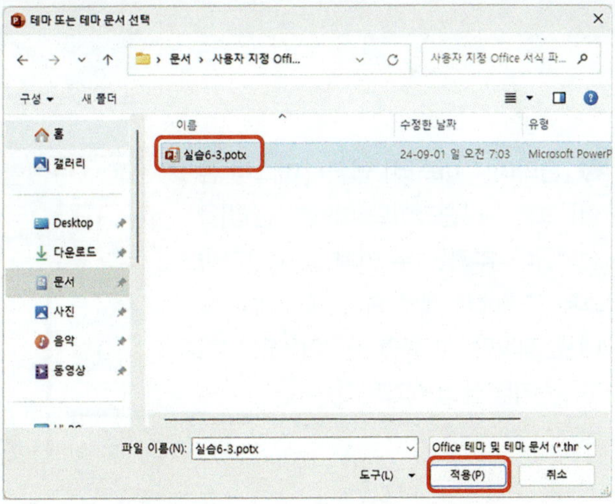

06

❷ "실습6-4" 파일에 "실습6-3" 마스터의 서식들이 적용된 것을 확인할 수 있다. 다른 슬라이드 마스터를 추가하기 위해 [보기] 탭 → [마스터 보기] 그룹 → [슬라이드 마스터]를 선택한다.

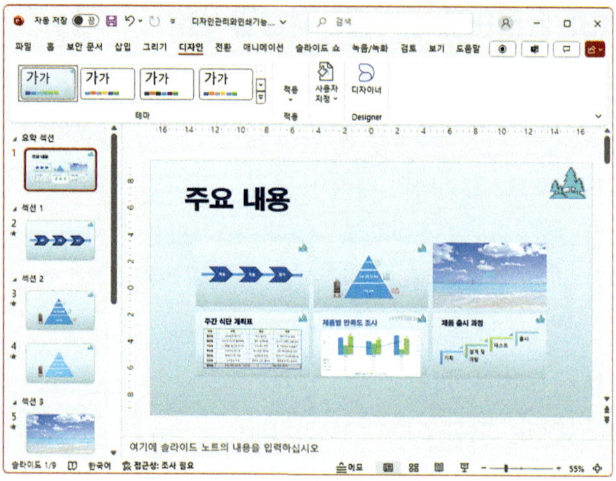

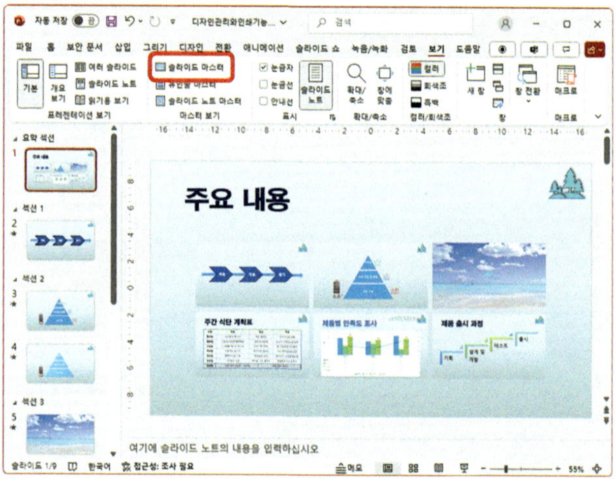

❸ [슬라이드 마스터] 탭 → [마스터 편집] 그룹 → [슬라이드 마스터 삽입]을 선택한다. 추가된 두 번째 슬라이드 마스터 그룹에서 제목 슬라이드, 제목 및 내용, 제목만, 빈 화면 레이아웃만 남기고 Del 키를 눌러 삭제한다.

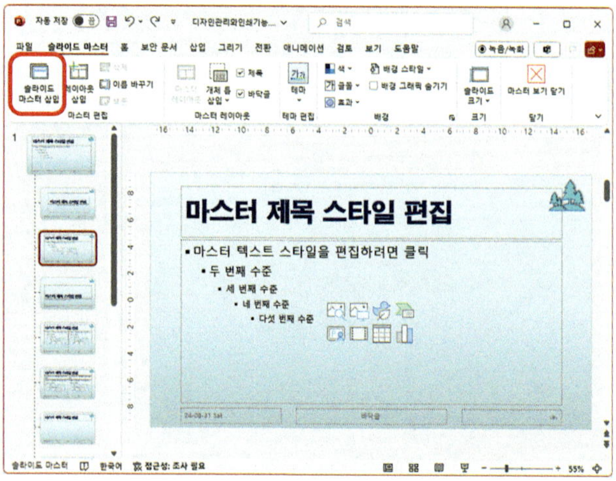

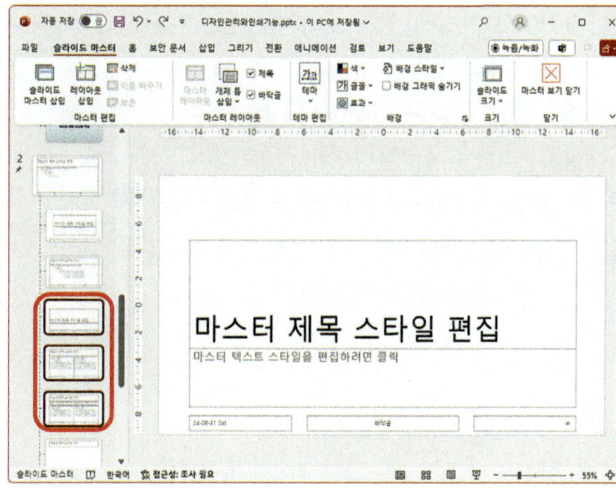

❹ [슬라이드 마스터] 탭 → [배경] 그룹 → [배경 스타일] → [스타일 10]을 선택하고, [색] → [황록색]을 선택한다.

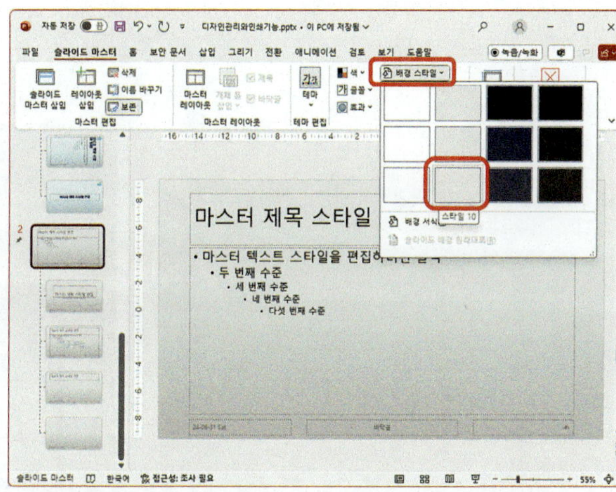

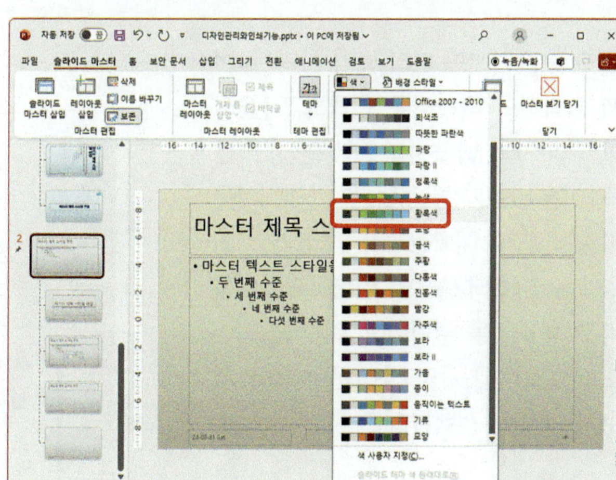

❺ [슬라이드 마스터] 탭 → [배경] 그룹 → [효과] → [광택]을 선택한다. 이후 제목 개체 틀을 선택한 상태에서 [홈] 탭 → [글꼴] 그룹 → [글꼴] → [HY헤드라인M], [글꼴 크기] → [48], [글꼴 스타일] → [굵게], [글꼴 색] → [녹색, 강조 2, 50% 더 어둡게]를 선택한다.

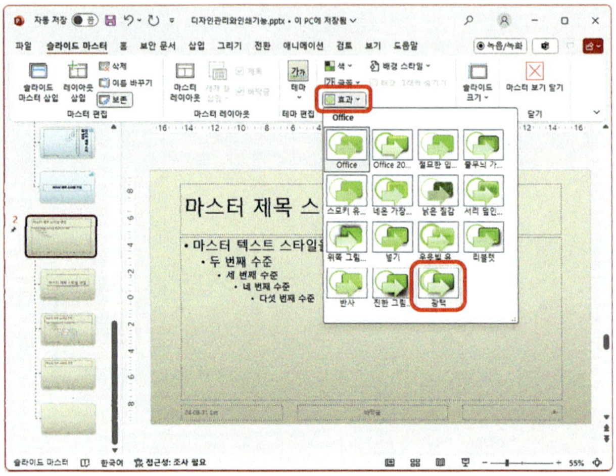

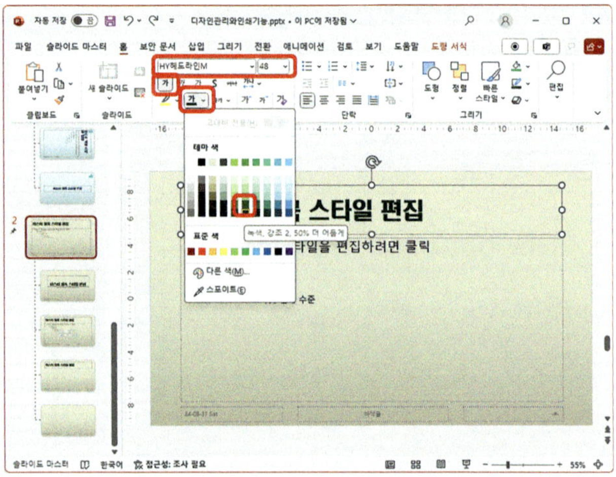

❻ 왼쪽 슬라이드 미리 보기 창의 두 번째 슬라이드 마스터를 선택하고 [슬라이드 마스터] 탭 → [마스터 편집] 그룹 → [이름 바꾸기]를 선택한다. [레이아웃 이름 바꾸기] 대화상자가 나타나면 "기후대응 마스터2"라고 입력하고 [이름 바꾸기] 버튼을 클릭한다. 이후 [슬라이드 마스터] 탭 → [닫기] 그룹 → [마스터 보기 닫기]를 선택한다.

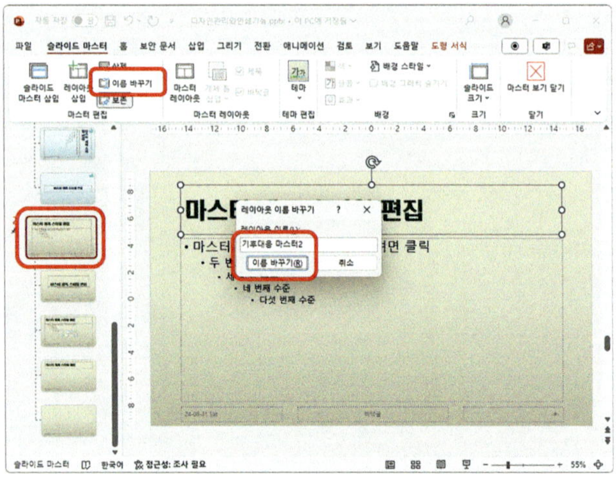

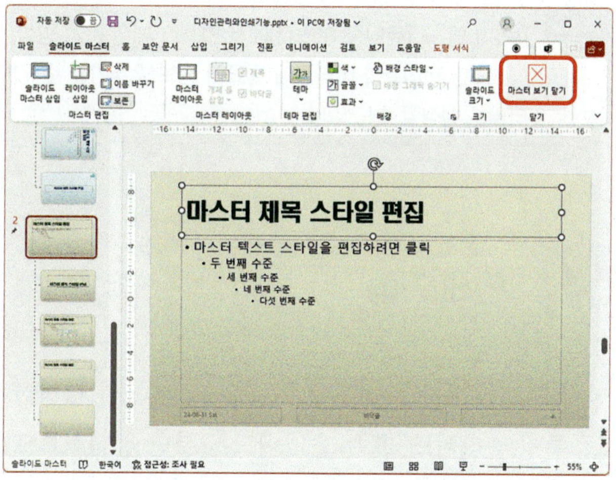

❼ 기본 보기 화면에서 [홈] 탭 → [슬라이드] 그룹 → [레이아웃] → [기후 대응 마스터2]의 [제목만] 슬라이드를 선택한다. 해당 슬라이드만 두 번째 슬라이드 마스터가 적용된 것을 확인할 수 있다.

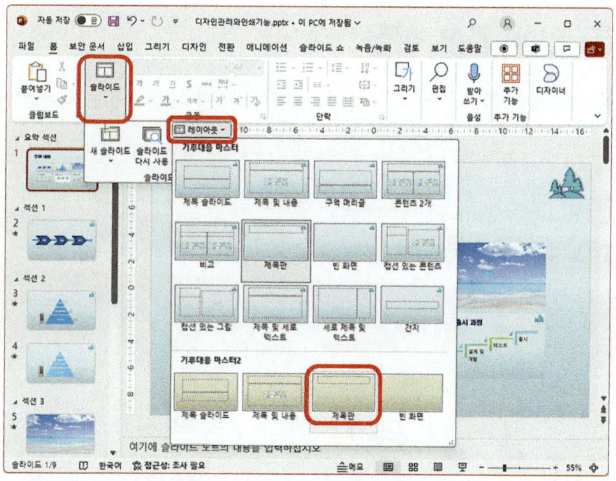

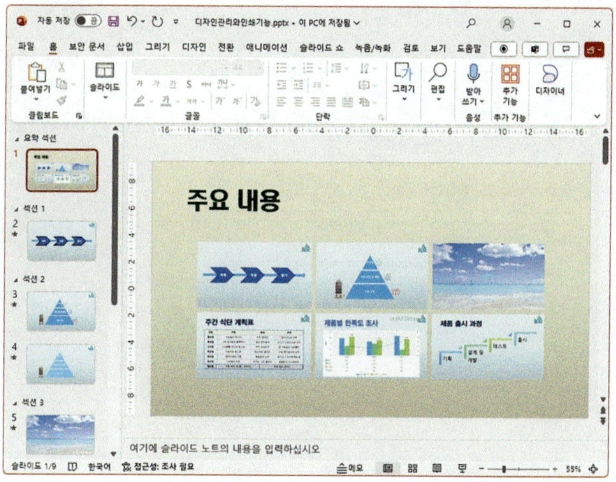

Tip
[보기] 탭 → [유인물 마스터]에서 인쇄할 때의 용지 방향, 인쇄할 슬라이드 개수, 크기 등을 설정할 수 있다. 또한, 머리글과 바닥글에 필요한 정보를 추가할 수 있으며, 날짜와 페이지 번호를 표시하거나 배경 스타일을 설정할 수도 있다.

3 인쇄 기능

인쇄 기능을 통해 프레젠테이션의 슬라이드를 다양한 방식으로 출력할 수 있다. 전체 슬라이드, 특정 슬라이드, 또는 슬라이드 일부만 선택적으로 인쇄할 수 있으며, 슬라이드 노트, 유인물, 청중을 위한 유인물 등의 형식으로 출력할 수 있다.

(1) 인쇄 옵션 설정

인쇄 옵션을 사용하여 인쇄 범위와 형식을 세부적으로 조정할 수 있다. 슬라이드 전체를 인쇄하거나 특정 슬라이드를 선택하여 출력할 수 있으며, 인쇄할 슬라이드의 개수, 용지 방향(가로 또는 세로), 슬라이드 크기 등을 설정할 수 있다. 또한, 슬라이드 노트를 포함하거나 여러 슬라이드를 한 페이지에 유인물 형식으로 출력할 수 있다.

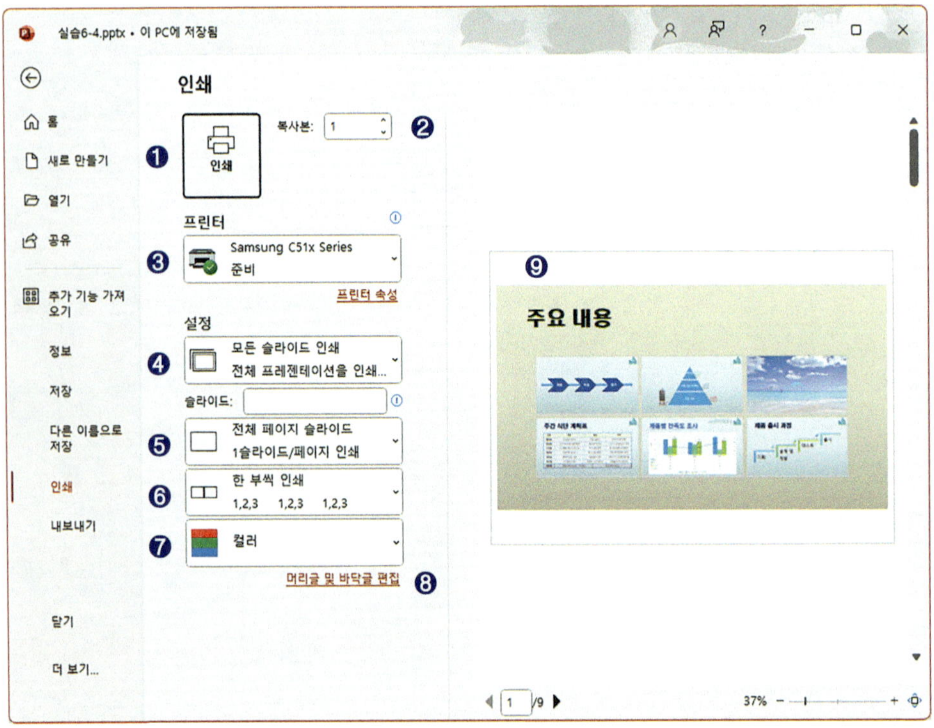

❶ 인쇄: 모든 설정이 완료된 후 이 버튼을 클릭하여 인쇄 작업을 시작한다.

❷ 복사본: 인쇄할 문서의 복사본 수를 선택하여 필요한 만큼 출력한다.

❸ 프린터: 사용할 프린터 장치를 선택하여 인쇄 작업이 진행될 프린터를 지정한다.

❹ 인쇄 범위: 인쇄할 슬라이드를 지정하여 전체 또는 특정 슬라이드만 선택적으로 출력한다.

❺ 인쇄 모양: 전체 페이지 슬라이드, 슬라이드 노트, 개요 등의 인쇄 형식과 유인물의 인쇄 배치를 설정하여 원하는 형태로 인쇄한다.

❻ 인쇄 부수: 한 번에 여러 부를 인쇄할 때, 페이지 단위로 인쇄할지 또는 한 부씩 인쇄할지를 설정한다.

❼ 인쇄 색상: 인쇄할 때 컬러, 회색조, 흑백 중 원하는 색상 모드를 선택한다.

❽ 머리글 및 바닥글 편집: 페이지 번호나 날짜와 같은 정보를 머리글과 바닥글에 추가하여 인쇄물에 표시한다.

❾ 미리 보기: 인쇄 전에 모든 설정이 제대로 되었는지 최종적으로 확인할 수 있도록 미리 보기 화면을 제공한다.

(2) 유인물 인쇄 설정

유인물 인쇄를 통해 한 페이지에 여러 개의 슬라이드를 배치하여 출력할 수 있으며, 슬라이드 수, 레이아웃, 여백 등을 사용자 정의할 수 있다. 또한, 머리글, 바닥글, 페이지 번호, 날짜 등의 정보도 유인물에 포함할 수 있다.

❶ "실습6-4" 파일을 열어 [보기] 탭 → [마스터 보기] 그룹 → [유인물 마스터]를 선택한다. [유인물 마스터] 탭 → [개체 틀] 그룹 → [머리글]과 [페이지 번호]만 선택한다.

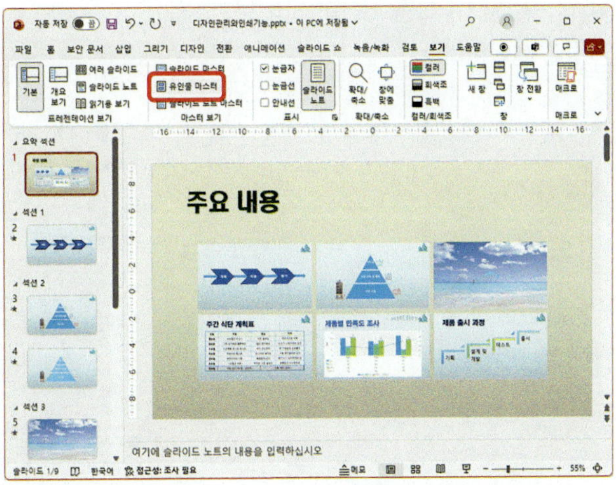

06

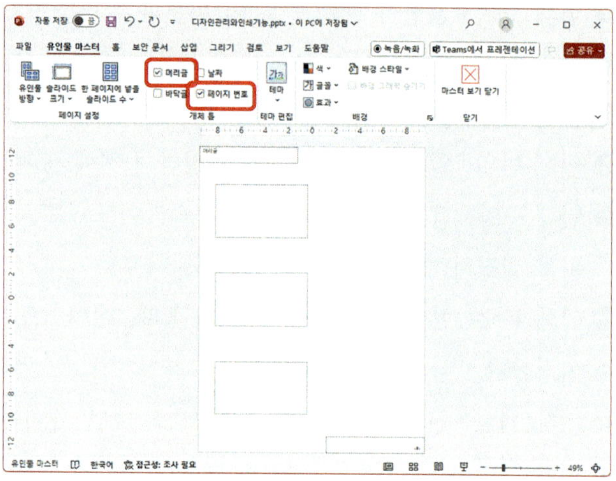

❷ 유인물 마스터 상태에서 [삽입] 탭 → [텍스트] 그룹 → [머리글/바닥글]을 선택하고, [머리글/바닥글] 대화상자가 나타나면 [페이지 번호]와 [머리글]을 선택한다. 머리글을 선택하면 텍스트 입력란이 활성화되는데, 머리글 입력란에 "분석 기획서"라고 입력한다. "유인물 마스터의 머리글에 "분석 기획서"가 표시된 것을 확인할 수 있다. 이후 [유인물 마스터] 탭 → [닫기] 그룹 → [마스터 보기 닫기]를 선택한다.

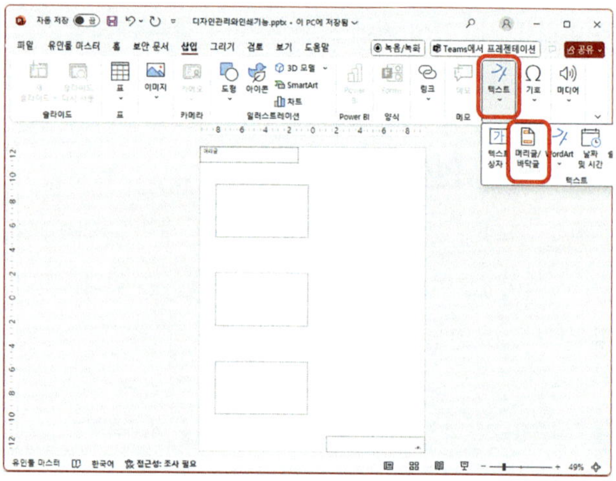

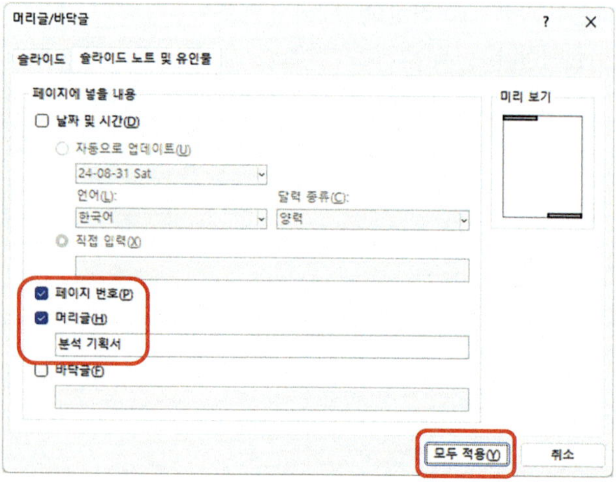

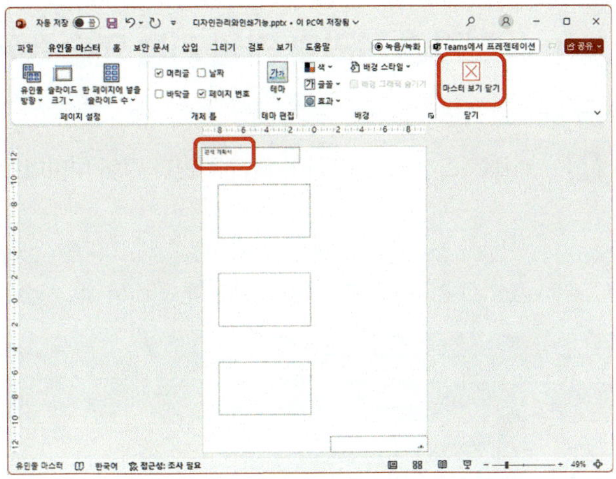

❹ [파일] 탭 → [인쇄]를 선택하여 [인쇄 모양] → [유인물] 목록 → [3슬라이드]를 선택하고, [슬라이드 테두리], [용지에 맞게 크기 조정], [고품질]을 선택한다. [인쇄 색상] → [회색조]를 선택하고, [인쇄] 버튼을 클릭하여 유인물을 출력한다.

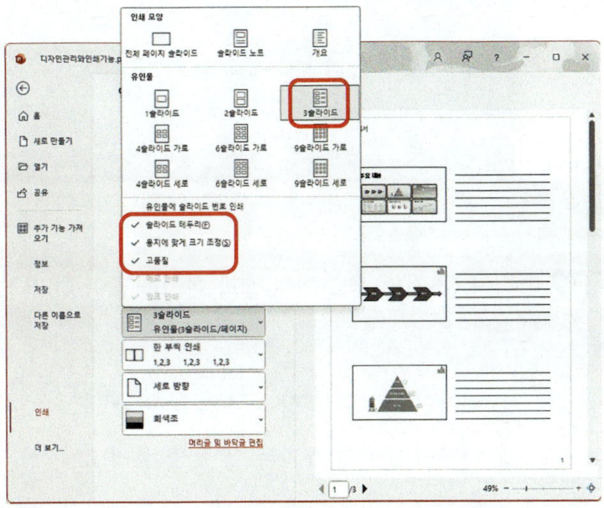

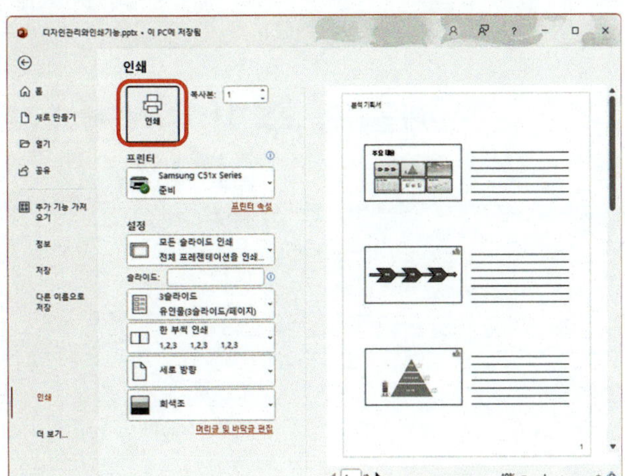

4 디자인 관리와 인쇄 기능 연습 문제

01 다음 〈조건〉을 참고하여 결과 화면과 같이 나타나도록 새 프레젠테이션을 시작하여 작성하시오.

① "회로" 디자인 테마 적용

② "회로" 테마에서 "세 번째 색상 테마"를 선택하고, 색상은 "파랑 II"로 설정

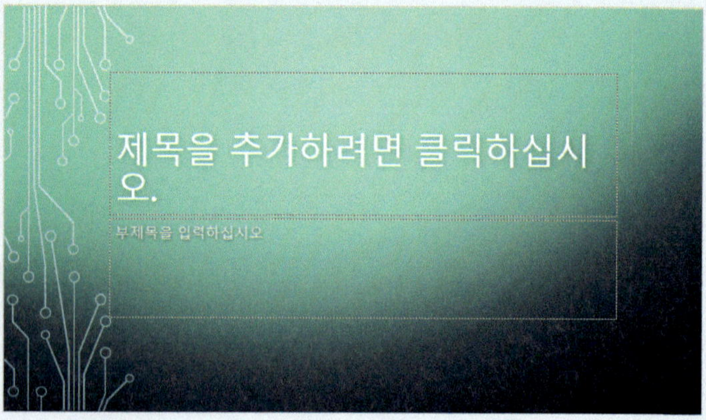

02 다음 〈조건〉을 참고하여 결과 화면과 같이 나타나도록 새 프레젠테이션을 시작하여 작성하시오.

① 디자인 테마의 색상은 "보라", 한글 글꼴은 "휴먼 엑스포로"로 지정

② 디자인 테마의 효과는 "우윳빛 유리"로 지정

③ 배경 스타일은 "스타일 10", 그라데이션 방향은 "선형 위쪽"으로 설정

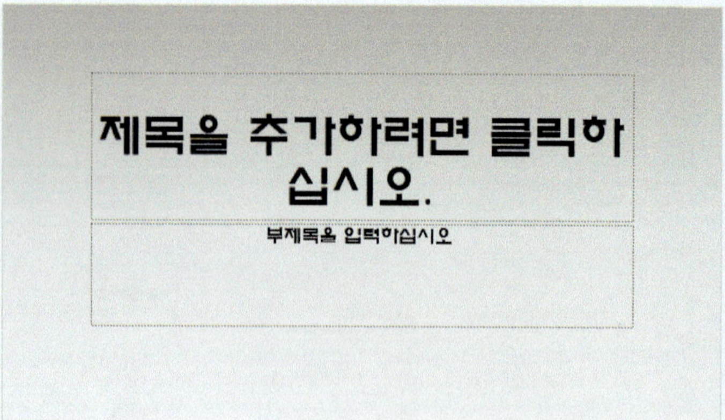

03 다음 〈조건〉을 참고하여 결과 화면과 같이 나타나도록 새 프레젠테이션에서 슬라이드 마스터를 작성하시오.

① 디자인 테마는 “회로”, 테마 색상은 “노랑”, 한글 글꼴은 “휴먼모음T”, 효과는 “반사”, 배경 스타일은 “스타일 6”, 그라데이션 방향은 “선형 위쪽”으로 설정

② 슬라이드 마스터의 제목 개체 틀 글꼴 크기는 “48”, 내용 개체 틀의 줄 간격은 “1.5”, 아이콘을 삽입하여 어울리는 색으로 채우고 그림처럼 크기를 조정하여 위치할 것

③ 제목 슬라이드 레이아웃의 제목 개체 틀의 글꼴 크기는 “60”, 부제목 개체 틀의 글꼴 크기는 “32”, 아이콘 두 개를 삽입하여 어울리는 색으로 채우고 그림처럼 크기를 조정하여 위치할 것

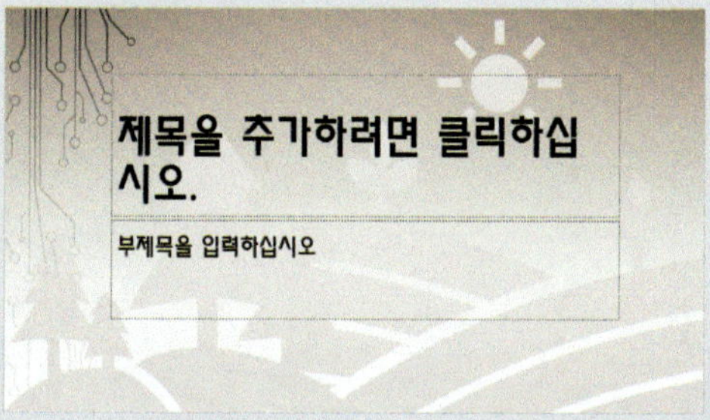

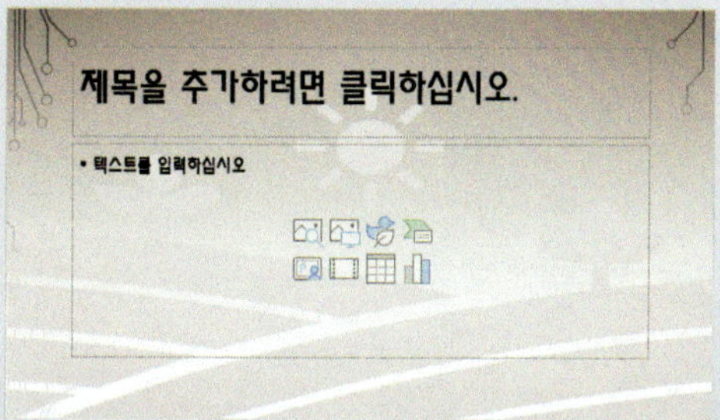

04 다음 〈조건〉을 참고하여 결과 화면과 같이 나타나도록 “연습6-3” 프레젠테이션 파일을 열어 유인물 마스터와 인쇄 옵션을 설정하시오.

① 유인물 마스터에서 머리글과 페이지 번호 설정, 머리글은 “기후 대응 방안”으로 입력

② 유인물 “2슬라이드”로 지정

③ “슬라이드 테두리” 표시

④ “컬러”로 설정

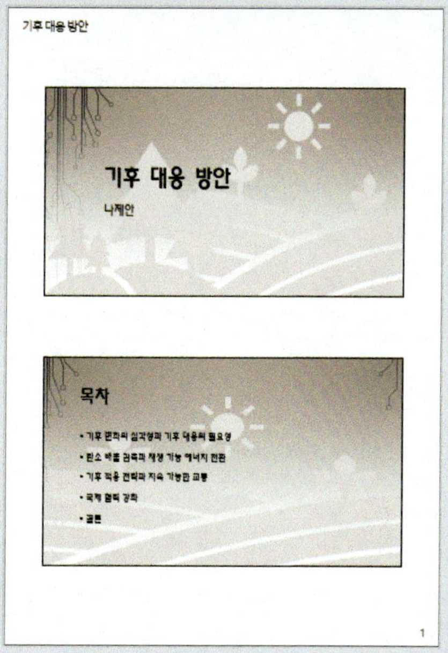